浙江省哲学社会科学规划
后期资助课题成果文库

世界一流何以可能

基于对美国一流私立大学的研究

蒋惠玲 著

ZHEJIANG UNIVERSITY PRESS
浙江大学出版社

图书在版编目（CIP）数据

世界一流何以可能：基于对美国一流私立大学的研
究 / 蒋惠玲著. —杭州：浙江大学出版社，2021.6
ISBN 978-7-308-21482-7

Ⅰ. ①世… Ⅱ. ①蒋… Ⅲ. ①私立大学—研究—美国
Ⅳ. ①G649.712.8

中国版本图书馆 CIP 数据核字（2021）第 110834 号

世界一流何以可能——基于对美国一流私立大学的研究

蒋惠玲　著

责任编辑	陈静毅
责任校对	汪淑芳　汪　潇
封面设计	周　灵
出版发行	浙江大学出版社
	（杭州市天目山路 148 号　邮政编码 310007）
	（网址：http://www.zjupress.com）
排　　版	浙江时代出版服务有限公司
印　　刷	广东虎彩云印刷有限公司绍兴分公司
开　　本	710mm×1000mm　1/16
印　　张	32.5
字　　数	566 千
版 印 次	2021 年 6 月第 1 版　2021 年 6 月第 1 次印刷
书　　号	ISBN 978-7-308-21482-7
定　　价	120.00 元

前　　言

　　《1998—1999世界发展报告：知识推动发展》提出：适宜的经济制度体系、强大的人力资本基础、充满活力的信息基础设施、高效的国家创新体系是全球各国向知识经济转变的四大战略。高等教育是实现这四大战略的支柱，在建设强大的人力资本基础、创建高效的国家创新体系中起着关键作用，一流大学更是在提供创新体系必需的高水平专家、科学家和研究人员方面不可或缺。在国际上，世界一流大学担负了科学研究的主要职责，成为新知识、新技术发展的重要源泉，在提升基于知识、技术、人才等要素的国家核心竞争力中发挥着不可替代的作用。20世纪90年代以来，纵观全球高等教育的发展，一场由政府主导的"创建世界一流大学"的运动已经席卷亚洲、欧洲和美洲，成为各个国家发展的战略重点之一。截至2015年，先后有30多个国家和地区出台了有特色的世界一流大学创建计划。

　　我国"创建世界一流大学"的战略始于20世纪90年代初。伴随国家"创建世界一流大学"一系列政策的推行，对于"世界一流大学"和"创建世界一流大学"的研究成为学界探讨的热点。1991年发表的《世界一流水平大学的一些特点》是我国较早的与"世界一流大学"相关的学术论文。截至2015年年底，我国每年相关研究成果的数量起起伏伏。自2016年，这一领域的研究成果数量突增。

　　我对于"世界一流大学"的研究始于进入南京师范大学教育科学学院攻读博士学位之初。在和导师探讨今后的研究课题时，我提出希望能研究和民办高校相关的课题。经过一段时间的观察，导师认为我的英语语言能力强，建议我研究美国的私立高等教育。认真思考后，我确定将美国30所一流私立（非营利）研究型大学的内部治理作为研究对象，并以《美国一流私立研究型大学内部治理研究》为题撰写博士论文,用以观照我国高校的内部治理。

本书在博士论文的基础上修改完成。全书分为七章:第一章提出研究背景,界定核心概念"世界一流大学",说明研究对象"美国一流私立(非营利)研究型大学",梳理相关研究现状,提出本书的研究内容;第二章探究 30 所大学内部由董事会、校长领导团队和教师共治组织构成的组织结构;第三章探究 30 所大学的经费资源,以及大学获取经费资源的特点;第四章从师资、学科资源、优质生源三个维度描述 30 所大学的学术资源;第五章探究 30 所大学的规制性制度与规范性制度,并以战略规划作为观察点探究大学的内部治理机制;第六章以波士顿地区的 4 所大学为例,描述大学人才培养的成就,大学作为用人单位、知识资本基地拉动地区经济发展的成效,以及大学向民众提供教育资源、提供医疗卫生资源的社会服务功能;第七章总结这 30 所美国大学能够成为世界一流大学的原因,探讨我国九校联盟(C9)大学可资借鉴的经验。

本书提供翔实的数据资料,指出:30 所美国大学成为"世界一流大学"的根本原因在于其由组织框架、制度框架和权力规则构成的内部治理结构,在其大学内部治理结构中,学术权力与行政权力主体在提供办学所需的重要资源时具有不可替代性,这为两种权力的契合打下基础。对于我国 C9大学来说,结合本土环境建设与众不同的内部治理结构是成为世界一流大学的必要条件,其中改善权力主体特质是改善内部治理结构的关键。

本书适合与高等教育研究者进行学术交流,也适合高等教育实践者阅读。

谨以此书献给我的导师胡建华老师。

蒋惠玲
于凤雅苑
2021 年 6 月 1 日

目　　录

第一章　绪　　论

本章提出课题背景,界定相关概念,说明研究对象和研究范围,梳理相关文献,并提出本书的研究内容、价值、方法与不足。

一、课题背景

《1998—1999 世界发展报告:知识推动发展》提出:适宜的经济制度体系、强大的人力资本基础、充满活力的信息基础设施、高效的国家创新体系是全球各国向知识经济转变的四大战略。[①] 高等教育是实现这四大战略的支柱,在建设强大的人力资本基础、创建高效的国家创新体系中起着关键作用,一流大学更是在提供创新体系必需的高水平专家、科学家和研究人员方面不可或缺。在国际上,世界一流大学担负了科学研究的主要职责,成为新知识、新技术发展的重要源泉,在推动基于知识、技术、人才等要素的国家核心竞争力中发挥着不可替代的作用。

(一)研究背景

1. 全球"创建世界一流大学"的大潮

20 世纪 90 年代以来,纵观全球高等教育的发展,一场由政府主导的"创建世界一流大学"的运动已经席卷亚洲、欧洲和美洲,成为各个国家和地区发展的战略重点之一。截至 2015 年,有 30 多个国家和地区先后出台了

[①]　The World Bank. World Development Report 1998/1999:Knowledge for Development [M]. New York:Oxford University Press,1998:1-14.

有特色的世界一流大学创建计划[①]，例如：

(1)1996 年,韩国的《新经济长期发展规划:教育领域的任务》开启了其境内创建世界一流大学的进程。1999 年,韩国教育部制定《建立知识创新型国家:教育发展的 5 年规划》,以进一步推动研究型大学的发展和世界一流大学建设。以该规划为起点,韩国政府相继于 1999—2005 年实施"智慧韩国 21 工程",于 2008 年开始实施"世界一流大学计划",于 2005—2012 年实施"智慧韩国 21 工程附加计划",从国家层面支持建设世界一流大学。

(2)印度人力资源发展部下属的大学拨款委员会于 2001 年、2013 年分别启动"卓越潜力大学""创新大学计划",力求创建世界一流大学。

(3)2005 年 7 月,德国联邦政府与地方各州政府达成战略共识,共同实施"联邦与各州关于促进德国高校科学与研究卓越计划"的协议。

(4)俄罗斯政府 2005 年出台"国民教育优先发展计划",开始筹建联邦大学和创新型大学,2006 年启动"创新型大学计划",2008 年启动"国家研究型大学建设计划",之后于 2012 年 10 月、2013 年 5 月分别颁布《俄罗斯一流大学提高国际竞争力实施计划》《俄罗斯 2013—2020 年国家教育发展纲要》,以推动一流大学建设。

(5)2010 年,法国政府推出创建世界一流大学的"卓越大学计划",力求打造 5～10 所能够跻身世界前列的顶尖大学,以改善法国大学在全球排名不够突出的状况。

2. 中国"创建世界一流大学"的行动

(1)出台"创建世界一流大学"的政策。中国"创建世界一流大学"的战略始于 20 世纪 90 年代初。1993 年 2 月,中共中央、国务院颁布《中国教育改革和发展纲要》,决定实施"211 工程",即:面向 21 世纪重点建设 100 所左右的大学和一批重点学科,使若干所高校和部分重点学科达到或接近世界先进水平。[②]《中国教育改革和发展纲要》拉开了中国建设世界一流大学的序幕,1995 年 11 月,经国务院批准,国家计委、国家教委、财政部联合发布了《"211 工程"总体建设规划》,决定在"九五"期间安排 61 所大学进行立

[①] 刘宝存,张伟.国际比较视野下的创建世界一流大学政策研究[J].比较教育研究,2016(6):1-8.

[②] 中共中央,国务院.中国教育改革和发展纲要[EB/OL].(1993-02-13)[2018-12-30]. http://www.moe.gov.cn/jyb_sjzl/moe_177/tnull_2484.html.

项建设,自此中国一流大学建设由规划设计阶段转入实施阶段。"211 工程"是中国政府实施"科教兴国"战略的重大举措[①]。

1998 年 5 月 4 日,江泽民在庆祝北京大学建校一百周年大会上向全世界宣告:"为了实现现代化,中国要有若干所具有世界先进水平的一流大学。"为此,中国教育部决定在实施《面向 21 世纪教育振兴行动计划》中重点支持北京大学、清华大学等部分高校创建世界一流大学和高水平大学,称为"985 工程"。[②] 首批 9 所"985 工程"高校组成九校联盟(C9),在人才培养、科学研究等领域加强合作交流,寻求优势互补。

2015 年 11 月 5 日,国务院发布《统筹推进世界一流大学和一流学科建设总体方案》[③],对创建世界一流大学进行战略部署:到 2020 年,若干所大学和一批学科进入世界一流行列,若干学科进入世界一流学科前列;到 2030 年,更多的大学和学科进入世界一流行列,若干所大学进入世界一流大学前列,一批学科进入世界一流学科前列,高等教育整体实力显著提升;到 21 世纪中叶,一流大学和一流学科的数量和实力进入世界前列,基本建成高等教育强国。2017 年 9 月 21 日,教育部、财政部、国家发改委印发《关于公布世界一流大学和一流学科建设高校及建设学科名单的通知》,公布 42 所世界一流大学和 95 所一流学科建设高校及学科建设名单[④]。这标志着继"211 工程"和"985 工程"之后,我国高水平大学和学科的建设进入新阶段。

(2)举办"建设世界一流大学"的学术研讨会。伴随国家的政策推动,学界开始了"推动建设世界一流大学"的研讨,其中包括两个比较著名的系列研讨会和分别于 2016 年、2018 年召开的单次研讨会。

按时间顺序,首先是 C9 系列研讨会。2003 年 3 月,研讨会在清华大学

---

① 教育部."211 工程"简介[EB/OL].(1995-11-18)[2018-10-07]. http://www.moe.gov.cn/s78/A22/xwb_left/moe_843/tnull_33122.html.

② 教育部.面向 21 世纪教育振兴行动计划[EB/OL].(1998-12-24)[2018-09-23]. http://old.moe.gov.cn//publicfiles/business/htmlfiles/moe/s6986/200407/2487.html.

③ 国务院.统筹推进世界一流大学和一流学科建设总体方案[EB/OL].(2015-10-24)[2018-11-27]. http://www.moe.gov.cn/jyb_xxgk/moe_1777/moe_1778/201511/t20151105_217823.html.

④ 教育部,财政部,国家发展改革委.教育部、财政部、国家发展改革委关于公布世界一流大学和一流学科建设高校及建设学科名单的通知[EB/OL].(2017-09-21)[2018-11-30]. http://www.moe.gov.cn/srcsite/A22/moe_843/201709/t20170921_314942.html.

首次召开,此后每年召开一次,由各校轮流主办。除了9所高校领导和相关部门领导,会议还邀请著名大学校长和高等教育专家。

另一个系列研讨会"世界一流大学国际研讨会"(International Conference on World-Class Universities)于2005年由教育部战略研究基地"世界一流大学研究中心"和上海交通大学高等教育研究所举办第一届,此后每两年举办一次。研讨会在国际上具有一定影响力,且每届参会人数随着会议的影响力增强而逐届增加。

2016年5月7日至8日,由浙江省高校人文社科"教育学一级学科"重点研究基地、《探索与争鸣》杂志社、绍兴文理学院等单位联合主办,浙江师范大学教育科学研究院、绍兴文理学院发展规划处、《江苏高教》编辑部共同承办的"高校教育创新发展与世界一流大学建设"高峰论坛在浙江金华、绍兴两地会场分阶段召开。来自北京大学、清华大学、厦门大学、北京师范大学、浙江大学、苏州大学、华南师范大学、同济大学、浙江师范大学等高校的30多名高等教育研究领域的专家学者围绕"一流学科建设""世界一流大学建设的基本思路""域外一流大学建设经验"等主题展开深入探讨。

2018年5月4日下午,由中华人民共和国教育部指导,北京大学、北京市教育委员会和韩国高等教育财团主办的"'双一流'建设国际研讨会暨北京论坛(2018)"在北京开幕,来自44个国家和地区的261所高校代表出席,包括剑桥大学、牛津大学、莫斯科国立大学、柏林自由大学、哈佛大学、耶鲁大学、斯坦福大学、芝加哥大学、澳大利亚国立大学、新加坡国立大学、东京大学、北京大学、清华大学、复旦大学、上海交通大学等多所海内外知名大学校长及世界知名学者近800人齐聚一堂,以"变与不变——120年来全球大学与世界文明"为题,探讨当代高等教育改革与世界文明发展的未来趋向。

在由各国、各地区政府政策推动的"世界一流大学建设"潮流中,"如何建设世界一流大学"成为当前各国政府、高等教育界热议的话题,也成为我国高等教育改革与发展研讨的中心议题,我国越来越多的学者在探究:什么样的大学是真正的世界一流大学? 如何建成世界一流大学?

(二)选题缘由——为什么选取美国私立大学作为研究对象

美国有着强大的高等教育系统,不仅数量多,而且实力强。2010年卡内基基本分类显示其各层次、各类高校共4634所(见附录A)。在2010年由《泰晤士报高等教育特辑》(*Times Higher Education Supplement*,*THES*)公布的世界排名前200位的大学中,72所美国大学榜上有名,占总量的 36%,紧随其后的英国和德国的上榜大学数锐减至 29 所、14 所。在 THES 公布的全球排名前 20 位大学中,美国大学占 14 所,其中 12 所为私立(非营利)大学,占美国上榜大学总数的 86%,占世界前 20 所大学总数的 60%。1900 年大学协会成立时,属于私立性质的 11 所成员大学中有 9 所私立大学入围。

美国私立高等教育的发展是美国历史上引人注目的成功事例之一。但是回顾历史,其发展历程一路坎坷:在殖民地时期,私立学院的经费常常拮据,学院的自主控制权还差点旁落;每一次战争爆发,学生都义无反顾奔赴前线,令以学费为主要收入来源的私立院校深感生源流失之痛;在 20 世纪 30 年代经济萧条时期,收费低廉、课程实用的社区学院抢走不少生源,尽管私立院校的学生绝对数量仍呈递增状态,但在 1933—1934 学年在学生占有量上第一次被公立学校赶超,此后私立院校不但要面对私立院校之间的竞争,还要面对不断扩张、渐具竞争力并主要由政府财力支持的公立高校的竞争。私立院校尽管命运多舛,但在以多样性与竞争闻名的美国高等教育系统内,分布于各层级的私立高校数量及力量仍不可小觑。根据 2010 年卡内基基本分类,在 4634 所美国高校中,私立高校占 63.2%,其中私立(非营利)高校占全美高校总量的 37%。在被列为"博士学位授予大学"的 283 所大学中,有 108 所是私立(非营利)大学,占这一类大学总数的 38%。其中,在"从事非常高级研究活动"的 96 所研究型大学中,33 所为私立(非营利)大学,占这一类大学总数的 34%;在"从事高级研究活动"的 103 所研究型大学中,27 所为私立(非营利)大学,占这一类大学总数的 2%;在 84 所"博士/研究型大学"中,48 所为私立(非营利)大学,占这一类大学总数的 57%[①]。

美国私立大学群体何以经久不衰?美国私立大学如何能够在残酷的市场机制主导的体制中顽强生存并实现卓越创新?本课题拟通过描述可以表征美国私立(非营利)研究型大学作为世界一流大学的特征,探究其何以卓越的成因,寻求有助于我国建设世界一流大学的启示。

---

① Carnegie Classification of Institutions of Higher Education. Downloads,2010 Data File[EB/OL]. (2011-01-31)[2012-08-12]. https://carnegieclassifications. iu. edu/downloads. php.

二、相关概念及研究范围界定

(一)核心概念界定:世界一流大学

界定"世界一流大学"的概念,其实质是从本体论层面探讨其内涵,对这一概念的把握也是探讨"建设世界一流大学"这一行为的逻辑起点。然而正如阿特巴赫(Altbach)所说,"尽管发展中国家在争相建设世界一流大学,高等教育发达国家在设法让本国的世界一流大学保有量不减持,'世界一流大学'这一词语也已被广泛使用,但对于'什么是世界一流大学',目前并没有统一的、明确的界定"①。但他同时也指出:"世界一流大学"通常指全球最负盛名的研究型大学,是在全球知识经济中提高本国竞争力必不可少的,它们居于高等教育层级顶端,在创造并传播知识、培养高技术劳动力和专业管理者、满足社会需求等方面发挥着重要作用。② 他认为世界一流大学拥有:具国际标准的优秀教学,高层次的政府/非政府经费来源,自由的学术,自治的结构,一流的教师、研究、行政、学生生活设施。③

从本体论层面探究"世界一流大学",我们要一分为二看待这一名词:何为"大学",何为"世界一流"。其中对"大学是什么"这个问题的审慎梳理是界定"世界一流大学"这一概念的基础。

1. 何为"大学"

"大学"是一个历史的概念,这一组织基于不断拓展的理念丰富自己的内涵。从中世纪到工业革命兴起的初期,关于大学理念强有力的主张是,大学应该是一个教育机构、一个教化机构,它的使命是为社会培养有教养、有趣味、懂得本国或本民族基本价值观和规范的绅士。以 1810 年柏林大学的问世为界线,大学不再仅仅是积累和传播文化的教育机构,它也是创新知识的研究中心。大学理念演变的第三阶段显现于 19 世纪初期的美国,1825 年弗吉尼亚大学的问世开启了美国大学回应世俗社会需求、成为社会"发动

---

① Altbach P G. The Costs and Benefits of World-Class Universities[J]. Academe,2004,90(1):20-23.

② Altbach P G. Peripheries and Centers:Research Universities in Developing Countries[J]. Higher Education Management and Policy,2007,19 (2):106-130.

③ Altbach P G. The Costs and Benefits of World-Class Universities[J]. Academe,2004,90(1):20-23.

机”的时代。此后,大学从单一功能的学术组织演变成基于"知识论"和"政治论"高等教育哲学思想的学术组织,将"人才培养、科学研究和服务社会"视为使命。

2. 何为"世界一流"

在词典里,"世界一流"的意思是"在全世界名列前茅,达到国际卓越的标准"[①]。界定大学是否为"世界一流"的常见方式是全球排名。目前影响比较广泛的全球大学排名有:上海交通大学的"世界大学学术排名"(Academic Ranking of World Universities,ARWU),夸夸雷利·西蒙兹公司(Quacquarelli Symonds Ltd.,QS)的"世界大学排名"(QS World University Rankings),《泰晤士报高等教育特辑》(*THES*)的"世界大学排名"(Times Higher Education World University Rankings)及《美国新闻与世界报道》(*U. S News & World Report*)的"全球最佳大学排名"(Best Global Universities Rankings)——它们确定的排名指标与权重结果是国际上广泛认可的"卓越标准"。

刘瑞儒等学者运用解释结构模型法,对上述大学排行榜的排名指标进行汇总、合并,形成 29 个具有相关性的因素,建立起由 6 个层级构成的世界一流大学评价指标的结构模型,他们发现:"师均学校收入"是影响一流大学建设的基本因素,这个"收入"不仅包括人、财物、项目、政策、办学自主权、国际交流开放权,还包括学校产业收入等支持高校更好办学的一切资源。[②]对排行榜进行研究的陈晓宇等学者在汇总并研究了 2017 年位列上述大学排行榜总排名最高的大学表现与大学特征之间的关系后发现,高水平院校的排名结果与规模无关,科研成果与经费投入的成倍增长与国际排名呈显著正相关,科研成果的质量和影响力对总排名有显著影响。[③]

虽然"一流"的指标并非先验地存在,"比较"的维度被人为设置,对"世界一流大学"的排序是技术的结果,但是人为确定的标准是高等教育界对世界一流大学的资源和办学成效的一致认可,已有的世界一流大学成为高等

---

①　Altbach P G. The Costs and Benefits of World-Class Universities[J]. Academe,2004,90(1):20-23.

②　刘瑞儒,何海燕,李勇,等.世界一流大学评价指标结构分析及启示[J].高等工程教育,2017(4):90-94.

③　陈晓宇,杨海燕.新时期我国建设一流大学面临的转变[J].高等教育研究,2017(11):11-21.

教育实践与理论相互佐证的"活标本"、其他"后来者"实践的风向标。可以这么说,"世界一流大学"是一个同时具备了以下三个特征的社会组织:以"人才培养、科学研究和社会服务"为使命;以学术性为主要特征;其拥有的充裕的经费资源和卓越的学术质量、所发挥的深远的社会效益,均处于全球大学前列。

(二)一般概念及研究范围的界定:美国一流私立(非营利)研究型大学

1. 美国高等教育的公私立之分

关于美国公私立高等教育的区分依据,不同的研究者有不同的说法,如约翰斯通(Johnstone)认为,可以从"任务或目的、拥有关系、收入来源、费用控制、规则或称为费用之外的控制、管理规范"六个方面来区分美国公私立高等教育。但是约翰斯通同时又表示:"'私立'在以上六个方面都有层次性,一所大学在某些方面可能是'私立的',而在另一些方面则是'公立的'。"①这显然不能帮助我们彻底区分美国高等教育的公私立部分。盖格(Geiger)认为,"私立大学与公立大学之间的本质区别主要表现在两个方面:一是经费来源不同,二是学校的控制形式不同"②。但是这样的表述依然没有从根本上将美国的公私立大学进行本质区分,更确切地说,按这样的维度分类,显然混淆了本质与表象,并不足以说明私立大学的本质。而且如杜德斯达(Duderstadt)和沃玛克(Womack)所言,从资金来源、规模和任务(或者社会责任)等方面来区分公私立大学会造成误解,因为在这些方面,它们的差别越来越小:一方面,所有的学院和大学都会得到来自地方、州或者联邦税收一定程度的公共资助,私立大学也通过研究基金、学生资助和免税等形式从州政府和联邦政府处得到大量的公共资助;另一方面,许多公立大学也像私立大学一样,获得了大量的非公共经费,如学生的学费、工业研究基金、合同收入、私人捐赠、从卫生保健或校际体育比赛等辅助活动中得到的收入……事实上,公私立高等教育都承担公众责任并需对税收资金的使

---

① 约翰斯通.高等教育财政:问题与出路[M].沈红,李红桃,译.北京:人民教育出版社,2004:189.

② Geiger R L. The Dynamics of Private Higher Education in the United States:Mission, Finance and Public Policy[J]. Higher Education Policy,1990,3(2):9-12.

用、教育质量等方面做出绩效说明。① 在他们看来,两者最大的区别"可能在于法律地位和管理方法上"——公立大学依附于州,明确地是由纳税人所有,由公共秩序来管理。不仅如此,甚至公立大学的董事会都是通过州长任命或党派政治机制选举产生的,代表公众(纳税人)的利益。

法律地位的不同正是区分公私立高等教育的本质所在。从笔者选取的30所上榜私立大学(见附录 B)来看,私立大学的董事会被授予管理大学的全权,且董事为自我延续,这与美国公立大学不同。从哈佛大学早期的档案及会议记录来看,大学固然须遵守州议会有关大学的决议,但州有关大学的决议,须经大学的同意才能生效。② 1763 年,耶鲁学院克拉普(Clap)校长围绕"董事会对大学的管理权",捍卫学院独立的陈词获得康涅狄格殖民地议会认可,这是私立大学独立于政府的一个典型史实。19 世纪的"达特茅斯学院案"中,学院原董事会以克拉普的这一胜利向联邦最高法院辩诉以捍卫学院的独立性,最终被联邦最高法院认可,从此成为私立大学独立于政府的典型法律依据。

2. 美国高等教育的营利与非营利之分

在美国,营利与非营利组织遍布教育系统内外,非营利组织的合法性依据是州政府的法令和联邦法典中的税收条例。联邦政府要求获得免税权的实体必须是法律规定的"组织",因此非营利组织首先在州的层次获得法人地位,之后通过一定的程序在联邦政府这一层次上获得免税资格。非营利组织分为法人、非法人社团和信托组织三种形式,中小学、大学、医院、博物馆等都属于非营利法人。美国没有全国统一的"非营利法人法",但作为分权联邦制国家,联邦政府制定了《美国非营利法人示范法》,其对相关的定义、组织机构、目的和权力、法人名称、成员和成员资格、董事和行政官、章程和章程细则等 17 个事项做了原则性规定。各州依据《美国非营利法人示范法》制定本州的《非营利法人法》,规定本州辖下非营利法人董事和管理者的责任、义务及组织应尽的其他责任和义务,尽管在具体细节上各州不尽相同,但以下两点是非营利组织区别于营利性组织的本质特点:①非营利法人

---

① 杜德斯达,沃玛克.美国公立大学的未来[M].刘济良,译.北京:北京大学出版社,2006:9-11.

② Harvard University. Constitutional Articles and Legislative Enactments Relative to the Board of Overseers and the Corporation of Harvard University[A]. Cambridge:Charles Folsom, Printer to the University,1835:20.

是为了公共利益依法成立或在法律有效期内存续的合法组织;②非营利法人成立法人不是为了获取经济利益,所得利润不在控制该法人或在财政上支持该法人的成员间分配,而用于再投资以追求既定宗旨。

非营利教育机构代码为501(c)(3),根据美国国内税务局(Internal Revenue Service,IRS)有关条款,只要私立(非营利)大学并非为获取个人利益而举办,学校财产永久用于慈善事业,净收入也不分配给学校的所有者或利益相关人,这样的学校不仅本身享受免税的权利,而且向其提供捐赠的个人、公司和基金会均可获得减免税优惠。① 而营利性私立高校不享受501 (c)(3)条款提供的福利,因为它们的首要任务就是使学校的所有者或利益相关者获利,即私立高校管理的个体或机构因其自负风险领取除工资、租金和其他费用之外的补偿金。对营利性高校和非营利性高校的界定不在于其是否挣钱,而在于其如何使用挣到的钱。两者的区别在于:在剔除了办学成本后,非营利性高校仍将盈余用于这类非营利事业,而营利性高校举办者可以自主处置办学盈利。

3. 美国一流私立研究型大学

大学是一个历史的概念。美国殖民地时期的学院在现在无论如何都算不上大学,但它们是当时传授"高深知识"、培养人才的场所。美国现代大学形成于19世纪后期,1876年约翰斯·霍普金斯大学的成立和1890年芝加哥大学的成立被看成美国现代大学的起点,它们移植了德国柏林大学的模式,突破了殖民地学院"教学型"的英国传统模式,将科学研究与研究生教育作为自己的重要使命,而20世纪40年代芝加哥大学"通识教育"的逆转型成功塑造了"英国模式+德国模式"的美国现代大学模式:本科教育更多地秉承英国的传统模式,而研究生教育则采取德国模式。美国现代大学的特征不仅体现在其使命和结构上,还体现在大学的价值观上。在美国现代大学制度的形成中,美国联邦政府通过一系列法案的颁发,将大学遵从实用主义的价值取向在州立大学部分发挥得淋漓尽致,并从此根深蒂固。美国高等教育价值观的冲突在以推进知识为己任的现代大学出现后尤甚,尽管理性主义大学观和实用主义大学观在美国高等教育领域一直令人纠结,但大

---

① International Revenue Service, Department of the Treasury. Publication 557: Tax-Exempt Status for Your Organization, Cat. No. 46573C [EB/OL]. (2021-03-01) [2021-05-13]. https://www.irs.gov/pub/irs-pdf/p557.pdf.

学因其"高深学问"在美国经济、政治、文化领域中的作用不容忽视,布鲁贝克提出的"二元论"高等教育哲学既是对 20 世纪 60 年代中期之前大学所遵循的价值观的归纳,其二元并立的中庸之道也是之后大学运作及回应社会的价值准绳。在今天,我们已无法根据学校的名称是冠以 college 还是 university 来区分其是学院还是大学,但我们仍可以根据学校的使命及其成就进行区分。比如,波士顿学院(Boston College)和威廉玛丽学院(College of William & Mary)在众多领域进行研究生教育和科学研究,明显属于大学这一类,而仅提供本科生教育的伊利诺伊·卫斯理大学(Illinois Wesleyan University)和麦默瑞大学(McMurry University)只是传统意义上的学院。

美国"研究型大学"的称呼源于"卡内基高等教育机构分类"。为研究高等教育面临的重大问题,1967 年卡内基教学促进基金会成立卡内基高等教育委员会,因分析需要,1970 年卡内基高等教育委员会形成一个分类方案,首次提出"研究型大学"这一称谓,并于 1973 年出版高校分类名册。截至 2020 年 6 月 30 日,这一分类经历了 1976 年、1987 年、1994 年、2000 年、2005 年、2010 年、2015 年、2018 年八次重大修改,本书采用的 2010 年"卡内基基本分类"将全美经认证的高校分为"博士学位授予大学、硕士学位授予大学、学士学位授予大学、副学士学位授予大学、专门学院和部落学院"六大类,其中"博士学位授予大学"被细分为三个层次:从事非常高级研究活动的大学、从事高级研究活动的大学、博士/研究型大学。在"从事非常高级研究活动"的 33 所私立(非营利)研究型大学中,30 所私立大学位列 2010 年 *THES* 公布的世界排名前 200 位的大学榜单,其"一流私立研究型大学"的地位毋庸置疑。

基于以上对美国公立与私立高等教育的认识、对高等教育营利与非营利部分的区分以及对"美国一流研究型大学"的界定,笔者认为,美国一流私立(非营利)研究型大学是依法成立的并依法对学校治理拥有全权的、不将学校运作所获利润用于利益分配的非营利组织。它们是进行人才培养、科学研究和社会服务的公益性的学术组织机构,是美国大学系统,甚至全球大学系统中的引领者,也是美国社会系统中不可分割的重要组成部分。

本课题将 2010 年 *THES* 公布的世界排名前 200 位的大学榜单中的 30 所私立研究型大学作为研究对象,探究其成为世界一流大学的原因。

三、文献综述

1991年发表的《世界一流水平大学的一些特点》[①]是我国较早的与"世界一流大学"相关的学术论文。载至2015年年底，我国每年与"世界一流大学"相关的研究成果数量起起伏伏。自2016年，相关研究成果数量呈现出突增趋势。

（一）对"世界一流大学"的探究

对"世界一流大学"的探究主要聚焦于两个方面：从本体层面探讨"世界一流大学"的特征；基于经验层面，对已被公认的"世界一流大学"成功经验进行比较研究。

1. 基于本体层面的探究

香港科技大学的丁学良教授认为，"世界一流大学"首先必须是研究型大学，"普遍主义"是世界一流大学必备的精神气质。[②] 美国学者阿特巴赫提出的世界一流大学特征（见核心概念界定）为我们提供了视角。萨尔米（Salmi）认为，世界一流大学备受欢迎的毕业生、前沿的研究和技术转让可归因于大学内三个互补性因素：人才集中、资源丰富、适宜的治理。[③]

2. 基于经验层面的研究

在我国建设世界一流大学的过程中，寻求已有"世界一流大学"的成功经验是国内学者进行相关学术探究的热点之一，其中对美国的"世界一流大学"的经验研究在已有成果中占比较大。总体而言，对已有经验的探究主要从宏观和微观两个层面进行。宏观的研究热点包括国家政策干预、战略路径、建设模式、一流大学之间的共生机制等，微观的研究热点包括个体大学的办学理念，大学的国际化战略、人才战略和战略决策，校长和教师的聘用，人才培养模式和科学研究，内部财务管理等。已有研究显示，国家是大学发展的重要力量，西方各国"世界一流大学"的国家战略正从隐性走向显性[④]，在高等教

---

① 图书馆情报部. 世界一流水平大学的一些特点[J]. 教育与现代化，1991(1)：93-100.

② 丁学良. 什么是世界一流大学[J]. 高等教育研究，2001(3)：4.

③ Salmi J. The Challenge of Establishing World-Class Universities, World Bank Publications, Number 2600[M]. Washington, DC：The World Bank, 2009：20-31.

④ 陈超. 美国的世界一流大学战略与启示[J]. 中国高教研究，2008(11)：48-50.

育发达国家干预世界一流大学的历程中,国家与大学之间存在自由与控制、合作与抗争的基本矛盾,过程干预、目标干预和选择性干预是主要的国家干预模式[①],基于"在竞争与合作中求共生"的新理念,寻求联盟化成为各国一流大学群体发展的新路程[②]。在大学内部,一流的办学理念成为一流大学办学成功的关键[③],先进的教育理念是引领世界一流大学发展的思想基础[④],一流大学的整体文化氛围孕育了与众不同的教师文化[⑤]。

(二)对"如何建设世界一流大学"的探究

已有关于"如何建设世界一流大学"的探讨主要分为两类:基于实践层面探究各国/地区"建设世界一流大学"的工作,基于方法层面探索我国"建设世界一流大学"的路径。

1. 基于实践层面的探究

已有成果表明,各国/地区创建世界一流大学的实践各有不同:俄罗斯将有效的治理与战略规划视为其创建世界一流大学的重要策略[⑥];法国基于"协同混合模式"与"择优提升模式"相结合的"卓越大学计划"对其国内建设世界一流大学起到了积极的推动作用[⑦];网络治理模式下加强大学自治与国际化,以研究与创新为导向的发展战略、以政府资助为主体的充足的财政资源、以创新型人才培养为核心坚守卓越的教学质量是瑞士建设一流大学的途径[⑧];中国香港地区通过"卓越学科带动一流大学建设"的战略路径,构建政策行动一体化的运行体系,以建设"世界一流大学"[⑨];中国台湾地区的实践表明,大

① 陈超.西方世界一流大学形成中的国家干预[J].高等教育研究,2016(4):105-109.
② 韩萌,张国伟.战略联盟:世界一流大学群体发展的共生机制研究[J].教育研究,2017(7):132-139.
③ 耿有权.一流大学办学理念的基本特征及其形成条件[J].现代大学教育,2004(2):5-9.
④ 别敦荣,张征.世界一流大学的教育理念[J].高等工程教育研究,2010(4):82-92.
⑤ 郤海霞.世界一流大学教师文化特征分析[J].江苏高教,2006(2):108-110.
⑥ Skvortsov N, Moskaleva O, Dmitrieva J. World-Class Universities, Experience and Practices of Russian Universities: Building World-Class University—Different Approaches to a Shared Goal[C]. Rotterdam: Sense Publishers,2013:55-69.
⑦ 张惠,刘宝存.法国建设世界一流大学的战略及实践——以巴黎-萨克雷大学为例[J].清华大学教育研究,2015(11):23-31.
⑧ 梁会青,魏红.瑞士世界一流大学建设路径探析[J].江苏高教,2018(3):101-107.
⑨ 包水梅,常乔丽.香港建设世界一流大学之政策研究[J].国家教育行政学院学报,2017(1):80-87.

学追求总体优秀有助于其排名①。

各校在"创建世界一流大学"实践中也有不同做法：丹麦奥胡斯大学(Aarhus University)通过战略治理、保持大学发展来加强其全球竞争力②；阿姆斯特丹大学学院(Amsterdam University College)注重跨学科、科学推理、全球知识、公民知识和基于研究的课程，以培养学生全球知识经济所需的知识和技能③；法赫德国王石油与矿业大学(King Fahd University of Petroleum & Minerals)除了拥有丰富的经费资源，还寻求强有力的政府支持、战略性的院校管理以实现教育与研究的卓越④；格里菲斯大学(Griffith University)与开普敦大学(University of Cape Town)注重分析大学自身及大学所处的生态系统以增强自身实力，丰富自身资源⑤。

2. 基于方法层面的探究

萨尔米对各国"建设世界一流大学"提出以下建议：基于不同的环境、学校模式，在众多方法中找到一个能发挥其优势的、利用其资源的策略；创建一流大学的长远愿景并付诸实施，且紧密结合本国的经济发展战略，结合基础教育、中等教育的配套改革，结合其他类型高校的发展计划，构建一个由教学型、研究型、技术类高校构成的体系；还要仔细审视，在本国环境下，大学在努力争取成为世界一流大学的背后面临哪些压力，又有哪些动力。⑥

---

① Hou Y C,Ince M,Chiang C L. The Impact of Excellence Initiatives in Taiwan Higher Education：Building World-Class University—Different Approaches to a Shared Goal［C］. Rotterdam：Sense Publishers,2013：35-53.

② Holm-Nielsen L B. Making a Strong University Stronger,Change Without a Burning Platform：Building World-Class University—Different Approaches to a Shared Goal［C］. Rotterdam：Sense Publishers,2013：73-87.

③ Van Der Wende M. An Excellence Initiative in Liberal Artsand Science Education,the Case of Amsterdam University College：Building World-Class University—Different Approaches to a Shared Goal ［C］. Rotterdam：Sense Publishers,2013：89-102.

④ Sait S M. Policies on Building World-Class,Universities in Saudi Arabia,an Impact Study of King Fahd University of Petroleum Mine Reds：Building World-Class University—Different Approaches to a Shared Goal［C］. Rotterdam：Sense Publishers,2013：103-113.

⑤ Vissek D,Sienaert M. Rational and Constructive Use of Rankings,a Challenge for Universities in the Global South：Building World-Class University—Different Approaches to a Shared Goal ［C］. Rotterdam：Sense Publishers,2013：145-159.

⑥ Salmi J. The Challenge of Establishing World-Class Universities,World Bank Publications,Number 2600 ［M］. Washington,DC：The World Bank,2009：35-36.

国内不同的学者基于不同的切入点探究我国建设世界一流大学的途径。徐超富和彭立威认为，认真研究世界一流大学的共同特征、可遵循的规律，发现和一流大学的差距，是建设一流大学的逻辑起点。① 吕向虹质疑当下的"时间表制定、跨越式发展、重点投入"的方式。② 潘懋元教授认为世界一流大学不是构成的，也不是排名排出来的。③ 林杰认为世界一流大学是生成的，生成过程是一个艰难过程。④ 袁祖望认为建设世界一流大学远非经费堆积能奏效。⑤ 殷小平认为，我们目前遇到的障碍主要为：公共教育经费投入不足和经费使用不当，现代大学理念和制度的缺失和迷惘，大学教师、学生的质量远非一流，这些问题需要综合解决。⑥ 已有的研究认为：内部制度的建设是创建一流大学的根本性问题，一流大学需要一流的校长和教师，以及制度支撑体系——包括大学理念、办学理念、教育理念，也包括师资、科研、学科、人才培养、社会服务、国际化等治理体系，只有构建一流的制度支撑体系，才能创建世界一流大学。

（三）寻求研究的整体化趋势

已有的研究成果既对探讨"如何建设世界一流大学"起着奠基性作用，也为我国建设世界一流大学提供可资借鉴的经验，还有助于我们沿着"实践——认识——再实践——再认识"的道路行进。本研究不在于探讨世界一流大学建设的宏观国家战略、政策，也不对某所大学开展碎片化研究，而是选取30所美国的"世界一流大学"作为研究样本，探究一流大学的共同表征，分析其内部治理的逻辑，形成对样本大学"何以成为世界一流大学"比较完整而深刻的认识。

① 徐超富,彭立威.中国建设世界一流大学:有什么还缺什么[J].湖南师范大学教育科学学报,2005(2):47-51.
② 吕向虹.关于我国建设世界一流大学的思考[J].高教探索,2007(6):20-22.
③ 潘懋元.一流大学不能跟着"排名榜"转[J].清华大学教育研究,2003(6):11-12.
④ 林杰.世界一流大学:构成的还是生成的?——基于系统科学的分析[J].复旦教育论坛,2016(2):30-36.
⑤ 袁祖望.论世界一流大学的形成条件[J].复旦教育论坛,2008(6):33-37.
⑥ 殷小平.建设世界一流大学的障碍与基本方略[J].现代大学教育,2005(2):29-32.

四、研究内容、价值、方法与不足

（一）研究内容

本研究选取 30 所美国私立（非营利）研究型大学作为研究样本，用翔实的原始数据和资料描述大学内部治理组织、经费资源、学术资源、制度资源、办学成效等，首先说明"作为'世界一流大学'的美国私立大学是什么样的"，在此基础上探究"30 所私立大学为什么能够成为世界一流大学"，并从中寻求启示。在研究中，搜集 30 所私立大学的原始数据资料是难点，描述世界一流大学并揭示大学之所以成为世界一流大学的内在逻辑是重点。

本书的研究内容具体如下。

（1）第一章，绪论。提出研究背景，界定核心概念"世界一流大学"，说明研究对象——"美国一流私立（非营利）研究型大学"，梳理相关研究现状，提出本课题研究内容以及研究价值。

（2）第二章，私立大学的内部治理组织。描述私立大学内部由董事会、校长领导团队和教师共治组织构成的组织结构。各校董事会通过自组织，吸纳有特质的董事、架构董事会及下属委员会履行治理大学的职责。经董事会慎重选任的大学校长主管大学所有事务，校长引领的领导团队体现出科层性的特点，团队结构体现出学术与行政的相互渗透性。教师共治组织主要关注与学术研究、教师、学术规训相关的制度与规范。尽管各校教师共治组织功能不同，存在模式不同，分布的层级也不同，但它是教师与行政人员沟通、完善校内制度的重要机构。

（3）第三章，私立大学的经费资源。30 所私立大学拥有巨额的办学资产、充裕的年办学经费、稳定的财务状况。大学内部的学术力量与专业力量是获取经费资源的重要力量，管理专业化是获取经费资源的根本保障，联邦政府为大学获取经费资源创造外部条件。

（4）第四章，私立大学的学术资源。大学拥有一流的师资、一流的学科资源和充裕的学位教育资源，除了诱人的学术资源，大学通过与校外组织合作、向学生提供经济援助的方式获取州内外的优秀学生。

（5）第五章，私立大学的制度资源。本章以私立大学董事履职的制度、校内伦理委员会运作的制度以及大学战略规划的机制为例，探究大学由规制性制度、规范性制度和文化-认知性制度构成的制度资源。

(6)第六章,私立大学的办学成效。以4所位于波士顿地区的私立大学为例,在三个方面探究大学的办学成效:通过人才培养向社会输送卓越人才;作为用人单位、知识资本基地拉动地区经济发展;利用自身资源向民众提供教育资源、医疗卫生资源,以实现大学的社会服务功能。

(7)第七章,结论与启示。美国的"世界一流大学"的卓越成就源于其与众不同的由组织架构、制度安排和权力规则构成的内部治理结构。我国的C9大学在建设世界一流大学时,要正视并改进其内部治理结构,其中改善内部权力主体的个体特质是改善内部治理结构的关键,与众不同的内部治理结构是成为世界一流大学的必要条件。

(二)研究价值

(1)理论价值。描述30所美国一流私立(非营利)研究型大学的客观情况,探究其成为世界一流大学的根本成因,实质上是对二元并立的高等教育哲学的深刻思考,是对大学内部权力规则的深刻解读,是对影响大学共同体成员思维方式与行为方式的制度系统的审视。本课题的研究有助于我们对高等教育上述基本理论问题有更深刻的认知。

(2)应用价值。在知识经济时代,没有一个国家觉得自己可以没有世界一流大学。系统观察、研究美国境内世界一流的私立大学群体,可以为我国C9大学的实践提供一个反思和观照的框架,探究其卓越的成因,可以帮助我们解读私立大学确保其合法性与卓越的能力、方法与逻辑,也可以为我国C9大学建设世界一流大学提供可资借鉴的经验。

(三)研究方法

(1)文献研究法。通过整理、阅读文献,确定研究空间,描述世界一流大学的特征。

(2)跨学科的研究方法。运用高等教育学、社会学的相关理论解读30所私立大学的内部治理结构。

(3)比较研究法。基于对美国一流私立(非营利)研究型大学的描述和其"何以成为世界一流大学"的探究,批判性地探讨我国在建设世界一流大学中可资借鉴的经验。

(四)本课题进行比较研究的基础

本研究中比较研究的样本——美国一流私立大学和我国公立的C9大学处于不同的体制,拥有不同的法律地位,这两类组织是否具有可比性是关键。笔者认为,尽管这两类组织之间存在历史传承与体制环境的差异,但这两类组织都是追求卓越的学术性社会组织,将"人才培养、科学研究、社会服务"视为组织使命,这一共性使得两者之间存在进行比较研究的基础。高等教育发展经验也多次证明,"先发内生型"国家中的成功经验往往被"后发外生型"国家的高校选择性地借鉴从而形成新的制度形式,如:中世纪欧洲大陆法人意义上的大学组织形式,传到德国后形成明显的政府干预的特点,传到英国后融入了大学自治的成分,传到美国后形成了校外人士组成的董事会制度。同样的,德国现代大学教学与科研相结合的特点与英国大学以学院教育为传统特色的组织模式,被美国大学借鉴为"英国模式+德国模式"的美国现代大学模式,现代大学史上的德国柏林大学经验照样被全球众多不同法律地位的大学吸收借鉴。以上史实或许能说明,具备共性的组织尽管处于不同的体制环境中,仍有被用来进行比较、借鉴的基础和价值。

(五)研究不足

(1)大学办学是一个复杂的机制,对于"谋生型"的私立大学而言更是如此,本课题无法一一涉及,只能基于样本大学的基本特性与共性进行探究。

(2)事实上,在高等教育多样化的美国,其境内世界一流大学的情况不尽相同,各大学必有其独树一帜的做法。但本书已经没有篇幅顾及这一点,今后或许可以通过其他成果体现。

(3)本课题立足国内进行比较研究,通过阅读形成的感性认识有助于理性思考,但有一定的局限性。即便可以通过实地考察或访学等途径对本研究中的某几所学校进行观察,这样的认识仍是不充分的,所以对美国大学进行研究具有一定的局限性。

第二章　美国私立大学的内部治理组织

大学的内部治理组织是大学内部共同体成员参与大学治理的组织基础。30 所私立大学的内部治理组织结构主要由最高层的董事会组织、大学内部领导组织、教师共治组织构成。各校董事会的规模及成员类别体现出多样性,董事会通过自组织,吸纳有特质的董事、架构董事会及下属委员会。经董事会慎重选任的大学校长是大学首席行政官,为大学教育与行政领导,主管大学所有事务,负责实现大学的办学安全与效益。校长既向董事会负责,在董事会领导下开展工作,也向大学共同休成员负责。校长引领的领导团队既体现出科层性的特点,也体现出学术性与行政性相互渗透的特点。教师共治组织因其功能、构成人员不同而体现出多样性,其主要关注学术政策与学术事务,或与学术有关的政策、事务。

第一节　美国私立大学的董事会组织

董事会组织是私立大学内部的最高层治理组织,30 所大学内,27 所大学设有单院制董事会,3 所大学设有双院制董事会。

一、大学董事会的成员构成[①]

(一)董事会成员构成的一般情况

1. 董事会规模

各校董事会模式、规模、董事类别由原始成立文件或董事会章程予以规范。30 所大学的董事会组织规模不一,内部成员类别不一(见表 2.1 和表 2.2)。截至 2013 年 12 月 30 日,3 所大学的双院制董事会共有 141 名在职董事,平均规模为 47 人(同时在两个治理组织中任职的成员人数不重复统计)。27 所大学的单院制董事会平均规模近 45 人,仅耶鲁大学董事会规模在 20 人以下,3 所大学的董事会规模为 20～29 人,18 所大学的董事会规模为30～59 人,另有 5 所大学的董事会规模在 60 人及以上,西北大学董事人数最多,共 76 人。根据美国高校董事会协会(Association of Governing Boards of Universities and Colleges,AGB)1986 年、2004 年和 2010 年对507 所各级各类私立大学的调研结论,各年董事会的平均规模分别为 29人、30 人和 29 人。30 所私立大学的董事会规模要大于 AGB 在上述年份调研所得数据。

表 2.1　双院制董事会组织的构成与成员类别*

学校	双院制组织名称		成员类别
布朗大学(54)	法人	董事会 (42)	校友董事 任期董事(含年轻校友董事) 荣誉董事
		校务委员会 (12)	经法人选举产生的成员

①　本章中关于各校董事的人数、类别、教育经历、岗位与职业等信息,并不全部来自大学董事会官网,因为除了达特茅斯学院、哥伦比亚大学、乔治·华盛顿大学、埃默里大学、南加利福尼亚大学网站显示本校董事的详细信息,波士顿大学、凯斯西储大学、加州理工学院、乔治敦大学、麻省理工学院、纽约大学、西北大学、普林斯顿大学、范德堡大学、圣路易斯华盛顿大学等大学网站上提供本校董事的部分信息外,约翰斯·霍普金斯大学、卡内基梅隆大学、宾夕法尼亚大学、斯坦福大学等大学网站仅显示董事名单。为此,笔者根据董事姓名在各社会网站、大学内新闻网站收集与该姓名相关的信息,在审读从社会网站搜集的董事个人信息资料时,若显示其中有此人"担任×××大学董事"的信息,且姓名与任职大学等信息一致,便认为其为同一个人从而对相关信息予以采用。数据收集截至 2013 年 12 月 30 日。

续　表

学校	双院制组织名称	成员类别
哈佛大学（40）	监事会（32）	当然成员：校长、财务主管 由校友选举产生的成员
	校务委员会/法人（10）	当然成员：校长、财务主管 其他经监事会同意由法人选举产生的成员
诺特丹大学（47）	法人（12）	法人当然成员 经法人选举产生的成员
	董事会（47）	当然董事 2名刚毕业的校友董事 由法人选举产生的董事 荣誉董事

资料来源：根据各大学董事会章程及官网信息汇总而成。数据收集截至2013年12月30日。

*表中各大学按学校名称的英文首字母排序；（）中人数仅为具表决权的董事人数；哈佛大学2名监事会成员同时是校务委员会成员，诺特丹大学12名法人成员兼任董事会成员；荣誉董事不具表决权。

表2.2　单院制董事会规模及成员类别*

波士顿大学（41）	加州理工学院（52）	卡内基梅隆大学（69）	凯斯西储大学（46）
当然董事 经选举产生的董事 荣誉董事	当然董事 资深董事 年轻校友董事 经选举产生的董事 终身董事	当然董事 终身董事 任期董事 校友董事 荣誉终身董事	当然董事 经选举产生的董事 荣誉董事 名誉董事
哥伦比亚大学（23）	康奈尔大学（64）	达特茅斯学院（25）	杜克大学（37）
经选举产生的董事 荣誉董事	当然董事 终身董事 任命董事 一般董事 校友董事 教师董事 学生董事 职员董事 荣誉董事	当然董事 特许董事 校友董事 荣誉董事	当然董事 经选举产生的董事 荣誉董事

续　表

埃默里大学(42)	乔治敦大学(35)	乔治·华盛顿大学(40)	约翰斯·霍普金斯大学(56)
任期董事 校友董事 荣誉董事	当然董事 经选举产生的董事	当然董事 经选举产生的董事 校友董事 年轻校友董事 荣誉董事 名誉董事	当然董事 其他正式董事 校友董事 年轻校友董事 荣誉董事
麻省理工学院(72)	纽约大学(60)	西北大学(76)	普林斯顿大学(40)
当然董事 其余董事 终身董事 校友董事 年轻校友董事 终身荣誉董事	校友董事 年轻校友董事 经选举产生的董事 终身董事	特许董事 终身董事	当然董事 特许董事 任期董事 荣誉董事
伦斯勒理工学院(31)	莱斯大学(25)	斯坦福大学(32)	塔夫茨大学(41)
当然董事 经选举产生的董事 荣誉董事 名誉董事	当然董事 选举董事 校友董事 荣誉董事	当然董事 校友董事 经选举产生的董事	当然董事 特许董事 校友董事 荣誉董事
芝加哥大学(46)	宾夕法尼亚大学(56)	南加利福尼亚大学(53)	范德堡大学(35)
现任董事 名誉董事 荣誉董事	当然董事 特许董事 任期董事 校友董事 宾夕法尼亚州官员担任的董事 特别董事 荣誉董事	校友董事 经选举产生的董事 终身董事 名誉董事 荣誉董事	当然董事 校友董事 年轻校友董事 经选举产生的董事 荣誉董事

续　表

圣路易斯华盛顿大学(56)	耶鲁大学(19)	耶希瓦大学(36)	
当然董事 经选举产生的董事 荣誉董事	当然董事 校友董事 原董事接班人	经选举产生的董事 名誉董事 荣誉董事	

资料来源:根据各大学董事会章程及官网信息汇总而成。数据收集截至 2013 年 12 月 30 日。

　　* 表中各大学按学校名称的英文首字母排序;()中人数仅为具表决权的董事人数;荣誉董事、名誉董事不具表决权;除卡内基梅隆大学、麻省理工学院,其余大学的终身董事不具表决权。

2. 董事会成员类别

　　30 所大学各类董事的任职又可以分为正式岗位和荣誉岗位两大类,通常只有任职于正式岗位的成员才具有表决权。正式董事包括当然董事、经选举产生的董事,在康奈尔大学和宾夕法尼亚大学还有为数不多的任命成员。

　　当然董事指的是个体凭借其拥有的某一职位而成为董事会成员,其当然董事的身份随着个体离开某一职位而失效,因此其作为董事任职、离职均无须董事会选举、表决。30 所上榜大学的董事会中,当然董事的情况如下(见表 2.3)。

　　(1)83% 的大学(25 所)拥有当然董事。笔者收集到的信息未显示埃默里大学、纽约大学、西北大学、南加利福尼亚大学、耶希瓦大学 5 所大学拥有当然董事。

　　(2)80% 的大学(24 所)校长为当然董事。其中波士顿大学和卡内基梅隆大学的董事会还将大学教师评议会主席纳为当然董事,布朗大学、诺特丹大学、卡内基梅隆大学、乔治敦大学、麻省理工学院、约翰斯·霍普金斯大学 6 所大学的董事会还将校友协会主席纳为当然董事。

　　(3)凯斯西储大学仅校长为当然董事,具表决权,但不计入最低法定人数。

　　(4)莱斯大学、宾夕法尼亚大学的当然董事不具表决权,也不被计入会议最低法定人数或被要求的参会人员人数(此处统计时,仍将其计入正式董事人数)。

　　(5)埃默里大学和西北大学校长既不是当然董事,也不被纳入董事会。

表 2.3　各校的当然董事

波士顿大学	布朗大学	加州理工学院	卡内基梅隆大学
校长 顾问委员会主席 教师评议会主席	1 名现任校友协会主席 2 名曾任校友协会主席 校长	校长	匹兹堡市长 匹兹堡市政委员会主席 校长 校友协会主席 安德鲁·卡内基社团主席 大学教师评议会主席
凯斯西储大学	哥伦比亚大学	康奈尔大学	达特茅斯学院
校长	校长	纽约州州长 参议院议长 众议院议长 校长	校长 新罕布什尔州州长
杜克大学	埃默里大学	乔治敦大学	乔治·华盛顿大学
校长	无	大学校长 该校的"资深代表团"主席* 校友协会主席 医药卫生公司（MedStar Health Inc.）首席执行官	校长
哈佛大学	约翰斯·霍普金斯大学	麻省理工学院	纽约大学
校长和财务主管是两个治理委员会的当然成员	校长 霍普金斯医学中心委员会主席 大学董事会所有前任主席 大学校友协会主席和副主席	州长 马萨诸塞州教育部长 马萨诸塞州最高法院首席法官 法人主席 校友协会主席 校长 执行副校长兼财务主管 副校长兼法人秘书	无

续　表

西北大学	普林斯顿大学	伦斯勒理工学院	莱斯大学
无	校长 州长	特洛伊市市长	校长 财务主管
斯坦福大学	塔夫茨大学	芝加哥大学	诺特丹大学**
校长	校长	校长	法人当然成员: "圣十字会"美国教区成员 诺特丹大学"圣十字会"会长 大学校长 法人下属的董事会主席
宾夕法尼亚大学	南加利福尼亚大学	范德堡大学	圣路易斯华盛顿大学
校长 州长	无	校长	校长 医学院院长 校友协会主席 校友协会执行副主席
耶鲁大学	耶希瓦大学		
州长 副州长 校长	无		

资料来源:根据各大学董事会网站或章程整理而成。数据收集截至 2013 年 12 月 30 日。

＊乔治敦大学的"资深代表团"主席由资深代表团成员和董事会推荐、校长任命,任期 3 年,任期内需要向学校捐赠 10 万美元。

＊＊诺特丹大学的法人当然成员兼任董事。

　　任命董事主要出现在康奈尔大学和宾夕法尼亚大学。2 所大学通过办学项目从州政府获得部分办学经费,作为交换,也便于管理,大学与州达成协议,由州任命若干大学董事。如纽约州立大学系统 64 个分校中,有 4 个可授予博士学位的大学中心与机构设于康奈尔大学内,康奈尔大学则拥有 3 名由纽约州州长任命、州参议院批准的"任命董事",任期分别为 3 年,错开制。[①] 在宾夕法尼亚大学,由参议院议长、参议院少数党领袖、众议院议长、众议院少数党领袖 4 位宾夕法尼亚州官员每人不经选举各自任命一位州官员任宾夕法尼亚大学董事[②]。

经选举产生的董事分为由董事会董事选举产生的成员和由大学共同体某类成员选举产生的成员,如在一些允许本校教师、学生在董事会任职的大学内,由大学教师会或大学评议会选举产生教师董事,由学生会选举产生学生董事。由校友协会选举产生的校友董事、年轻校友董事是各校常见的董事类别,但是校友董事、年轻校友董事不同于"由校友担任的董事"。校友董事、年轻校友董事这两类董事候选人由大学董事会委托校友协会推选,校友协会则根据其制定并经董事会批准的程序在广大校友自荐或推荐的人选中进行选拔、提名并推荐给董事会,由后者最终审批。而"由校友担任的董事"不仅包括校友董事和年轻校友董事,还包括那些虽曾在本校就读但仅以社会人士身份参与进来、不由校友选举产生的董事。因此各校"由校友担任的董事"人数并不等同于校友董事和/或年轻校友董事的人数。

除了当然董事,校内外不同类别的、具表决权的董事存在三个方面的差异。

(1)年龄要求上的差异。例如,加州理工学院的资深董事也是具有表决权的董事。根据《加州理工学院董事会章程》,董事满 72 岁须退休,但资深董事岗位不受年龄限制,年满 72 岁而想继续为董事会提供服务的董事可以担任本校资深董事,或者年满 72 岁而之前虽不曾任本校董事,但有杰出成就、能热心于学校工作、对学校特别有益的,也有资格担任本校资深董事。

(2)任期差异。如在普林斯顿大学[③],经董事会选举产生的 2 类董事——特许董事与任期董事,任期分别为 8 年、4 年。

(3)选举资格的差异。以宾夕法尼亚大学[④]为例,宾夕法尼亚大学经董

① Cornell University. Bylaws of Cornell University, Article Ⅱ the Board of Trustees [EB/OL]. (2020-02-19) [2020-04-10]. https://cpb-us-e1. wpmucdn. com/blogs. cornell. edu/dist/5/9068/files/2020/02/19-10-bylaws-w-TC. pdf.

② University of Pennsylvania. Statutes of the Trustees[EB/OL]. (2019-10-18) [2020-03-05]. https://secretary. upenn. edu/trustees-governance/statutes-trustees#two.

③ Princeton University. Composition of the Board[EB/OL]. (2018-09-18)[2020-03-01]. https://president. princeton. edu/vice-president-and-secretary/board-trustees.

④ University of Pennsylvania. Statutes of the Trustees[EB/OL]. (2019-10-18)[2020-03-05]. https://secretary. upenn. edu/trustees-governance/statutes-trustees#two.

事会选举产生的董事有 3 类:特许董事,10 人,从至少已任职 5 年的董事中选举产生,任期至退休[①];任期董事,30 人,任期 5 年,最多可连任 2 届,之前曾担任过本校其他类别的具表决权的董事,其任职时间计入任职年限;特别董事,2 人,其当选需经执委会批准,须是能满足大学特定需求、最有利于大学的人,由董事会主席决定其任期[②]。

（二）董事的产生与离职

1. 董事的产生

私立大学的董事会成员主要通过选举产生,其中绝大部分又是通过董事会选举产生,这通常是董事会下属的董事委员会(committee on trustees)的职责,当大学无独立的董事委员会时(如杜克大学),则通常由执委会或执委会下属的董事分委员会负责。一般而言,董事会选举董事的过程包括以下 3 个步骤。

（1）设计董事会的组成。设计董事会的人员构成是董事委员会的重要职责,旨在确保董事会的构成能满足大学治理所需。为此,董事委员会首先要对现任董事进行分析,主要包括 3 个方面的内容。

①董事的年龄、性别、教育背景、已任职时长;

②董事的职业/治理经历——是否曾涉及筹资、战略规划、国际事务等工作,以及在营利/非营利机构的工作经历等;

③各董事的实际专长与声誉。

其次,董事委员会要描绘出至少未来 3 年的董事会构成,为此需要回答"董事会需要什么专长的人来履行监管、治理学校的职责",这一问题又可以细分成以下具体问题:

①是否要改变董事的年龄结构或地域分布结构?

②是否要平衡董事的性别组成?

③是否需要董事会人才库的构成更多样化,以便能更好地处理诸如设施建设或建筑物翻新等工作?

④是否需要补充具有房地产经营、项目管理经验或建筑经验的董事?

---

①　宾夕法尼亚大学的特许董事不同于达特茅斯学院和塔夫茨大学的特许董事,后两所学校的特许董事不必具备之前已担任董事且需达到一定服务年限的条件。

②　但无论是上述哪一类董事,根据宾夕法尼亚大学董事会章程,须在其年满 70 岁之后的第一次董事会例会后退休。

⑤资本结构是否需要调整,为此是否需要有具备投资银行业专长和财务专长的董事?

⑥筹资运动是否要求有筹资经验或捐赠能力的董事?

⑦未来董事会的领导是否能确保向校长提供各方面的支持?

⑧原董事退休后是否留下重大的人才缺口需要新董事来填补?

在回答上述问题的过程中,董事会可以更加明确其应寻找具有何种特质的董事候选人,从而将董事会所需的具有特定职业专长的人吸纳入内。

(2)制定董事任职标准。各州对非营利法人董事资格的限定比较宽泛,一般为"年满18岁的自然人,若章程或组建条款无特别规定的,不必非得居住于本州也不必非得是法人成员",并且"组建条款、章程可对董事的其他资格做出规定"。各校董事委员会有相当大的空间制定本校董事的任职标准及各项权重,并对更有针对性的一小群人进行筛选,确定可以向董事会推荐的候选人名单。

以乔治·华盛顿大学为例。该校负责董事选举的委员会为"董事治理与提名委员会",经董事会批准,委员会在《乔治·华盛顿大学董事甄选标准》(*Criteria for Selection of Members of the Board of Trustees of the George Washington University*)中提出[①]:大学寻求能将本人专业知识、时间、财务资源致力于大学利益的个体为董事,在确定向董事会提名的候选人时,委员会应考虑以下标准:

①具有促进董事会与大学发展的专业知识;

②承诺能对大学提供重大经费支持,并代表大学领导筹资工作;

③能参加董事会及其常务委员会会议,完成董事会布置的工作;

④有参与高等教育工作或慈善工作的经历,或对这些工作有浓厚兴趣;

⑤来自高等教育、金融、投资、商业、政府、科学、法律、艺术、国际关系等领域,并有能力代表这些多样群体;

⑥在其职业生涯中有领导经历,并拥有高水平成就;

⑦在其所在共同体中,因其智力、正直、技能、经验和良好判断享有盛誉;

---

① George Washington University, Board of Trustees, Committee on Governance and Nominations. Criteria for Selection of Members of the Board of Trustees of the George Washington University[EB/OL]. (2019-10-04) [2020-03-08]. https://trustees.gwu.edu/committees.

⑧不存在任何利益冲突或潜在的利益冲突；

⑨若是原董事再次被提名，由委员会评价其任董事期间的工作绩效。

（3）形成新董事候选人网络。这一环节主要分为3个步骤。

①建立董事候选人的人才库并筛选。委员会向所有董事报告董事会人员构成目标，并鼓励在任董事积极推荐，但委员会成员在推荐候选人方面承担主要职责。校长、学校的发展部门、校内高层管理者等也会通过筹资工作、校友活动、社区服务、专业协会等途径与可能符合董事标准的候选人定期接触，或根据自己的判断，将符合董事会人员构成目标的社会人士资料推荐给委员会，董事候选人搜索范围还可以通过顾问委员会、本校成员等进一步扩大。校友是董事候选人的一个重要来源，在附属宗教的学校，教友也是重要的候选人来源。

委员会对董事人才库的筛选主要包括3个方面的工作：分析候选人个人资料；审查能说明候选人对学校工作有兴趣的支撑材料；与各董事、其他相关人员私下沟通，了解候选人在其他董事会或其他志愿性工作中的绩效。这一轮筛选后产生两串名单，长名单上是董事会想要收集更多信息并通过一段时间继续了解的候选人，短名单是进入目前董事会成员构成目标范围的重点候选人，由委员会排序，给了适当的评鉴并计划接触。其中最重要的是，委员会审慎探究重点候选人在其他董事会的工作质量，以通过候选人过去的业绩预测其未来的表现，借此也避免那些热情的候选人兼任太多而无暇分身的情况。

②与候选人接触。对重点候选人的接触，委员会事先都经过仔细设计，接触过程因人而异。与短名单上候选人最先接触的往往是委员会主席、成员或其他一位在任董事，之后由委员会邀请候选人实地走访，与教师会面、听课，与相关的高层行政会面，一般还会与校长做一些交流。双方接触的目的，首先是评估候选人的工作兴趣，其次是通过一些活动，使得候选人有担任本校董事的意愿，这种接触也是对候选人的任前教育，旨在向候选人展现学校的战略愿景与治理体系，展示各董事如何融入学校的治理工作，说明担任董事应有的时间投入、个人资源贡献、董事行为准则、公共管理中应有的公正的价值观等工作要求。

若双方接触后感觉良好，那么接下来就是明确董事职责，此时的工作原则是防止以后可能产生的意外。候选人会看到一份董事职责声明，声明明确提出董事须具有的慈善行为，其可以就此与委员会主席进行探讨。之后由校长或其他董事与候选人再接触,确保候选人对各项声明条款都做出反应,这样董事会主席便能确定,当再次询问候选人意愿时,候选人的回答是肯定的。最后由董事会主席与候选人再次讨论董事职责,从董事会主席的角度说明董事会当前面临的重要任务、目前须着手的工作,确保候选人了解并能认同董事职责。

③向董事会推荐。这也是董事委员会履行其使命的重要环节。在将候选人名单提交给董事会并由董事会进行选举时,委员会将候选人的个人资料分发给每一位在任董事,由董事们讨论包括候选人资格在内的一些问题,曾与相关候选人接触过的董事会成员向大家回顾与候选人的沟通过程,委员会主席则将候选人的背景、工作经历与学校董事会的人才需求、标准联系起来,说明候选人与董事会人才构成的战略关系,之后由委员会主席负责安排选举。

2. 董事的离职

此处所说的"董事的离职",不同于因任期满或因年龄达到退休要求而离开董事岗位的、正常卸任的董事,而是指经选举产生的、本应在任期内正常履职的董事因其他原因离开董事岗位。董事的离职分为被罢免、自动请辞、强制性辞职。

大学可以因以下原因罢免在任董事,并宣布其岗位为空职:缺席会议达到一定限度;涉嫌欺诈、不诚实、严重滥用权力;违反董事应遵循的、各州根据《美国非营利法人示范法》制定的三个基本原则。此时董事的罢免需经董事会具表决权的董事表决同意,表决前是否还需听证,各校对此规定不一。若董事因自身的责任被判有罪,地方高级法院可根据指控罢免其董事职位,被罢免的董事在法庭规定期限内不可再次参加董事竞选。

董事离职的第二种情况是自动请辞。任何董事均可向董事会、董事会主席、董事会秘书提交书面请辞,董事会通常尊重董事确定的辞职时限,若请辞书上无特别说明其离职日期,则自其提交书面请辞日起,即视为辞职生效。

董事离职的第三种情况是强制性辞职。这包括两种情形。一种情形是:学校为避免利益冲突,一旦董事成为本校内部在编成员,便必须辞去董事职务。如塔夫茨大学规定,"除大学校长外,大学内任何教育、行政人员,一旦担任本校董事,则被视为辞去原岗位职务;任何董事,一旦成为本校教育、行政人员,则被视为辞去董事职务"①。强制性辞职的另一种情形是由大学所在州法院判决,因为各私立大学作为州内非营利组织,其董事的选举、离职的合法性受到各州相关法律保护。以康涅狄格州为例,《2011年康涅狄格州法律汇编》标题33"法人"第620章"康涅狄格州非营利法人法"第33-1089部分"确定选举有效的诉讼程序"规定:因受到侵犯的董事就选举结果起诉,法人总部所在地的地方最高法院法官应前往听证或审理,并裁定该董事的当选是否有效,其是否因正常当选而应拥有董事应该有的权利。此时法院有权要求法人出示相关记录并进而做出相关裁定,若法院认为选举无效,则由法院确定会议时间和地点,确定会上有表决权的成员,规定会议通知的形式和内容,确定会议的法定最低人数,重新进行选举。若选举结果与原有结果不一致,则由法院判决原选举结果无效,原当选的董事必须辞职。

二、大学董事会的职责

(一)作为非营利组织董事会的职责

30所私立大学首先是私立非营利组织,其董事会职责由各州非营利法条款予以规范,以华盛顿哥伦比亚特区为例,《2012年哥伦比亚特区法典》中《非营利法人法》第三分章"宗旨与权力"以规定董事会享有权力的形式规定了董事会职责,这些权力包括:

(1)以法人名义起诉、被诉、投诉、抗诉;

(2)可拥有、替换、使用法人印章;

(3)制定并修订与法人组建条款、特区各法不冲突的章程,以管理、规范法人事务;

(4)以采购、接收、租赁等方式获取、拥有、保有、改善、使用、处理动产与不动产或其他合法财产权益;

(5)以出售、抵押、质押、租赁、交换或其他方式处理组织所有资产或部分资产;

(6)以采购、接收、认购或其他方式获得、拥有、持有、使用、出售、抵押、

---

① Tufts University. Bylaws of Trustees of Tufts College, Article Ⅱ the Trustees: Disqualification of Staff [EB/OL]. (2018-11-03) [2020-03-01]. https://trustees.tufts.edu/bylaws/art2-8/.

贷款,或用其他方式处理法人在其他实体中的股份等;

(7)担保合同、债务、价款、发行票据、债券等以保证法人履约;

(8)出借资金、投资、接收或持有动产与不动产[①];

(9)可促成与其他实体的合作,或成为与其他实体合作、合资的管理者;

(10)开展工作,确定办公地点,行使本法规定的权力;

(11)选举董事和管理层、雇员、法人代理机构并明确他们的职责及薪酬。

(二)作为私立大学董事会的职责

2010 年,AGB 在《有效的董事会——私立院校董事会成员指南》[②]中列出私立大学董事会的 10 项基本职责,分别是:

(1)确定学校使命,并确保其广为人知、与时俱进;

(2)选任可以引领学校的校长;

(3)支持校长工作,定期评估其绩效,确定校长待遇;

(4)责成校长领导战略规划,并参与战略规划的制定、审批,监督战略规划的执行;

(5)确保大学财务健康,保护学校财产,致力于筹资;

(6)确保学校的教育质量;

(7)保护学校自治和学术自由;

(8)确保学校的政策与工作程序与时俱进并被合理执行;

(9)与学校高层管理人员协力合作,定期与学校主要成员交流;

(10)规范开展董事会业务,工作具透明性,坚持最高道德标准,确保董事会自身的治理政策与工作的与时俱进,定期评估董事会下属委员会、各董事的绩效。

与更具普适性、更刚性的《非营利法人法》规定的董事会法定权力相比,AGB 列出的职责更多地属于指导性意见,也更多地体现了大学董事会的特质。各校根据原始成立文件,以章程的形式明确董事会的权力与责任。如位于哥伦比亚特区的乔治敦大学,根据该校《董事会章程》,董事会拥有《法

---

① 但董事会不得向董事或管理层提供贷款,也不得担保他们的借贷。

② AGB. Effective Governing Boards—A Guide for Member of Governing Boards of Independent Colleges and Universities[M]. Washington D. C. :AGB Press,2010:7.

人特许状》规定的权力,这些权力包括但不限于[1]:

(1)任命或罢免校长;

(2)授予课程学位或荣誉学位;

(3)批准或采纳大学教育工作中的重大变化或创新;

(4)对校长呈报并出具意见的大学预算进行审核或采取合适的行动;

(5)同意由校长任命的大学教务长、大学秘书和大学财务主管的任职;

(6)批准新大楼的建造或已有建筑的重大翻修;

(7)批准大学所需的土地、大楼的买卖;

(8)发起并推动重大筹资工作;

(9)批准大学学杂费的变动;

(10)批准大学或其财务主管代表大学接收礼物,并制定大学接收礼赠的政策与程序[2];

(11)批准大学借债,批准以大学拥有的或之后购买的有形的或无形的动产或不动产进行的抵押、质押。

三、大学董事会履行职责的机制

(一)董事会的组织架构

无论是单院制董事会还是双院制董事会,其组织架构源于大学治理学校所需。在单院制董事会中,其组织架构包括董事会管理层和董事会常委会的设置。双院制董事会不仅包括单院制董事会的组织架构,还包括两个顶层治理组织的关系与权力分配。

1. 单院制董事会的组织架构

(1)董事会管理层的设置。董事会管理层的设置分为两种模式:一种模式是,管理层独立于大学行政管理层,即除了校长,大学行政的其他高层人员不被视为董事会管理层成员。多数单院制大学董事会采用的是这一模式。在这一模式中,董事会管理层至少包括:1 名主席、若干名副主席、1 名

---

① Georgetown University. Bylaws of the President and Georgetown College,Article Ⅱ Board of Direction,Section 1 General Powers[EB/OL]. (2006-09-21)[2012-04-11]. https://governance. georgetown. edu/bylaws/.

② 接收可能对大学工作或对大学特征产生重大影响的、涉及金额达到 500 万美元及以上礼物的,必须经董事会批准。校长还须定时向董事会汇报经董事会授权、以大学的名义接收的全部礼赠。

董事会秘书。董事会管理层的另一种主要模式是，管理层本身容纳了大学行政管理层的诸多官员，体现了董事会与行政的合作，如卡内基梅隆大学、约翰斯·霍普金斯大学、麻省理工学院等。以霍普金斯大学为例，根据霍普金斯大学《董事会章程》，大学董事会管理层包括：董事会主席、最多3名董事会副主席（霍普金斯医学委员会主席为董事会当然副主席）、校长、教务长兼分管大学学术工作的资深副校长、分管财务与行政的资深副校长、分管校外工作与发展的资深副校长、其他至少1名大学副校长、董事会秘书、大学财务主管、应用物理学实验室主任。但是由于受董事会人数的限定，董事会管理层中，除了董事会主席、副主席、校长须为董事外，连董事会秘书和财务主管都不一定非是董事不可。①

　　上述两类模式中，各校董事会主席、副主席、秘书的任期各不相同，任期最短的为一年一选，最长的可连任7年，任满后停任一年便仍可再度竞选董事会管理层。管理层人员一般都在董事会年会上选举产生。但是凯斯西储大学略有不同，其董事会副主席们由主席任命，经董事会程序上的批准，副主席们的任期不超过其为之服务的主席的任期。在凯斯西储大学，一位本来担任副主席的董事，通常由于任命他的主席离任而不再担任副主席，但这些人通常还会因为其不凡的能力而被后来的董事会主席任命为副主席。②

　　董事会主席的主要职责是主持所有董事会、执委会会议，他们在审计委员会之外的董事会所有委员会中任职，当董事会主席缺位或不能履职时，由副主席代其履职，直至主席能正常履职或董事会选举出新主席。董事会秘书对董事会主席和校长负责，分发会议通知、纪要、决议，为董事会以及董事会各委员会准备会议议程安排，他们也是董事会、执委会的会议记录、章程与组建条款、法人档案记录与印章的保管人，并确保这类文件均附有大学印章。财务主管服从董事会、执委会、董事会下属投资委员会的管理，遵循董事会政策，履行下列职责：负责保管法人资金及财产记录，负责对未用于投资的现金以及法人资产进行投资，提供预算所需的经费，购买、管理、销售、

---

　　① Johns Hopkins University. By-Laws of the Board of Trustees, Article Ⅲ Officers and Appointees of the Board [EB/OL]. (2020-01-30) [2020-05-03]. https://trustees. jhu. edu/wp-content/uploads/2020/01/By-Laws-of-the-Board-of-Trustees-updated-January-14-2020_. pdf.

　　② Case Western Reserve University. Bylaws of the Board of Trustees, Article Ⅳ Officers of the Corporation[EB/OL]. (2018-04-10)[2019-04-12]. https://case. edu/bot/sites/case. edu. bot/files/2018-04/Approved-University-Bylaws-5. 10. 2017. pdf.

处理债券、股票、不动产以及其他未用于投资的资产;确保大学资金的流动性,制定并执行资本结构、外部筹资、流动资本、往来账户、利率风险管理、商业保险与风险管理等财务政策;担任大学与外债机构、税务机构的主要联系人,与商业银行、投资银行构建并保持关系,向董事会的"财务委员会"建议新的债务结构,管理法人外债;在每个财务年底根据大学通用的财会原则,准备法人资产、债务、办学费用收支的报表;配合大学聘用的外部审计人员审计上述财务报表;经董事会和分管财务的执行副校长共同批准,或经财务委员会和执行副校长同意,代表法人、以法人的名义签署协议、票据或相关文书;若无秘书或秘书不在,财务主管还需对大学财务的让与、分配或与大学财产有关的契约加盖公章、出具证明,以便执行文件。

(2)董事会常委会的设置。董事会履行职责所需的另一种组织架构是设置下属的常务委员会。在 27 所拥有单院制董事会的大学中,西北大学、伦斯勒理工学院、耶希瓦大学 3 所大学中有关董事会下属委员会的资料无法获取。其余 24 所大学董事会下属委员会资料显示,各大学董事会下属委员会数量最少的是麻省理工学院,仅设 5 个常务委员会,最多的是圣路易斯华盛顿大学,有 14 个下属委员会,各校董事会拥有下属委员会的平均数量为 10 个。此处将 24 所大学中常见的 11 个下属委员会的分布情况陈列如下,并根据 AGB 对全美各高校常见董事会下属委员会的职能定义陈述各委员会职责。

①24 所大学拥有审计委员会。审计委员会的主要职责是监管大学财务工作惯例、内部控制、财务管理和行为规范。具体是:选择独立审计员进行年度审计,审计前与他们商讨审计范围与程序,审计后与他们确定财务报表是否健全、内部控制是否充分等;讨论审计员的"核数师致客户书"并向董事会呈报大学的年度财务报表;确保共同体成员遵守学校的利益冲突政策。[①]

②22 所大学拥有治理委员会[②]。治理委员会的主要职责为:设计董事会构成;制定董事任职标准;管理董事候选人的人才库;帮助新任董事尽快入职,激励在任董事的工作热情、评估董事的工作绩效,确保卸任董事继续

①　Ostrom J S. Effective Committees, the Audit Committee[G]. Washington D. C. ; AGB Press,2004;5-12.

②　有些大学将治理委员会称为提名与治理委员会、董事委员会或董事资格委员会等。

对本校保持热情;评估董事会绩效并确保董事会的行为遵守章程规定[①]。

③22所大学拥有财务委员会[②]。财务委员会的职责主要分为两大块:监督当前的财务运作和结果;确保学校具有或正在制定切实可行的长远财务规划。[③]

④21所大学拥有学术事务委员会[④]。学术事务委员会是学校履行学术使命不可或缺的重要部分,其主要职责包括:确保大学的人才培养方案与大学使命与战略一致,并符合本校学生;确保学术预算、教师人事政策反映大学学术工作的重点;确保大学评估学术人才培养方案的效力。[⑤]

⑤21所大学拥有发展委员会[⑥]。发展委员会主要负责学校发展所需经费的筹资工作,包括制定筹资与捐赠的政策、目标等。[⑦]

⑥21所大学拥有执委会[⑧]。执委会由董事会管理人员与常务委员会主席组成,其职责包括:确保董事会履行其职责;在董事会休会期间履行董事会职责;监管大学战略规划的制定与执行。在不设执委会的董事会中,由董事会开展执委会的工作。

⑦18所大学拥有场地与建筑物委员会。委员会职责包括:监管已有设施是否充分、使用是否正常;审查学校的设备规划、设备更新与设施置换的

---

① Wilson E B. Effective Committees, Committee on Trustees[M]. Washington D. C. ; AGB Press,2001;4-14.

② 有些大学将财务委员会称为产业与财务委员会、管理与财务委员会、财务规划委员会或预算委员会。

③ Morley E E. Effective Committees, the Finance Committee[M]. Washington D. C. ; AGB Press,1997;6-8.

④ 其中卡内基梅隆大学将学术事务委员会称为教育事务与录取委员会,哥伦比亚大学、圣路易斯华盛顿大学、耶鲁大学等将学术事务委员会称为教育政策委员会,斯坦福大学、宾夕法尼亚大学、南加利福尼亚大学、范德堡大学将学术事务委员会称为学术政策委员会,而杜克大学除了学术事务委员会,另有一个本科生教育委员会,因为是统计学校数量,因此没有重复计算。

⑤ Wood R J. Effective Committees, Academic Affairs Committee[M]. Washington D. C. ; AGB Press,1997;5-10.

⑥ 其中有4所大学将发展委员会称为发展与校友关系委员会,另有5所大学将发展委员会称为校友委员会,笔者均计为"发展委员会"。

⑦ Evans G. Effective Committees, the Development Committee[M]. Washington D. C. ; AGB Press,2003;5-8.

⑧ Ingram R T. Effective Committees, the Executive Committee[M]. Washington D. C. ; AGB Press,2003;5-10.

决定；监管配套经费。①

⑧16 所大学拥有投资委员会②。委员会职责通常包括：选任投资经理；决策投资资产分配；执行投资方案；确定总体投资绩效并定期向董事会全体成员报告投资运作及结果。③

⑨13 所大学拥有待遇委员会④。其职责包括：讨论、确定校长和其他资深行政人员的待遇（包括工资、福利和其他津贴）；根据校领导的工作目标评估其绩效；调研同类大学校领导的薪酬待遇情况。⑤

⑩13 所大学拥有学生事务委员会⑥。其职责是：代表学生关注董事会关于学生的政策；确保学生工作有充足资源；确保学校了解学生多样的需求；确保学生周知有关学生的本校各级决策。⑦

⑪10 所大学拥有医学中心委员会。各校对这一委员会的称呼各有不同，如波士顿大学称为卫生事务委员会，哥伦比亚大学称为卫生科学委员会，笔者根据其职能将这些委员会计入"医学中心委员会"这一类。

上述 11 个常见董事会常委会中，笔者未能搜集到 AGB 对医学中心委员会的职能界定的资料，因此以波士顿大学为例，管窥其功能。波士顿大学卫生事务委员会（health affairs committee）的主要职责为：监管卫生科学领域的大学学术、研究和临床工作，以及隶属于波士顿医学中心的附属机构、大学其他医院和诊所等的工作⑧。

---

① Flinn R T. Effective Committees, the Buildings and Grounds Committee[M]. Washington D. C. ：AGB Press，1997：5-8.

② 麻省理工学院将投资委员会称为投资管理公司委员会，而耶鲁大学除了投资委员会，还另设有投资人员职责委员会，此处不进行重复计算。

③ Yoder J A. Effective Committees, the Investment Committee[M]. Washington D. C. ：AGB Press，1997：5-9.

④ 波士顿大学和加州理工学院将待遇委员会称为行政人员待遇委员会，埃默里大学将待遇委员会称为行政待遇与董事利益冲突委员会。

⑤ Tranquada R E. Effective Committees, the Compensation Committee[M]. Washington D. C. ：AGB Press，2001：4-10.

⑥ 一些学校将学生事务委员会称为学生生活委员会或者校园生活委员会等。

⑦ Goolale TG. The Student Affairs Committees, the Executive Committee[M]. Washington D. C. ：AGB Press，1997：5-8.

⑧ Boston University Trustees. Committees：Health Affairs Committee[EB/OL]. (2019-09-20)[2019-12-11]. https://www.bu.edu/trustees/boardoftrustees/committees/.

2. 双院制董事会的组织架构

在 3 所拥有双院制董事会的大学中,双院制的组织构成与机制都有所不同:哈佛大学采用的是互助制衡模式,布朗大学采用的是双驼峰互补整合模式,诺特丹大学则采用上下授权的双层覆盖内嵌模式(见表 2.4)。大学的特许状、董事会章程等治理文件约定校内 2 个治理组织各自的职责。

表 2.4　双院制大学董事会的组织模式

学校	双院制组织名称		双院制组织模式
哈佛大学	监事会		互助制衡模式
	校务委员会/法人		
布朗大学	法人	董事会	双驼峰互补整合模式
		校务委员会	
诺特丹大学	法人		双层覆盖内嵌模式
	董事会		

资料来源:根据 3 所大学的章程整理而成。

(1)哈佛大学的互助制衡模式。如表 2.4 所示,哈佛大学的董事会组织体系包括校务委员会(大学法人)与监事会。根据特许状,法人对哈佛大学各项制度的制定、人员的聘用、法人成员的选用等问题进行提议并决议,监事会不享有动议权,但法人的决议须经监事会做程序上的批准。

①哈佛大学监事会。

哈佛大学监事会共有 30 名成员,由拥有哈佛大学学位的毕业生从校友中选举产生,任期 6 年。此外还有 2 名成员——校长和财务主管——既是监事会当然成员,也是法人的当然成员。监事会管理层设主席一职,一年一选,从成员中选举产生。监事会的职责是:利用其成员丰富的经验和专业水准,对大学的战略方向产生影响,对大学的重点工作和计划的开展提供建议,对法人的决策"提供批准"。而其最核心的职责是:"确保大学是原特许状上所说的'学习的场所'"[①]。监事会每学年召开 5 次会议,其全体大会主

---

① Samuel A E. Sketch of the History of Harvard College. And of Its Present State[M]. Boston:Charles C. Little and James Brown,1848:130-133.

要讨论学校事务,如:加强本科生教育、校园规划、新生财政补助工作、跨学院的学术工作进展,其多数工作通过各常委会完成。监事会重要的常委会包括:1个执委会,3个职能性委员会——财务政策委员会、大学政策委员会、校友事务与发展委员会,4个学术委员会——人文艺术委员会、自然与应用科学委员会、社会科学委员会、学院与继续教育委员会。执行委员会由监事会主席以及其他7个常委会的主席、副主席组成,下设50多个视察分委员会,每年每个视察分委员会定期对受访学院或系形成一份报告,这些报告由监事会的相关委员会进行探讨,并在最终评价后反馈给校长、教务长和相关院系的负责人。[①]

②哈佛大学校务委员会。

哈佛大学校务委员会称为"President and Fellows of Harvard College",永久存续,拥有大学范围内最终的执行权力。校务委员会曾一直是一个7人团组织,由校长主持工作,是一个"由全部成员构成的委员会",被称为"监事会的执行委员会"。

校务委员会承担有关学术、财务和物资调运规划以及大学整体发展的受托职责,拥有大学所有的财产、版权、专利、受赠与投资,批准教师任命、学位授予等。其最重要的职责是:确保大学稳定,确保校务委员会成员有履行工作职责所需的经验与技巧,有办学所需的必要认知,有监管大学各项工作的能力[②]。委员会在学年期间每2周召开一次会议,探讨并决定校长、各副校长们、学院院长们提交给校务委员会的事务,范围包括三大类:财务,如投资、办学资产、预算以及大学债务;行政管理,如房舍与用地、饮食服务、校内警务、物资调运规划、人事、卫生服务、大学出版社等;教育,如新学院的创办等。

2010年10月,哈佛大学校务委员会成员增加至10人,至2020年已有12名成员(其目标是形成一个13人团),另设一名资深成员岗位,以协助校长主持校务委员会工作,在有需要时代替履行校长在校务委员会中的职责。同年,校务委员会开始设下属委员会——治理委员会、设备与基建规划委员

---

①　Harvard University. About Harvard, Harvard Leadership: Board of Overseers [EB/OL]. (2019-09-16)[2019-12-13]. https://www. harvard. edu/about-harvard/harvards-leadership/board-overseers.

②　Samuel A E. Sketch of the History of Harvard College. And of Its Present State[M]. Boston:Charles C. Little and James Brown,1848:130-133.

会、财务委员会,以分担原先属于校务委员会的许多事务性工作。治理委员会仅吸纳校务委员会成员,另2个委员会吸纳了具有知识但未必在校务委员会中任职的专家。

③两个治理组织的关系。

为加强交流与工作关系,两个治理组织的全体成员在开学第一周召开联席会议,校务委员会成员与监事会的执行委员会成员则每学期至少召开一次联席会议。监事会和校务委员会还设有联合委员会:联合监察委员会(joint committee on inspection),既是哈佛大学的审计委员会,也负责大学风险管理;联合任命委员会(joint committee on appointment),负责批准关键行政人员的任命;荣誉学位建议委员会(advisory committee on honorary degrees),每年提名有资格获得荣誉博士学位的候选人;联合校友事务委员会(joint committee on alumni affairs),整合与监事会的校友事务与发展委员会互补性的工作,探讨战略性筹资事务、计划、政策性工作。

(2)布朗大学的双驼峰互补整合模式。布朗大学双院制的治理体系在办学之初就已定型,根据1764年特许状[①],布朗大学顶层董事会治理体系由董事会(trustees)和校务委员会(fellows)组成,这一双院制组织形式永远不得变更,在法律上称为 Trustees and Fellows of the College or University in the English Colony of Rhode Island and Providence Plantations,in New England,in America,为永久法人团体。法人的职责包括:选用校长,选址建造校舍,编制预算,规定学费,确定政策和战略规划,任命教师和高级管理人员,接受捐赠。两个治理组织各自拥有确定的权力,分担法人职责。学院的教学与管理权永远归属校长及校务委员会(president and fellows),校务委员会在合法范围内因大学教学、管理需要制定并发行所有的与法律不相悖的法规、制度及条例。但是授予学位、文凭以及校务委员会制定的法规制度,须经董事会批准才可生效,董事会也有权撤销上述决定、制度。

原始特许状规定董事会成员36人,1926年特许状修正案增加了6名董事岗位,截至2013年年底,董事会规模为42人,包括校友董事和任期董事两大类(拥有表决权)。作为法人治理体系之一的校务委员会有12名成员,由学识渊博的教师组成,校长为主席。1981年之后,除当然成员,校务

① Brown University. The Charter of Brown University with Amendments and Notes[M]. Providence,R. I. :Akerman-Standard Press,1945:3-7.

委员会成员任期由终身制改为每届 11 年,自 2007 年开始,每位成员只能任一届。

法人管理层由两个治理组织分别选举产生的成员构成:法人主席、副主席由董事会成员选举产生的董事会主席和副主席兼任,财务主管从董事会中选举产生,法人秘书由校务委员会在其成员中推选产生,校长既是校务委员会主席,也是法人管理层的当然成员。法人管理层对校长工作提出建议,每年对其工作绩效进行评审,并确定下一年大学的工作目标。

法人设 12 个常委会,它们是:学术事务委员会,预算与财务委员会,校园生活委员会,沟通、校友与外部事务委员会,布朗医学院委员会,设备与校园规划委员会,投资委员会,风险与审计委员会,咨询与执行委员会,治理与提名委员会,高层行政管理委员会,董事空缺委员会①。

全体法人成员每年召开三次会议,一项提议可能由董事会或校务委员会提出来,但由两个治理组织同时讨论,任何提议只有在提出的那个组织内部通过后,才有可能获得另一个治理组织的赞同,未获得两个组织一致赞同的提议不可能生效,经两个组织各自多数人同意的意见视为双方共同意见。

除了全体法人会议,两个治理组织各自召开会议。董事会开会必须有校务委员会成员参加,但校务委员会开会未必需要董事会成员参加,因为特许状规定"批准并授予学术性学位……永远只属于由学识渊博的教师组成的校务委员会成员……教学与对学院的管理权力永远属于校务委员会"②,因此校务委员会成员可单独开会、制定学位要求、投票表决学位授予。在实践中,校务委员会依靠大学学术力量行使这一权力:有关学位要求的事务通常首先由教师会的大学课程委员会(college curriculum council of the faculty)来处理,然后提交给教师会(faculty)审批,最后由校务委员会批准,荣誉学位则由校务委员会听取由教师和学生组成的咨询委员会的意见后决定。

(3)诺特丹大学的双层覆盖内嵌模式。诺特丹大学成立于 1842 年,属于罗马天主教大学,至今仍保存着鲜明的宗教性质。根据印第安纳州议会

---

① The Corporation of Brown University. Corporation Committees[EB/OL]. (2019-03-12)[2019-12-13]. https://brown. edu/about/administration/corporation/corporation-committees.

② Brown University. The Charter of Brown University with Amendments and Notes[A]. Providence,R. I. :Akerman-Standard Press,1945:10-11.

于 1844 年颁发的《特许法案》(*Chartering Act*)①,诺特丹大学的法人名称为 The Fellows of the University of Notre Dame du Lac。诺特丹大学的双院制形成于 1967 年,大学法人在保留属于自身权力的基础之上,批准新章程,将大学治理权委托给董事会。

①诺特丹大学法人。

诺特丹大学法人是一个由 12 名成员组成的自我延续团体。法人成员中,有 6 人为美国印第安纳大教区"圣十字会"教士团体成员。法人成员是大学原创办者的接班人,来自"圣十字会"美国教区成员、诺特丹大学"圣十字会"会长、大学校长、法人下属的董事会主席为法人当然成员,其余成员任期 6 年,实行三期每两年错开制,以避免全体法人均为新人的情况。

根据《大学规章》(*Statutes of the University*)②,法人主要履行以下职责,其余治理权力都赋予董事会:

· 确定授予董事会的权力,行使《特许法案》、印第安纳州相关法律授予法人的权力;

· 根据《大学章程》(*Bylaws of the University*)规定的宗旨、方法、时间,任免大学董事,批准董事请假;

· 经 2/3 在职法人成员同意,制定、修改大学章程;

· 经 2/3 在职法人成员同意,批准大学财产的销售与转让;

· 确保大学作为天主教高等教育机构的基本特征;

· 充分利用"圣十字会"众成员的工作能力和献身精神,保持大学传统,努力使神学、哲学具有活力,努力发挥作为神职人员的大学教授的作用,确保神职人员与世俗人士共同努力,在大学行政中发挥作用。

②诺特丹大学董事会。

诺特丹大学董事会拥有上述为法人所有的权力外治理大学的权力。截至 2013 年年底,董事会共有 47 名正式董事,包括当然董事、经法人选举产生的董事、校友董事。

法人不设常务委员会,但董事会拥有以下常务委员会:执委会、体育事

---

① The State of Indiana. Charter of the University of Notre Dame[EB/OL]. (1937-03-11) [2012-04-22]. https://www.nd.edu/assets/docs/charter.pdf.

② University of Notre Dame. Statutes of the University[EB/OL]. (2011-04-29)[2012-4-22]. https://www.nd.edu/assets/docs/statutes.pdf.

务委员会、审计委员会、薪酬委员会、外联事务委员会、教师事务委员会、研究与项目经费委员会、治理与提名委员会、投资委员会、管理职责委员会、本科教育与学术生活委员会。董事会的常设委员会中,除了执委会具决策性组织的特点,其余均为大学董事会的顾问型组织,这些顾问型委员会的主要功能是获取信息、探讨对策和建议,并提交给董事会,由董事会议决,或经由董事会由法人议决[①]。

③两个治理组织的关系。

诺特丹大学的资料显示[②],法人的 12 名成员均兼任董事,两个治理委员会不仅是上下授权覆盖的模式,在实际的运作中,法人成员内嵌于董事会中,这样的安排显然更容易将其意志渗透于董事会的组织调整、具体事务的商讨决策等工作中。在诺特丹大学上下授权的双层覆盖内嵌模式中,相对于大学而言,法人与董事会是大学治理系统的两个组成部分,构成大学的顶层治理组织。相对于两个治理组织而言,法人的权力要大于董事会,它是一个纯粹的决策性组织:由它决定授予董事会的权力,由它决定董事会成员的构成,由它制定大学章程,由它决定大学财产的最终处理,由它负责确保诺特丹大学的基本特征。相对于法人而言,董事会更像是其执行机构,或者我们可以说,它是实际意义上的"校务委员会"。在法人保留的权力之外,经法人授权,它有权行使治理大学的权力,因此董事会同时也是一个决策性组织,但无权决策大学全部事务。

(二)吸纳具有特质的董事[③]

吸纳具有特质的董事,是董事会确保其所架构的董事会组织具有更高的工作效率,以更好地履行董事会职责的重要方法。30 所大学的各位董事体现出 4 点特质。

1. 董事多接受过高等教育

笔者在统计文化程度时,不将董事所获的荣誉学位计入,并且根据资料,统计分类时就低不就高。如布朗大学有一名董事的具体资料仅显示其

---

① University of Notre Dame. Bylaws of the University [EB/OL]. (2019-06-20)［2020-06-11］. https://www.nd.edu/assets/docs/bylaws.pdf.

② University of Notre Dame. Leadership:Board of Trustees & Fellows[EB/OL]. (2019-09-12)［2019-12-30］. https://www.nd.edu/about/leadership/.

③ 此处所讲私立大学的董事,既包括校内单院制的董事,又包括双院制治理组织的成员。

获得布朗大学荣誉博士学位,其"文化程度"的信息被列入"不详"这一类,同时该校很多董事资料仅显示"布朗大学毕业",但未指明具体的文化程度,下表中仅将他们列入"学士"一列。在双院制大学中,哈佛大学和布朗大学的两个治理委员会分别计为40名、54名成员,但诺特丹大学的法人成员全部在董事会中任职,为避免重复计算,因此仅计算董事会成员[①]。

　　统计显示,在全部1349名董事会成员中,接受过硕士、博士研究生教育的董事至少有925人,占总数的69%,接受过学士学位及更高层次教育的董事至少有1136人,占总数的84%,另搜索到的212名(16%)董事的相关资料未体现其学制内文化程度(见表2.5)。虽然受教育信息不详的董事人数比例不低,但是根据统计的数据,我们至少可以推论,绝大多数私立大学董事会组织成员接受过高等教育,且程度不低。

表 2.5　各校顶层治理组织成员文化程度

单位:人

学校	文化程度				学校	文化程度			
	博士	硕士	学士	不详		博士	硕士	学士	不详
波士顿大学（41）	9	15	14	3	纽约大学（60）	14	20	13	13
布朗大学*（42/12）	10/5	18/5	11/1	3/1	西北大学**（76）	10	25	13	27
加州理工学院（52）	26	13	7	6	普林斯顿大学（40）	18	13	8	1
卡内基梅隆大学（69）	13	30	7	19	伦斯勒理工学院（31）	12	13	6	0
凯斯西储大学（46）	21	13	4	8	莱斯大学（25）	9	12	3	0
哥伦比亚大学（23）	10	11	2	0	斯坦福大学（32）	10	13	3	6
康奈尔大学（64）	24	20	12	8	塔夫茨大学（41）	16	12	11	2
达特茅斯学院（25）	10	13	2	0	芝加哥大学（46）	12	23	8	3
杜克大学（37）	14	19	4	0	诺特丹大学（12/47）	8/19	4/10	0/5	0/13

---

① 诺特丹大学的12名法人成员全部拥有博士学位。

续　表

学校	文化程度				学校	文化程度			
	博士	硕士	学士	不详		博士	硕士	学士	不详
埃默里大学(42)	22	12	7	1	宾夕法尼亚大学(56)	17	25	10	4
乔治敦大学(35)	9	11	4	11	南加利福尼亚大学(53)	18	7	15	13
乔治·华盛顿大学(40)	14	9	5	12	范德堡大学(35)	13	12	9	1
哈佛大学(30/10)	14/7	12/2	4/1	0/0	圣路易斯华盛顿大学(56)	6	24	6	20
约翰斯·霍普金斯大学(56)	20	16	3	17	耶鲁大学(19)	8	8	2	1
麻省理工学院(72)	28	34	10	0	耶希瓦大学(36)	12	5	0	19

资料来源:见第 20 页脚注。

　*布朗大学、哈佛大学、诺特丹大学为双院制董事会组织,布朗大学的双院制董事会成员人数不重复,哈佛大学的校长与财务主管同时是两个治理组织的成员,表 2.5 只将他们计入校务委员会中,诺特丹大学的双院制中,法人(fellows)成员同时也是董事会(trustees)的成员,表 2.5 列出了这 3 所大学两个治理组织成员的受教育程度,但是在统计最终人数时,按布朗大学、哈佛大学和诺特丹大学两个治理组织的人数 54 人、40 人、47 人分别计算。

　**根据资料,西北大学 1 名董事为 8 年级毕业,莱斯大学 1 名董事为路德教会中学毕业,这两名董事未在表中显示。

2. 多数董事有名校求学的经历

　　此处说的"名校",指位列 2010 年 *THES* 公布的世界排名前 200 位榜单的大学。表 2.6 统计的仅是各董事获得其本人最高学位时就读的学校。30 所大学的董事中,有 12 所大学 90% 及以上的董事拥有名校求学经历,耶希瓦大学因其多数成员受教育经历的相关资料无法获得,导致本书的统计中其拥有名校求学经历的董事占比不足 50%。

表 2.6　各校顶层治理组织拥有名校求学经历的成员占比

	哈佛大学	布朗大学	杜克大学	哥伦比亚大学	达特茅斯学院	麻省理工学院
90%及以上	98%	至少96%	97%	96%	96%	96%
	塔夫茨大学	普林斯顿大学	范德堡大学	芝加哥大学	宾夕法尼亚大学	耶鲁大学
	至少93%	至少93%	至少93%	至少91%	91%	至少90%
80%～89%(含)	波士顿大学	埃默里大学	伦斯勒理工学院	加州理工学院	康奈尔大学	
	至少88%	83%	82%	至少81%	至少80%	
70%～79%(含)	纽约大学	凯斯西储大学				
	至少72%	至少72%				
60%～69%(含)	斯坦福大学	莱斯大学	南加利福尼亚大学	乔治敦大学	乔治·华盛顿大学	诺特丹大学
	至少69%	68%	68%	至少67%	至少63%	至少62%
50%～59%(含)	卡内基梅隆大学	圣路易斯华盛顿大学	西北大学	约翰斯·霍普金斯大学		
	至少59%	至少59%	至少58%	至少57%		
50%以下	耶希瓦大学					
	至少42%					

资料来源:见第20页脚注。

3. 董事多为校友

校友是大学的重要"产品"之一,也是大学卓越的佐证之一。大学通常将校友视为利益相关者群体并愿意将他们纳入大学的治理组织中,而且校友们了解母校历史,更能认同母校所崇尚的文化与价值观,他们的成长经历中挥之不去的母校情结与渊源使得各大学校友以能为母校服务为荣。各大学非常重视校友在大学治理中可以发挥的作用,让校友参与董事会组织成为30所私立大学中非常普遍的现象(见表2.7和表2.8)。

表 2.7　单院制大学中校友担任董事的情况

单位：人

学校	校友	非校友	不详	校友比例	学校	校友	非校友	不详	校友比例
波士顿大学	33	7	1	至少80%	加州理工学院	19	26	7	至少36%
卡内基梅隆大学	37	14	18	至少53%	凯斯西储大学	37	9	0	至少80%
哥伦比亚大学	23	0	0	100%	康奈尔大学	51	11	2	至少79%
达特茅斯学院	23	2	0	92%	杜克大学	32	5	0	86%
埃默里大学	33	9	0	79%	乔治敦大学	12	13	10	至少34%
乔治·华盛顿大学	26	5	9	至少65%	约翰斯·霍普金斯大学	25	12	19	至少45%
麻省理工学院	55	17	0	76%	纽约大学	40	20	0	67%
西北大学	36	14	26	至少47%	普林斯顿大学	38	2	0	95%
伦斯勒理工学院	26	5	0	84%	莱斯大学	18	7	0	72%
斯坦福大学	23	3	6	至少72%	塔夫茨大学	38	3	0	93%
芝加哥大学	38	8	0	83%	宾夕法尼亚大学	48	4	4	至少86%
南加利福尼亚大学	30	10	13	至少57%	范德堡大学	30	3	2	至少86%
圣路易斯华盛顿大学	25	13	18	至少45%	耶鲁大学	19	0	0	100%
耶希瓦大学	15	8	13	至少42%					

资料来源：见第 20 页脚注。

表 2.8　双院制大学中校友担任董事的情况

单位：人

学校	双院制组织名称	校友	非校友	不详	校友比例	备注
哈佛大学	监事会(30)	30	0	0	100%	校长与财务主管为监事会当然成员,为避免重复,此处不计入
	校务委员会/法人(10)	9	1	0	90%	校长与财务主管计入校务委员会总数

续 表

学校	双院制组织名称		校友	非校友	不详	校友比例	备注
布朗大学	法人	董事会(42)	32	4	6	76%	
		校务委员会(12)	11	1	0	92%	
诺特丹大学	法人(12)		10	2	0	83%	
	董事会(47)		31	8	8	66%	董事会成员中包含12名法人成员

资料来源:见第 20 页脚注。

4. 董事行业、岗位分布特点明显

对照美国劳动部的部门分类和 2010 年美国劳动统计局代表"标准岗位分类政策委员会"(Standard Occupational Classification Policy Committee, SOCPC)颁布的《美国 2010 年标准职业分类规定》,30 所私立大学董事会成员的行业、岗位分布呈现出以下特点(见表 2.9)。

(1)董事会成员集中于两大行业:金融、保险和房地产行业,服务行业。在服务行业中,董事会成员又多来自四个职业大群:教育服务,卫生服务,法律服务,工程、会计、研究、管理和相关服务等。相比于其他行业,来自农业、林业和渔业,矿业,建设,批发贸易行业的成员数量微乎其微。

(2)虽为私立大学,但仅有 7 所大学其董事会没有来自公共管理部门的成员,在拥有来自公共管理部门成员的多数学校中,成员多来自州政府和法院。

(3)就任职岗位而言,各校董事多来自管理岗位,其中仅 5 所大学的董事会其成员来自管理岗位的人数低于 3/4。

(4)在 3 所双院制大学中,哈佛大学的法人、布朗大学的校务委员会是更为"近距离"关注大学学术的顶层治理组织,他们来自学术界的成员比例明显多于本校的另一个治理组织,且其中来自管理岗位的成员占了绝大多数:哈佛大学的 10 名法人中,90%来自管理岗位,50%属于教育服务(大学)职业大群,监事会 30 名成员中,70%来自管理岗位;布朗大学 12 名校务委员会成员中,67%来自管理岗位,来自教育服务(大学)职业大群的成员 5人,在董事会 42 位成员中,83%来自管理岗位;而在诺特丹大学,法人 12 名成员中 75%来自管理岗位。

第二章　美国私立大学的内部治理组织

表 2.9　30 所私立大学董事会组织成员所在行业与岗位分布情况

单位:人

学校	部门行业											来自管理岗位的董事比例/%
	农业、林业、渔业	矿业	建设	制造业	交通通信、电力、煤气和卫生服务	批发贸易	零售贸易	金融保险和房地产	服务	公共管理	不详	
波士顿大学	0	0	0	0	1	1	1	12	26	0	0	95
布朗大学	0	0	0	2	3	1	1	22	24	1	0	80
加州理工学院	0	0	0	5	2	2	1	17	21	4	0	94
卡内基梅隆大学	1	0	2	12	4	0	1	15	27	0	3	至少 87
凯斯西储大学	0	1	1	6	2	0	1	10	25	0	0	85
哥伦比亚大学	0	0	0	0	0	0	0	8	13	2	0	87
康奈尔大学	0	0	0	9	1	0	0	19	26	7	2	至少 84
达特茅斯学院	0	0	0	5	0	0	2	7	10	1	0	96
杜克大学	0	0	0	4	0	0	0	7	25	1	0	84
埃默里大学	1	0	0	5	1	0	2	8	23	2	0	90
乔治敦大学	1	0	0	3	1	0	1	6	23	0	0	94
乔治·华盛顿大学	0	0	2	0	1	0	0	10	22	4	1	至少 73
哈佛大学	0	0	0	1	0	0	1	5	28	5	0	75
约翰斯·霍普金斯大学	0	0	0	7	3	0	1	16	19	3	9	至少 71
麻省理工学院	0	0	1	9	1	0	2	15	36	6	2	至少 79
纽约大学	0	0	0	5	1	1	1	26	23	2	1	至少 87

续　表

学校	部门行业											来自管理岗位的董事比例/%
	农业、林业、渔业	矿业	建设	制造业	交通通信、电力、煤气和卫生服务	批发贸易	零售贸易	金融保险和房地产	服务	公共管理	不详	
西北大学	1	0	0	3	4	4	0	24	37	1	2	至少91
普林斯顿大学	0	0	0		2	1	0	12	23	2	0	73
伦斯勒理工学院	0	0	1	8	4	2	1	3	10	2	0	100
莱斯大学	0	3	0	1	0	0	1	6	13	1	0	88
斯坦福大学	0	0	0		0	3	1	17	9	1	1	至少88
塔夫茨大学	0	0	0	2	1	0	1	15	22	0	0	88
芝加哥大学	0	0	0	3	2	0	0	20	21	0	0	98
诺特丹大学	0	0	0	3	3	0	0	9	17	4	11	至少57
宾夕法尼亚大学	0	0	0	3	3	0	1	31	17	1	0	98
南加利福尼亚大学	0	0	4	5	3	0	1	14	26	0	0	94
范德堡大学	0	2	0	1	1	1		14	15	1	0	71
圣路易斯·华盛顿大学	0	0	2	10	3	1	4	16	19	1	0	100
耶鲁大学	0	1	0	1	1	0	0	4	10	2	0	95
耶希瓦大学	0	0	1	0	0	0	2	10	17	0	6	69
共计	4	7	14	113	48	17	27	398	627	56	38	至少86

资料来源:见第 20 页脚注。

50

四、私立大学董事会[①]的内部治理空间

探讨私立大学董事会的内部治理空间,主要是从探讨大学的外部组织入手,且与大学所在州内同类公立大学相比较而言。笔者通过考察同时拥有上榜公、私立大学的 11 个州内对公立大学内部治理产生影响的外部组织和上榜私立大学所在 18 个州内对私立大学内部治理产生影响的外部组织,发现对公、私立大学内部治理产生影响的主要有 3 类外部组织:协调组织、治理组织,协会性组织。如表 2.10 和表 2.11 所示,公立部分的外部组织主要由州的协调组织与受托于州政府的治理组织构成,私立部分的外部组织主要为州的协调组织和州内私立大学自发组建的协会性组织。具不同功能的外部组织对大学内部治理产生不同影响。

协调组织通常是州的协调委员会,也是联系州与公、私立部分的纽带,功能主要为:任命、评价协调委员会自身的主管人员,确定他们的待遇(但面对各大学,协调委员会不具有这一功能);负责协调全州范围的政策手段与功能,以及公立部分的规划、院校使命、课程审批、预算制定和资源分配;根据州确定的宏观政策模式,决定是否将中学后教育系统作为整体进行协调,是否允许私立部分获得州的经费,以及协调的宽松程度,经费流向公、私立部分的方式。但是协调委员会不具有独立于州政府的法人地位,没有治理院校的权威和权力,它也没有教师、学生、校友组织助其产生影响,因此委员会须在学校与政府两者之间保持平衡。它一方面是政府的"啦啦队长"——因为它只有在州政府理解、支持的情况下才能产生影响,一旦委员会拟定的总体规划、拨款方案和建议成为法律,就有一定的刚性。但是若委员会提出的总体规划、拨款方案和建议没有成为法律,则委员会影响甚微,具有相对独立性的各校董事会对其不屑一顾也未必不可能,若各校没有急着开设的课程,委员会对其影响力就更小了——既然其协调权威全赖于州的支持,自然会更认同州的利益,这不仅是立法要求的,也是委员会处理好与州的关系必需的。另一方面,它还需要审视各校董事会对州的教育需求做出的回应,并对此进行分析、建议,因此需定期回顾已有相关法令,建议州高等教育的总体规划和拨款(但是委员会的建议一旦被州接受成为法令,便不再成为其管辖范围,而主要依靠其协调的各校董事会来执行)。

[①] 此处所讲的私立大学董事会,既包括校内单院制的董事会,又包括双院制治理组织。

表2.10　11个州内公立大学的外部组织

州	州层面的组织（治理）	大学董事会
加利福尼亚州	加利福尼亚大学董事会（治理）26人。董事18人，由州长任命，经参议院批准，任期12年；当然董事7人，为州长、副州长、议会议长、公共教学督学、加利福尼亚大学校友协会正、副主席、加利福尼亚大学总校长；学生董事1人，由加利福尼亚大学董事会任命，任期1年	
佐治亚州	佐治亚大学系统董事会（治理）19人。由州长任命，经参议院同意。14人来自州内各国会选区，5人为不分区董事。总校长从19人中产生	
伊利诺伊州	伊利诺伊高等教育委员会（协调）16人。10人经参议院同意，由州长任命；2人由州长任命，无须参议院同意，分别来自公、私立大学的董事会；1人为伊利诺伊社区学院董事会主席；1人为伊利诺伊州学生援助委员会主席；2人为高等教育委员会下属的学生委员会选送的学生代表，其中1人为年满24岁的非传统学生	伊利诺伊大学系统董事会（治理）13人。当然董事1人，州长；一般代表9人，由州长任命；3个校区的学生代表1人（其中1人由州长任命，具表决权）
印第安纳州	印第安纳高等教育委员会（协调）14人，均由州长任命。其中市民代表12人，任期4年；学生代表和教师代表各1人，任期2年	普渡大学董事会（治理）（多校区）10人。校友代表3人（1人须为农学院研究生），其余7人（含学生董事）由州长任命 印第安纳大学董事会（治理）（多校区）9人。6人由州长任命（含1名在校学生董事），3为校友董事
马里兰州	马里兰高等教育委员会（协调）12人。由州长任命，其中学生董事1人，任期1年，其余董事任期5年	马里兰大学系统董事会（治理）17名董事（含1名在校生董事），均由州长任命

续 表

州	州层面的组织	大学董事会
马萨诸塞州	高等教育委员会(协调) 13人。8人由州长任命,3个系统的董事会选举的代表各1人,在校生代表1人,州教育部长1人(为当然成员)	马萨诸塞大学系统董事会(治理) 成员为24人。5个校区学生代表各1人;董事会19人,其中17人由州长任命,2人为学生董事
新泽西州	高等教育秘书长办公室(治理)	罗格斯大学董事会(治理)(多校区) 15名具表决权的董事。8人由州长任命;大学顾问同委员会代表7人,不具表决权的成员4人——总校长1人,以及由大学评议会选举的2名教师和1名学生。罗格斯大学还有一个59人组成的董事会,职责是受托监管大学1956年之前的资产。总校长是2个董事会的当然成员,(但都不具表决权
纽约州	"州的'大学的董事会'"(治理) 17人。13个选区各1名代表,4人为不分区代表	纽约州立大学系统董事会(治理) 18人。其中15人由州长任命,经州参议院同意;当然成员3人,为州立大学系统的学生评议会主席,教师评议会主席和社区学院评议委员会主席
北卡罗来纳州	北卡罗来纳大学系统州董事会(治理)(多校区) 32人。由州议会选举产生,任期4年	
俄亥俄州	俄亥俄大学系统州董事会(协调) 9人。由州长任命,经议会同意。其中当然董事3人;州立法机构代表2人,系统总校长1人	俄亥俄州立大学董事会(治理)(多校区) 19人。辛辛那提大学董事会(治理),经州参议院同意(多校区) 11人。由州长任命,经州参议院同意,其中2人为不具表决权的学生董事

续 表

州	州层面的组织(协调)	大学董事会(治理)
宾夕法尼亚州*	高等教育理事会(协调) 20人。当然董事 6人，其中州长 1人，州教育部长 1人，参议院议长，众议院议长，众议院少数党领袖各任命议员 1人；另 14人由州长任命，经议会批准，其中市民代表 6人，系统内各校董事会代表 5人，任期均为 4年，学生代表 3人，任期至其毕业或学业下降	宾夕法尼亚州立大学系统董事会(治理) 32人。当然董事 5人，其中大学校长 1人，宾夕法尼亚州州长 1人，州农业部、教育部、自然资源部 3位部长；州长任命的董事 6人；校友董事 9人；州内农业社团选举产生代表 6人；工商业董事代表 6人 匹兹堡大学董事会(治理)(多校区) 36名具表决权的董事。校长 1人，17名任期董事；6名校友董事；12名州政府成员(由州长、参议院临时议长和众议院议长各任命 4人)。另有 3名不具表决权的董事，即宾夕法尼亚州州长、州的教育部长和匹兹堡市市长

资料来源：根据各州官网信息汇总而成。资料收集截止时间为 2019年 6月 30日。

* 在公立高等教育部分，宾夕法尼亚州独有的高校分为纯粹公立部分和州关联大学(State-Related Universities)部分。州关联大学是宾夕法尼亚州独有的一种大学类别，这些大学名义上是公立大学，但其董事会依据特许状成立、自行治理大学。州关联大学部分共包括 24个分校，负责治理 5个分校；林肯大学部分共有 4个大学董事会；宾夕法尼亚州立大学系统董事会，负责治理 24个分校；匹兹堡大学董事会，负责治理 5个分校；林肯大学董事会，负责治理林肯育大学；天普大学董事会，负责治理 2个分校。

表2.11　18个州内私立大学的外部协会性组织

州	私立（非营利）院校的协会性组织
加利福尼亚州	州内有289所授予学位的私立院校,其中私立非营利院校146所,"加利福尼亚州独立院校协会"是其中71所大学的代表性组织。加州理工学院、斯坦福大学和南加州大学都是其成员
康涅狄格州	康涅狄格州独立学院总会,一个由18所授予学位的私立院校组成的志愿性组织。耶鲁大学为其成员
哥伦比亚地区	哥伦比亚地区共有18所私立大学,但没有一个共同的组织。"华盛顿大学各大学协会"代表了哥伦比亚地区5所大型私立大学,公立大学不是其成员院校
佐治亚州	佐治亚州内有40余所独立院校,"佐治亚州独立学院基金会"拥有22所4年制,2所2年制的经认证的私立院校成员。但埃默里大学不是其成员
伊利诺伊州	"伊利诺伊独立院校联合会"成立于1904年,管理州内57所私立院校的学生补助与贷款工作(也关注联邦的援助信息)。其核心使命是在多样化的成员间取得一致意见、推动高等教育的公共政策。西北大学和芝加哥大学均是其成员学校
印第安纳州	"印第安纳独立学院",代表州内31所经"中北院校协会高等教育委员会"认证的授予学位的私立院校。诺特丹大学是其成员学校
马里兰州	"马里兰独立院校协会",代表州内16所私立院校。约翰斯·霍普金斯大学是其成员学校
马萨诸塞州	马萨诸塞州的"独立院校协会"成立于1967年,是一个拥有59所私立院校成员的组织,塔夫茨大学都是其成员大学,麻省理工学院、波士顿大学、哈佛大学是其成员学校
密苏里州	"密苏里独立院校组织"有22所成员院校。圣路易斯·华盛顿大学是其成员院校
新罕布什尔州	新罕布什尔州没有州层面的私立院校组织,但隶属于"中等后教育委员会"的"新罕布什尔州院校委员会"包括17所公立和私立大学成员。该委员会成立于1966年,成员都是因杰出的教学、研究和社区服务而广受关注的学校。达特茅斯学院是其成员学校

续表

州	私立（非营利）院校的协会性组织
新泽西州	"新泽西州私立院校协会"，是代表 14 所 4 年制独立院校的公关、研究和政府联络组织，普林斯顿大学是其成员学校
纽约州	纽约州的"独立院校委员会"成立于 1956 年，是代表 115 所独立院校公共政策利益的协会，由各校校长或董事组成的董事会负责治理，是代表全州 115 所私立院校公共政策的协会。哥伦比亚大学、纽约大学、康奈尔大学、伦斯勒理工学院，耶希瓦大学均为其成员学校
北卡罗来纳州	北卡罗来纳州的"独立院校协会"是一个志愿性成员组织，有 36 所私立院校，各成员院校校长是协会董事。杜克大学是其成员学校
俄亥俄州	"俄亥俄独立院校协会"是一个拥有 50 所私立院校成员的志愿性组织，成立于 1969 年。凯斯西储大学是其成员学校
宾夕法尼亚州	"宾夕法尼亚州独立院校协会"是一个服务于州内 87 所私立院校的组织，成立于 1995 年。卡内基·梅隆大学、宾夕法尼亚大学都是其成员学校
罗得岛州	"罗得岛州独立高等教育协会"成立于 1979 年，目前有 9 所成员院校。根据州内法令，协会公关来自罗得岛高等教育学生援助局。布朗大学是其成员学校
田纳西州	"田纳西州独立院校协会"成立于 1956 年，拥有 34 所成员院校。范德堡大学是其成员学校
得克萨斯州	"得克萨斯州独立院校教育有限公司"共有 41 所成员院校。莱斯大学是其成员学校

资料来源：根据各协会官网信息汇总而成。资料收集截止时间为 2019 年 6 月 30 日。

　　大学外部存在具有治理功能的组织是公立大学才有的治理结构,公立大学外部的治理组织类型分为:①作为治理组织的大学系统董事会或拥有多个分校的大学董事会。在上榜私立大学所在 18 个州中,17 个州的外部治理组织属于这一类型;②由"州的治理组织"和"系统(或多校)的治理组织"构成的层级体系的董事会组合。在 18 个州中,这一校外治理组织类型仅在纽约州可见。纽约州的"州的'大学的董事会'"是公立部分的治理组织(但对私立部分具有协调功能),在州的层面设立的"州的'大学的董事会'"这一"伞"下,设有州立大学系统董事会和市立大学系统董事会,上榜的石溪大学(Stony Brook University)隶属于州立大学系统董事会。大学外部治理组织的功能主要为:确定本组织及下属组织的使命;任命、评价本组织领袖及下属组织领导,确定他们的待遇;进行战略管理、预算,并根据下辖各组织使命,在治理组织的下一级各相对独立的组织间分配资源;确保有效利用资源完成组织使命,并向公众履行问责;维护组织资产(人力资源与物质财产),确保其与组织使命一致;制定、执行组织内部制度,规范个体及组织行为。

　　治理组织和协调组织两者在某些方面比较相似,例如,都关注长远规划和学位课程,都起草经费划拨建议供州长或立法机关参考,两类组织都有助于各校之间的合作。但是两者仍有明显区别,其区别在于其与单个分校相关的法律权力。治理组织至少拥有协调组织所没有的 3 种权力:其一,治理组织是直接与每个分校打交道的治理机构,任命、评价各分校校长;其二,在必要的情况下,治理组织可干涉各分校内部事务;其三,治理组织有权对划拨给本系统的经费在各分校间进行二次分配。治理组织在治理范围内拥有的上述人事任免权和财权,对辖内大学组织形成统一与内聚很重要,如此,可以对州内各公立高校形成逐级控制的态势。

　　在拥有同时位列 2010 年 THES 公布的世界排名 200 位的大学榜单与"卡内基高等教育机构分类"中"从事非常高级研究活动的大学"榜单的公、私立大学的 11 个州中,有 9 个州的公立大学系统的分校不再另设具有治理性质的董事会,在其余 2 个州——纽约州和北卡罗来纳州,在关涉大学治理最重要的人事权和财权两项事务中,隶属于纽约州大学系统董事会的石溪委员会(Stony Brook Council)的主要职责是[①]：向系统董事会推荐由系统董事会任命的分校校长候选人；审核分校校长的工作计划，并向系统董事会报批；审核分校校长的预算请求并向系统董事会报批。隶属于北卡罗来纳州大学系统教堂山分校(University of North Carolina-Chapel Hill)内的委员会的主要职责是[②]：负责搜寻分校校长并以 2∶1 的比例报批系统董事会并由其任命；对分校校长的预算审核提出本分校委员会的意见后报批系统董事会；分校委员会经大学系统董事会授权，拥有根据系统董事会总体政策任免分校教师、晋升分校教师职级的权力。根据两所大学委员会的职责，我们可以推断：隶属于各自大学系统的分校委员会行使的是系统董事会授予的权力，而不是独立治理分校的全权。

协会性组织首先在法律地位上就不同于前两者，它既不是州的机构，也不受托于州政府，其功能主要在于：在关涉私立院校的公共政策时用"同一个声音"说话，向州长、议会和其他机构提供与州内私立院校的贡献与需求有关的信息，促进、支持、维护旨在加强私立高等教育的立法；向州内人民阐释本州私立院校的作用和贡献，并提供信息；为各私立院校提供服务与讨论的机会，鼓励各校在营销院校的公共政策事务上采取集体行动，在课程、研究、规划、经费管理、公共服务等方面协调合作。18 个州中，除了埃默里大学，其余上榜私立大学均是其所在州私立院校协会性组织的成员学校。

私立大学自发形成的协会性组织既不规定学校的使命与招生标准，也不干涉各校内部的自治事务，其功效更多的是让私立院校"抱团取暖"，提供私立部门在州内发声的"喇叭"，并努力提高这"喇叭"的音量。对州而言，协会性组织的权威来自成员学校的数量和质量，对协会性组织而言，其权威来自各校对其合理性的认同，以及它能给成员学校带来多大程度的利益。从某种程度上看，协会性组织对其成员学校发挥效力的性质类似于州的协调组织，但它不如后者协调的范围广，且其对成员学校的权威更弱。因此，尽管私立大学外部协会性组织对私立大学在州内的生存环境有重要影响，但

---

① New York State. New York State Education Law § 356. Stony Brook University, Stony Brook Council: Powers&. Duties[EB/OL]. (1985-12-30)[2012-12-23]. https://www.stonybrook.edu/commcms/sbcouncil/powers.php.

② University of North Carolina at Chapel Hill. Bylaws of The Board of Trustees of the University of North Carolina Chapel Hill[EB/OL]. (2019-08-01)[2020-03-23]. https://bot.unc.edu/delegation/by-laws/.

不具有治理的权力与效力,上榜公立大学的系统董事会或(拥有多个分校的)大学董事所拥有的治理职责与权力全部内置于私立大学。相比于同类公立大学,私立大学拥有更大的自治空间。

第二节 美国私立大学的内部领导组织

一、大学校长

大学校长是大学的教育与行政领导,主管大学所有事务,负责实现大学的办学安全与效益。校长既向董事会负责,在董事会领导下开展工作,也向大学共同体成员负责。根据各校资料,并不是所有大学在成立初始便设立了校长岗位,如1853年成立的圣路易斯华盛顿大学,其董事会在1858年才决定设立校长岗位,当年11月,大学第一任校长霍伊特(Hoyt)就职。大学的第一任校长也不全是从建校开始便入了董事会的"法眼",如波士顿大学第一任校长沃伦(Warren)自1867年开始担任波士顿神学院(波士顿大学前身)代理校长,直至1873年才正式被董事会聘为校长。在今天,"大学校长"是一个不可或缺的岗位,"校长岗位虚位以待"的情况是董事会不愿意看到的。

(一)大学校长的选任

选任校长是董事会治理大学最重要的职责之一,但整个过程则需要大学成员共同参与。校长的选任主要包括3个阶段的工作:确定搜寻组织构成,确定校长候选人资格,搜寻与遴选校长。

1. 确定搜寻组织构成

谁来搜寻校长?该成立几个委员会?分别拥有哪些权力?成员代表哪些群体?问题的答案因学校不同而各异,即便是同一所学校,由于搜寻时间不同,答案也会不同。

在校长搜寻、遴选工作中发挥作用的组织有若干种形式:校长搜寻委员会、咨询委员会(advisory committee)、校长遴选委员会或董事会执委会。校内共同体成员在校长搜寻、遴选工作中发表的意见通常体现在搜寻组织的组合及内部成员的构成上。各委员会与董事会在其中发挥的作用略有侧重。咨询委员会的功能通常是搜集与搜寻过程相关的建议,如:新校长将面临的挑战、战略重点、新校长应有的优势与资历等,并将讨论会信息汇总给搜寻委员会。从开始搜寻到负责挑选可以进入面试的候选人,对其面试,并将面试的候选人长名单按名次缩成提交给执委会/遴选委员会的短名单,搜寻委员会对这一过程有主导权。将短名单变成唯一一个或若干个被提名候选人,这一过程由执委会或遴选委员会把握。表决是否让被提名候选人当选或让哪位候选人当选,这一权力最终在董事会手中。在通常情况下,董事会不会全部否决由自己任命的各委员会通过层层筛选确定的候选人。

在 30 所大学中,搜寻组织的构成主要分为 3 种情况。

(1)只设单一搜寻委员会。这样的组织设计通常是因为这一搜寻委员会容纳了共同体成员的各方代表,大学因此不再另设咨询委员会。如塔夫茨大学,因原校长巴科(Bacow)宣布任期结束后将离任,2010 年 2 月 10 日董事会主席向大学共同体成员发出号召,宣告下届校长搜寻工作即将开始,为此决定按以下结构成立搜寻委员会:5 名现任董事、1 名荣誉董事、4 名教授、1 名行政人员、1 名学生和 1 名校友代表。为尽快开展搜寻工作,董事会要求大家对搜寻委员会的组成、成员资格发表意见,通过推荐或自荐尽快成立委员会。2010 年 2 月 26 日,搜寻委员会成立,除了 5 名现任董事和 1 名荣誉董事外,其余 7 名成员为:

①分管大学发展的副校长 1 人;

②兽医学院院长、教授 1 人;

③文理学院城市与环境政策与规划学系主任、教授 1 人;

④医学院神经科学学系主任、教授 1 人;

⑤工程学院计算机科学教授 1 人;

⑥校友协会主席 1 人;

⑦本校主修美国研究、辅修创业领导管理的本科生 1 人。

(2)虽然大学共同体中某一群体未能在搜寻委员会中有一席之地,但为了更广泛倾听不同声音,董事会另外成立咨询委员会。如宾夕法尼亚大学,该校《大学制度》第三款 2b 规定[①],当有必要选举一位新校长时,董事会主

---

① University of Pennsylvania, Office of the Provost. Faculty Handbook: The Central Administration, 1C2 the President: Election of the President[EB/OL]. (2009-06-19)[2013-03-12]. https://catalog. upenn. edu/faculty-handbook/i/i-c/.

席应召集由董事、教师、职员、院长、学生组成的咨询委员会（consultative committee），成员名额分配如下：董事会主席1人，董事至少4人，教师4人，院长1人，职员1人，研究生1人，本科生1人，教师成员由教师评议会执委会与咨询委员会主席协商后产生，其他成员由咨询委员会主席遴选。董事会主席另外成立一个搜寻委员会，成员从咨询委员会中产生，规模由董事会主席决定，但至少应包括2名董事、2名教师，除主席外，最多8人。

搜寻组织结构并非固定不变，即便是在同一所大学内，在不同时期为搜寻校长确立的组织结构会有所不同，但同样会设法听取更多的声音。如麻省理工学院，MIT在1989年为搜寻维斯特（Vest）校长而成立的委员会为双层制，上层由具有表决权的10名法人成员构成，下层由不具表决权的8名教授、1名副教授和1名助理教授组成，这不具备表决权的下层委员会功能相当于咨询委员会。而在2012年搜寻赖夫（Reif）为MIT第17任校长的过程中，学校成立了由12名法人成员、10名教师成员共同组成的搜寻委员会，另外又成立由3名研究生和3名本科生组成的学生咨询委员会。①

（3）尽管搜寻委员会容纳了董事会成员、教师、职员、学生、校友等共同体成员的各方代表，但是为了听取更多不同的声音，大学另外设立由专门群体组成的咨询委员会。如凯斯西储大学2006年在搜寻斯奈德（Snyder）校长的过程中，董事会成立了由14人组成的搜寻委员会，除了8名董事（包括董事会主席本人），委员会还吸纳了本校教师、职员、学生、校友等6人，他们是：

①大学副校长兼总法律顾问1人；

②数学系主任、教授兼教师评议会主席1人；

③医学院小儿科部主任兼医学院分管研究的副院长1人；

④工程学院生物医学工程教授1人；

⑤校友协会主席1人；

⑥本科学生治理组织主席1人。

除了搜寻委员会，2006年6月30日，董事会宣布成立由3位大型研究型大学现任校长和1位刚退休的研究型大学校长组成的顾问小组，他们是：

---

① MIT News Office. Corporation Names Members of Presidential Search Committee［EB/OL］.（2012-03-08）［2014-02-01］. https://news. mit. edu/2012/presidential-search-committee-0308.

①杜兰大学(Tulane University)校长考恩(Cowen);

②普林斯顿大学校长蒂尔曼(Tilghman);

③埃默里大学校长瓦格纳(Wagner);

④麻省理工学院退休校长维斯特(Vest)。

顾问组负责审视凯斯西储大学面临的问题,并就如何应对这些问题、校长应具备的资质和经验向董事会及校长搜寻委员会提出建议。他们的意见受到高度重视。

继成立顾问小组后,2006 年 9 月 25 日,搜寻委员会宣布成立教师委员会,其成员总计 8 人,包括:牙医学院牙周病学学系主任、教授 1 人,管理学院教授、护理学院教授、法学院教授、工程学院教授、应用社会科学学院教授、文理学院教授和医学院小儿科教授各 1 人。教师委员会的作用是向搜寻委员会反馈教师意见。

2. 确定校长候选人资格

大学确定候选人资格的过程,是对组织审慎"把脉"的过程,为了尽可能地全面听取各方意见,各校通常召开分别由教师、学生、职员、校友等共同体不同成员参加的公共讨论会,听取他们的意见。讨论内容通常包括:本校目前处于何种发展状况;展望未来,哪些工作是下一届校长需要保持的;本校需要在哪些棘手问题上取得进展;下一届校长应有何作为才能确保大学办学成功。

讨论这些问题的过程既是回顾学校已经取得的成就、探讨需要保持大学何种优势的过程,也是审视学校不足、明确本校亟待解决的问题的过程。这一过程有助于各方就下一届校长应进行的工作重点达成一致,从而对下一届校长需要具备的资质达成一致:本校是应倾向于其具有的学术成就、管理经验,还是行政能力?在综合各方意见的情况下,委员会确定一份岗位任职要求的文件,文件通常包括:本校历史、本校校园文化、核心价值、大学面临的挑战与机遇、下一届校长的重点工作以及应具备的资质。文件在学校搜寻网站上公开,既便于各方监督,也便于有兴趣的应征者或有意推荐他人的热心人斟酌。

以凯斯西储大学为例,在 2006 年的校长搜寻工作中,凯斯西储大学校长搜寻委员会听取了校长顾问组、教师咨询组意见,也听取了来自波士顿、克利夫兰市、纽约、旧金山和华盛顿特区 5 个地区的校友分别召开的公开讨论会反馈的意见,之后拟定一份《凯斯西储大学校长:岗位及候选人要求》。

这份文件分析了凯斯西储大学组织,确定了下届校长应开展的工作,并据此提出了候选人需具备的经验/经历、核心能力。核心内容为:

(1)下一届校长需要开展的工作。

①通过改善本科生学习经历、争取更多联邦研究经费、稳定教师队伍等途径提升大学形象;

②根据大学的资源优势和学校实力,确定鼓舞人心且可达成的目标,并就此制订确切的计划,及时与大学内各成员就大学目标及进展进行沟通;

③高层间密切合作,构建一个高绩效、兢兢业业、服务型的高层领导团队;

④使共同体成员兢兢业业为大学的成功而努力,发挥主人翁精神,团结友爱,生死与共;

⑤基于明确的期望和信誉,履行问责制;

⑥努力筹备、领导大型筹资运动,使大学具备一流大学发展所需的能力;

⑦增加校内种族多样性,男女平等;

⑧创建大学品牌;

⑨与校友、教师、学生、社区领导等构建有意义的信任关系。

(2)候选人应具备的经验。候选人应有优秀的学术资历,以及在世界一流的教学、研究机构中成长发展的经历和担任过领导人的资历。具体而言,主要需具备以下几方面的经验:

①建设团队、组织和文化的经验;

②将战略转变成现实的经验;

③在多个学科推动学术卓越的经验;

④在资源有限的情况下发挥作用的经验;

⑤接触过医学学术工作的经验;

⑥管理过重大预算、构建过财务资源的经验;

⑦直接参与过筹资工作并成功的经验;

⑧构建校内外关系的经验;

⑨创建多样化的环境、允许坦诚表达文化差异与不同意识形态的经验;

⑩平衡专业学院与学术研究、本科生与研究生学习的经验;

⑪与他人沟通愿景的经验;

⑫提升大学形象的经验;

⑬与董事会有效合作的经验。

(3)候选人应具备的核心能力。

①工作能出成绩。面对多年来着眼于战略愿景的高层领导团队,要能引导他们确定工作重点,遵守并执行财务纪律,通过沟通信息、果断决策、履行问责,构建一个重点明确、高性能并能让董事会、教师、学生、校友有信心,可以坦诚沟通、合作共事的行政团队。

②成为组织的融合者。针对校内共同体重要成员的不满或事不关己的冷漠,要发挥积极倾听、沟通的技巧,在异质群体之间、同类成员内部构建关系,用明确的方式代表大学,让各成员有共同的组织目标和自豪感,并能平衡各项工作——使命、声誉、经济实力——以利于大学发展。

③成为发展的促进者。首先,新校长应能领导大学获取资源和学术人才,创设各种机制激励本校成员事业有成,为本校成功办学贡献力量。其次,在拥有重大学术资源、极度审慎的组织内,新校长应就本校成就、工作重点及进展与校内外成员积极沟通,激励大家抓住优势,将卓越的品性发扬光大,使大学成员有组织自豪感。

3. 搜寻与遴选校长

搜寻伊始,各校为搜寻工作开辟专门网站,共同体成员可以登录该网站推荐候选人,或者对校长候选人资格、搜寻过程提供反馈意见或建议。对搜寻组织来说,在搜寻过程中倾听各方诉求是一个必经的程序。搜寻委员会希望在全国甚至全球范围内网罗人才、充实候选人人才库。在这期间,固然有主动寻求机会的应聘者,但也不可否认,还有一些适合引领大学的人才在当下拥有稳定的工作、受人尊敬的地位,因此并不考虑要离开时任岗位。对这些人而言,岗位的变动会影响其工作成就,但他们恰恰可能就是下一届校长的上佳候选人。对搜寻委员会而言,主动应聘者固然能令搜寻委员会对本校声誉感觉良好,但他们是否是学校发展需要的领导人,就很难说。搜寻委员会更孜孜以求的,是发现适合的人才,让他们知道享有盛誉的学校正苦求像他们那样的人才,并且搜寻委员会一直与其保持联系,促进双方的相互了解。

在搜寻过程中,让搜寻委员会删除不适合人选不是一件难事,但与所有符合资历的应征者进行交流,并最终将长名单缩至实力相当的候选人短名单,是一件耗费时间和精力的工作。当短名单确立后,通常是邀请名单上的人士到学校实地走访,这一过程是相互考察的过程。对大学成员来说,通过近距离接触可以了解候选人的治校理念；对候选人来说，与董事会成员、教授、行政、学生的接触可以使其对学校有直观的了解，进一步的交谈更是可以让其了解学校的实力。委员会则负责收集双方的意见，既听取大学各方对候选人的领导能力、行政经验和学术成就做出的反应，又听取、判断候选人对本校的接受程度，最终委员会在内部达成一致的评价意见，并确定推荐给执委会的候选人短名单，由执委会从中确定被提名候选人并提交给董事会，由董事会最终表决。

在搜寻与遴选过程中，为候选人保密这点至关重要。虽然一些州——如佛罗里达州——的法律要求将自荐或被推荐候选人的姓名、搜寻委员会的讨论、表决等信息公之于众，但多数州允许人事评价不公开，搜寻工作属于人事工作的一部分，因此虽然公众有知情权，但候选人个人的隐私权同样依法受到保护。

事实上，很多候选人也不希望自己的举动影响其现有的工作，毕竟若让他人知道其有离开现任岗位的意向，就会影响其现在的领导效力或者其未来的进一步升职（通常候选人职位越高，负面影响就会越大）。除了不让现在的东家知道自己在与搜寻委员会接洽外，候选人也不希望外界知道其应聘候选的经历，特别是其应聘后被拒的经历，因为若其不能被聘用为校长，会给别人这样的印象：这人不是当校长的料。事实上，好多优秀人才最终未能入选，并非其才能或资历不够，而是其才能、兴趣不是该大学近期发展所需要的。

为候选人保密也有利于委员会，一旦候选人的姓名公之于众，那么支持或反对该候选人的游说会将委员会重重包围，这会严重干扰委员会工作，因为他们的工作是平衡各方的利益诉求，平衡大学长远发展与近期工作重点，寻找最能满足大学需求的候选人。

各校通常强调搜寻过程的保密。虽然大学共同体成员希望知道搜寻委员会考虑的人选，但搜寻委员会更倾向于顾及候选人的利益，因此各校搜寻网站上不乏对搜寻工作的发动、搜寻组织的确立和对候选人资格的明文规定。但除了在搜寻、遴选工作结束后公布当选人的信息外，与候选人相关的搜寻与遴选信息则不见只字片言，即便是对咨询委员会，通常搜寻委员会也仅知会其搜寻工作的进展，而不泄露与候选人相关的信息。

（二）大学校长的特点

各校经董事会正式聘用的校长体现出以下 3 个特点。

1. 平均任期较长

从各校历任校长的资料来看,同一所大学内各任校长的任期不一,最短的正式任期仅为 1 年(不满 1 年的按 1 年计),任期最长的是哈佛大学第 21 任校长埃利奥特(Eliot)(长达 40 年),比耶希瓦大学自 1915 年两校合并以来的第 3 任校长拉姆(Lamm)的任期(37 年)还要长,历任校长的平均任职时间超过 8 年(美国总统的 2 届任期)的大学共有 28 所(见表 2.12)。较长的稳定任期是校长可作为的基本前提,事实上很多校长正是利用了这一优势,在学校的发展史上留下了可圈可点的成绩。

表 2.12　各校历任校长平均任职时间*

单位:年

波士顿大学	布朗大学	加州理工学院	卡内基梅隆大学
16.5	14.5	11.5	13.8
凯斯西储大学**	哥伦比亚大学	康奈尔大学	达特茅斯学院
5.4	12.9	12.5	14.3
杜克大学	埃默里大学	乔治敦大学	乔治·华盛顿大学
12.5	8.4	4.6	12
哈佛大学	约翰斯·霍普金斯大学	麻省理工学院	纽约大学
13	10.3	8.5	11.2
西北大学	普林斯顿大学	伦斯勒理工学院	莱斯大学
9.1	13.7	10	13.9
斯坦福大学	塔夫茨大学	芝加哥大学	诺特丹大学
11.4	11.5	9.6	9.6
宾夕法尼亚大学***	南加利福尼亚大学	范德堡大学	圣路易斯华盛顿大学
8.8	10.1	18.9	9.5
耶鲁大学	耶希瓦大学****		
14.2	31.7		

资料来源:根据各校校史资料整理汇总而成,资料搜集截止时间为 2013 年 12 月 17 日。

　　* 因为现任校长的任期未满,因此历任校长的平均任期计算不包括现任校长的任职时间与人数,校长平均任期计算也未包括临时/代校长的人数及任期。

　　** 凯斯西储大学的校长平均任期为该校 1967 年西储大学(Western Reserve University)与凯斯技术学院(Case Institute of Technology)两校合并后计算所得。

　　*** 因无法获得宾夕法尼亚大学历任校长的全部资料,宾夕法尼亚校长的平均任职时间自 1930 年的校长任期开始计算。

　　**** 耶希瓦大学校长的平均任期为该校 1915 年耶希瓦生命之树宗教学校(Yeshivat Eitz Chaim)与拉比·艾萨克·埃尔坎南神学院(Rabbi Isaac Elchanan Theological Seminary)两校合并后计算所得。

2. 熟悉大学环境

　　校长熟悉大学环境的根本基础是他们的成长经历。如表 2.13 所示,各位校长均受过良好的教育,且他们都有在现代著名大学求学的经历并拥有哲学博士学位或本专业最高学位,大学严格的学科规训、自由探究知识的学术特性深深地烙刻在他们的成长经历中,追求卓越的习惯与诉求既是大学的品质,又是他们的品质。30 所大学的校长中,哥伦比亚大学、达特茅斯学院、乔治敦大学、普林斯顿大学、诺特丹大学、耶鲁大学 6 所大学的校长还是本校校友。从校长的任职经历看(见表 2.14),各校长从基层教师起步、成长,在大学任职成为其职业生涯的主体部分:30 所大学中,加州理工学院、乔治敦大学、哈佛大学、纽约大学、麻省理工学院、普林斯顿大学、斯坦福大学、诺特丹大学、南加利福尼亚大学、范德堡大学、耶鲁大学、耶希瓦大学等 12 所大学的校长是从本校教师岗位逐步发展最终被提拔到校长岗位的;芝加哥大学校长履职前的岗位是布朗大学教务长(4 年),但去布朗大学任职前,其在芝加哥大学任教时间长达 25 年;在其余的 18 所大学中,除了伦斯勒理工学院校长,其余 17 人均被董事会从其他大学直接聘为本校校长。

表 2.13　各校校长的文化程度

学校	文化程度		
	本科生阶段	研究生阶段	
	本科	硕士	博士
波士顿大学	得克萨斯大学奥斯汀分校理学学士:化学工程	得克萨斯大学奥斯汀分校理学硕士:化学工程	明尼苏达大学哲学博士:化学工程 1979
布朗大学	斯沃斯莫尔学院文学学士 1982	哥伦比亚大学文学硕士 1985	哥伦比亚大学哲学博士:经济学 1987
加州理工学院*	哈佛大学文学学士:地理科学 1974	爱丁堡大学哲学硕士:地理科学 1976	哈佛大学哲学博士:地理科学 1979
卡内基梅隆大学	印度理工学院学士	爱荷华州立大学理学硕士	麻省理工学院(医学)理学博士
凯斯西储大学	俄亥俄州立大学文学学士:社会学 1976	明尼苏达大学法律硕士:法律 1978	芝加哥大学博士:法律 1980
哥伦比亚大学	俄勒冈大学文学学士	哥伦比亚大学法律硕士(LLM),文学硕士	
康奈尔大学	西北大学心理学学士 1970	—	西北大学医学专业博士 1974
达特茅斯学院	达特茅斯学院理学学士:数学 1978	—	加州理工学院哲学博士:数学 1981
杜克大学	耶鲁大学文学学士:英语 1968	—	耶鲁大学哲学博士:英语 1972
埃默里大学	德拉维尔大学理学学士:电子工程 1975	约翰斯·霍普金斯大学硕士:临床工程 1978	约翰斯·霍普金斯大学哲学博士:工程数学科学 1984
乔治敦大学	乔治敦大学文学学士:英语 1979	—	乔治敦大学哲学博士:哲学 1995

续　表

学校	文化程度		
	本科生阶段	研究生阶段	
	本科	硕士	博士
乔治·华盛顿大学	耶鲁大学文学学士 1973	康奈尔大学文学硕士 1977	康奈尔大学博士 1981
哈佛大学	布林莫尔学院文学学士：历史 1968	宾夕法尼亚大学文学硕士：历史 1971	宾夕法尼亚大学哲学博士：历史 1975
约翰斯·霍普金斯大学	多伦多大学文学学士：经济政治科学 1982	耶鲁大学硕士：法律 1988	多伦多大学博士：法律 1986
麻省理工学院	委内瑞拉电子工程大学学士 1973	—	斯坦福大学哲学博士：电子工程学 1979
纽约大学	福特汉姆大学文学学士：历史 1963	福特汉姆大学文学硕士：比较宗教 1965	福特汉姆大学哲学博士：美国宗教史 1978。哈佛大学博士：法律 1979
西北大学	霍夫斯特拉大学理学学士：经济学 1971	霍夫斯特拉大学理学硕士：经济学 1975	宾夕法尼亚大学哲学博士：经济学 1979
普林斯顿大学	普林斯顿大学学士：物理学 1983	牛津大学文学硕士：政治学 1985	芝加哥大学博士：法律 1988
伦斯勒理工学院	麻省理工学院理学学士：物理学 1968	—	麻省理工学院哲学博士：物理学 1973
莱斯大学	哈佛大学文学学士：历史科学 1976	—	哈佛大学博士：法律 1979

续　表

学校	文化程度		
	本科生阶段	研究生阶段	
	本科	硕士	博士
斯坦福大学	维拉诺瓦大学学士：电子工程 1973	纽约州立大学石溪分校理学硕士：计算机科学 1975	纽约州立大学石溪分校哲学博士：计算机科学 1977
塔夫茨大学	普林斯顿大学学士：神经科学 1981	—	哈佛大学哲学博士：神经科学 1987。哈佛大学医学博士 1988
芝加哥大学	布兰迪斯大学学士 1968	哈佛大学硕士：数学 1971	哈佛大学哲学博士：数学 1975
诺特丹大学	诺特丹大学学士：心理学 1976。牛津大学学士：心理学 1987	诺特丹大学硕士：心理学 1978。加利福尼亚大学伯克利分校硕士：神经学 1988	牛津大学博士：心理学 1989
宾夕法尼亚大学	哈佛大学文学学士 1971	伦敦经济学院理学硕士：政治经济学 1972	哈佛大学哲学博士：政治经济学 1976
南加利福尼亚大学	雅典理工学院学士**：电子机械工程 1977	纽约州立大学布法罗分校理学硕士：电子工程 1980	纽约州立大学布法罗分校哲学博士：电子工程 1982
范德堡大学	威斯康星大学麦迪逊分校文学学士：历史	—	威斯康星大学麦迪逊分校哲学博士：法律
圣路易斯华盛顿大学	佛罗里达州立大学理学学士：化学 1969	—	加州理工学院哲学博士：化学 1972***
耶鲁大学	斯坦福大学学士：心理学	斯坦福大学文学硕士：社会学 1980。耶鲁大学理学硕士：心理学 1983；哲学硕士 1984	耶鲁大学哲学博士：心理学 1986

续　表

学校	文化程度		
	本科生阶段	研究生阶段	
	本科	硕士	博士
耶希瓦大学	纽约大学文学学士	一	纽约大学博士:法律

资料来源:根据各校官网上的校长履历或个人简介整理汇总而成,资料收集截止时间为 2013 年 11 月 18 日。

* 在搜集各校长资料期间,加州理工学院时任校长暂由教务长代任。

*** 希腊最古老、最负盛名的高校。

**** 时年 22 岁。

表 2.14 各校校长任职经历

波士顿大学

时间	任职经历
1977—1978	劳伦斯伯克利实验室应用数学与计算机科学学系客座研究助理
1978—1979	明尼苏达大学材料科学与化学工程学系教员
1979—1982	麻省理工学院化学工程学系助理教授
1982—1984	麻省理工学院化学工程学系副教授
1984—2005	麻省理工学院化学工程学系教授
1986—1988	麻省理工学院化学工程学系行政领导
1989—1994	麻省理工学院超级计算机设备室主任
1989—1995	麻省理工学院化学工程学系主任
1986—1992	麻省理工学院冠名"阿瑟·德亨·利特尔（Arthur Dehn Little）化学工程学教授"
1992—2005	麻省理工学院冠名"沃伦·K. 刘易斯（Warren K. Lewis）教授"
1996—1998	麻省理工学院工程学院院长
1998—2005	麻省理工学院工程学院教务长
2005—	波士顿大学校长、波士顿大学工程学院工程学教授

布朗大学

时间	任职经历
1986—1987	普林斯顿大学讲师
1987—1994	普林斯顿大学助理教授
1994—1997	普林斯顿大学副教授
1997—2012	普林斯顿大学教授
1997—1999	普林斯顿大学国际与公共事务学院公共管理硕士（MPA）专业教师会主席
1999—2001	宾夕法尼亚大学沃顿商学院客座教授
2000—2009	创办普林斯顿大学健康与福利研究中心并任主任
2005—2008	普林斯顿大学经济学系副主任
2008—2009	普林斯顿大学经济学系主任
2007—2012	普林斯顿大学冠名"休斯·罗杰斯（Hughes-Rogers）公共事务与经济学教授"
2009—2012	普林斯顿大学国际与公共政策与经济学教授
2012—	布朗大学校长、公共政策与经济学教授

加州理工学院*

时间	任职经历
1979—1982	加州理工学院地理学助理教授
1982—1983	加州理工学院地理学副教授
1983—1990	加州理工学院地理学正教授

卡内基梅隆大学

时间	任职经历
1983—1986	布朗大学助理教授
1986—1989	布朗大学副教授
1989—1993	布朗大学正教授

续　表

卡内基梅隆大学	
1993—2000	麻省理工学院工程与材料科学系教授
2000—2006	麻省理工学院工程与材料科学系教授兼主任
2007—2010	麻省理工学院工程学院院长，教授
2010—2013	经奥巴马任命担任国家科学基金会主席
2013—	卡内基·梅隆大学第9任校长，工程与材料科学系、生物医学学系、公共政策与工程学系，本科生院教授

哥伦比亚大学	
1973—1994	密歇根大学安娜堡分校教师
1987—1994	密歇根大学安娜堡分校法学院院长
1994—1995	普林斯顿大学教师
1996—2002	密歇根大学安娜堡分校校长（任职期间获得筹款10亿美元）
2002—	哥伦比亚大学第19任校长，教授

加州理工学院*	
1990—	加州理工学院冠名"威廉·E.伦哈德"教授（William E. Leonhard）地理学教授
1994—2004	加州理工学院地质与行星科学学部主任
2004—2007	加州理工学院临时教务长
2007—2013	加州理工学院教务长
2013—	加州理工学院教务长兼临时校长

凯斯西储大学	
1980—1982	美国伊利诺伊州芝加哥第七区上诉法院职员
1983—1986	凯斯西储大学法学院助理教授
1986—1988	凯斯西储大学法学院副教授
1988—1990	俄亥俄州立大学法学院副教授
1995—1998	俄亥俄州立大学法学院跨学科的法律与政策研究中心教授兼主任
1990—2000	俄亥俄州立大学法学院教授
2000—2007	被65届及73届校友推选为俄亥俄州立大学法学院冠名"乔安妮·墨菲（Joanne Murphy）教授"
2000—2001	俄亥俄州立大学法学院院长
2001—2003	俄亥俄州立大学法学院副教务长

续 表

哥伦比亚大学

达特茅斯学院

1981—1986	麻省理工学院博士后研究,应用数学教员
1986—2013	密歇根大学教师
1990—	密歇根大学冠名"唐纳德·J.刘易斯(Donald J. Lewis)数学教授"
2001—2004	密歇根大学文学、科学与艺术学院副院长(分管财务与规划)
2004—2010	密歇根大学副教务长
2010—2013	密歇根大学教务长
2013—	达特茅斯学院第18任校长

埃默里大学

1984—1998	在美国的食品与药品管理局工作一段时间后进入约翰斯·霍普金斯大学任教
1998—2000	凯斯西储大学医学院院长
2000—2003	凯斯西储大学教务长兼临时校长
2003—	埃默里大学第22任校长

凯斯西储大学

2003—2004	俄亥俄州立大学临时执行副校长兼教务长
2004—2007	俄亥俄州立大学执行副校长兼教务长
2007—	凯斯西储大学并来校以来第9任校长,法律教授

康奈尔大学

1980—1981	爱荷华大学教员
1981—1982	爱荷华大学内科医学助理教授
1982—2003	爱荷华大学电子计算机工程助理教授、行政职务一直升级至副校长
2003—2006	爱荷华大学副校长
2006—	康奈尔大学第12任校长,康奈尔医学院内科医学与病理学教授,工程学院生物医学工程教授

杜克大学

1982—1988	耶鲁-纽黑文教师研究所教师
1988—1993	耶鲁大学英语系主任
1989—1991	法国巴黎高等师范学校客座教授
1972—1977	耶鲁大学英语系助理教授
1977—1985	耶鲁大学英语系副教授
1985—2004	耶鲁大学教授

续　表

杜克大学

1990—2004	耶鲁大学冠名教授
1993—2004	耶鲁大学耶鲁学院院长
2004—	杜克大学第 9 任校长,教授
2013—	杜克大学冠名"威廉·普雷斯顿·菲尤(William Preston Few)英语教授"

乔治敦大学

1979—2001	乔治敦大学教师,并历任学生处处长,资深副校长
2001—	乔治敦大学第 48 任校长,哲学系教授

哈佛大学

1975—2000	宾夕法尼亚大学教师
2001—2007	创办哈佛大学拉迪克拉佛研究所并任首任主任
2007—	哈佛大学第 28 任校长,哈佛文理学院冠名"林肯历史学教授"

埃默里大学

乔治·华盛顿大学

1981—1994	加利福尼亚大学伯克利分校教师
1994—1996	约翰斯·霍普金斯大学文理学院院长
1996—2007	约翰斯·霍普金斯大学教务长
2007—	乔治·华盛顿大学第 16 任校长

约翰斯·霍普金斯大学

1988—1993	多伦多大学法学院助理教授
1993—1999	多伦多大学法学院副教授
1993—1995	康奈尔大学法学院访学
2003—2004	耶鲁大学客座教授
1995—2005	多伦多大学法学院冠名"詹姆斯·M. 托里(James M. Tory)法学教授"
2005—2009	宾夕法尼亚·霍普金斯大学教务长
2009—	约翰斯·霍普金斯大学第 14 任校长,政治科学学院教授

续　表

纽约大学

年份	经历
1966—1975	布鲁克林的圣弗朗西斯学院教授
1970—1975	布鲁克林的圣弗朗西斯学院学系主任
1979—1980	美国上诉法院法官助理
1980—1981	美国最高法院首席大法官教师
1981—2001	纽约大学法学院教授
1988—2001	纽约大学法学院院长
2001—	纽约大学第 15 任校长，冠名"本杰明·巴特勒（Benjamin Butler）法律教授"

普林斯顿大学

年份	经历
1988—1989	先后任在美国上诉法院和美国最高法院任职
1989—2000	纽约大学法学院教师
2001—2004	普林斯顿大学国际公共事务学院公共事务与法律专业主任，法学院的冠名"劳伦斯·S. 洛克菲勒（Laurance S. Rockefeller）公共事务教授"
2002—2003	普林斯顿大学国际公共事务学院公共事务与伦理专业代理专业主任

麻省理工学院

年份	经历
1979—1980	斯坦福大学电子工程学系客座助理教授
1980—2005	历任麻省理工学院教师，微软系统技术实验室主任、电子工程与计算机科学学系副主任、主任
1983—1985	麻省理工学院副教授
1985—1988	麻省理工学院终身教职的副教授
1988—	麻省理工学院教授
2004—	麻省理工学院冠名"法里博尔兹·马塞赫（Fariborz Masech）新兴技术教授"
2005—2012	麻省理工学院教务长
2012	麻省理工学院第 17 任校长

西北大学

年份	经历
1980—1991	威廉姆斯学院经济学教授，教务长助理
1991—1994	南加利福尼亚大学经济学系主任
1995—2000	南加利福尼亚大学文理学院院长
1998—1999	南加利福尼亚大学分管规划的副校长
2000—2009	威廉姆斯学院院长

续　表

普林斯顿大学

2004—2012	普林斯顿大学教务长
2013—	普林斯顿大学第 20 任校长

莱斯大学

1979—1980	在洛杉矶第九区上诉法庭任职
1980—1981	加利福尼亚大学代课助理教授
1981—1983	在某律师事务所任职
1983—1989	纽约大学法学院法律教授兼国际法律研究专业部主任
1989—2004	哥伦比亚大学法学院教授
1996—2004	哥伦比亚大学法学院院长,冠名"露西·G. 摩西(Lucy G. Moses)法律教授"
2004—	莱斯大学第 7 任校长,政治科学系教授

塔夫茨大学

1988—1990	在英国伦敦"帝国癌症研究基金会基因分析实验室"从事博士后研究
1990—2007	牛津大学人类学教师
2007—2011	牛津大学副校长(分管资源与规划)
2011—	塔夫茨大学校长,生物与神经科学教授,牛津大学客座教授

西北大学

2009—	西北大学第 16 任校长,经济学教授

伦斯勒理工学院

见正文

斯坦福大学

1977—1983	斯坦福大学电子工程助理教授
1983—1986	斯坦福大学电子工程副教授
1987—	斯坦福大学冠名"威拉德·贝尔(Willard & Bell)电子工程与计算机科学教授"
1984—1992	斯坦福大学教师,创办"麻省图像处理软件系统(MITPS)"并任首席科学家

续　表

塔夫茨大学

诺特丹大学

时间	经历
1990—1997	诺特丹大学哲学系教师
1997—2000	诺特丹大学法人及董事会成员
2000—2004	辞去法人及董事会职务，任大学副校长兼副教务长
2005—	诺特丹大学第 17 任校长，哲学教授

斯坦福大学

时间	经历
1992—1998	斯坦福大学教师，"美国硅图公司(Silicon Graphics, SGI)计算机系统"首席设计师
1998—	斯坦福大学教师，创办美普思科技有限公司(MIPS Technologies, Inc.)
1986—1994	斯坦福大学计算机科学与电子工程教授
1994—1996	斯坦福大学计算机科学系主任
1996—1999	斯坦福大学工程学院院长
1999—2000	斯坦福大学教务长
2000—	斯坦福大学第 10 任校长，计算机科学与电子工程学教授

芝加哥大学

时间	经历
1975—1977	海军学院数学教师
1977—2002	芝加哥大学教师，冠名"马克斯·梅森(Max Mason)杰出服务数学教授"，历任副教务长、分管研究的副校长和分管阿贡国家实验室(Argonne National Laboratory)的副校长
2002—2006	布朗大学教务长，冠名"福特基金会(Ford Foundation)数学教授"
2006—	芝加哥大学第 13 任校长

续　表

宾夕法尼亚大学		南加利福尼亚大学	
1976—1981	哈佛大学政治学助理教授	1982—1985	康涅狄格大学教师
1981—1986	哈佛大学政治学副教授	1985—1991	西北大学教师
1987—2004	哈佛大学政治学教授	1991—2001	南加利福尼亚大学教师
1986—1988	普林斯顿大学研究生部专业部主任	2001—2005	南加利福尼亚大学工程学院院长
1987—1989	普林斯顿大学政治哲学专业部主任	2005—2010	南加利福尼亚大学教务长
1987—1990	普林斯顿大学冠名"安德鲁·梅隆（Andrew Mellon）政治学教授"	2010—	南加利福尼亚大学第 11 任校长、电子工程学教授
1988—1989	哈佛大学肯尼迪政府学院客座教授		
1990—2004	普林斯顿大学冠名"劳伦斯·S. 洛克菲勒（Laurance S. Rockefeller）政治学教授"		
1990—1995	普林斯顿大学伦理与公共事务专业部主任，普林斯顿大学创办人类价值观研究中心并任主任		
1995—1997	普林斯顿大学教师会主席		
1997—1998	普林斯顿大学校长的学术顾问		
2001—2004	普林斯顿大学教务长		
2004—	宾夕法尼亚大学第 8 任校长，宾夕法尼亚大学文理学院冠名"克里斯托弗·布朗（Christopher Browne）杰出政治学教授"，传媒学院教授，次聘于文理学院哲学系、教育研究生院		

续 表

范德堡大学

1987—2002	历任范德堡大学法学院教师、副院长、副教务长
2002—2006	范德堡大学教务长兼副校长
2007—2008	范德堡大学教务长兼临时校长
2008—	范德堡大学第 8 任校长、法学教授

耶鲁大学

1986—2003	耶鲁大学教师
2003—2004	耶鲁大学文理研究生院院长
2004—2008	耶鲁大学院长
2008—2013	耶鲁大学教务长
2013	耶鲁大学第 23 任校长、冠名"克里斯·阿吉里斯（Chris Argyris）心理学教授"

圣路易斯华盛顿大学

1972—1976	麻省理工学院化学助理教授
1976—1977	麻省理工学院化学副教授
1977—1995	麻省理工学院化学教授
1981—1989	麻省理工学院冠名"弗雷德里克·G. 凯斯（Frederick G. Keyes）化学教授"
1987—1990	麻省理工学院化学系主任
1990—1995	麻省理工学院教务长
1995—	圣路易斯·华盛顿大学第 14 任校长、化学教授

耶希瓦大学

1989—2003	犹太校园生活基金会主席
2003—	耶希瓦大学第 4 任校长
2010—	耶希瓦大学冠名"布拉夫曼家族（Bravmann Family）大学教授"

资料来源：根据各校官网上的校长履历或个人简介整理汇总而成。资料收集截止时间为 2013 年 11 月 18 日。

*在搜集各校长资料期间，加州理工学院时任校长暂时由教务长代任。

3.拥有不凡经历

从各位校长的简介来看,共有 22 所大学的校长至少在一家机构诸如美国国家文理学院、美国国家工程学院、美国国家科学院、美国哲学学会担任院士,或是德国、西班牙、印度、瑞典、英国的著名学术组织的成员,那些没有成为院士的大学校长,也均与企业、政府以及本行业的组织有着诸多联系,体现出他们不凡的社会活动能力。笔者以伦斯勒理工学院校长为例,说明校长的不凡经历。

伦斯勒理工学院第 18 任校长是被称为"国宝"的雪莉·安·杰克逊(Shirley Ann Jackson),她拥有的不凡学术经历和成就,以及为学校的跨越式发展做出的贡献是伦斯勒理工学院发展史上前所未有的[1]。

雪莉拥有 MIT 理学学士学位(物理学,1968)和哲学博士学位(理论基础物理学,1973),以理论凝聚态物理学为研究方向,专门研究分层系统、光电材料的物理特征。1976 年毕业后,她一直在贝尔实验室从事理论物理学、固态与量子物理、光学物理学研究。1991—1995 年,雪莉进入罗格斯大学任物理学教授。1995 年,雪莉被克林顿总统聘为核能管理委员会(Nuclear Regulatory Commission,NRC)[2]成员,担任为期 4 年的委员会主席、NRC 首席执行官及官方发言人,拥有在紧急情况下需要核管理委员会发挥作用的全部权力。1997 年,雪莉牵头成立国际核监管机构协会(International Nuclear Regulators Association,INRA)[3],并当选为第一任主席。2009 年 4 月,雪莉被奥巴马总统聘为总统的科学技术委员会[4]成员,并担任委员会下属的技术创新顾问委员会[5]联席主席,其间与他人共同起草了《向总统提交的确保美国在先进制造业中的引领地位的报告》,就重振美国在先进制造业中的引领地位提出总体策略与具体建议。

---

[1]　Rensselaer Polytechnic Institute,Office of the President. Profile:Shirley Ann Jackson[EB/OL]. (2009-08-28) [2012-11-14]. https://president. rpi. edu/president-biography.

[2]　NRC 的职责是:通过许可、规范、保护核反应堆材料的使用,达到保护环境、确保公众健康与安全、加强共同防范的目的。

[3]　INRA 的主要工作是探讨核安全事务、向他国提供援助,协会成员为来自加拿大、法国、德国、日本、西班牙、瑞典、英国、美国、韩国的高级核管理官员(中国以观察员身份参加)。

[4]　科学技术委员会由美国一流科学家、工程师组成,向总统、副总统提供顾问服务,协助他们在众多科学、经济、创新的领域中制定政策,以促进经济,造福美国社会。

[5]　技术创新顾问委员会通过科学技术委员会,就科学、技术、创新政策等事务向总统提供顾问服务。

除了上述主要任职,雪莉还是多个学术组织的成员:美国物理学会会员(1986年入选),美国文理学院院士(1991年入选),美国工程学院院士(2001年入选),美国哲学学会会员(2007年入选),美国科学进步协会会员(2007年入选),英国皇家工程学院外籍院士(2012年入选)。目前,她在其他社会组织中的任职还包括:国际商业机器公司(IBM)董事,联邦快递公司(FedEx Corporation)董事,美敦力有限公司(Medtronic Inc.)董事,公共服务企业集团公司(Public Service Enterprise Group Incorporated)董事,史密森学会董事,布鲁金斯学会董事,美国竞争力委员会成员以及该委员会下属"安全、可持续发展、创新委员会"联席主席,麻省理工学院终身董事,美国政府问责办大众审计员的顾问委员会委员,美国卫生研究院(National Institutes of Health,NIH)的生物工程与生物医学成像顾问委员会成员。

雪莉还因其出色的工作与成就被多个学术组织、社团、媒体认可并获得众多奖项与荣誉:1993年获得美国新泽西州州长科学奖;作为在教育科学、公共政策等领域做出重大贡献的杰出科学家进入"全美女性名人堂"(1998年);因被认可为获得非凡成就的女性科学技术专家进入"技术领域的女性国际基金会名人堂"(2000年);被全美黑人工程师学会评为"金火炬终身成就奖"(2000年);被《美国黑人工程师与信息技术》杂志授予"年度黑人工程师奖"(2001年);被《发现》杂志评为"50佳科学女性"(2002年);2004年成为7位被任命的"科学界女性协会会员"之一;2006年获得美国机械工程师学会的总统奖;因在科学研究、教育以及在公共政策领域做出的具有资深政治家风范的贡献,获得国家科学委员会颁发的著名的"万尼瓦尔·布什"奖(2007年);因"对科学技术教育、专业实践工作的重大贡献,通过引领与创造力激励他人追求科技事业,对国家与人类做出突出贡献与服务",被美国机械工程师协会授予拉尔夫·考茨·罗伊奖章(2008年);因"对科学共同体、政府、大学、企业、未来科学工程专业的新一代人才做出的贡献",获得美国科学进步委员会颁发的著名的飞利浦·海阿贝尔森奖(2011年);2012年获得美国竞争力委员会颁发的首届美国公共服务奖。雪莉创造了多个"第一":是第一位美国核管理委员会的女性主席(也是第一位女性黑人主席),第一位入选国家工程学院院士的黑人女性,第一位获得万尼瓦尔·布什奖的黑人女性,第一位引领美国排名前50所大学的黑人女性,第一位获得"年度黑人工程师"的女性。

自1990年担任伦斯勒理工学院这所美国古老的技术研究型大学校长

以来,雪莉便将学院引入了非凡转变的道路:2001 年,雪莉引进未规定用途、礼赠给学院的 3.6 亿美元,在她的带领下,2004 年大学发起目标为 10亿美元的"复兴"筹资运动,2006 年又将筹资目标提升为 14 亿美元,至 2009年筹资工作结束时,学院获赠超过 14 亿美元,且提前 9 个月完成筹资目标,筹款所得超过学院以往的筹款总数。截至 2013 年年底,学院的办学投入近12.5 亿美元,新增生物技术与跨学科研究中心、纳米技术创新计算中心、表演艺术与媒体实验中心、东校区体育村。学院还新聘到 275 位教师,受益于实力强大的教师加盟,学院改革课程设置,加强对本科生的研究训练,更为重要的是,整个学院获得的研究立项翻了近乎 3 倍。

二、大学校长的领导团队

大学工作主要包括学术与行政两大类。大学核心的学术工作是教学与研究,以及学术性战略与规划、学术规范等工作。大学行政工作主要为:大学战略与规划,大学财务,大学共同体成员行为的合规性,校内资产与设备管理,大学信息技术服务与信息安全,校内人力资源管理,大学资本规划、投资和商业运营,大学发展(含筹资)与校友关系,大学国际化,大学的营销与宣传,大学与联邦政府、州政府、地方政府的关系,校际体育赛事及校内文体工作等。大学设有高层管理者构成的领导团队成员,其根本职能是听从校长领导,分担校长职责,引领、规范各自职责范围内的行政与学术工作。

(一)领导团队的科层性

1. 科层性的一般状态

大学领导团队以校长为首,大致可以分为学术领导团队、行政领导团队。学术领导团队为校长-教务长-其他学术领导(包括二级学院院长和其他分管学术支持性工作的副校长)三级。在教务长担任首席学术领导的大学内,也可将学术领导团队视为教务长-其他学术领导二级,但作为行政领导团队的成员,教务长接受校长领导。行政领导团队结构分为两种模式:一种是小规模办学的加州理工学院、中等规模的伦斯勒理工学院与莱斯大学所呈现的校长-副校长二级模式;另一种是其他大学呈现的三级模式,在这种三级模式中,校长并不接受所有副校长们的直接报告,因为大学设有资深副校长,在资深副校长下再设副校长岗位,这些副校长根据自己的工作职责和上一级的资深副校长的领导职责,分别向一个或数个资深副校长汇报工作。大学领导团队科层性的特点还延伸至行政管理部门:向资深副校长汇报工作的副校长职位之下,可能还设立向这些副校长汇报工作的协理副校长、副校长助理、部门主任等岗位,而资深副校长下可能也设立直接向资深副校长汇报工作的诸如协理副校长、副校长助理、部门主任等高级主管岗位,这些高级主管不属于大学校长的领导团队,但他们很好地弥补了大学在某项职能上不再设领导岗位的实际情况,也让大学校长的领导团队与行政管理部门之间的连接体现出锯齿状结合的模样。

2. 以波士顿大学领导团队为例

波士顿大学的学生人数超过 3 万人,是一所被卡内基教学促进基金会分类为大型大学的组织,其领导团队规模不小。总体而言,波士顿大学组织属于非纯粹的校内联邦模式,医学校区具相对独立性,但大学只设一位校长,且大学教务长负责整个大学的总体学术规划,大学行政人员协助医学院的行政工作。2010 年,波士顿大学领导团队共 47 人,负责包括查尔斯河畔校区和医学校区在内的整个大学的行政、学术工作,其中 11 人是直接向校长汇报工作的校级领导,其余的副校长们均向分管的资深副校长汇报工作。具体如下。①

(1)大学教务长兼首席学术领导。负责领导大学的整体学术工作、职责范围内的预算工作、大学的规划流程,监督学术性专业、研究以及全球范围内的学术开发、招生、学生事务。

(2)医学校区教务长。负责医学校区内的运作和本校医学院、牙医学院、公共卫生学院以及医学科学研究生部,为医学校区的教师、职员、学生有效地工作、学习提供领导。

①二级学院院长。其职责包括:开发、监督二级学院包括教学、研究工作、教职员工、物理设备、财务资源等在内的全部资源;主持学院的教师会议,在大学的政策框架下,与教师一起制定学院政策;根据学系推荐意见,向教务长推荐教师的聘用、晋级、终身教职的授予;准备学院的年度预算与长远预算,与教务长磋商并管理学院经费开支,领导吸引校外经费的工作,以促进二级学院的设备添置、专业开发和人员发展。

②教导主任。其职责是向学生提供安全的环境,使学生能置身于一个充满活力的学术环境中,具体包括:指导学生组织,设法使学生适应大学生

---

① Boston University. About, Administration[EB/OL]. (2010-08-30)[2013-02-14]. https://www.bu.edu/info/about/admin.

活,确定学生行为规范;提供学业支持,帮助、指导学生确定就业目标。教导主任下属的各办公室包括学生服务中心、残疾人服务中心、霍华德中心、司法事务办、新生指导办、学生住校生活办、学生工作办。

③副校长兼副教务长(全球工作)。其职责是:领导开发、协调、执行大学全球工作战略;领导100多名常年在14个国家开展工作的员工;领导校内3个部门(留学部、海外学者与留学生办、英语语言培训中心)的工作。

④副校长(招生与学生事务)。其职责包括:监管大学服务中心、职业发展中心、教育资源中心等部门的工作;指导、确定本科生的招生策略;监管招生和录取、学生经费援助、大学注册、学生就业等工作;监管与学生相关的信息系统;协调旨在防止本科生转学的各项工作。

⑤副校长兼副教务长(研究工作)。其职责是:负责大学的研究事务;代表大学与政府、企业、基金会中的利益相关者打交道;领导大学形成并执行有效的研究管理政策与程序。

⑥副教务长(研究生事务)。其核心的工作是:支持跨学科教育、研究,支持研究生合作教育、合作研究。具体职责是:领导波士顿大学的研究生教育工作,与教务长、各学院院长合作,提出大学的入学要求;在2个校区间形成合作关系;录取学术能力强的多样化的研究生,提高研究生立项质量;加强开发和审查研究生专业;推动并确保学生在本校的学习、研究质量;为本校13000多名研究生提供跨学科发展或专业成长的机会。

⑦副教务长(经费预算与规划)。其职责为:制定经费预算与规划的程序,确保经费规划能体现教务长与各学院院长共同确定的学术工作重点的意图与要求;与本校分管预算与资本规划的副校长们合作,协调大学的年度预算过程;管理教务长办公室的人力资源与预算工作;担任教务长办公室与各二级学院经费预算工作的联系人。

⑧副教务长(战略工作)。其职责为:代表教务长领导与大学学术使命相关的大学学术工作发展、学术战略规划重点等工作,提出旨在促进大学专业质量、学术声誉的战略工作;代表教务长监管大学的专业审查过程,并根据大学的整体战略规划,与行政、教师商讨提高学术专业质量与影响力的措施。

⑨副教务长(本科生事务)。其职责为:与二级学院院长合作,提高本科生在校的学习、生活质量;领导与本科生教育相关的核心工作,开发创新课程,使用教育技术,提供学术荣誉;监管教学创新与质量中心、本科生研究机会办公室、小班化人文教育工作。

⑩副教务长（教师事务）。其主要负责关涉教师的事务，具体为：负责教师多样化和专业发展、工作与生活平衡等教师政策；代表教务长与各二级学院、大学层级的部门探讨与教师事务相关的工作；监管教师的录用、聘用、工资待遇；负责查尔斯河畔校区教师职级晋升、终身教职等的申请、评比过程。

⑪教务长助理（学术事务）。其职责主要是在下列事务上与分管本科生事务、研究生事务的两位副教务长合作：制定学术政策，课程审查，形成全校范围内的学术事务工作程序与惯例；批准本校学生申请全国性奖学金的程序并选拔申请者。

⑫教务长助理（学术空间规划）。其职责是：与各二级学院院长、学术工作领导们合作，负责各二级学院及整个大学学术空间规划，确保校内的学术空间能满足办学所需。

（3）负责后勤与运营的资深副校长。其职责是：负责学生住宿、餐饮及其他后勤服务；形成大学预算；负责校区规划、房地产开发、设备服务、医学校区内二级学院的财务。向其汇报工作的其他职能领导/高级主管包括以下。

①副校长（后勤服务）。其职责是：领导大学的后勤服务工作，如学生住宿与餐饮工作、校内交通运输、各会议服务、大学内便利店、体育竞技场地、健身娱乐中心。

②副校长（预算与资本规划）。这一副校长同时向资深副校长和大学教务长汇报工作。其职责主要是：在院校研究的基础上领导开展战略规划与预算规划工作。

③副校长（房地产与设备服务）。其职责是：管理大学房地产投资组合；监管大学的校园规划、房地产买卖、住宅与商业用房租赁、建筑设计与建造；管理大学设备。

④协理副校长（设备管理与规划）。其职责是：监管大学复杂的物理设备环境；负责主校区300所建筑物的规划、设计、建造、维修、保养等；协助、协调医学校区管理其物理设施。

⑤协理副校长（运营）。其职责是：代表资深副校长监管、协调大学的重大项目（如担任"新学生中心建造"的项目主管）；与资深副校长一起协调大学感兴趣的其他战略规划项目与资本规划项目。

⑥副校长助理（空间规划）。其职责是：向资深副校长、负责设备管理与规划的协理副校长汇报工作，协调大学内学术、行政工作所需空间的设计与

规划工作;监管项目所需要的校外建筑公司、顾问的工作。

(4)资深副校长兼首席财务官、财务主管。其职责是:监管校内150多名从事日常财务管理工作的员工。向其汇报工作的其他职能领导/高级主管如下。

①会计办主管。其职责是:做好大学的会计记录;提供准确、及时的会计报告;通过内部控制保护大学资产。

②债务与财务管理办主管。其职责是:确保对大学现有的资本资源、借贷资源进行持续、谨慎、高效管理。其日常工作包括:现金管理;向大学发展办领导、投资办领导提供行政支持、现金预算与报告;对新建设备的建造、保养所需的资本支出进行财务分析;发行债券,对现有的整套债务组合进行管理;监管与营运资本、债务分配相关的信用市场和财务流动风险;与主要的金融供应商、校外信用评级机构、州的债券发行机构构建良好关系。

③校内审计办主管。其职能是:确保大学正在以有效的、经济的方式运营,且会计、行政、信息技术的管理是充分有效的,联邦、州的法规,大学内部政策都已被充分理解并被合理遵守;协助大学管理层和董事会实现大学运营、财务、信息技术的工作目标;根据每年的审计规划,或应大学管理层、院长们、学系主任们或大学内部其他人员的要求进行审计,同时就新的工作、行政程序、内部管理等提供咨询。

④风险管理办主管。其主要职责是:通过合理规划,识别大学办学过程中可能面临的意外损失的类别,分析损失的类型与程度,确定如何通过保险、保证金等形式进行风险规避、风险转移,以及如何在出现损失后通过有效索赔获得补偿,从而将损失最小化。

⑤采购办主管。其职责是:形成大学采购计划,负责大学的战略性采购,确保大学以最低价格及时购得保证质量的材料与服务,以支持大学的教育、研究、体育工作。

⑥财务系统管理办主管。这一办公室的职能是:对资深副校长管辖下各部门乃至整个大学内财务单位的工作人员进行业务上的、行政工作上的指导与支持。

⑦副校长(研究经费管理)。这一副校长与隶属于教务长的分管研究的副校长兼副教务长密切合作,监管校内受赞助研究项目管理办、研究经费管理办的工作,也与采购办有着诸多工作上的联系,其职责是:确保大学通过科研经费的管理,对教职工、研究人员的需求做出回应。

·研究经费管理办主管。其职责包括:出台并执行相关政策;负责经费使用、管理流程的培训;负责研究经费的会计与管理;提供研究工作量与时间投入的证明;负责研究间接成本率的协商与计算;负责研究项目中期、结题的经费审计。

·受赞助研究项目管理办主管。项目管理办管理获得校外经费的研究项目,主管的职责是:向本校准备研究课题申报和提交课题申报的研究人员提供全面的支持,确保所有的课题申报、已经获得赞助的项目既遵守波士顿大学的学术研究政策,又符合校外经费提供者的要求。

(5)资深副校长(外部事务)。其职责包括:与学生、家长、媒体、国内外社会组织等进行沟通;负责经营与政府、本校周边地区各组织的关系。其分管领导如下。

①营销与宣传办主管。其职责是:通过新闻报道、网络、杂志封面、视频、照片等宣传大学与教师的成就,扩大大学在国内外的声誉和影响。

②副校长(联邦关系)。分管这一工作的副校长同时接受分管外部事务的资深副校长和教务长领导,其职责是:加强大学与联邦机构及其决策者的联系,争取参与联邦的、影响研究型大学的重要决策;收集与联邦经费供给趋势相关的信息,为教师与提供研究经费的联邦组织搭桥;与政策制定者、全国的教育与科学组织合作,提出大学的专业性意见,提高本校在华盛顿特区的影响力。

③副校长(政府与社区事务)。其职责是:向公众提供信息,告诉公众本校如何推进教育、研究、服务的使命,并收集相关信息,告知公众大学培养人才、改善本地区民众福祉、向本地区乃至全球做出的各方面贡献。

(6)资深副校长兼大学资深法律顾问、董事会秘书。其职责是:监管副校长(行政服务)、体育部、平等机会办公室的工作;作为大学法律顾问办的资深法律顾问,向大学提供包括董事会治理在内的各类事务的法律顾问服务;作为董事会秘书,监管董事会办公室工作,成为董事会与大学共同体其他成员的重要联系纽带。向其汇报工作的职能领导/高级主管如下。

①副校长(行政服务)。其职责是:监管校警、人力资源办、学生健康服务、大学邮政服务、学校调频电台的工作。

②副校长助理兼体育部主任。负责训练学生运动员以参加校际体育比赛。

③平等机会办主管。其职责是:确保大学遵守联邦与州机会均等、平权

行动的法规,为师生在平等、无歧视、无骚扰的环境中生活、学习提供保障。

(7)副校长兼校长办公室主任。其职责为:监管校长办公室的日常工作;负责筹备校长交代的事务;奉校长之命领导工作,并在有需要的情况下代表校长出席会议;负责校内的军事训练。

(8)资深副校长(发展与校友关系)。其职责是:与大学的学术与行政领导团队、董事会密切合作,组织并领导制定关涉大学校友关系、筹资与发展的总体战略;与各学院院长、各部门领导合作,向其提供尽可能多的支持;鼓励全球各地的本校校友的学术发展、社会参与、专业工作和慈善行为,以支持学校推进大学使命。

(9)副校长兼法律总顾问。大学法律总顾问是校内的首席法律顾问,领导大学法律总顾问办,负责所有影响大学的法律事务。其辖下 11 名律师负责:向本校教职员工提供学术事务、商业运作、慈善捐赠、用人用工、卫生服务、移民、房地产、税收等 42 项业务的法律咨询、服务,帮助他们实现自己的诉求;代表大学面对联邦、州的法庭和行政机关,起草涉及大学利益的合同;审核大学政策与出台政策的程序;建议校内人员遵守联邦、州、地方性法规。

(10)副校长(信息服务与技术)。其职责是:负责向查尔斯河畔校区提供信息服务,支持大学的教育、研究、行政管理工作和校园生活。

(11)首席投资官。其主要职责是监督、管理、监控大学用于长远投资的资产,具体为:确定各项用于投资的金融产品;选择投资经理人;负责投资绩效报告;建议董事会下属的投资委员会确定投资政策、明确投资风险与回报目标。

(二)团队结构的渗透性

30 所大学领导团队的构成绝非"行政归行政,学术归学术"割裂式的生硬组合。这一特点首先体现在团队成员之间的职能联系上,如:领导财务工作的副校长负责大学整体的财务工作和办学预算,他还须与教务长及时沟通,确定年度的、长远的开展学术工作所需经费;领导大学资产与设备管理工作的副校长,同样需要和隶属于教务长的分管副教务长、各学院院长沟通,确定学术工作所需的资源与物理设备;领导国家实验室工作的副校长需要对实验室的研究质量与项目进展负责;负责大学国际化工作的领导最重要的职责是拓展海外办学和海外分校的专业开发工作,因此与负责本科生事务、研究生教育等工作的副教务长、部分二级学院院长有工作上的联系;负责大学学术规划的副教务长还须与负责大学整体规划的副校长沟通、交流。大学内行政领导与学术领导之间的职能联系十分密切。

大学领导团队这种非生硬组合的特点还体现在团队成员的身份上，最典型的是作为大学首席执行官的校长和首席学术官的教务长。30 所大学中，除了达特茅斯学院、埃默里大学、乔治·华盛顿大学、普林斯顿大学、芝加哥大学 5 所大学的官方信息没有显示其校长还同时受聘于学术岗位，其余 25 所大学校长还同时被校内学术组织聘为教授。大学教务长则至少具有三重身份：①是大学内教师中的一员；②是教师的学术领导、大学内各二级学院院长们的领头人、大学学术工作的牵头人；③是以校长为首的大学高层行政领导团队中的一员（大学教务长通常不仅是大学的首席学术官，还是大学的执行副校长，在校长岗位虚位以待或校长无法行使职责时，代其履行校长职责），因此教务长工作职责其实具备了学术与行政两大性质。这种同时兼具多重身份、承担学术和行政领导工作的特点同样体现在各二级学院院长身上——他们是二级学院的首席行政官，在二级学院内，接受学院内各学系、研究所/研究中心主任的工作汇报，同时还负责领导学院内部的学术辅助部门。在大学层级，他们在教务长的带领下，定期召开会议讨论职责范围内的工作，在形成、执行大学的学术目标、教育政策中发挥着重要作用，是大学教务长成功履职的团队重要成员。

三、大学的教师共治组织

专业化是大学教师参与大学治理的力量基础。1966 年，美国高校董事会协会（AGB）、美国教育理事会（American Education Council，ACE）、美国大学教授协会（American Association of University Professors，AAUP）联合发布《大学治理宣言》（*Statement on Government of Colleges and Universities*），倡议在大学决策过程中，董事会、校长和教师要根据各自特长，进行权力和责任分工，对大学内部事务实行共同治理。[①] 尽管很多著名大学在此之前已经有了教师共治的组织与程序，但《大学治理宣言》发表后，"共治"理念被更多的美国大学接受，成为大学设定组织机构的重要原则，教师共治组织成为教师群体参与大学治理的重要组织依托。

在 30 所大学内，教师共治组织有不同的类型，笔者按不同维度划分。

---

① AAUP. Statement on Government of Colleges and Universities[EB/OL]. (1990-04-10) [2014-08-02]. https://www.aaup.org/report/statement-government-colleges-and-universities.

（一）按组织功能划分

按组织功能划分，教师共治组织可以分为审议型、咨询顾问型和立法决策型，咨询顾问型和立法决策型的教师共治组织通常以代表制的评议会形式存在。

（1）审议型教师共治组织。审议型教师共治组织通常以群议组织的模式存在，主要审议来自校长或行政领导们对有关大学整体利益或教师关注的事务做出的决定、工作报告，也接收教师评议会及其委员会就已经采取的工作措施及其对未来可能产生的影响等方面形成的报告。

（2）咨询顾问型教师共治组织。咨询顾问型教师共治组织的职责在于：根据其所在的组织层次（如大学的教师共治组织或学院的咨询顾问型教师会），向大学或学院推荐荣誉毕业生；对关涉所在组织整体利益的事务提出建议；对涉及组织利益的新政策或已有政策的修订进行讨论；思考董事会、校长、教务长、评议会成员、学院要求其考虑的问题并提出建议；就影响组织的事务主动提供建议。不同层级咨询顾问型教师共治组织的设置实质是大学为来自不同学院的教师、学院为来自不同学系的教师提供一个交流的论坛。

（3）立法决策型教师共治组织。立法决策型教师共治组织因其存在的组织层次不同，立法决策的效力和内容也会有所不同。如大学层级的立法决策型教师共治组织表决通过的大学范围内的事宜具决定性意义，可通过校长将其决定呈递给董事会审批。但学院的立法决策型教师共治组织通常只能决策学院内部事务。这种不同层次的立法决策型教师组织，同时也是提供对话的论坛，兼具咨询建议的功能。如大学的评议会每个月召开一次例会，但若每个月都通过至少一项决策，可想而知大学必是变动不居。事实上，在具有决策功能的评议会会议上，评议员讨论的多数事情最终也不会有正式表决，但是大学评议会中不同的甚至有时是相互冲突的观点可以产生建设性的效果，因为大学校长通常是会议主持人，评议员在每月例会上就提出来的事务进行讨论、辩论，可以让校长知晓，或通过校长让行政领导及管理层知晓。立法决策型的评议会至少有一半的会议是类似于这样的对话。

上述 3 种组织功能在各校中的存在不具一致性，同一所大学内，可能大学层级的共治组织是咨询顾问型的，但二级学院的教师会、学系的教授会却是立法决策型的，或者同一所大学内，一些二级学院的教师会属于立法决策型，而另一些二级学院的教师会仅具有咨询顾问型的功能。

（二）按人员构成划分

按人员构成划分,大学的教师共治组织可以分为群议组织和代表组织2类。[①] 本书将前一种类型称为教师会,后一种类型称为评议会。

1. 大学的教师群议组织

(1)教师群议组织的层级。教师群议组织可分为纯粹模式与非纯粹模式。所谓纯粹模式,是指全体教师会具表决权的成员仅为本校被聘在学术岗位的专职教师。非纯粹模式的教师会指的是,在学术岗位上任职的教师构成了群议组织的绝大多数,非教师的行政领导、职员、学生、校友代表也同时被容纳在内。

教师群议组织的三级伞状模式是30所大学中常见的教师共治组织构成。大学设全校统一的教师会[在拥有全校性教师会的大学内,各校对其称呼各不相同,如波士顿大学、西北大学称为"教师大会"(faculty assembly),康奈尔大学称为"大学教师会"(university faculty),乔治·华盛顿大学则称为"大学教师大会"(university faculty assembly)],学院设院级教师会,学系设教授会。终身教职系列和非终身教职系列正教授、副教授、助理教授三个职级的教授们是大学各级群议组织的主干成员,大学校长、教务长、各学院院长及学院内全体正教授、副教授、助理教授均是具表决权的教师会成员。大学是否还允许退休教授、讲师、教员、客座教授、兼职教授以及次聘于本部门的教师、工作不满1年的教师参加群议组织,或参与讨论的人是否有表决权,各校规定不一。

大学层级的教师群议组织除了行使审议功能,还为本校教师提供公投的机会,教师可以对评议会提交给该组织的事务或对评议会决议中有歧义的决定进行公投。各学院教师会主要关注学术规训的制度与规范,如本学院内录取学生的标准、学习课程的规定、获取学位的资格、毕业生推荐。学系教授会是教师群议组织中的基层组织,学系教授会关注的是:所在学系内部工作的政策与制度,与本系教师相关的工作,学位毕业生推荐及推荐程序。作为学系教授会成员,教授也可对学系、学系主任的非涉及个体成员本人的决定提出申诉。学系教授会的会议由系主任主持,学系主任就学系内重大事务听取教授会意见。一旦学系主任与系教授会意见不一致,系主任

---

① 加州理工学院、卡内基梅隆大学的相关信息无法获得。

需就下列不同情形书面汇报学系教授会的会议结论,并随附其本人及教授会的立场意见:①涉及聘用、续聘、职级晋升的,向所属学院院长、大学教务长汇报;②涉及学术事务的,向所属学院院长、大学的教师评议会汇报;③涉及除上述事务以外的行政事务的,向所属学院院长、大学教务长汇报。

(2)教师群议组织的不规则模式。群议组织的不规则模式主要出现在哈佛大学、塔夫茨大学、耶鲁大学、埃默里大学等邦联模式的大学内,在这些大学中,各二级学院分别拥有自己的教师会,在各校内相对独立的二级学院教师会中,部分二级学院除了拥有自己的教师会,还和本校内其他的二级学院构成一个更大的"大教师会"。此处以塔夫茨大学为例,说明群议组织的不规则模式。

塔夫茨大学的教师参与大学共治的途径主要是通过选举教师进入董事会及其委员会,以及在各二级学院教师会中参与学院群议组织及其下属委员会。大学共设9个学院:文理学院(含文学院、女子学院、文理研究生院、艺术博物馆学院塔夫茨校区)、工程学院、法律与外交学院、牙医学院、医学院、生物医学科学研究生院、营养科学与政策学院、兽医学院、市民与公共服务学院。各学院分设教师会,其中文理学院教师会(含文理研究生院教师会、文学院与女子学院教师会、艺术博物馆学院教师会)和工程学院教师会组成一个文理工大教师会。小教师会主要关注本学院内与学生录取、学科规训、质量监管等工作相关的政策问题,成员包括校长、教务长、各学院相关领导,以及学院内从事学术工作的教师(见表2.15)。文理工大教师会决定影响非单个学院的行政管理问题,审批各小教师会或校长提交给其的事务,受理其下属委员会的报告并做出批复意见,根据各下辖学院教师会的推荐,向董事会推荐下辖各学院学位毕业生(但无权推荐荣誉学位获得者)。小教师会成员是大教师会内具表决权的成员,由董事会任命的校长、文理学院院长、工程学院院长,以及每年从大教师会中选举产生的一名秘书(他也是小教师会的当然秘书)构成大教师会管理层。大教师会设常委会,包括经任命的成员组成的15个委员会和经选举产生的成员组成的6个委员会(见表2.16)。

表2.15 塔夫茨大学文理工大教师会下联合学院等院的小教师会

文理学院下属小教师会为例	文理研究生院——以文理研究生院	文理学院教师会	工程学院教师会
具表决权的成员资格	文理学院、文理研究生院、工程学院及文理学院内其他学院院长、校内其他学院院长；所有在文理研究生院学位专业内向学生提供教学与指导的专职教师；校长、教务长、卫生科学副校长；经文理研究生院院长推荐、校长任命的其他同类人员	校长、教务长、文理学院院长、文理学院分管学术事务的各院长；文理学院内各职级讲师、教员与副教授	校长、教务长、文理学院院长、工学院院长；提供教学、从事研究或处理学术事务的讲师、教员、助理教授、副教授、正教授
教师会管理层	一位院长；文理工大教师会秘书	校长、教务长、文理学院院长、艺术博物馆学院院长、文理学院分管学术事务的各院长；文理工大教师会秘书	工学院院长；文理工大教师会秘书
职责	决定学院内各专业学生录取政策以及学术质量监管；管理所有的学位专业与研究生学位；向大教师会推荐各专业可以获得学位的毕业生；听取下属委员会的工作报告并对工作报告做出批复意见	决定文理学院内学生录取、学术监督与学术纪律相关的政策；向文理工大教师会推荐学院内学位毕业生	决定本学院学生录取、出勤管理、课程开发等相关的政策事宜；向大教师会推荐学位毕业生；受理各委员会报告并做出批复意见

续　表

	文理学院下属小教师会——以文理研究生院教师会为例	文理学院教师会	工程学院教师会
委员会	执委会；专业政策委员会	学术与荣誉委员会；课程委员会；学术审查委员会	执委会；课程委员会；学术地位委员会；研究生学业与研究委员会；学习目标与结果评估委员会
会议	每学年至少3次	每学年至少3次	每学年至少3次

资料来源：

文理研究生院教师会：Tufts University. Graduate School of Arts and Sciences. Bylaws of the Faculty of the Graduate School of Arts and Sciences[EB/OL]. (2007-05-18)[2020-02-13]. http://ase.tufts.edu/faculty/pdfs/bylawsGSAS.pdf.

文理学院教师会：Tufts University. School of Arts and Sciences. Complete Text of the Bylaws of the Faculty of the School of Art & Sciences[EB/OL]. (2020-02-08)[2020-05-25]. https://ase.tufts.edu/faculty/pdfs/bylawsAS.pdf.

工程学院教师会：Tufts University. Faculty of School of Engineering. Complete Text of the Bylaws of the Faculty of the school of Engineering[EB/OL]. (2019-02-08)[2020-02-19]. https://ase.tufts.edu/faculty/pdfs/bylawsEngg.pdf.

表 2.16　塔夫茨大学文理工大教师会

成员资格	4 个学院教师会成员均是大教师会内具表决权的成员	
教师会管理层	大学校长、文理学院院长、工学院院长，另每年选举产生一名秘书	
职责	决定影响非单个学院的事务（包括学术工作的进程安排）、审议各小教师会或校长提交给其的事务，受理其下属委员会的报告并做出批复意见，根据各下辖各学院教师会推荐、向董事会推荐荣誉学位毕业生（但无权推荐来自本学位获得者）	
委员会	成员经任命的常委会（任期每届 5 年） (1) 教育政策委员会 (2) 图书馆委员会 (3) 学生生活委员会 (4) 学术奖励委员会 (5) 体育竞技委员会 (6) 本科生招生与学生援助委员会 (7) 暑期班委员会 (8) 信息技术委员会 (9) 平等教育机会委员会 (10) 教研研究支持与设备顾问委员会 (11) 教师研究奖励委员会 (12) 校园规划与发展委员会 (13) 教师工作/生活委员会 (14) 本科生共同课程咨询委员会 (15) 学生行为委员会	成员经选举的常委会（任期每届 3 年） (1) 执委会 (2) 申诉委员会 (3) 任命委员会 (4) 终身教职与职级晋升委员会 (5) 行政领导的教师顾问委员会 (6) 预算与大学重点工作委员会
会议	每学年至少 3 次例会	每学年至少 3 次例会

资料来源：Tufts University, School of Arts and Sciences & School of Engineering. Complete Text of the Bylaws of the Faculty of Arts, Sciences and Engineering [EB/OL]. (2018-12-12) [2019-03-18]. http://ase.tufts.edu/faculty/pdfs/bylawsASE.pdf.

塔夫茨大学内其他二级学院教师会的结构与构成文理工大教师会的各小教师会类似,其与文理工大教师会及其各小教师会的不同之处在于,文理工学院内各小教师会有权决定本学院内关涉学术工作的政策性事务,文理工大教师会有权决定文理学院、工程学院关涉非单个学院内学术工作的政策性事务,而其他的二级学院教师并非都具有决策权,如塔夫茨大学的法律与外交学院教师会具备的就仅仅是向院长提供建议的功能①。

2. 大学的教师代表组织

教师代表组织的规模要小于教师会,但便于成员的召集,也更有利于成员畅通地探讨事务。各二级学院在大学教师代表组织中的名额按各学院的规模分配,如耶希瓦大学曼哈顿校区的学术评议会,便是按 15∶1(四舍五入)的比例分配各学院在学术评议会中的代表名额,不足 15 人的学院至少拥有 1 名代表名额。根据这一分配比例,23 名代表分别来自 9 个学院:耶希瓦学院(5)、女子学院(5)、商学院(2)、科学与健康学院(2)、教育管理学院(1)、法学院(4)、犹太教研究生院(2)、心理研究生院(1)、社会工作学院(1)。

与群议组织相似,教师代表组织的称呼也是各有不同,笔者将其称为评议会。大学评议会关注的是与全校教师相关的、非单个学院关注的事务。根据规定,评议会不能过问政治事务,不能干涉严格意义上的行政管理事务(特别是各工会的劳工事务),不能管理大学,也不能干涉二级学院的内部事务,如课程、录取、学生援助等。评议会的大部分工作通过下属委员会进行,或先在下属委员会中进行初步探讨。校内任何组织都可以向评议会的常委会提出其意见,或提出困难,由常委会考虑并讨论,评议会的会议讨论通常为是否接受下属委员会的意见作为评议会的意见,以及评议会以何种方式提供意见与建议,并对此做出表决。因此,评议会机制的核心是,成员们将本单位同事关注的非单个学院内的事务传递给评议会,通过沟通、反馈、分享,评议会将上下达成一致的意见反馈给大学领导,成员们则将评议会观点、信息传达给本单位。

根据组织的存在模式,30 所大学的评议会有以下 3 种类型。

① Tufts University,The Fletcher School. Faculty Handbook[EB/OL]. (2018-08-30)[2019-04-29]. https://sites. tufts. edu/fletcherconnect/files/2018/08/Faculty-Affairs-Handbook.pdf.

(1)拥有广泛代表的一院制模式。这一模式出现在哥伦比亚大学。[①]其教师评议会也是全校范围内的最高立法机构,属于非纯粹模式的教师代表组织,评议会共有 108 个表决席位:63 名教师,24 名学生,6 名研究人员,9 名高层领导(含校长),另有行政职员、图书馆专职人员、校友各 2 人。评议会有权代表教师、学生等大学共同体成员制定全校范围内影响整个大学的政策,如教学专业、重点专业、预算、学术自由与终身教职、研究行为、图书馆、信息技术、大学外部关系、教师福利、学生行为规范等。经评议会表决通过的决定是最终决定。但是根据评议会章程,对下列事务的探讨必须经董事会同意:改变预算拨款,购买、处理不动产,大学已经签订的合同中义务的变更。

(2)评议会比较普遍的模式,是在拥有教师群议组织的大学内,与教师群议组织有着类似于"母子"关系的评议会。这样的关系不是说评议会由群议组织决定设立,事实上这样的组织安排,尤其是大学这一级的立法决策型评议会这种重要的组织安排,通常由董事会来决定。说两个组织是"母子"关系,是因为评议会代表由各个学院从其在大学群议组织中任职的成员中选举产生。在 30 所大学中,多数大学的学术评议会属于这一模式。

(3)就普遍性而言,介乎两者之间的,是评议会的双层模式。如乔治敦大学[②]共有 3 个校区——主校区、医学校区、法律中心,其上层的大学评议会成员包括由 3 个校区选举产生的 75 名专职教师(主校区 45 人,医学校区 20 人,法律中心 10 人),另有高层领导 8 人(3 位行政副校长、1 位资深副校长、4 位主校区的学院院长)。评议会选举产生 1 名主席、1 名秘书兼财务主管、来自 3 个校区的 3 名副主席。这一级的教师评议会是全校性的教师治理机构,每学年至少召开 4 次例会,就影响 3 个校区的学术性的、行政的、财务的事务向校长提建议。评议会履行的职责具体如下。

①对关涉全校教师的事务进行讨论并表达意见。

②向校长、董事会、大学教师会提出建议,要求其通过下属委员会履行职责。

---

① Columbia University. The By-Laws,Statutes,and Rules of the Columbia University Senate [EB/OL]. (2010-04-02) [2013-08-18]. https://senate. columbia. edu/topbar_pages/defining_docs/bylawsetc. html.

② Georgetown University. Faculty Handbook,Ⅲ Faculty Policies and Procedures[EB/OL]. (2021-03-18) [2021-06-20]. https://facultyhandbook. georgetown. edu/section3/ # 5&_ga = 2.249838534. 1919134571. 1593936673-1703633052. 1592491232.

③关注校长、董事会、校区分评议会、大学各委员会、教师申述等提请他们关注的或其主动希望关注的事务。

④管理评议会组织的议程。

⑤对以下领域的大学事务发表意见：全校性的学术事务；确定学术资源与职责的要求、标准与申述程序；形成并遵循包括聘用、职级晋升程序、申述程序在内的职级与终身教职标准；大学治理，包括与董事会商议大学评议会主席、副主席、学院院长、学系主任的选拔、任命程序；大学预算，包括仔细研究大学预算，商议与大学财务政策、财务状况相关的事务；大学的专项拨款；教职员工的薪水、退休计划、福利，如薪水、福利的标准与幅度；教师研究经费、学术休假程序与政策；学生事务，包括与学生事务办、学生组织的联系；大学物理设备；大学典礼。

大学评议会设有相应的常委会：学术事务委员会，学术自由与责任委员会，大学治理委员会，教职工薪酬、退休规划与福利委员会，大学预算与财务委员会，学生事务委员会，物资设备委员会。除了上述规定的常委会，评议会还任命教师在大学职级与终身教师委员会、申述法规委员会、搜寻（高级学术官员）委员会中任职。评议会另有 1 个类似于执委会的指导委员会，成员包括评议会的 5 名领导、主校区的执行副校长、大学评议会指定的当然成员。指导委员会的职责包括：接受需放入评议会议程的事务；安排评议会会议议程；经评议会同意，为常委会或特别委员会任命一半人数的成员，为分校区的分评议会分别任命 2 名具表决权的成员；管理评议会预算；将相关事务分派给各常委会；召集评议会特别会议。

大学评议会下还设有 3 个校区的教师分评议会，以主校区分评议会（main campus executive faculty）[①]为例。主校区分评议会是一个有权动议主校区政策的组织，58 名成员由来自主校区的 4 个学院（本科生院、对外服务学院、商学院、护理学院）的代表组成，具体为：在评议会内隶属于主校区的成员中选举产生 5 名不分类代表，主校区各学位授予单位分别选举出 1 名代表（每增加 25 名教师，可多选举 1 名代表），教务长为当然成员，但不具表决权。主校区分评议会与教务长办公室、各学院院长在制定、执行大学主校区学术政策上合作，可提议主校区学术政策的制定、规划，或审议拟制定

---

① Georgetown University. Main Campus Executive Faculty：Constitution[EB/OL].（2019-06-06）[2020-03-20]. https://executivefaculty.georgetown.edu/constitution/.

的学术政策,主校区所有的学术政策在最终由董事会授权给校长、教务长批准前,都应先由主校区分评议会审批,或征得其同意免于审批。分评议会可就重大财务决定所涉及的学术工作和主校区高级学术行政领导、影响大学主校区学术使命的事务向教务长提出建议。但分评议会在行使自己的权力时,无权行使只能由专业、学系、学院处理的事务,不得与已由学院院长与相关学院的行政委员会共同批准的院内政策、措施相抵触;若非大学评议会要求,分评议会不得干预由大学评议会关注的涉及大学整体利益的事务。分评议会同样设有指导委员会,成员包括分评议会的主席、副主席、至少 6 名分评议会成员,任期每届 2 年,大学评议会中来自主校区的副主席为当然成员,不具表决权。分评议会指导委员会的职能主要是:提名分评议会下属委员会成员,规划分评议会的会议议程,行使分评议会托付的工作,筛选分校区的政策规划申请[①]。

---

① 根据规定,指导委员会应审议主校区所有学术政策的申请,决定哪些无须其批准,哪些须由其投票表决,并及时通知分评议会。

第三章　美国私立大学的经费资源

对于各私立大学来说,经费资源的意义在于:能为大学获取高质量的人才、开展高质量的学术工作提供支持,它对加强学术力量的贡献不可小觑。各私立大学内部的学术力量与行政力量在获取经费资源中都发挥着不可忽视的作用。

本章根据 29 所大学[①] 2011—2012 财务年[②]经审计的财务报表,解读私立大学的经费资源及获取经费资源的特点。

第一节　美国私立大学的经费结构

本节主要依据各大学 2011—2012 财务年的财务报表,从大学的办学资产、大学的年办学经费、大学的财务状况三个层面探究美国私立大学的经费结构。

一、大学的办学资产

(一)大学的总资产

大学的总资产包括固定资产与非固定资产。各校 2011—2012 财务年的财务报表数据显示,29 所大学中,总资产绝对值超过 100 亿美元的大学共 12 所,根据拥有的资产额,依次为:哈佛大学(577 亿美元)、斯坦福大学

---

① 伦斯勒理工学院的财务报表资料无法获得。
② 大学财务年指从当年 9 月 1 日至次年 8 月 31 日。

(348亿美元)、耶鲁大学(313亿美元)、普林斯顿大学(212亿美元)、麻省理工学院(168亿美元)、宾夕法尼亚大学(147亿美元)、杜克大学(142亿美元)、哥伦比亚大学(137亿美元)、芝加哥大学(120亿美元)、纽约大学(112亿美元)、康奈尔大学(109亿美元)、埃默里大学(108亿美元)。拥有资产最少的耶希瓦大学达到22.3亿美元(见表3.1)。

表3.1 各校2011—2012财务年资产额构成

单位:万美元

大学	总资产额	非固定资产额	固定资产额
波士顿大学	434,320	233,268	201,052
布朗大学	415,266	319,933	95,333
加州理工学院	411,520	324,143	87,377
卡内基梅隆大学	237,422	168,392	69,050
凯斯西储大学	264,541	191,477	73,064
哥伦比亚大学	1,372,689	1,082,048	290,641
康奈尔大学	1,090,041	757,851	332,190
达特茅斯学院	597,499	504,730	92,769
杜克大学	1,417,115	1,119,163	297,952
埃默里大学	1,084,364	818,020	266,344
乔治敦大学	245,266	154,679	90,587
乔治·华盛顿大学	348,416	236,394	112,022
哈佛大学	5,771,464	5,193,810	577,654
约翰斯·霍普金斯大学	781,529	571,201	210,328
麻省理工学院	1,678,710	1,428,939	249,771
纽约大学	1,121,577	632,383	489,194
西北大学	987,690	830,087	157,603
普林斯顿大学	2,123,178	1,824,004	299,174
莱斯大学	623,552	503,352	120,200
斯坦福大学	3,478,483	2,946,438	532,045

续 表

大学	总资产额	非固定资产额	固定资产额
塔夫茨大学	290,142	212,783	77,359
芝加哥大学	1,195,473	843,610	351,863
诺特丹大学	933,055	804,013	129,042
宾夕法尼亚大学	1,470,260	1,057,686	412,574
南加利福尼亚大学	809,124	578,204	230,920
范德堡大学	747,116	574,355	172,761
圣路易斯华盛顿大学	915,865	726,326	189,539
耶鲁大学	3,132,237	2,706,764	425,473
耶希瓦大学	222,815	150,013	72,802

资料来源:根据各大学 2011—2012 财务年经审计的财务报表整理而成。

1. 大学的固定资产

大学的固定资产包括土地、建筑物、设备、图书等,其中设备包括一般性设备、科研设备、软件、车辆、家具。受赠资产以受赠当日市值估价入账,固定资产以购买或建造时的成本价入账,通过贷款购置固定资产产生的利息,计入该固定资产成本价内。各校对固定资产使用有效期规定不一,如波士顿大学规定:建筑物使用期 50 年,设备使用期 2～20 年,软件使用期 20 年,图书使用期 10 年[①];麻省理工学院的建筑物使用期 25～50 年,设备使用期 3～25 年,软件使用期 4～6 年[②]。大学在固定资产使用有效期内,每个财务年底以直线折旧法入账,折旧完毕的,不再计入年财务报表资产值中。根据各校 2011—2012 财务年报表汇总计算而成的固定资产额情况如表 3.2 所示,29 所大学中,固定资产额最多的是哈佛大学(58 亿美元),固定资产额最少的是卡内基梅隆大学(6.9 亿美元)。生均[③]固定资产额大于等于 20 万美

---

① Boston University. Boston University Financial Statements[EB/OL]. (2012-06-30)[2013-04-10]. https://www.bu.edu/ar/2012/financials/BU-AR-2012-Financials.pdf.

② MIT. Report of the Treasurer for the Year Ended June 30,2012[EB/OL]. (2012-06-30)[2013-04-10]. https://vpf.mit.edu/about-vpf/publications.

③ 本书中生均值数据,均是以全日制学生数为分母计算所得。

元的大学有：加州理工学院（39 万美元）、普林斯顿大学（38 万美元）、耶鲁大学（36 万美元）、斯坦福大学（35 万美元）、哈佛大学（29 万美元）、芝加哥大学（28 万美元）、麻省理工学院（23 万美元）、埃默里大学（21 万美元）、莱斯大学（20 万美元）。全日制生均固定资产额少于 10 万美元的大学有：乔治敦大学（6.4 万美元）、乔治·华盛顿大学（6.6 万美元）、卡内基梅隆大学（6.7 万美元）、南加利福尼亚大学（7 万美元）、波士顿大学（7.7 万美元）、塔夫茨大学（7.8 万美元）、凯斯西储大学（8.7 万美元）、西北大学（9.2 万美元）。

表 3.2　各校 2011—2012 财务年固定资产额情况

大学	固定资产额/万美元	占总资产额的比例/%	占净资产额的比例/%	生均固定资产额/万美元
波士顿大学	201,052	46	93	7.7
布朗大学	95,333	23	30	14.7
加州理工学院	87,377	21	40	39.2
卡内基梅隆大学	69,050	29	42	6.7
凯斯西储大学	73,064	28	40	8.7
哥伦比亚大学	290,641	21	27	11.7
康奈尔大学*	332,190	30	44	15.8
达特茅斯学院	92,769	16	23	15.4
杜克大学	297,952	21	30	19.9
埃默里大学	266,344	25	38	20.8
乔治敦大学	90,587	37	86	6.4
乔治·华盛顿大学	112,022	32	61	6.6
哈佛大学	577,654	10	16	29.1
约翰斯·霍普金斯大学	210,328	27	48	16.1
麻省理工学院	249,771	15	20	23.4
纽约大学	489,194	44	98	14.3
西北大学	157,603	16	19	9.2

大学	固定资产额/万美元	占总资产额的比例/%	占净资产额的比例/%	生均固定资产额/万美元
普林斯顿大学	299,174	14	17	38.3
莱斯大学	120,200	19	23	20.0
斯坦福大学	532,045	15	20	34.8
塔夫茨大学	77,359	27	40	7.8
芝加哥大学	351,863	29	51	28.2
诺特丹大学	129,042	14	17	10.9
宾夕法尼亚大学	412,574	28	43	19.3
南加利福尼亚大学	230,920	29	40	7.0
范德堡大学	172,761	23	34	14.5
圣路易斯华盛顿大学	189,539	21	26	16.0
耶鲁大学	425,473	14	21	36.4
耶希瓦大学	72,802	33	47	13.1

资料来源：根据各大学 2011—2012 财务年经审计的财务报表整理而成。

＊截至 2011—2012 财务年年底，康奈尔大学州立合约学院价值 607,441,000 美元的土地、建筑、设备主要由州购买，384,000 美元的土地、建筑、设备主要由州政府、公司购买，大学都不拥有所有权，表 3.2 中未减去这些数值。

事实上，各校固定资产的投入远不止财务收支表上呈现的数额，如果加上累计折旧经费，那么大学固定资产的原始投入经费则远远高于表 3.2 的数据（见表 3.3）。

表 3.3　各校 2011—2012 财务年固定资产额与累计折旧费

单位：万美元

大学	固定资产额	固定资产累计折旧费	固定资产累计投入
波士顿大学	201,052	107,195	308,247
布朗大学	95,333	66,911	162,244
加州理工学院	87,377	69,649	157,026

续　表

大学	固定资产额	固定资产累计折旧费	固定资产累计投入
卡内基梅隆大学	69,050	65,492	134,542
凯斯西储大学	73,064	77,600	150,664
哥伦比亚大学	290,641	197,754	488,395
康奈尔大学	332,190	226,883	559,073
达特茅斯学院	92,769	60,428	153,197
杜克大学	297,952	315,739	613,691
埃默里大学	266,344	241,366	507,710
乔治敦大学	90,587	64,109	154,696
乔治·华盛顿大学	112,022	61,364	173,386
哈佛大学	577,654	343,865	921,519
约翰斯·霍普金斯大学	210,328	195,384	405,712
麻省理工学院	249,771	104,864	354,635
纽约大学	489,194	299,624	788,818
西北大学	157,603	116,293	273,896
普林斯顿大学	299,174	107,738	406,912
莱斯大学	120,200	57,738	177,938
斯坦福大学	532,045	428,054	960,099
塔夫茨大学	77,358	54,335	131,693
芝加哥大学	351,863	205,839	557,702
诺特丹大学	129,042	52,474	181,516
宾夕法尼亚大学	412,574	318,622	731,196
南加利福尼亚大学	230,920	151,295	382,215
范德堡大学	172,761	193,819	366,580
圣路易斯华盛顿大学	189,539	161,391	350,930
耶鲁大学	425,473	200,637	626,110
耶希瓦大学	72,802	50,252	123,054

资料来源:根据各大学2011—2012财务年经审计的财务报表整理而成。

2. 大学的非固定资产

大学的 3 块经费——用于设置固定资产的经费,用于投资的经费,用于流通的现金、现金等值物、大学应收款项——互不覆盖,其中后两项经费可以被视为大学的非固定资产。如表 3.4 所示,在 2011—2012 财务年,大学用于投资的经费和用于设置固定资产的经费占了大学资产的绝大部分,其中用于投资的经费占总资产的 31%～86%。

表 3.4 各校 2011—2012 财务年投资经费、固定资产经费占比

单位:%

大学	投资经费占比	固定资产经费占比	合计占比	大学	投资经费占比	固定资产经费占比	合计占比
波士顿大学	45	46	91	纽约大学	31	44	75
布朗大学	68	23	91	西北大学	72	16	88
加州理工学院	55	21	76	普林斯顿大学	82	14	96
卡内基梅隆大学	54	29	83	莱斯大学	77	19	96
凯斯西储大学	61	28	89	斯坦福大学	69	15	84
哥伦比亚大学	62	21	83	塔夫茨大学	66	27	93
康奈尔大学	55	30	85	芝加哥大学	62	29	91
达特茅斯学院	73	16	89	诺特丹大学	82	14	96
杜克大学	62	21	83	宾夕法尼亚大学	56	28	84
埃默里大学	52	25	77	南加利福尼亚大学	48	29	77
乔治敦大学	48	37	85	范德堡大学	55	23	78
乔治·华盛顿大学	48	32	80	圣路易斯华盛顿大学	69	21	90
哈佛大学	86	10	96	耶鲁大学	82	14	96
约翰斯·霍普金斯大学	55	27	82	耶希瓦大学	43	33	76

续 表

大学	投资经费占比	固定资产经费占比	合计占比	大学	投资经费占比	固定资产经费占比	合计占比
麻省理工学院	77	15	92				

资料来源:根据各大学 2011—2012 财务年经审计的财务报表整理而成。

　　各校用于投资的经费,并不仅仅止于当年财务收支表中所列"投资"的经费值,如波士顿大学①,"现金及现金等值物""长期投资""短期投资""剩余资产票据"的经费都是用于投资的经费;布朗大学财务报表注释表明②,其真正用于投资的是列为"投资"与"信托于他人的基金"两笔经费;卡内基梅隆大学③、凯斯西储大学④、哥伦比亚大学⑤、康奈尔大学⑥、普林斯顿大学⑦、耶希瓦大学⑧等大学的财务报表注释显示它们将"信托于他人的资产/基金"视为获赠,但事实上这是所有者与经营者分离的投资资产;在范德堡

---

①　Boston University. Boston University Financial Statements[EB/OL]. (2012-06-30)[2013-04-10]. https://www. bu. edu/ar/2012/financials/BU-AR-2012-Financials. pdf.

②　Brown University. Brown University Financial Statement for the Year Ended June 30,2012 [EB/OL]. (2012-10-30) [2013-04-10]. https://www. brown. edu/about/administration/controller/financial-statements.

③　Carnegie Mellon University. Carnegie Mellon University Consolidated Financial Statements June 30,2012 and 2011 [EB/OL]. (2012-06-30)[2013-04-10]. https://www. cmu. edu/finance/reporting-and-incoming-funds/annual-report/files/2012_annual_report. pdf.

④　Case Western Reserve University. Financial Report,2012[EB/OL]. (2012-06-30)[2013-04-15]. https://www. case. edu/finadmin/controller/pdf/FY2012cfs. pdf.

⑤　Columbia University. The Trustees of Columbia University in the City of New York Consolidated Financial Statements June 30,2012 and 2011[EB/OL]. (2012-06-30)[2013-04-15]. https://finance. columbia. edu/files/gateway/content/reports/financials2012. pdf.

⑥　Cornell University. Cornell University 2011-2012 Financial Report[EB/OL]. (2012-06-30)[2013-04-15]. https://www. dfa. cornell. edu/sites/default/files/cornell-annual-report-fy2012. pdf.

⑦　Princeton University. Princeton University Consolidated Financial Statements,June 30,2012 and 2011[EB/OL]. (2012-06-30)[2013-04-15]. https://finance. princeton. edu/sites/g/files/toruqf151/files/2019-10/2011-2012. pdf.

⑧　Yeshiva University. Yeshiva University and Related Entities Consolidated Financial Statements,June 30,2012 and 2011[EB/OL]. (2012-06-30)[2013-04-20]. https://www. yu. edu/sites/default/files/inline-files/yu_consolidated_financial_statements_june2012_2011. pdf.

大学①资产表中的"受托于他人的信托应得利息",笔者不将其列为投资资产,而是视为"应收款项"。

　　各校投资工具主要包括美国国债、全球股票、对冲基金、私人股本、房地产、自然资源。大学用于各种投资工具的经费分配不尽相同,即便各校事先确定了投资策略与经费分配方案,但在实际运作中,通常还会有变动。如卡内基梅隆大学②,根据其投资策略,当年的由大学经营运作的投资经费分配比例为:美国公共股权14%,投资国际成熟股6%,投资国际新上市股9%,投资固定收益10%,投资未上市股权22%,对冲基金18%,投资房地产15%,投机性投资6%,投资现金0%。截至2011—2012财务年年底,其实际经费分配比例依次为:13%,5%,7%,6%,30%,14%,13%,5%,7%。

　　根据各校财务报表的注释与经费的实际用途整理得出的2011—2012财务年用于投资的经费如表3.5所示,哈佛大学、耶鲁大学、斯坦福大学、麻省理工学院和普林斯顿大学用于投资的经费明显高于其他私立大学。29所大学中,只有6所大学用于投资的经费不到总资产值的一半,哈佛大学、普林斯顿大学、诺特丹大学、耶鲁大学的投资经费则占总资产值的80%以上。各校大手笔的投资,或许是"艺高胆大"所致。

表 3.5　各校 2011—2012 财务年用于投资的经费

单位:万美元

大学	总资产额	投资经费	投资经费占比/%	大学	总资产额	投资经费	投资经费占比/%
波士顿大学	434,320	193,317	45	纽约大学	1,121,577	353,251	31
布朗大学	415,266	280,357	68	西北大学	987,690	714,895	72

---

① Vanderbilt University. Vanderbilt University Financial Statements and Single Audit Report in Accordance with OMB Circular A-133 for the Year Ended June 30,2012[EB/OL]. (2012-06-30)[2013-04-20]. https://www. vanderbilt. edu/ocga/a133-audit. php.

② Carnegie Mellon University. Carnegie Mellon University Consolidated Financial Statements June 30,2012 and 2011 [EB/OL]. (2012-06-30)[2013-04-10]. https://www. cmu. edu/finance/reporting-and-incoming-funds/annual-report/files/2012_annual_report. pdf.

续 表

大学	总资产额	投资经费	投资经费占比/%	大学	总资产额	投资经费	投资经费占比/%
加州理工学院	411,520	224,569	55	普林斯顿大学	2,123,178	1,740,400	82
卡内基梅隆大学	237,442	128,645	54	莱斯大学	623,552	480,126	77
凯斯西储大学	264,541	160,208	61	斯坦福大学	3,478,483	2,414,568	69
哥伦比亚大学	1,372,689	849,545	62	塔夫茨大学	290,142	191,759	66
康奈尔大学	1,090,041	602,239	55	芝加哥大学	1,195,473	744,088	62
达特茅斯学院	597,499	437,592	73	诺特丹大学	933,055	763,262	82
杜克大学	1,417,115	873,339	62	宾夕法尼亚大学	1,470,260	823,756	56
埃默里大学	1,084,364	567,933	52	南加利福尼亚大学	809,124	386,513	48
乔治敦大学	245,266	118,602	48	范德堡大学	747,116	407,340	55
乔治·华盛顿大学	348,416	168,469	48	圣路易斯华盛顿大学	915,865	628,681	69
哈佛大学	5,771,464	4,976,866	86	耶鲁大学	3,132,237	2,563,861	82
约翰斯·霍普金斯大学	781,529	431,327	55	耶希瓦大学	222,815	95,377	43
麻省理工学院	1,678,710	1,284,787	77				

资料来源:根据各大学2011—2012财务年经审计的财务报表整理而成。

（二）大学的净资产

从所有权来看，大学总资产包括大学拥有完全所有权的净资产和目前虽在大学账面上，但"大学有责任必须支付的经费"，这些经费包括应付款、应支付票据、应支付开支，具体为：免税债券，应税债券，大学为所选的投资工具需支付的经费（如根据利率掉期合约、利率互换协议等需支付的费用），资本租赁需支付的经费，大学为教职工购买的退休年金，为有一定服务年限的教职工购买的医疗保险与人寿保单，与捐赠者签订利益分成协议需支付的年金等。

私立大学净资产分为未受限资产、临时受限资产、永久受限资产。未受限资产是大学可以灵活支配的本校资源，指的是学杂费、原物主向大学捐赠时未明确规定用途的资源、从董事会指定的留本基金（endowment）中产生但尚未指定具体用途的收益，或目前已为大学所有但尚未指定用途的其他资源。若原物主对捐赠物或对从捐赠物中产生的收益指定了明确用途，但是在规定该资产用途的指定时间到期后或者捐赠者意图完全实现后，仍有剩余的资产，大学可以将其划入未受限资产。从限定用途的基金中产生的、被董事会划拨为某一年大学开支所需但未被董事会限定用途的收益，属于临时受限资产。永久受限资产就是必须专款专用的那部分资产，通常包括捐赠者限定用途的基金，大学从联邦政府、贷款公司处获得的研究经费、学生贷款经费等，大学以获得经费时的原始数据入账。

大学净资产额为各校各年办学工作与非办学工作的收支变动累计值，如表3.6所示，各校的净资产额巨大。净资产额最多的是哈佛大学（355.8亿美元），最少的是乔治敦大学（10.5亿美元）。当年生均净资产额最多的是普林斯顿大学（222万美元），生均净资产额最少的是乔治敦大学（7.4万美元）。在可获得3类资产数据的26所大学中，21所大学的未受限资产高于永久受限资产，其中差距最大的是斯坦福大学，其未受限资产高出受限资产87亿多美元，哈佛大学的这2类资产数差距虽不如斯坦福大学明显，但这2类资产的数额都不容小觑，分别达到81亿美元和62亿美元。

表 3.6　各校 2011—2012 财务年生均净资产额

单位:万美元

学校	总资产额	净资产额（未受限资产高于永久受限资产的差额）			生均净资产额
		未受限资产	临时受限资产	永久受限资产	
波士顿大学	434,320	216,041(79,191)			8.3
		121,525	52,182	42,334	
布朗大学	415,266	316,260(−46,432)			37.9
		71,774	126,280	118,206	
加州理工学院	411,520	218,044(−31,390)			97.7
		58,995	68,664	90,385	
卡内基梅隆大学	237,442	162,765(12,558)			15.7
		67,465	40,393	54,907	
凯斯西储大学	264,541	182,465(−73,722)			21.7
		14,672	79,399	88,394	
哥伦比亚大学	1,372,689	1,065,205(235,579)			43.0
		466,123	368,538	230,544	
康奈尔大学	1,090,041	747,767			35.5
		240,955	—	—	
达特茅斯学院	597,499	401,755(−1,416)			66.9
		100,607	199,125	102,023	
杜克大学	1,417,115	980,337(312,898)			65.4
		545,237	202,761	232,339	
埃默里大学	1,084,364	700,162(133,223)			54.4
		290,447	252,491	157,224	
乔治敦大学	245,266	105,337			7.4
		—	—	—	

续　表

学校	总资产额	净资产额（未受限资产高于永久受限资产的差额）			生均净资产额
		未受限资产	临时受限资产	永久受限资产	
乔治·华盛顿大学	348,416	183,115(112,780)			10.7
		135,178	25,539	22,398	
哈佛大学	5,771,464	3,558,430(190,972)			179.2
		810,566	2,128,270	619,594	
约翰斯·霍普金斯大学	781,529	435,277(44,457)			33.3
		189,960	99,814	145,503	
麻省理工学院	1,678,710	1,279,934(227,611)			120.1
		488,895	529,755	261,284	
纽约大学	1,121,577	498,901 (113,147)			14.6
		263,505	85,038	150,358	
西北大学	987,690	812,533(382,694)			47.7
		495,258	204,711	112,564	
普林斯顿大学	2,123,178	1,734,666(494,800)			222.0
		667,079	895,308	172,279	
莱斯大学	623,552	520,587(148,667)			86.6
		248,394	172,466	99,727	
斯坦福大学	3,478,483	2,667,520(874,445)			174.7
		1,433,835	674,295	559,390	
塔夫茨大学	290,142	194,883(49,506)			19.7
		101,994	40,401	52,488	
芝加哥大学	1,195,473	693,393(86,637)			55.6
		232,488	315,054	145,851	

续　表

学校	总资产额	净资产额（未受限资产高于永久受限资产的差额）			生均净资产额
		未受限资产	临时受限资产	永久受限资产	
诺特丹大学	933,055	753,142(188,123)			63.7
		332,825	275,615	144,702	
宾夕法尼亚大学	1,470,260	969,363(215,174)			45.4
		491,391	201,755	276,217	
南加利福尼亚大学	809,124	579,718(86,284)			17.6
		263,660	138,682	177,376	
范德堡大学	747,116	501,955(169,405)			42.1
		276,119	119,122	106,714	
圣路易斯华盛顿大学	915,865	730,287(211,160)			61.7
		354,273	232,901	143,113	
耶鲁大学	3,132,237	2,049,168			175.5
		—	—	—	
耶希瓦大学	222,815	153,444(−41,208)			27.5
		28,313	55,610	69,521	

资料来源：根据各大学 2011—2012 财务年经审计的财务报表整理而成。

二、大学的年办学经费

（一）大学的年办学收入

大学的年办学收入包括当年与大学教育、研究、培训及辅助性工作相关的收入，从大学投资收益中按比例划拨用于办学工作的经费，大学从周转资金中产生的收益，资本捐赠、指定用途的捐赠之外的其他所有捐赠。尽管 29 所大学 2011—2012 财务年办学收入情况各异，但收入值个个不菲。

根据各校 2011—2012 财务年财务报表显示的办学收入①,29 所大学中年办学收入总额最高的斯坦福大学达到 68 亿美元,最少的莱斯大学达到 5.5 亿美元,当年生均收入最多的加州理工学院达到 96 万美元,生均收入最少的乔治·华盛顿大学也达到 6 万美元(见表 3.7)。

表 3.7　各校 2011—2012 财务年办学收入情况

单位:万美元

大学	年办学收入	生均收入	大学	年办学收入	生均收入
波士顿大学	167,810	6.4	纽约大学	568,124	16.6
布朗大学	70,485	8.4	西北大学	190,839	11.2
加州理工学院*	214,567	96.2	普林斯顿大学	139,877	17.9
卡内基梅隆大学	106,193	10.3	莱斯大学	55,100	9.2
凯斯西储大学	89,605	10.7	斯坦福大学	681,462	44.6
哥伦比亚大学	371,227	15.0	塔夫茨大学	73,900	7.5
康奈尔大学	316,197	15.0	芝加哥大学	313,467	25.1
达特茅斯学院	79,395	13.2	诺特丹大学	93,559	7.9
杜克大学	461,192	30.8	宾夕法尼亚大学	616,165	28.9
埃默里大学	385,366	30.1	南加利福尼亚大学	323,371	9.8
乔治敦大学	103,812	7.3	范德堡大学	371,080	31.1
乔治·华盛顿大学	102,010	6.0	圣路易斯华盛顿大学	230,791	19.5
哈佛大学	403,715	20.3	耶鲁大学	282,264	24.2
约翰斯·霍普金斯大学	456,064	34.9	耶希瓦大学	59,240	10.6
麻省理工学院	299,030	28.1			

资料来源:根据各大学 2011—2012 财务年经审计的财务报表整理而成。

* 当年加州理工学院办学收入中的 1,541,968,000 美元为 JPL 实验室所得。若将这笔收入除去,则加州理工学院生均办学收入为:(2,145,673,000－1,541,968,000)/2231＝270,598(美元)。

---

① 办学收入中的学杂费部分为净额,即扣除了由各校出资、通过学生援助办向学生提供的经济援助的经费投入。

各校 2011—2012 财务年办学收入来源及占比如表 3.8 所示,各项收入占比排序如表 3.9 所示。各校年办学收入主要包括 5 类。

(1)学杂费收入。表 3.8 中所列数据为净学杂费。29 所大学中,除了乔治·华盛顿大学和波士顿大学 2 所学校,其余 27 所大学的净学杂费收入不到其年办学总收入的一半,其中 19 所大学的学杂费收入不到其年办学总收入的 1/4,加州理工学院的学杂费收入仅占其当年年办学总收入的近 2%。

(2)研究收入。各校的研究收入既包括大学获得的研究经费,又包括通过研究成果的转让、专利许可等所得。29 所大学中,加州理工学院通过研究获得的收入占年办学总收入的 86%,达到近 19 亿美元,占比最少的纽约大学为 11%,但也达 6 亿美元。

(3)受赠收入。大学获得的非现金类捐赠,以受赠之日的市值入账,以上市股或投资资产的形式捐赠的,以财务年年底该股票或该投资资产的市值入账。私立大学通过受赠获得的收入占年办学收入比例都普遍较低,受赠收入占年办学总收入比例最高的南加利福尼亚大学在 2011—2012 财务年获得 5 亿多美元,占其当年办学总收入的 16%,埃默里大学的受赠收入均仅占其年办学总收入的 1%,为 4000 多万美元。

(4)投资收入。大学记录投资收益/亏损时,以交易当日的市值入账,报表上列入"年办学收入"的投资收入数据是大学从已经扣除了投资管理费用后的投资收益值中按比例(一般为 5%~6%)划拨所得。这块收入真是"几家欢喜几家忧",普林斯顿大学的这块收入占当年办学总收入的比例高达 52%,达到 7.2 亿美元,是 29 所大学年办学收入中"投资收入"占比最高的大学,当年列入"投资收入"占比至少达到年办学总收入 1/4 的大学还有莱斯大学(40%)、哈佛大学(39%)、耶鲁大学(37%),达特茅斯学院的这块收入占其年办学总收入的 23%。年办学总收入中投资收入占比最低的是南加利福尼亚大学,仅为近 0.2%,计 567 万美元。由于年办学总收入基数比较大,哈佛大学、耶鲁大学、斯坦福大学 3 所学校的投资收入占比虽不如普林斯顿大学,但哈佛大学 2011—2012 财务年列入"年办学收入"的这一项收入值达到了近 16 亿美元,耶鲁大学和斯坦福大学则分别超过了 10 亿美元。

(5)销售、服务、后勤企业收入。这类收入较高的大学为,斯坦福大学(37.9 亿美元),宾夕法尼亚大学(36.6 亿美元),纽约大学(31.6 亿美元),杜美大学(27.0 亿美元),埃默里大学(26.2 亿美元),范德堡大学(25.7 亿美元)。

　　笔者在划分各校财务报表中的"其他收入"时分为两种情况。一些学校如哈佛大学和耶鲁大学,尽管报表中将其一部分收入列入"其他收入",但报表注释中清楚地说明了这些收入的来源,本书根据报表中的注释将相应部分归入后勤收入这一块。还有一些学校财务报表中未对"其他收入"说明具体类别,或虽已经说明具体类别但根据其类别无法将其归入笔者所划分的5类收入,因此这些"其他收入"未在表3.8中呈现(后续相关表格中,也未将"其他收入"列入,因此5类收入各数值相加并不等于其年办学收入总值)。

　　此外,康奈尔大学、宾夕法尼亚大学、约翰斯·霍普金斯大学、凯斯西储大学和纽约大学的财务报表显示,它们额外获得了州政府的拨款,康奈尔大学还获得了联邦政府的拨款,只是这几所大学所得的政府拨款占其年办学总收入的比例均较低,获助占比最高的康奈尔大学获得的拨款占其年办学总收入的5%,其余4所大学所得拨款占其年办学总收入的比例,按顺序依次为:0.5%、0.4%、0.3%、0.2%。

单位：万美元

表3.8　各校2011—2012财务年办学收入来源及占比

大学	年办学收入	学杂费收入	学杂费收入占比/%	研究收入	研究收入占比/%	受赠收入	受赠收入占比/%	投资收入	投资收入占比/%	销售、服务、后勤企业收入	销售、服务、后勤企业收入占比/%	政府拨款收入	政府拨款收入占比/%
波士顿大学	167,810	84,300	50	37,412	22	5,072	3	3,573	2	37,453	22	—	—
布朗大学	70,485	23,785	34	17,303	25	6,852	10	11,643	17	8,158	12	—	—
加州理工学院	214,567	3,413	2	189,934	86	5,439	3	9,739	5	3,114	1	—	—
卡内基梅隆大学	106,193	36,669	34	38,992	37	12,015	11	2,955	3	15,563	15	—	—
凯斯西储大学	89,605	19,971	22	44,380	50	6,217	7	8,417	9	5,101	6	274	0.3
哥伦比亚大学	371,227	78,588	21	105,982	29	44,857	12	42,119	11	98,842	27	—	—
康奈尔大学	316,197	50,833	16	60,473	19	33,837	11	29,816	9	126,191	40	15,047	5
达特茅斯学院	79,395	16,815	21	17,355	22	8,416	11	18,116	23	18,692	23	—	—
杜克大学	461,192	37,292	8	106,343	23	8,819	2	34,709	8	270,245	59	—	—
埃默里大学	385,366	32,890	9	51,088	13	4,264	1	23,298	6	262,888	68	—	—
乔治敦大学	103,812	50,026	48	25,199	24	5,044	5	7,666	7	12,695	12	—	—

续　表

大学	年办学收入	学杂费收入	学杂费收入占比/%	研究收入	研究收入占比/%	受赠收入	受赠收入占比/%	投资收入	投资收入占比/%	销售、服务、后勤企业收入	销售、服务、后勤企业收入占比/%	政府拨款收入	政府拨款收入占比/%
乔治·华盛顿大学	102,010	56,896	56	15,801	15	6,200	6	4,991	5	15,442	15	—	—
哈佛大学	403,715	77,676	19	83,262	21	28,922	7	158,138	39	55,717	14	—	—
约翰斯·霍普金斯大学	456,064	45,638	10	262,936	58	9,256	2	15,073	3	99,076	22	1,669	0.4
麻省理工学院	299,030	27,599	9	152,785	51	15,617	5	54,729	18	43,282	14	—	—
纽约大学	568,124	147,055	26	60,110	11	13,028	2	17,615	3	316,156	56	1,237	0.2
西北大学	190,839	52,893	28	53,505	28	10,818	6	35,137	18	38,065	20	—	—
普林斯顿大学	139,877	9,795	7	24,897	18	7,897	6	72,392	52	9,800	7	—	—
莱斯大学	55,100	12,039	22	10,895	20	3,790	7	22,012	40	4,055	7	—	—
斯坦福大学	681,462	48,050	7	123,424	18	18,452	3	101,549	15	378,714	56	—	—
塔夫茨大学	73,900	30,137	41	13,796	19	5,507	7	7,939	11	16,521	22	—	—
芝加哥大学	313,467	33,489	11	38,680	12	14,648	5	37,411	12	163,591	52	—	—
诺特丹大学	93,559	26,970	29	11,074	12	3,464	4	9,423	10	20,056	21	—	—

续表

大学	年办学收入	学杂费收入	学杂费收入占比/%	研究收入	研究收入占比/%	受赠收入	受赠收入占比/%	投资收入	投资收入占比/%	销售、服务、后勤企业收入	销售、服务、后勤企业收入占比/%	政府拨款收入	政府拨款收入占比/%
宾夕法尼亚大学	616,165	77,665	13	90,301	15	18,968	3	31,056	5	365,689	59	3,013	0.5
南加利福尼亚大学	323,371	97,716	30	45,580	14	52,791	16	567	0.2	116,589	36	—	—
范德堡大学	371,080	25,014	7	60,013	16	8,287	2	16,703	5	257,156	69	—	—
圣路易斯华盛顿大学	230,791	30,840	13	54,867	24	13,447	6	23,632	10	104,425	45	—	—
耶鲁大学	282,264	25,340	9	69,927	25	11,963	4	104,066	37	70,969	25	—	—
耶希瓦大学	59,240	12,264	21	24,261	41	3,891	7	4,825	8	9,754	16	—	—

资料来源:根据各大学 2011—2012 财务年经审计的财务报表整理而成。

表3.9　各校2011—2012财务年各项收入占比排序

单位:%

序号	学杂费收入占比	研究收入占比	受赠收入占比	投资收入占比	销售、服务、后勤企业收入占比
1	56(乔治·华盛顿大学)	86(加州理工学院)	16(南加利福尼亚大学)	52(普林斯顿大学)	69(范德堡大学)
2	50(波士顿大学)	58(约翰斯·霍普金斯大学)	12(哥伦比亚大学)	40(莱斯大学)	68(埃默里大学)
3	48(乔治敦大学)	51(麻省理工学院)	11(卡内基梅隆大学)	39(哈佛大学)	59(杜克大学)
4	41(塔夫茨大学)	50(凯斯西储大学)	11(康奈尔大学)	37(耶鲁大学)	59(宾夕法尼亚大学)
5	34(卡内基梅隆大学)	41(耶希瓦大学)	11(达特茅斯学院)	23(达特茅斯学院)	56(纽约大学)
6	34(布朗大学)	37(卡内基梅隆大学)	10(布朗大学)	18(西北大学)	56(斯坦福大学)
7	30(南加利福尼亚大学)	29(哥伦比亚大学)	7(凯斯西储大学)	18(麻省理工学院)	52(芝加哥大学)
8	29(诺特丹大学)	28(西北大学)	7(哈佛大学)	17(布朗大学)	45(圣路易斯华盛顿大学)
9	28(西北大学)	25(布朗大学)	7(莱斯大学)	15(斯坦福大学)	40(康奈尔大学)
10	26(纽约大学)	25(耶鲁大学)	7(塔夫茨大学)	12(芝加哥大学)	36(南加利福尼亚大学)
11	22(凯斯西储大学)	24(乔治敦大学)	7(耶希瓦大学)	11(哥伦比亚大学)	27(哥伦比亚大学)
12	22(莱斯大学)	24(圣路易斯华盛顿大学)	6(乔治·华盛顿大学)	11(塔夫茨大学)	25(耶鲁大学)
13	21(哥伦比亚大学)	23(杜克大学)	6(西北大学)	10(诺特丹大学)	23(达特茅斯学院)

续 表

序号	学杂费收入占比	研究收入占比	受赠收入占比	投资收入占比	销售、服务、后勤企业收入占比
14	21（达特茅斯学院）	22（波士顿大学）	6（普林斯顿大学）	10（圣路易斯华盛顿大学）	22（波士顿大学）
15	21（耶希瓦大学）	22（达特茅斯学院）	6（圣路易斯华盛顿大学）	9（凯斯西储大学）	22（约翰斯·霍普金斯大学）
16	19（哈佛大学）	21（哈佛大学）	5（乔治敦大学）	9（康奈尔大学）	22（塔夫茨大学）
17	16（康奈尔大学）	20（莱斯大学）	5（麻省理工学院）	8（杜克大学）	21（诺特丹大学）
18	13（宾夕法尼亚大学）	19（康奈尔大学）	5（芝加哥大学）	8（耶希瓦大学）	20（西北大学）
19	13（圣路易斯华盛顿大学）	19（塔夫茨大学）	4（诺特丹大学）	7（乔治敦大学）	16（耶希瓦大学）
20	11（芝加哥大学）	18（普林斯顿大学）	4（耶鲁大学）	6（埃默里大学）	15（卡内基梅隆大学）
21	10（约翰斯·霍普金斯大学）	18（斯坦福大学）	3（波士顿大学）	5（加州理工学院）	15（乔治·华盛顿大学）
22	9（埃默里大学）	16（范德堡大学）	3（加州理工学院）	5（乔治·华盛顿大学）	14（哈佛大学）
23	9（麻省理工学院）	15（乔治·华盛顿大学）	3（斯坦福大学）	5（宾夕法尼亚大学）	14（麻省理工学院）
24	9（耶鲁大学）	15（宾夕法尼亚大学）	3（范德堡大学）	5（范德堡大学）	12（乔治敦大学）
25	8（杜克大学）	14（南加利福尼亚大学）	2（杜克大学）	3（卡内基梅隆大学）	12（布朗大学）
26	7（普林斯顿大学）	13（埃默里大学）	2（约翰斯·霍普金斯大学）	3（约翰斯·霍普金斯大学）	7（普林斯顿大学）

续　表

序号	学杂费收入占比	研究收入占比	受赠收入占比	投资收入占比	销售、服务、后勤企业收入占比
27	7（斯坦福大学）	12（芝加哥大学）	2（纽约大学）	3（纽约大学）	7（莱斯大学）
28	7（范德堡大学）	12（诺特丹大学）	2（范德堡大学）	2（波士顿大学）	6（凯斯西储大学）
29	2（加州理工学院）	11（纽约大学）	1（埃默里大学）	0.2（南加利福尼亚大学）	1（加州理工学院）

资料来源：根据各大学 2011—2012 财务年经审计的财务报表计算而成。

(二)大学的年办学开支

大学工作包括办学工作与非办学工作。办学工作包括教育、研究、公共服务以及辅助性工作,辅助性工作包括学术支持、学生援助、学生服务、大学经费支持、后勤服务。大学因办学工作产生的经费即办学开支。在辅助性经费开支中,如大学发展办在筹资活动中用于筹资的成本开支,就属于大学经费支持(institutional support)。大学计入"办学开支"的学生援助经费,核算的只是大学内其他各部门用于支持学生的差旅费、支付学生勤工俭学的费用,或以减免食宿费等方式奖励学生的费用,并不包括由大学出资、通过学生援助办提供的援助经费(因为在核算"年办学收入"时,计算的本就是"净学费")。

各校财务报表显示,大学并不依靠年办学收入累积资产,年办学收入主要用于年办学开支,且基本上做到了量入为出。如表 3.10 所示,29 所大学年办学开支均占年办学收入的 90%以上。从 2008—2009 财务年至 2012—2013 财务年,23 所大学年均办学开支未超支,其中 17 所大学每年的办学开支从未超过办学收入,加州理工学院、康奈尔大学、乔治敦大学、哈佛大学 4 所大学的办学经费在不同年份均出现超支,耶希瓦大学连续 4 年的办学开支都超出办学收入。

表 3.10　各校 2008—2013 财务年办学开支、收入及开支占收入的比例

单位:万美元

大学	2008—2009 财务年	2009—2010 财务年	2010—2011 财务年	2011—2012 财务年	2012—2013 财务年	2008—2013 财务年平均值
	开支	开支	开支	开支	开支	开支均值
	收入	收入	收入	收入	收入	收入均值
	占比/%	占比/%	占比/%	占比/%	占比/%	占比/%
波士顿大学	144,348	148,864	155,175	159,637	162,264	150,950
	152,934	159,233	165,431	167,810	168,944	162,870
	94	93	94	95	96	93

大学	2008—2009 财务年	2009—2010 财务年	2010—2011 财务年	2011—2012 财务年	2012—2013 财务年	2008—2013 财务年平均值
	开支	开支	开支	开支	开支	开支均值
	收入	收入	收入	收入	收入	收入均值
	占比/%	占比/%	占比/%	占比/%	占比/%	占比/%
布朗大学	63,655	65,879	66,251	70,482	72,978	67,849
	62,389	66,139	66,651	70,485	73,214	67,775
	102	100	99	100	100	100
加州理工学院	247,099	229,931	222,515	219,606	204,455	224,721
	225,242	240,890	212,757	214,567	200,584	218,808
	110	95	105	102	102	103
卡内基梅隆大学	85,224	87,423	90,970	96,632	102,342	92,518
	86,443	89,977	95,663	106,193	110,671	97,789
	99	97	95	91	92	95
凯斯西储大学	80,691	81,786	85,341	85,973	86,596	84,077
	84,508	83,304	91,979	89,605	90,818	88,043
	95	98	93	96	95	95
哥伦比亚大学	306,128	315,849	331,482	342,506	346,002	328,393
	322,179	330,811	411,510	371,227	373,869	361,919
	95	95	81	92	93	91
康奈尔大学	282,450	280,427	297,469	311,519	323,219	299,017
	265,414	293,816	295,581	316,197	320,117	298,224
	106	95	101	99	101	100
达特茅斯学院	73,505	71,706	73,834	77,578	83,527	76,030
	70,098	73,321	76,276	79,395	83,349	76,488
	105	98	97	98	100	99

续　表

大学	2008—2009 财务年 开支 收入 占比/%	2009—2010 财务年 开支 收入 占比/%	2010—2011 财务年 开支 收入 占比/%	2011—2012 财务年 开支 收入 占比/%	2012—2013 财务年 开支 收入 占比/%	2008—2013 财务年平均值 开支均值 收入均值 占比/%
杜克大学	397,543 399,466 100	407,516 424,396 96	443,844 469,231 95	448,559 461,192 97	467,026 477,498 98	432,898 446,357 97
埃默里大学	302,208 302,603 100	313,335 314,279 100	336,773 336,940 100	384,960 385,366 100	400,909 402,863 100	347,637 348,410 100
乔治敦大学	93,752 92,503 101	96,583 95,822 101	101,484 100,202 101	105,383 103,812 102	111,789 112,057 100	101,798 100,879 101
乔治·华盛顿大学	95,335 73,520 130	98,627 112,678 88	102,752 121,979 84	104,845 102,010 103	111,977 117,798 95	102,696 105,597 97
哈佛大学	375,607 382,756 98	372,958 372,483 100	390,757 377,775 103	404,170 403,715 100	424,837 421,466 101	393,666 391,639 101
约翰斯·霍普金斯大学	378,986 387,799 98	401,938 410,319 98	427,181 436,998 98	444,565 456,064 97	469,858 479,378 98	424,506 434,112 98
麻省理工学院	246,129 264,396 93	238,257 266,310 89	257,115 275,065 93	274,459 299,030 92	290,858 318,660 91	261,363 284,692 92

续　表

大学	2008—2009 财务年	2009—2010 财务年	2010—2011 财务年	2011—2012 财务年	2012—2013 财务年	2008—2013 财务年平均值
	开支	开支	开支	开支	开支	开支均值
	收入	收入	收入	收入	收入	收入均值
	占比/%	占比/%	占比/%	占比/%	占比/%	占比/%
纽约大学	423,433	456,877	495,218	533,361	595,495	500,877
	431,115	483,176	517,223	568,123	597,496	519,427
	98	95	96	94	100	96
西北大学	158,814	167,120	168,652	179,145	189,930	172,732
	160,575	176,142	185,966	190,839	230,670	188,838
	99	95	91	94	82	91
普林斯顿大学	116,166	123,502	128,651	131,745	135,855	127,184
	125,944	125,690	135,632	139,877	147,921	135,013
	92	98	95	94	92	94
莱斯大学	42,419	46,728	49,839	52,544	56,953	51,722
	45,416	46,748	51,980	55,100	56,827	53,151
	93	100	96	95	100	97
斯坦福大学	509,347	541,689	586,631	629,815	679,374	589,371
	560,278	577,874	638,157	681,462	735,857	638,725
	91	94	92	92	92	92
塔夫茨大学	65,621	67,034	68,345	72,865	76,713	70,116
	67,105	67,420	70,560	73,900	76,895	71,176
	98	99	97	99	100	99
芝加哥大学	267,087	276,052	292,915	305,546	324,412	293,202
	277,991	291,826	305,623	313,467	323,804	302,542
	96	95	96	97	100	97

续　表

大学	2008—2009 财务年	2009—2010 财务年	2010—2011 财务年	2011—2012 财务年	2012—2013 财务年	2008—2013 财务年平均值
	开支	开支	开支	开支	开支	开支均值
	收入	收入	收入	收入	收入	收入均值
	占比/%	占比/%	占比/%	占比/%	占比/%	占比/%
诺特丹大学	77,321	82,922	88,564	94,299	95,927	87,807
	80,797	83,303	88,409	93,559	97,361	88,686
	96	100	100	101	99	99
宾夕法尼亚大学	501,511	526,310	555,723	586,505	589,643	551,938
	522,131	552,359	603,603	616,165	619,103	582,672
	96	95	92	95	95	95
南加利福尼亚大学	219,167	269,827	293,074	316,540	327,378	285,197
	132,128	312,915	392,267	323,371	386,147	309,366
	166	86	75	98	85	92
范德堡大学	305,719	326,308	347,358	350,740	366,910	335,197
	310,755	344,432	369,694	371,080	369,177	353,028
	98	95	88	95	99	95
圣路易斯华盛顿大学	192,262	198,140	212,290	220,264	228,781	210,347
	203,003	212,995	224,561	230,791	239,313	222,133
	95	93	95	95	96	95
耶鲁大学	249,348	257,214	268,401	281,678	297,613	270,851
	260,067	272,583	278,771	282,264	293,688	277,474
	96	94	96	100	101	98
耶希瓦大学		64,829	68,558	69,830	70,465	68,421
		54,076	63,886	59,240	64,107	60,327
		120	107	118	110	113

资料来源:根据各大学 2008—2013 财务年经审计的财务报表整理而成。

在量入为出的原则下,各校办学开支呈现出两个特点:生均开支数额大;大笔开支用途明显。

各校 2011—2012 财务年办学开支及生均开支如表 3.11 所示,当年生均开支在 10 万美元以下以及 10 万~20 万美元的分别有 9 所大学,另 11 所大学的全日制学生生均开支在 20 万美元以上,斯坦福大学的生均开支甚至超过了 40 万美元。

表 3.11　各校 2011—2012 财务年办学开支及生均开支

单位:万美元

大学	年办学开支	生均开支	大学	年办学开支	生均开支
波士顿大学	159,637	6.1	纽约大学	533,361	15.6
布朗大学	70,482	8.4	西北大学	179,145	10.5
加州理工学院*	65,410	29.3	普林斯顿大学	131,745	16.9
卡内基梅隆大学	96,632	9.3	莱斯大学	52,544	8.7
凯斯西储大学	85,973	10.2	斯坦福大学	629,815	41.2
哥伦比亚大学	342,506	13.8	塔夫茨大学	72,865	7.4
康奈尔大学	311,519	14.8	芝加哥大学	305,546	24.5
达特茅斯学院	77,578	12.9	诺特丹大学	94,299	8.0
杜克大学	448,559	29.9	宾夕法尼亚大学	586,505	27.5
埃默里大学	384,960	30.1	南加利福尼亚大学	316,540	9.6
乔治敦大学	105,383	7.4	范德堡大学	350,740	29.4
乔治·华盛顿大学	104,845	6.1	圣路易斯华盛顿大学	220,264	18.6
哈佛大学	404,170	20.4	耶鲁大学	281,678	24.1
约翰斯·霍普金斯大学	444,565	34.1	耶希瓦大学	69,830	12.5
麻省理工学院	274,459	25.8			

资料来源:根据各大学 2011—2012 财务年经审计的财务报表整理而成。

* 本表中加州理工学院的办学开支不包括 JPL 国家实验室的开支,即:2,196,064,000−1,541,968,000＝654,096,000(美元)。若算上 JPL 的开支,则生均开支高达 984,340 美元。

　　各校办学开支中,用于教学(培训)、研究工作的经费占比不小。在2011—2012财务年,26所大学用于教学(培训)、研究工作的经费占比在1/3以上,其中占比在60%以上的大学有12所,约翰斯·霍普金斯大学、加州理工学院、达特茅斯学院等学校开支占比更是分别达到86%、83%、80%(见表3.12)。

表 3.12　各校 2011—2012 财务年教学(培训)、研究工作
经费及其占年办学开支的比例

单位:万美元

大学	年办学开支	教学(培训)、研究工作经费	占比/%
波士顿大学	159,637	102,196	64
布朗大学	70,482	38,922	55
加州理工学院	65,410	54,182	83
卡内基梅隆大学	96,632	67,682	70
凯斯西储大学	85,973	66,529	77
哥伦比亚大学	342,506	182,084	53
康奈尔大学	311,519	122,349	39
达特茅斯学院	77,578	62,097	80
杜克大学	448,559	151,620	34
埃默里大学	384,960	77,158	20
乔治敦大学	105,383	58,727	56
乔治·华盛顿大学	104,845	68,832	66
哈佛大学	404,170	183,305	45
约翰斯·霍普金斯大学	444,565	381,965	86
麻省理工学院	274,459	202,754	74
纽约大学	533,361	192,857	36
西北大学	179,145	105,691	59
普林斯顿大学	131,745	67,494	51
莱斯大学	52,544	34,346	65
斯坦福大学	629,815	225,754	36

续　表

大学	年办学开支	教学（培训）、研究工作经费	占比/%
塔夫茨大学	72,865	35,954	49
芝加哥大学	305,546	109,289	36
诺特丹大学	94,299	44,814	48
宾夕法尼亚大学	586,505	178,955	31
南加利福尼亚大学	316,540	207,885	66
范德堡大学	350,740	91,969	26
圣路易斯华盛顿大学	220,264	174,883	79
耶鲁大学	281,678	130,668	46
耶希瓦大学	69,830	42,830	61

资料来源：根据各大学 2011—2012 财务年经审计的财务报表整理而成。

在财务报表中同时呈现了大学向公众提供服务所支出经费信息的 15
所大学中，宾夕法尼亚大学、埃默里大学、斯坦福大学、范德堡大学、纽约大
学、杜克大学、芝加哥大学用于服务工作的经费分别高达 33 亿美元、26 亿
美元、23 亿美元、21 亿美元、19 亿美元、17 亿美元、11 亿美元，乔治敦大学、
诺特丹大学用于公共服务的经费是 15 所大学中最少的，但也分别约为
3000 万美元、3200 万美元，南加利福尼亚大学、宾夕法尼亚大学、埃默里大
学、范德堡大学用于履行大学教学（培训）、研究、服务工作的经费占比分别
达 93％、88％、87％、86％（见表 3.12 和表 3.13）。

表 3.13　15 所大学 2011—2012 财务年服务工作经费及其占年办学开支的比例

单位：万美元

大学	年办学开支	服务工作经费	占比/%
哥伦比亚大学	342,506	74,049	22
康奈尔大学	311,519	87,704	28
杜克大学	448,559	166,796	37
埃默里大学	384,960	259,445	67

续 表

大学	年办学开支	服务工作经费	占比/%
乔治敦大学	105,383	3,071	3
纽约大学	533,361	186,771	35
斯坦福大学	629,815	228,931	36
塔夫茨大学	72,865	13,240	18
芝加哥大学	305,546	110,390	36
诺特丹大学	94,299	3,223	3
宾夕法尼亚大学	586,505	334,085	57
南加利福尼亚大学	316,540	86,454	27
范德堡大学	350,740	208,405	59
耶鲁大学	281,678	50,249	18
耶希瓦大学	69,830	4,991	7

资料来源:根据各大学2011—2012财务年经审计的财务报表整理而成。

除了上述按"功能性经费开支分类"陈列的开支信息,17所大学的报表还同时提供了"按自然开支分类的经费开支"信息,这些信息显示,在年办学开支中,员工薪资经费占大学办学开支的比例不小。在2011—2012财务年,各校用于支付员工薪资福利的经费占大学办学开支一半以上的共有15所大学,哈佛大学与麻省理工学院这块支出的占比虽不到50%,但由于其办学开支基数大,这块经费的实际支出也分别高达19.7亿美元、13亿美元(见表3.14)。

表3.14 17所大学2011—2012财务年员工薪资经费及其占年办学开支的比例

单位:万美元

大学	年办学开支	员工薪资经费	占比/%
布朗大学	70,482	41,659	59
加州理工学院*	65,410	33,870	52
卡内基梅隆大学	96,632	62,493	65
康奈尔大学	311,519	193,862	62

大学	年办学开支	员工薪资经费	占比/%
杜克大学	448,559	243,983	54
埃默里大学	384,960	230,410	60
乔治敦大学	105,383	58,013	55
乔治·华盛顿大学	104,845	57,741	55
哈佛大学	404,170	197,436	49
约翰斯·霍普金斯大学	444,565	258,276	58
麻省理工学院	274,459	129,887	47
普林斯顿大学	131,745	69,975	53
斯坦福大学	629,815	371,191	59
塔夫茨大学	72,865	43,066	59
芝加哥大学	305,546	174,506	57
南加利福尼亚大学	316,540	191,242	60
范德堡大学	350,740	219,572	63

资料来源:根据各大学 2011—2012 财务年经审计的财务报表整理而成。

＊本表加州理工学院的办学开支不包括 JPL 国家实验室的开支,即:
2,196,064,000－1,541,968,000＝654,096,000(美元)。

三、大学的财务状况

笔者根据 29 所大学 2008—2013 财务年五年的财务报表,分析美国私立大学的财务状况。

(一)大学的资产

各校财务报表显示:大学的总资产与净资产呈现出总体增长态势,净资产占比稳定。如表 3.15 所示,2008—2013 财务年 29 所大学中有 23 所大学的总资产在不同年份中较上一个财务年的增长率超过 10%,尽管有 8 所大学的总资产在不同年份呈现出负增长状况,但是这 5 年各校总资产数均呈现出总体增长态势。其中哈佛大学 2010—2011 财务年的总资产比上一个财务年剧增 27%,因此尽管其 2011—2012 财务年比上一个财务年出现了高达－6％的递减数额,但其在 2011—2012 财务年的总资产仍要高出 2009—2010 财务年 20％,2012—2013 财务年的总资产额高出 2010—2011 财务年总资产额 21％,其总资产平均增长率、总资产额仍居各校之首。

表 3.15　各校 2008—2013 财务年的总资产额情况

单位:万美元

大学	2008—2009 财务年总资产额	2009—2010财务年总资产额 增长率/%	2010—2011财务年总资产额 增长率/%	2011—2012财务年总资产额 增长率/%	2012—2013财务年总资产额 增长率/%	2008—2013财务年总资产额均值 平均增长率/%
波士顿大学	376,592	394,376	424,085	434,320	466,046	419,084
		5	8	2	7	6
布朗大学	339,865	372,925	418,494	415,266	441,534	397,617
		10	12	−0.8	6	7
加州理工学院	351,152	362,535	355,241	411,520	413,163	378,722
		3	−2	16	0.4	4
卡内基梅隆大学	192,818	201,476	228,076	237,442	260,296	224,021
		4	13	4	10	8
凯斯西储大学	249,582	251,264	274,056	264,541	276,221	263,133
		0.7	9	−3	4	3
哥伦比亚大学	1,043,977	1,110,705	1,350,744	1,372,689	1,472,894	1,270,202
		6	22	2	7	9
康奈尔大学	909,326	997,353	1,080,821	1,090,041	1,150,582	1,045,625
		10	8	0.9	6	6
达特茅斯学院	490,284	518,541	588,730	597,499	618,248	562,661
		6	14	1	3	6
杜克大学	1,152,970	1,251,717	1,409,601	1,417,115	1,553,693	1,357,019
		9	13	0.5	10	8

大学	2008—2009财务年总资产额	2009—2010财务年总资产额 增长率/%	2010—2011财务年总资产额 增长率/%	2011—2012财务年总资产额 增长率/%	2012—2013财务年总资产额 增长率/%	2008—2013财务年总资产额均值 平均增长率/%
埃默里大学	925,565	939,893	1,006,183	1,084,364	1,145,605	1,020,142
		2	7	8	6	6
乔治敦大学	211,672	225,164	246,464	245,266	257,184	237,150
		6	9	−0.5	5	5
乔治·华盛顿大学	271,149	289,727	321,019	348,416	354,584	316,979
		7	11	9	2	7
哈佛大学	4,500,377	4,823,408	6,121,530	5,771,464	7,420,981	5,727,552
		7	27	−6	29	14
约翰斯·霍普金斯大学	642,753	685,342	767,065	781,529	821,237	739,585
		7	12	2	5	7
麻省理工学院	1,294,955	1,341,251	1,605,037	1,678,710	1,771,984	1,537,421
		4	20	5	6	9
纽约大学	844,110	939,955	1,039,605	1,121,577	1,225,858	1,034,221
		11	11	8	9	10
西北大学	796,918	839,722	937,177	987,690	1,091,716	930,644
		5	12	5	11	8
普林斯顿大学	1,663,776	1,819,542	2,075,301	2,123,178	2,275,406	1,991,441
		9	14	2	7	8
莱斯大学	526,753	561,286	628,401	623,552	668,695	601,737
		7	12	−0.8	7	6
斯坦福大学	2,614,369	2,821,150	3,198,105	3,478,483	3,798,790	3,182,180
		8	13	9	9	10

续 表

大学	2008—2009财务年总资产额	2009—2010财务年总资产额 增长率/%	2010—2011财务年总资产额 增长率/%	2011—2012财务年总资产额 增长率/%	2012—2013财务年总资产额 增长率/%	2008—2013财务年总资产额均值 平均增长率/%
塔夫茨大学	234,221	246,982	273,374	290,142	299,141	268,772
		5	11	6	3	6
芝加哥大学	938,462	1,036,973	1,170,728	1,195,473	1,252,548	1,118,837
		10	13	2	5	8
诺特丹大学	713,007	775,368	913,831	933,055	1,032,937	873,640
		9	18	2	11	10
宾夕法尼亚大学	1,114,473	1,205,409	1,386,749	1,470,260	1,601,785	1,355,735
		8	15	6	9	10
南加利福尼亚大学	593,340	646,423	765,273	809,124	879,026	738,637
		9	18	6	9	11
范德堡大学	647,571	686,928	742,134	747,116	760,590	716,868
		6	8	0.7	2	4
圣路易斯华盛顿大学	757,716	824,660	929,383	915,865	980,733	881,671
		9	13	—1	7	7
耶鲁大学	2,593,782	2,729,611	3,104,431	3,132,237	3,126,521	2,937,316
		5	14	0.9	—0.2	5
耶希瓦大学	无	208,124	208,314	222,815	223,869	215,780
			0.09	7	0.5	3

资料来源:根据各大学 2008—2013 财务年经审计的财务报表整理、计算而成。

表 3.16 显示的是各校 2008—2013 财务年的净资产额增长情况。29 所大学中有 25 所大学的净资产额在不同年份中较上一年的增长率超过 10%,因此尽管有 19 所大学的净资产额在不同年份呈现出负增长状况,但是除了耶希瓦大学的净资产额呈现出平均—0.5%的递减态势,其余 28 所大学 2008—2013 财务年的净资产额均呈现出总体增长态势。

表 3.16　各校 2008—2013 财务年的净资产额情况

单位:万美元

大学	2008—2009财务年净资产额 增长率/%	2009—2010财务年净资产额 增长率/%	2010—2011财务年净资产额 增长率/%	2011—2012财务年净资产额 增长率/%	2012—2013财务年净资产额 增长率/%	2008—2013财务年净资产额 平均增长率/%
波士顿大学	170,223	187,984	224,133	216,041	244,763	208,629
	10	19	−4	13	10
布朗大学	272,482	287,233	323,169	316,25960	345,217	308,872
	5	13	−2	9	7
加州理工学院	209,252	215,577	204,268	218,044	236,256	216,679
	3	−5	7	8	4
卡内基梅隆大学	120,698	130,440	158,302	162,765	181,033	150,647
	8	21	3	11	11
凯斯西储大学	170,985	172,516	197,354	182,465	193,591	183,382
	0.9	14	−8	6	3
哥伦比亚大学	772,957	849,930	1,066,231	1,065,205	1,170,070	984,879
	10	25	−0.1	10	11
康奈尔大学	607,251	669,696	751,100	747,767	809,443	717,051
	10	16	−0.4	8	8
达特茅斯学院	339,608	352,164	407,946	401,755	441,169	388,528
	4	12	−2	10	6
杜克大学	751,298	824,645	1,031,135	980,337	1,143,566	946,196
	10	25	−5	17	12
埃默里大学	592,247	600,521	666,070	700,162	761,336	664,067
	1	11	5	9	7
乔治敦大学	85,884	94,768	114,224	105,337	124,138	104,871
	10	21	−8	18	10

续　表

大学	2008—2009财务年净资产额 增长率/%	2009—2010财务年净资产额 增长率/%	2010—2011财务年净资产额 增长率/%	2011—2012财务年净资产额 增长率/%	2012—2013财务年净资产额 增长率/%	2008—2013财务年净资产额 平均增长率/%
乔治·华盛顿大学	151,820	166,061	186,064	183,115	189,056	175,223
	9	12	—2	3	6	
哈佛大学	3,014,029	3,173,493	3,703,094	3,558,430	3,860,327	3,461,874
	5	17	—4	8	9	
约翰斯·霍普金斯大学	347,869	363,677	446,279	435,277	487,881	416,197
	5	23	—2	12	11	
麻省理工学院	994,639	1,032,431	1,210,569	1,279,934	1,413,287	1,186,172
	4	17	6	10	9	
纽约大学	395,528	425,629	481,998	498,901	563,741	473,159
	8	13	4	13	10	
西北大学	635,216	680,166	783,148	812,533	915,249	765,262
	7	15	4	13	10	
普林斯顿大学	1,338,012	1,467,051	1,725,256	1,734,666	1,874,332	1,629,013
	10	18	0.9	8	9	
莱斯大学	435,479	454,442	523,987	520,587	566,583	500,216
	4	15	—0.6	9	7	
斯坦福大学	1,991,411	2,140,738	2,511,590	2,667,520	2,968,163	2,455,884
	7	17	6	11	10	
塔夫茨大学	167,649	178,778	204,944	194,883	207,665	190,784
	7	15	—5	7	6	
芝加哥大学	561,913	607,823	713,069	693,393	730,522	661,344
	8	17	—3	5	7	

大学	2008—2009 财务年净资产额 增长率/%	2009—2010 财务年净资产额 增长率/%	2010—2011 财务年净资产额 增长率/%	2011—2012 财务年净资产额 增长率/%	2012—2013 财务年净资产额 增长率/%	2008—2013 财务年净资产额 平均增长率/%
诺特丹大学	585,004	631,827	758,290	753,142	829,614	711,575
	8	20	−0.7	10	9	
宾夕法尼亚大学	756,073	822,911	982,980	969,363	1,129,413	932,148
	9	19	−1	17	11	
南加利福尼亚大学	430,606	473,693	572,886	579,718	638,486	539,078
	10	21	1	10	11	
范德堡大学	407,756	437,324	509,052	501,955	533,932	478,004
	7	16	−1	6	7	
圣路易斯华盛顿大学	567,974	636,227	735,213	730,287	786,048	691,150
	12	16	−0.7	8	9	
耶鲁大学	1,739,445	1,754,074	2,099,850	2,049,168	2,245,688	1,977,645
	0.8	20	−2	10	7	
耶希瓦大学	无	151,582	150,800	153,444	148,666	151,123
			−0.5	2	−3	−0.5

资料来源：根据各大学 2008—2013 财务年经审计的财务报表整理、计算而成。

表 3.17 显示，27 所大学的净资产额占比年均在 50% 及以上，其中占比为 50%～59% 的有 5 所大学，占比为 60%～69% 的有 8 所大学，占比为 70%～79% 的有 10 所大学，占比为 80%～89% 的有 4 所大学。各校 2008—2013 财务年的净资产额占比相对稳定。

表 3.17 各校 2008—2013 财务年的资产额情况

单位:万美元

大学	类别	2008—2009 财务年	2009—2010 财务年	2010—2011 财务年	2011—2012 财务年	2012—2013 财务年	2008—2013 财务年总资产均值
波士顿大学	总资产额	376,592	394,376	424,085	434,320	466,046	419,084
	净资产额	170,223	187,984	224,133	216,041	244,763	208,629
	占比/%	45	48	53	50	53	50
	应付款	206,369	206,392	199,952	218,279	221,283	210,455
	占比/%	55	52	47	50	47	50
布朗大学	总资产额	339,865	372,925	418,494	415,266	441,534	397,617
	净资产额	272,482	287,233	323,169	316,260	345,217	308,872
	占比/%	80	77	77	76	78	78
	应付款	67,384	85,692	95,325	99,007	96,317	88,745
	占比/%	20	23	23	24	22	22
加州理工学院	总资产额	351,152	362,535	355,241	411,520	413,163	378,722
	净资产额	209,252	215,577	204,268	218,044	236,256	216,679
	占比/%	60	59	58	53	57	57
	应付款	141,900	146,958	150,973	193,476	176,907	162,043
	占比/%	40	41	42	47	43	43
卡内基梅隆大学	总资产额	192,818	201,476	228,076	237,442	260,296	224,021
	净资产额	120,698	130,440	158,302	162,765	181,033	150,647
	占比/%	63	65	69	69	70	67
	应付款	72,120	71,036	69,774	74,677	79,263	73,374
	占比/%	37	35	31	31	30	33
凯斯西储大学	总资产额	249,582	251,264	274,056	264,541	276,222	263,133
	净资产额	170,985	172,516	197,354	182,465	193,591	183,382
	占比/%	69	69	72	69	70	70

大学	类别	2008—2009 财务年	2009—2010 财务年	2010—2011 财务年	2011—2012 财务年	2012—2013 财务年	2008—2013 财务年总资产均值
凯斯西储大学	应付款	78,597	78,748	76,702	82,076	82,631	79,751
	占比/%	**31**	**31**	**28**	**31**	**30**	**30**
哥伦比亚大学	总资产额	1,043,977	1,110,705	1,350,744	1,372,689	1,472,894	1,270,202
	净资产额	772,957	849,930	1,066,231	1,065,205	1,170,070	984,879
	占比/%	**74**	**77**	**79**	**78**	**79**	**78**
	应付款	271,019	260,776	284,513	307,484	302,825	285,323
	占比/%	**26**	**23**	**21**	**22**	**21**	**22**
康奈尔大学	总资产额	909,326	997,353	1,080,821	1,090,041	1,150,582	1,045,625
	净资产额	607,251	669,696	751,099	747,767	809,443	717,051
	占比/%	**67**	**67**	**69**	**69**	**70**	**69**
	应付款	302,075	327,657	329,722	342,274	341,139	328,574
	占比/%	**33**	**33**	**31**	**31**	**30**	**31**
达特茅斯学院	总资产额	490,285	518,542	588,730	597,499	618,248	562,660
	净资产额	339,608	352,164	407,946	401,755	441,169	388,528
	占比/%	**69**	**68**	**69**	**67**	**71**	**69**
	应付款	150,677	166,378	180,784	195,744	177,079	174,132
	占比/%	**31**	**32**	**31**	**33**	**29**	**31**
杜克大学	总资产额	1,152,970	1,251,717	1,409,601	1,417,115	1,553,693	1,357,019
	净资产额	751,298	824,645	1,031,135	980,336	1,143,565	946,196
	占比/%	**65**	**66**	**73**	**69**	**74**	**70**
	应付款	401,672	427,072	378,466	436,779	410,128	410,823
	占比/%	**35**	**34**	**27**	**31**	**26**	**30**

续　表

大学	类别	2008—2009财务年	2009—2010财务年	2010—2011财务年	2011—2012财务年	2012—2013财务年	2008—2013财务年总资产均值
埃默里大学	总资产额	925,565	939,893	1,006,183	1,084,364	1,145,605	1,020,142
	净资产额	592,247	600,521	666,070	700,162	761,336	664,067
	占比/%	64	64	66	65	66	65
	应付款	333,318	339,372	340,113	383,302	384,269	356,075
	占比/%	36	36	34	35	34	35
乔治敦大学	总资产额	211,672	225,164	246,464	245,266	257,184	237,150
	净资产额	85,884	94,768	114,224	105,337	124,138	104,870
	占比/%	41	42	46	43	48	44
	应付款	125,788	130,396	132,240	139,929	133,046	132,280
	占比/%	59	58	54	57	52	56
乔治·华盛顿大学	总资产额	271,149	289,727	321,019	348,416	354,584	316,979
	净资产额	151,820	166,061	186,064	183,115	189,056	175,223
	占比/%	56	57	58	53	53	55
	应付款	119,329	123,666	134,955	165,301	165,528	141,756
	占比/%	44	43	42	47	47	45
哈佛大学	总资产额	4,500,377	4,823,408	6,121,530	5,771,464	7,420,981	5,727,552
	净资产额	3,014,029	3,173,493	3,703,094	3,558,430	3,860,327	3,461,874
	占比/%	67	66	60	62	52	60
	应付款	1,486,348	1,649,915	2,418,436	2,213,034	3,560,654	2,265,678
	占比/%	33	34	40	38	48	40
约翰斯·霍普金斯大学	总资产额	642,753	685,342	767,065	781,529	821,237	739,585
	净资产额	347,869	363,677	446,279	435,277	487,881	416,197
	占比/%	54	53	58	56	59	56

大学	类别	2008—2009财务年	2009—2010财务年	2010—2011财务年	2011—2012财务年	2012—2013财务年	2008—2013财务年总资产均值
约翰斯·霍普金斯大学	应付款	294,884	321,665	320,786	346,252	333,356	323,388
	占比/%	46	47	42	44	41	44
麻省理工学院	总资产额	1,294,955	1,341,251	1,605,037	1,678,710	1,771,984	1,537,421
	净资产额	994,639	1,032,431	1,210,569	1,279,934	1,413,287	1,186,172
	占比/%	77	77	75	76	80	77
	应付款	300,316	308,820	394,468	393,942	358,697	351,249
	占比/%	23	23	25	24	20	23
纽约大学	总资产额	844,110	939,955	1,039,605	1,121,577	1,225,859	1,034,221
	净资产额	395,528	425,629	481,998	498,901	563,741	473,159
	占比/%	47	45	46	44	46	46
	应付款	448,582	514,326	557,607	622,676	662,118	561,062
	占比/%	53	55	54	56	54	54
西北大学	总资产额	796,918	839,722	937,177	987,690	1,091,716	930,644
	净资产额	635,216	680,166	783,147	812,533	915,249	765,262
	占比/%	80	81	84	82	84	82
	应付款	161,702	159,556	154,030	175,157	176,467	165,382
	占比/%	20	19	16	18	16	18
普林斯顿大学	总资产额	1,663,776	1,819,542	2,075,301	2,123,178	2,275,406	1,991,441
	净资产额	1,338,012	1,467,051	1,725,256	1,734,666	1,874,332	1,629,013
	占比/%	80	81	83	82	82	82
	应付款	325,764	352,491	350,045	382,761	401,074	362,428
	占比/%	20	19	17	18	18	18

续 表

大学	类别	2008—2009 财务年	2009—2010 财务年	2010—2011 财务年	2011—2012 财务年	2012—2013 财务年	2008—2013 财务年总资产均值
莱斯大学	总资产额	526,753	561,286	628,402	623,552	668,695	601,737
	净资产额	435,479	454,442	523,987	520,587	566,583	500,216
	占比/%	**83**	**81**	**83**	**83**	**85**	**83**
	应付款	91,274	106,844	104,415	102,965	102,112	101,521
	占比/%	**17**	**19**	**17**	**17**	**15**	**17**
斯坦福大学	总资产额	2,614,369	2,821,150	3,198,105	3,478,483	3,798,790	3,182,180
	净资产额	1,991,411	2,140,738	2,511,590	2,667,520	2,968,163	2,455,884
	占比/%	**76**	**76**	**79**	**77**	**78**	**77**
	应付款	622,958	680,412	686,515	810,963	830,627	726,296
	占比/%	**24**	**24**	**21**	**23**	**22**	**23**
塔夫茨大学	总资产额	234,221	246,982	273,374	290,142	299,141	268,772
	净资产额	167,649	178,778	204,944	194,883	207,665	190,784
	占比/%	**72**	**72**	**75**	**67**	**69**	**71**
	应付款	66,572	68,204	68,430	95,259	91,476	77,988
	占比/%	**28**	**28**	**25**	**33**	**31**	**29**
芝加哥大学	总资产额	938,462	1,036,973	1,170,728	1,195,473	1,252,548	1,118,837
	净资产额	561,913	607,823	713,069	693,393	730,522	661,344
	占比/%	**60**	**59**	**61**	**58**	**58**	**59**
	应付款	376,549	429,150	457,659	502,080	522,026	457,493
	占比/%	**40**	**41**	**39**	**42**	**42**	**41**
诺特丹大学	总资产额	713,007	775,368	913,831	933,055	1,032,937	873,640
	净资产额	585,004	631,827	758,290	753,142	829,614	711,575
	占比/%	**82**	**81**	**83**	**81**	**80**	**81**

大学	类别	2008—2009财务年	2009—2010财务年	2010—2011财务年	2011—2012财务年	2012—2013财务年	2008—2013财务年总资产均值
诺特丹大学	应付款	128,003	143,541	155,541	179,914	203,323	162,065
	占比/%	18	19	17	19	20	19
宾夕法尼亚大学	总资产额	1,114,473	1,205,409	1,386,749	1,470,260	1,601,785	1,355,735
	净资产额	756,073	822,911	982,980	969,363	1,129,413	932,148
	占比/%	68	68	71	66	71	69
	应付款	358,400	382,498	403,769	500,897	472,372	423,587
	占比/%	32	32	29	34	29	21
南加利福尼亚大学	总资产额	593,340	646,423	765,273	809,124	879,026	738,637
	净资产额	430,606	473,694	572,886	579,718	638,486	539,077
	占比/%	73	73	75	72	73	73
	应付款	162,734	172,729	192,387	229,406	240,540	199,560
	占比/%	27	27	25	28	27	27
范德堡大学	总资产额	647,571	686,928	742,134	747,116	760,590	716,868
	净资产额	407,756	437,324	509,052	501,955	533,932	478,004
	占比/%	63	64	69	67	70	67
	应付款	239,815	249,604	233,082	245,161	226,658	238,864
	占比/%	37	36	31	33	30	33
圣路易斯华盛顿大学	总资产额	757,716	824,660	929,383	915,865	980,733	881,671
	净资产额	567,974	636,227	735,213	730,287	786,048	691,150
	占比/%	75	77	79	80	80	78
	应付款	189,742	188,433	194,170	185,578	194,685	190,521
	占比/%	25	23	21	20	20	22

续　表

大学	类别	2008—2009 财务年	2009—2010 财务年	2010—2011 财务年	2011—2012 财务年	2012—2013 财务年	2008—2013 财务年总资产均值
耶鲁大学	总资产额	2,593,782	2,729,611	3,104,431	3,132,237	3,126,521	2,937,316
	净资产额	1,739,445	1,754,074	2,099,850	2,049,168	2,245,688	1,977,645
	占比/%	**67**	**64**	**68**	**65**	**72**	**67**
	应付款	854,337	975,537	1,004,581	1,083,069	880,833	959,671
	占比/%	**33**	**36**	**32**	**35**	**28**	**33**
耶希瓦大学	总资产额	—	208,124	208,314	222,815	223,869	215,780
	净资产额	—	151,582	150,800	153,444	148,666	151,123
	占比/%	—	**73**	**72**	**69**	**66**	**70**
	应付款	—	56,542	57,514	69,371	75,203	64,657
	占比/%	—	**27**	**28**	**31**	**34**	**30**

资料来源:根据各大学 2008—2013 财务年经审计的财务报表整理、计算而成。

(二)大学的年办学收入构成及占比

各校财务报表显示,大学的年办学收入构成及占比稳定。如表 3.18 所示,在 29 所大学中,尽管 9 所大学的年办学收入在不同年份呈现负增长,但年均办学收入达到正增长的仍有 28 所大学。加州理工学院在 2010—2011 财务年的收入比上一个财务年递减 12%,比较大额的收入减损在于三个方面:JPL 实验室从国家航空航天局获得的科研经费比上一个财务年少了近 1 亿美元;当年的投资收益划拨不但没有了上一年的 6300 多万美元,还折损了近 3300 万美元,这样一来就比上一年少了近 9600 万美元的经费;当年从受限资产中转化出来的未受限款项比上一个财务年少了 6800 万美元。这一年收入的大幅度递减,使得其成为 29 所大学中 2008—2013 财务年唯一一所平均办学收入负增长的大学,尽管其平均年办学收入仍有近 22 亿美元。

表 3.18　各校 2008—2013 财务年的办学收入情况

单位:万美元

大学	2008—2009财务年办学收入	2009—2010财务年办学收入	2010—2011财务年办学收入	2011—2012财务年办学收入	2012—2013财务年办学收入	2008—2013财务年办学收入均值
	增长率/%	增长率/%	增长率/%	增长率/%	增长率/%	年均增长率/%
波士顿大学	152,934	159,233	165,431	167,810	168,944	162,870
	—	4	4	1	0.7	2
布朗大学	62,389	66,139	66,651	70,485	73,214	67,775
	—	6	0.8	6	4	4
加州理工学院	225,242	240,890	212,757	214,567	200,584	218,808
	—	7	−12	0.9	−7	−1
卡内基梅隆大学	86,443	89,977	95,663	106,193	110,671	97,789
	—	4	6	11	4	6
凯斯西储大学	84,508	83,304	91,979	89,605	90,818	88,043
	—	−1	10	−3	−1.4	0
哥伦比亚大学	322,179	330,811	411,510	371,227	373,869	361,919
	—	3	24	−10	4	5
康奈尔大学	265,414	293,812	295,581	316,197	320,117	298,224
	—	11	0.6	7	1	5
达特茅斯学院	70,098	73,321	76,276	79,395	83,349	76,488
	—	5	4	4	5	3
杜克大学	399,466	424,396	469,231	461,192	477,498	446,357
	—	6	11	−2	1	4
埃默里大学	302,603	314,279	336,940	385,366	402,863	348,410
	—	4	7	14	5	8
乔治敦大学	92,503	95,822	100,202	103,812	112,057	100,879
	—	4	5	4	4	4

续　表

大学	2008—2009财务年办学收入 增长率/%	2009—2010财务年办学收入 增长率/%	2010—2011财务年办学收入 增长率/%	2011—2012财务年办学收入 增长率/%	2012—2013财务年办学收入 增长率/%	2008—2013财务年办学收入均值 年均增长率/%
乔治·华盛顿大学	73,520	112,678	121,979	102,010	117,798	105,597
	—	5	8	−16	5	1
哈佛大学	382,756	372,483	377,775	403,715	421,466	391,639
	—	−3	1	7	8	3
约翰斯·霍普金斯大学	387,799	410,319	436,998	456,064	479,378	434,112
	—	6	7	4	15	8
麻省理工学院	264,396	266,310	275,065	299,030	318,660	284,692
	—	0.7	3	9	4	4
纽约大学	431,115	483,176	517,223	568,124	597,496	519,427
	—	12	7	10	5	9
西北大学	160,575	176,142	185,966	190,839	230,670	188,838
	—	10	6	3	7	7
普林斯顿大学	125,944	125,690	135,632	139,877	147,921	135,013
	—	−0.2	8	3	5	4
莱斯大学	45,416	46,748	51,980	55,100	56,827	53,151
	—	3	10	6	21	10
斯坦福大学	560,278	577,874	638,157	681,462	735,857	638,725
	—	3	10	7	6	7
塔夫茨大学	67,105	67,420	70,560	73,900	76,895	71,176
	—	0.5	5	5	3	3
芝加哥大学	277,991	291,826	305,623	313,467	323,804	302,542
	—	5	5	3	8	5

大学	2008—2009财务年办学收入 增长率/%	2009—2010财务年办学收入 增长率/%	2010—2011财务年办学收入 增长率/%	2011—2012财务年办学收入 增长率/%	2012—2013财务年办学收入 增长率/%	2008—2013财务年办学收入均值 年均增长率/%
诺特丹大学	80,797	83,303	88,409	93,559	97,361	88,686
	—	3	6	6	4	5
宾夕法尼亚大学	522,131	552,359	603,603	616,165	619,103	582,672
	—	6	9	2	3	5
南加利福尼亚大学	132,128	312,915	392,267	323,371	386,147	309,366
	—	137	25	—18	4	37
范德堡大学	310,755	344,432	369,694	371,080	369,177	353,028
	—	11	7	0.4	—0.5	5
圣路易斯华盛顿大学	203,003	212,995	224,561	230,791	239,313	222,133
	—	5	5	3	19	8
耶鲁大学	260,067	272,583	278,771	282,264	293,688	277,474
	—	5	2	1	4	2
耶希瓦大学		54,076	63,886	59,240	64,107	60,327
	—	—	18	—7	8	10

资料来源:根据各大学 2008—2013 财务年经审计的财务报表整理、计算而成。

　　表 3.19～3.23 是各校 2008—2013 财务年净学杂费、研究、捐赠、投资、后勤所得及占比情况。

　　如表 3.19 所示,在 2008—2013 财务年的净学杂费占比中,除了乔治·华盛顿大学各年占比有较大波动外,其余 28 所大学的净学杂费收入占比均居于稳定状态。

表 3.19　各校 2008—2013 财务年的净学杂费收入及占比

单位:万美元

大学	2008—2009财务年办学收入 2008—2009财务年净学杂费收入 占比/%	2009—2010财务年办学收入 2009—2010财务年净学杂费收入 占比/%	2010—2011财务年办学收入 2010—2011财务年净学杂费收入 占比/%	2011—2012财务年办学收入 2011—2012财务年净学杂费收入 占比/%	2012—2013财务年办学收入 2012—2013财务年净学杂费收入 占比/%	2008—2013财务年办学收入均值 2008—2013财务年净学杂费收入均值 占比/%
波士顿大学	152,934	159,233	165,431	167,810	168,944	162,870
	72,447	74,321	78,950	84,300	86,995	79,403
	47	**47**	**48**	**50**	**51**	**49**
布朗大学	62,389	66,139	66,651	70,485	73,214	67,775
	20,184	21,408	22,614	23,785	25,811	22,760
	32	**32**	**34**	**34**	**35**	**34**
加州理工学院	225,242	240,890	212,757	214,567	200,584	218,808
	2,916	2,959	3,075	3,413	3,522	3,177
	1	**1**	**1**	**2**	**2**	**1**
卡内基梅隆大学	86,443	89,977	95,663	106,193	110,671	97,789
	31,266	32,303	33,929	36,669	39,869	34,807
	36	**36**	**35**	**34**	**36**	**36**
凯斯西储大学	84,508	83,304	91,979	89,605	90,818	88,043
	16,703	17,493	18,808	19,971	20,926	18,780
	20	**21**	**20**	**22**	**23**	**21**
哥伦比亚大学	322,179	330,811	411,510	371,227	373,869	361,919
	60,273	67,034	72,444	78,588	82,623	72,192
	19	**20**	**18**	**21**	**22**	**20**
康奈尔大学	265,414	293,812	295,581	316,197	320,117	298,224
	47,697	46,154	48,107	50,833	53,704	49,299
	18	**16**	**16**	**16**	**17**	**17**

续　表

大学	2008—2009财务年办学收入 2008—2009财务年净学杂费收入 占比/%	2009—2010财务年办学收入 2009—2010财务年净学杂费收入 占比/%	2010—2011财务年办学收入 2010—2011财务年净学杂费收入 占比/%	2011—2012财务年办学收入 2011—2012财务年净学杂费收入 占比/%	2012—2013财务年办学收入 2012—2013财务年净学杂费收入 占比/%	2008—2013财务年办学收入均值 2008—2013财务年净学杂费收入均值 占比/%
达特茅斯学院	70,098 13,282 **19**	73,321 13,956 **19**	76,276 15,214 **20**	79,395 16,815 **21**	83,349 18,059 **22**	76,488 15,465 **20**
杜克大学	399,466 33,004 **8**	424,396 33,352 **8**	469,231 35,631 **8**	461,192 37,292 **8**	477,498 39,208 **8**	446,357 35,698 **8**
埃默里大学	302,603 29,565 **10**	314,279 29,696 **9**	336,940 31,597 **9**	385,366 32,890 **9**	402,863 35,545 **9**	348,410 31,858 **9**
乔治敦大学	92,503 43,976 **48**	95,822 45,694 **48**	100,202 47,087 **47**	103,812 50,026 **48**	112,057 53,940 **48**	100,879 48,145 **48**
乔治·华盛顿大学	73,520 50,074 **68**	112,678 50,697 **45**	121,979 53,862 **44**	102,010 56,896 **56**	117,798 59,895 **51**	105,597 54,285 **51**
哈佛大学	382,756 67,835 **18**	372,483 71,184 **19**	377,775 74,057 **20**	403,715 77,676 **19**	421,466 81,472 **19**	391,639 74,445 **19**
约翰斯·霍普金斯大学	387,799 38,947 **10**	410,319 41,098 **10**	436,998 44,185 **10**	456,064 45,638 **10**	479,378 47,705 **10**	434,112 43,515 **10**

续　表

大学	2008—2009财务年办学收入 / 2008—2009财务年净学杂费收入 / 占比/%	2009—2010财务年办学收入 / 2009—2010财务年净学杂费收入 / 占比/%	2010—2011财务年办学收入 / 2010—2011财务年净学杂费收入 / 占比/%	2011—2012财务年办学收入 / 2011—2012财务年净学杂费收入 / 占比/%	2012—2013财务年办学收入 / 2012—2013财务年净学杂费收入 / 占比/%	2008—2013财务年办学收入均值 / 2008—2013财务年净学杂费收入均值 / 占比/%
麻省理工学院	264,396	266,310	275,065	299,030	318,660	284,692
	21,739	23,830	25,348	27,599	31,023	25,908
	8	9	9	9	10	9
纽约大学	431,115	483,176	517,223	568,124	597,496	519,427
	126,707	132,648	139,800	147,055	152,751	139,792
	29	27	27	26	26	27
西北大学	160,575	176,142	185,966	190,839	230,670	188,838
	47,261	49,339	51,383	52,893	54,431	51,061
	29	28	28	28	24	27
普林斯顿大学	125,944	125,690	135,632	139,877	147,921	135,013
	8,763	8,761	9,844	9,795	10,564	9,546
	7	7	7	7	7	7
莱斯大学	45,416	46,748	51,980	55,100	56,827	51,214
	9,119	9,811	10,715	12,039	12,487	10,834
	20	21	21	22	22	21
斯坦福大学	560,278	577,874	638,157	681,462	735,857	638,725
	40,150	43,028	45,784	48,050	51,144	45,631
	7	7	7	7	7	7
塔夫茨大学	67,105	67,420	70,560	73,900	76,895	71,176
	25,917	27,599	28,853	30,137	31,759	28,853
	39	41	41	41	41	41

续　表

大学	2008—2009财务年办学收入／2008—2009财务年净学杂费收入／占比/%	2009—2010财务年办学收入／2009—2010财务年净学杂费收入／占比/%	2010—2011财务年办学收入／2010—2011财务年净学杂费收入／占比/%	2011—2012财务年办学收入／2011—2012财务年净学杂费收入／占比/%	2012—2013财务年办学收入／2012—2013财务年净学杂费收入／占比/%	2008—2013财务年办学收入均值／2008—2013财务年净学杂费收入均值／占比/%
芝加哥大学	277,991	291,826	305,623	313,467	323,804	302,542
	29,844	31,768	33,373	33,489	36,172	32,929
	11	11	11	11	11	11
诺特丹大学	80,797	83,303	88,409	93,559	97,361	88,686
	25,780	26,100	26,500	26,970	27,747	26,619
	32	31	30	29	28	30
宾夕法尼亚大学	522,131	552,359	603,603	616,165	619,103	582,672
	69,570	71,111	74,740	77,665	79,714	74,560
	13	13	12	13	13	13
南加利福尼亚大学	132,128	312,915	392,267	323,371	386,147	309,366
	74,518	82,701	91,069	97,716	107,481	90,697
	56	26	23	30	28	29
范德堡大学	310,755	344,432	369,694	371,080	369,177	353,028
	23,002	23,762	24,386	25,014	26,596	24,552
	7	7	7	7	7	7
圣路易斯华盛顿大学	203,003	212,995	224,561	230,791	239,313	222,133
	25,749	27,206	29,401	30,840	32,490	29,137
	13	13	13	13	14	13
耶鲁大学	260,067	272,583	278,771	282,264	293,688	277,474
	22,938	22,504	24,051	25,340	27,100	24,386
	9	8	9	9	9	9

续 表

大学	2008—2009财务年办学收入 2008—2009财务年净学杂费收入 占比/%	2009—2010财务年办学收入 2009—2010财务年净学杂费收入 占比/%	2010—2011财务年办学收入 2010—2011财务年净学杂费收入 占比/%	2011—2012财务年办学收入 2011—2012财务年净学杂费收入 占比/%	2012—2013财务年办学收入 2012—2013财务年净学杂费收入 占比/%	2008—2013财务年办学收入均值 2008—2013财务年净学杂费收入均值 占比/%
耶希瓦大学	—	54,076	63,886	59,240	64,107	60,327
	—	12,123	11,861	12,264	12,876	12,281
	—	**22**	**19**	**21**	**20**	**20**

资料来源:根据各大学 2008—2013 财务年经审计的财务报表整理、计算而成。

如表 3.20 所示,在各校 2008—2013 财务年的研究收入占比中,除了加州理工学院的收入占比有较大波动,南加利福尼亚大学 2008—2009 财务年、2009—2010 财务年的收入占比有较大波动,27 所大学的研究收入占比居于稳定状态。

表 3.20　各校 2008—2013 财务年的研究收入及占比

单位:万美元

大学	2008—2009财务年办学收入 2008—2009财务年研究收入 占比/%	2009—2010财务年办学收入 2009—2010财务年研究收入 占比/%	2010—2011财务年办学收入 2010—2011财务年研究收入 占比/%	2011—2012财务年办学收入 2011—2012财务年研究收入 占比/%	2012—2013财务年办学收入 2012—2013财务年研究收入 占比/%	2008—2013财务年办学收入均值 2008—2013财务年研究收入均值 占比/%
波士顿大学	152,934	159,233	165,431	167,810	168,944	162,870
	35,038	37,942	38,286	37,412	36,383	37,012
	23	**24**	**23**	**22**	**22**	**23**
布朗大学	62,389	66,139	66,651	70,485	73,214	67,775
	13,385	14,949	16,851	17,303	16,229	15,743
	21	**23**	**25**	**25**	**22**	**23**

续　表

大学	2008—2009财务年办学收入 / 2008—2009财务年研究收入 / 占比/%	2009—2010财务年办学收入 / 2009—2010财务年研究收入 / 占比/%	2010—2011财务年办学收入 / 2010—2011财务年研究收入 / 占比/%	2011—2012财务年办学收入 / 2011—2012财务年研究收入 / 占比/%	2012—2013财务年办学收入 / 2012—2013财务年研究收入 / 占比/%	2008—2013财务年办学收入均值 / 2008—2013财务年研究收入均值 / 占比/%
加州理工学院	225,242	240,890	212,757	214,567	200,584	218,808
	218,967	203,607	194,102	189,934	174,181	196,158
	97	**85**	**91**	**86**	**87**	**90**
卡内基梅隆大学	86,443	89,977	95,663	106,193	110,671	97,789
	31,841	33,053	36,092	38,992	40,614	36,118
	39	**37**	**38**	**37**	**37**	**37**
凯斯西储大学	84,508	83,304	91,979	89,605	90,818	88,043
	42,808	42,518	44,875	44,380	42,037	43,324
	51	**51**	**49**	**50**	**46**	**49**
哥伦比亚大学	322,179	330,811	411,510	371,227	373,869	361,919
	96,129	99,540	107,691	105,982	100,976	102,063
	30	**30**	**26**	**29**	**27**	**28**
康奈尔大学	265,414	293,812	295,581	316,197	320,117	298,224
	55,772	67,949	62,304	60,473	58,858	61,071
	21	**23**	**21**	**19**	**18**	**20**
达特茅斯学院	70,098	73,321	76,276	79,395	83,349	76,488
	17,264	16,813	17,981	17,355	18,152	17,513
	25	**23**	**24**	**22**	**22**	**23**
杜克大学	399,466	424,396	469,231	461,192	477,498	446,357
	89,333	98,589	108,551	106,343	109,075	102,378
	22	**23**	**23**	**23**	**23**	**23**

续　表

大学	2008—2009财务年办学收入 / 2008—2009财务年研究收入 / 占比/%	2009—2010财务年办学收入 / 2009—2010财务年研究收入 / 占比/%	2010—2011财务年办学收入 / 2010—2011财务年研究收入 / 占比/%	2011—2012财务年办学收入 / 2011—2012财务年研究收入 / 占比/%	2012—2013财务年办学收入 / 2012—2013财务年研究收入 / 占比/%	2008—2013财务年办学收入均值 / 2008—2013财务年研究收入均值 / 占比/%
埃默里大学	302,603 / 41,147 / 14	314,279 / 45,786 / 15	336,940 / 50,383 / 15	385,366 / 51,088 / 13	402,863 / 49,785 / 12	348,410 / 47,638 / 14
乔治敦大学	92,503 / 22,927 / 25	95,822 / 23,014 / 24	100,202 / 24,484 / 24	103,812 / 25,199 / 24	112,057 / 25,132 / 22	100,879 / 24,151 / 24
乔治·华盛顿大学	73,520 / 16,958 / 23	112,678 / 17,256 / 15	121,979 / 16,789 / 14	102,010 / 15,801 / 15	117,798 / 17,345 / 15	105,597 / 16,830 / 16
哈佛大学	382,756 / 71,364 / 19	372,483 / 77,678 / 21	377,775 / 85,183 / 23	403,715 / 83,262 / 21	421,466 / 84,476 / 20	391,639 / 80,393 / 21
约翰斯·霍普金斯大学	387,799 / 218,915 / 56	410,319 / 239,082 / 58	436,998 / 255,187 / 58	456,064 / 262,936 / 58	479,378 / 274,311 / 57	434,112 / 250,086 / 58
麻省理工学院	264,396 / 137,507 / 52	266,310 / 136,960 / 51	275,065 / 144,721 / 53	299,030 / 152,785 / 51	318,660 / 160,046 / 50	284,692 / 146,404 / 51
纽约大学	431,115 / 36,483 / 8	483,176 / 49,096 / 10	517,223 / 55,047 / 11	568,124 / 60,110 / 11	597,496 / 64,195 / 11	519,427 / 52,986 / 10

续　表

大学	2008—2009财务年办学收入 / 2008—2009财务年研究收入 / 占比/%	2009—2010财务年办学收入 / 2009—2010财务年研究收入 / 占比/%	2010—2011财务年办学收入 / 2010—2011财务年研究收入 / 占比/%	2011—2012财务年办学收入 / 2011—2012财务年研究收入 / 占比/%	2012—2013财务年办学收入 / 2012—2013财务年研究收入 / 占比/%	2008—2013财务年办学收入均值 / 2008—2013财务年研究收入均值 / 占比/%
西北大学	160,575	176,142	185,966	190,839	230,670	188,838
	42,132	48,450	53,752	53,505	54,285	50,425
	26	**28**	**29**	**28**	**24**	**27**
普林斯顿大学	125,944	125,690	135,632	139,877	147,921	135,013
	21,651	24,244	25,256	24,897	24,913	24,192
	17	**19**	**19**	**18**	**17**	**18**
莱斯大学	45,416	46,748	51,980	55,100	56,827	53,151
	8,739	10,224	11,134	10,895	11,778	10,554
	19	**22**	**21**	**20**	**21**	**20**
斯坦福大学	560,278	577,874	638,157	681,462	735,857	638,725
	103,135	114,266	124,737	123,424	123,320	117,776
	18	**20**	**20**	**18**	**17**	**18**
塔夫茨大学	67,105	67,420	70,560	73,900	76,895	71,176
	12,171	13,707	14,280	13,796	13,533	13,497
	18	**20**	**20**	**19**	**18**	**19**
芝加哥大学	277,991	291,826	305,623	313,467	323,804	302,542
	35,682	39,439	41,788	38,680	35,694	38,257
	13	**14**	**14**	**12**	**11**	**13**
诺特丹大学	80,797	83,303	88,409	93,559	97,361	88,686
	7,723	8,567	10,373	11,074	10,526	9,653
	10	**10**	**12**	**12**	**11**	**11**

续　表

大学	2008—2009财务年办学收入 2008—2009财务年研究收入 占比/%	2009—2010财务年办学收入 2009—2010财务年研究收入 占比/%	2010—2011财务年办学收入 2010—2011财务年研究收入 占比/%	2011—2012财务年办学收入 2011—2012财务年研究收入 占比/%	2012—2013财务年办学收入 2012—2013财务年研究收入 占比/%	2008—2013财务年办学收入均值 2008—2013财务年研究收入均值 占比/%
宾夕法尼亚大学	522,131 75,431 **14**	552,359 87,190 **16**	603,603 93,346 **15**	616,165 90,301 **15**	619,103 90,880 **15**	582,672 87,430 **15**
南加利福尼亚大学	132,128 36,745 **28**	312,915 40,446 **13**	392,267 48,308 **12**	323,371 45,580 **14**	386,147 44,664 **12**	309,366 43,149 **14**
范德堡大学	310,755 44,923 **14**	344,432 49,242 **14**	369,694 59,823 **16**	371,080 60,013 **16**	369,177 58,216 **16**	353,028 54,443 **15**
圣路易斯·华盛顿大学	203,003 48,197 **24**	212,995 53,976 **25**	224,561 57,668 **26**	230,791 54,867 **24**	239,313 50,734 **21**	222,133 53,088 **24**
耶鲁大学	260,067 58,906 **23**	272,583 64,136 **24**	278,771 68,396 **25**	282,264 69,927 **25**	293,688 68,026 **23**	277,474 65,878 **24**
耶希瓦大学	— — —	54,076 24,874 **46**	63,886 27,781 **43**	59,240 24,261 **41**	64,107 20,486 **32**	60,327 24,350 **40**

资料来源:根据各大学 2008—2013 财务年经审计的财务报表整理、计算而成。

如表 3.21 所示,各校 2008—2013 财务年的受赠收入占比大多居于稳定状态,哥伦比亚大学 2010—2011 财务年的受赠收入占比、南加利福尼亚大学 2008—2009 财务年的受赠收入占比明显高于其他年份,这使得两所大学当年的受赠收入年均占比明显领先于其他大学。

表 3.21 各校 2008—2013 财务年的受赠收入及占比

单位:万美元

大学	2008—2009财务年办学收入 / 2008—2009财务年受赠收入 / 占比/%	2009—2010财务年办学收入 / 2009—2010财务年受赠收入 / 占比/%	2010—2011财务年办学收入 / 2010—2011财务年受赠收入 / 占比/%	2011—2012财务年办学收入 / 2011—2012财务年受赠收入 / 占比/%	2012—2013财务年办学收入 / 2012—2013财务年受赠收入 / 占比/%	2008—2013财务年办学收入均值 / 2008—2013财务年受赠收入均值 / 占比/%
波士顿大学	152,934	159,233	165,431	167,810	168,944	162,870
	4,478	4,824	4,462	5,072	5,312	4,829
	3	3	3	3	3	3
布朗大学	62,389	66,139	66,651	70,485	73,214	67,775
	4,991	5,571	5,221	6,852	7,051	5,937
	8	8	8	10	10	9
加州理工学院	225,242	240,890	212,757	214,567	200,584	218,808
	3,521	1,935	904	5,439	4,617	3,283
	2	1	0.4	3	2	2
卡内基梅隆大学	86,443	89,977	95,663	106,193	110,671	97,789
	5,847	6,361	8,278	12,015	11,103	8,721
	7	7	9	11	10	9
凯斯西储大学	84,508	83,304	91,979	89,605	90,818	88,043
	5,249	5,463	7,788	6,217	7,750	6,493
	6	7	8	7	9	7
哥伦比亚大学	322,179	330,811	411,510	371,227	373,869	361,919
	35,279	32,708	99,012	44,857	41,708	50,713
	11	10	24	12	11	14

续 表

大学	2008—2009财务年办学收入 2008—2009财务年受赠收入 占比/%	2009—2010财务年办学收入 2009—2010财务年受赠收入 占比/%	2010—2011财务年办学收入 2010—2011财务年受赠收入 占比/%	2011—2012财务年办学收入 2011—2012财务年受赠收入 占比/%	2012—2013财务年办学收入 2012—2013财务年受赠收入 占比/%	2008—2013财务年办学收入均值 2008—2013财务年受赠收入均值 占比/%
康奈尔大学	265,414	293,812	295,581	316,197	320,117	298,224
	9,463	18,994	23,068	33,837	23,671	21,806
	4	6	8	11	7	7
达特茅斯学院	70,098	73,321	76,276	79,395	83,349	76,488
	5,491	5,916	7,788	8,416	9,033	7,329
	8	8	10	11	11	10
杜克大学	399,466	424,396	469,231	461,192	477,498	446,357
	9,545	14,719	15,545	8,819	11,090	11,944
	2	3	3	2	2	3
埃默里大学	302,603	314,279	336,940	385,366	402,863	348,410
	3,897	3,949	3,817	4,264	5,020	4,190
	1	1	1	1	1	1
乔治敦大学	92,503	95,822	100,202	103,812	112,057	100,879
	4,643	4,540	4,991	5,044	6,680	5,180
	5	5	5	5	6	5
乔治·华盛顿大学	73,520	112,678	121,979	102,010	117,798	105,597
	5,905	2,940	4,666	6,200	5,561	5,054
	8	3	4	6	5	5
哈佛大学	382,756	372,483	377,775	403,715	421,466	391,639
	29,123	24,790	27,691	28,922	33,854	28,876
	8	7	7	7	8	7

续　表

大学	2008—2009财务年办学收入 / 受赠收入 / 占比/%	2009—2010财务年办学收入 / 受赠收入 / 占比/%	2010—2011财务年办学收入 / 受赠收入 / 占比/%	2011—2012财务年办学收入 / 受赠收入 / 占比/%	2012—2013财务年办学收入 / 受赠收入 / 占比/%	2008—2013财务年办学收入均值 / 受赠收入均值 / 占比/%
约翰斯·霍普金斯大学	387,799	410,319	436,998	456,064	479,378	434,112
	19,760	7,218	9,254	9,256	11,052	11,308
	5	2	2	2	2	3
麻省理工学院	264,396	266,310	275,065	299,030	318,660	284,692
	10,007	10,867	11,111	15,617	17,726	13,066
	4	4	4	5	6	5
纽约大学	431,115	483,176	517,223	568,124	597,496	519,427
	11,063	13,501	11,491	13,028	13,617	12,540
	3	3	2	2	2	2
西北大学	160,575	176,142	185,966	190,839	230,670	188,838
	3,096	9,679	7,937	10,818	17,588	9,824
	2	5	4	6	8	5
普林斯顿大学	125,944	125,690	135,632	139,877	147,921	135,013
	5,744	6,652	7,242	7,897	8,789	7,265
	5	5	5	6	6	5
莱斯大学	45,416	46,748	51,980	55,100	56,827	53,151
	2,475	5,011	5,374	3,790	3,362	4,003
	5	11	10	7	6	8
斯坦福大学	560,278	577,874	638,157	681,462	735,857	638,725
	15,504	16,542	17,065	18,452	18,515	17,215
	3	3	3	3	3	3

续　表

大学	2008—2009财务年办学收入 2008—2009财务年受赠收入 占比/%	2009—2010财务年办学收入 2009—2010财务年受赠收入 占比/%	2010—2011财务年办学收入 2010—2011财务年受赠收入 占比/%	2011—2012财务年办学收入 2011—2012财务年受赠收入 占比/%	2012—2013财务年办学收入 2012—2013财务年受赠收入 占比/%	2008—2013财务年办学收入均值 2008—2013财务年受赠收入均值 占比/%
塔夫茨大学	67,105	67,420	70,560	73,900	76,895	71,176
	6,680	5,336	5,651	5,507	5,813	5,797
	10	**8**	**8**	**7**	**8**	**8**
芝加哥大学	277,991	291,826	305,623	313,467	323,804	302,542
	12,835	13,782	14,662	14,648	16,013	14,388
	5	**5**	**5**	**5**	**5**	**5**
诺特丹大学	80,797	83,303	88,409	93,559	97,361	88,686
	3,657	2,963	2,973	3,464	3,855	3,382
	5	**4**	**3**	**4**	**4**	**4**
宾夕法尼亚大学	522,131	552,359	603,603	616,165	619,103	582,672
	13,162	10,181	30,677	18,968	18,998	18,397
	3	**2**	**5**	**3**	**3**	**3**
南加利福尼亚大学	132,128	312,915	392,267	323,371	386,147	309,366
	39,290	49,131	68,127	52,791	55,015	52,871
	30	**16**	**17**	**16**	**14**	**17**
范德堡大学	310,755	344,432	369,694	371,080	369,177	353,028
	8,710	12,430	9,750	8,287	11,067	10,049
	3	**4**	**3**	**2**	**3**	**3**
圣路易斯·华盛顿大学	203,003	212,995	224,561	230,791	239,313	222,133
	14,823	15,253	15,215	13,447	16,272	15,002
	7	**7**	**7**	**6**	**7**	**7**

续　表

大学	2008—2009财务年办学收入 / 2008—2009财务年受赠收入 / 占比/%	2009—2010财务年办学收入 / 2009—2010财务年受赠收入 / 占比/%	2010—2011财务年办学收入 / 2010—2011财务年受赠收入 / 占比/%	2011—2012财务年办学收入 / 2011—2012财务年受赠收入 / 占比/%	2012—2013财务年办学收入 / 2012—2013财务年受赠收入 / 占比/%	2008—2013财务年办学收入均值 / 2008—2013财务年受赠收入均值 / 占比/%
耶鲁大学	260,067	272,583	278,771	282,264	293,688	277,474
	7,473	10,199	15,373	11,963	12,378	11,477
	3	4	6	4	4	4
耶希瓦大学		54,076	63,886	59,240	64,107	60,327
		1,937	3,598	3,891	3,024	3,112
		4	6	7	5	5

资料来源:根据各大学2008—2013财务年经审计的财务报表整理、计算而成。

如表3.22所示,在2008—2013财务年的投资收入占比中,除了加州理工学院、乔治·华盛顿大学、南加利福尼亚大学在不同年份因出现负值未得划拨外,其余26所大学投资收入占比相对稳定。

表3.22　各校2008—2013财务年的投资收入及占比

单位:万美元

大学	2008—2009财务年办学收入 / 2008—2009财务年投资收入 / 占比/%	2009—2010财务年办学收入 / 2009—2010财务年投资收入 / 占比/%	2010—2011财务年办学收入 / 2010—2011财务年投资收入 / 占比/%	2011—2012财务年办学收入 / 2011—2012财务年投资收入 / 占比/%	2012—2013财务年办学收入 / 2012—2013财务年投资收入 / 占比/%	2008—2013财务年办学收入均值 / 2008—2013财务年投资收入均值 / 占比/%
波士顿大学	152,934	159,233	165,431	167,810	168,944	162,870
	3,348	3,202	3,528	3,573	4,064	3,543
	2	2	2	2	2	2

续　表

大学	2008—2009财务年办学收入 2008—2009财务年投资收入 占比/%	2009—2010财务年办学收入 2009—2010财务年投资收入 占比/%	2010—2011财务年办学收入 2010—2011财务年投资收入 占比/%	2011—2012财务年办学收入 2011—2012财务年投资收入 占比/%	2012—2013财务年办学收入 2012—2013财务年投资收入 占比/%	2008—2013财务年办学收入均值 2008—2013财务年投资收入均值 占比/%
布朗大学	62,389	66,139	66,651	70,485	73,214	67,775
	13,303	13,452	11,144	11,643	12,586	12,426
	21	**20**	**17**	**17**	**17**	**18**
加州理工学院	225,242	240,890	212,757	214,567	200,584	218,808
	−17,325	6,335	−3,263	9,739	10,216	1,140
	0	**3**	**0**	**5**	**5**	**3**
卡内基梅隆大学	86,443	89,977	95,663	106,193	110,671	97,789
	3,762	3,351	3,160	2,955	3,153	3,276
	4	**4**	**3**	**3**	**3**	**3**
凯斯西储大学	84,508	83,304	91,979	89,605	90,818	88,043
	9,393	8,900	10,519	8,417	8,814	9,209
	11	**11**	**11**	**9**	**10**	**10**
哥伦比亚大学	322,179	330,811	411,510	371,227	373,869	361,919
	42,799	41,228	39,286	42,119	46,361	42,359
	13	**12**	**10**	**11**	**12**	**12**
康奈尔大学	265,414	293,812	295,581	316,197	320,117	298,224
	30,411	30,475	31,044	29,816	30,468	30,443
	11	**10**	**11**	**9**	**10**	**10**
达特茅斯学院	70,098	73,321	76,276	79,395	83,349	76,488
	22,718	20,239	17,325	18,116	18,382	19,356
	32	**28**	**23**	**23**	**22**	**26**

续 表

大学	2008—2009 财务年办学 收入 2008—2009 财务年投资 收入 占比/%	2009—2010 财务年办学 收入 2009—2010 财务年投资 收入 占比/%	2010—2011 财务年办学 收入 2010—2011 财务年投资 收入 占比/%	2011—2012 财务年办学 收入 2011—2012 财务年投资 收入 占比/%	2012—2013 财务年办学 收入 2012—2013 财务年投资 收入 占比/%	2008—2013 财务年办学 收入均值 2008—2013 财务年投资 收入均值 占比/%
杜克大学	399,466	424,396	469,231	461,192	477,498	446,357
	40,954	38,638	43,928	34,709	37,094	39,065
	10	**9**	**9**	**8**	**8**	**9**
埃默里大学	302,603	314,279	336,940	385,366	402,863	348,410
	21,427	20,991	20,517	23,298	23,249	21,896
	7	**7**	**6**	**6**	**6**	**6**
乔治敦大学	92,503	95,822	100,202	103,812	112,057	100,879
	6,739	7,216	7,637	7,666	7,459	7,343
	7	**8**	**8**	**7**	**7**	**7**
乔治·华盛顿 大学	73,520	112,678	121,979	102,010	117,798	105,597
	−16,046	23,731	29,218	4,991	16,493	11,678
	0	**21**	**24**	**5**	**14**	**13**
哈佛大学	382,756	372,483	377,775	403,715	421,466	391,639
	163,849	149,351	136,183	158,138	165,136	154,531
	43	**39**	**36**	**39**	**39**	**39**
约翰斯·霍普 金斯大学	387,799	410,319	436,998	456,064	479,378	434,112
	14,542	15,603	15,455	15,073	14,592	15,053
	4	**4**	**4**	**3**	**3**	**4**
麻省理工学院	264,396	266,310	275,065	299,030	318,660	284,692
	55,630	55,881	49,680	54,729	59,752	55,134
	21	**21**	**18**	**18**	**19**	**19**

续　表

大学	2008—2009财务年办学收入 2008—2009财务年投资收入 占比/%	2009—2010财务年办学收入 2009—2010财务年投资收入 占比/%	2010—2011财务年办学收入 2010—2011财务年投资收入 占比/%	2011—2012财务年办学收入 2011—2012财务年投资收入 占比/%	2012—2013财务年办学收入 2012—2013财务年投资收入 占比/%	2008—2013财务年办学收入均值 2008—2013财务年投资收入均值 占比/%
纽约大学	431,115	483,176	517,223	568,124	597,496	519,427
	12,521	12,922	15,240	17,615	48,472	21,354
	3	**3**	**3**	**3**	**8**	**4**
西北大学	160,575	176,142	185,966	190,839	230,670	188,838
	35,486	34,191	36,741	35,137	38,999	36,111
	22	**19**	**20**	**18**	**17**	**19**
普林斯顿大学	125,944	125,690	135,632	139,877	147,921	135,013
	72,733	65,665	69,905	72,392	78,434	71,826
	58	**52**	**52**	**52**	**53**	**53**
莱斯大学	45,416	46,748	51,980	55,100	56,827	53,151
	21,559	22,085	22,035	22,012	22,905	22,119
	47	**47**	**42**	**40**	**40**	**42**
斯坦福大学	560,278	577,874	638,157	681,462	735,857	638,725
	107,081	89,977	92,751	101,549	101,876	98,647
	19	**16**	**15**	**15**	**14**	**15**
塔夫茨大学	67,105	67,420	70,560	73,900	76,895	71,176
	7,480	4,991	6,231	7,939	9,295	7,187
	11	**7**	**9**	**11**	**12**	**10**
芝加哥大学	277,991	291,826	305,623	313,467	323,804	302,542
	32,128	34,799	37,994	37,411	36,900	35,846
	12	**12**	**12**	**12**	**11**	**12**

大学	2008—2009 财务年办学 收入 2008—2009 财务年投资 收入 占比/%	2009—2010 财务年办学 收入 2009—2010 财务年投资 收入 占比/%	2010—2011 财务年办学 收入 2010—2011 财务年投资 收入 占比/%	2011—2012 财务年办学 收入 2011—2012 财务年投资 收入 占比/%	2012—2013 财务年办学 收入 2012—2013 财务年投资 收入 占比/%	2008—2013 财务年办学 收入均值 2008—2013 财务年投资 收入均值 占比/%
诺特丹大学	80,797	83,303	88,409	93,559	97,361	88,686
	8,265	8,509	8,790	9,423	9,575	8,912
	10	10	10	10	10	10
宾夕法尼亚大学	522,131	552,359	603,603	616,165	619,103	582,672
	27,626	29,220	29,109	31,056	32,445	29,891
	5	5	5	5	5	5
南加利福尼亚大学	132,128	312,915	392,267	323,371	386,147	309,366
	−80,977	34,667	66,635	567	42,082	12,595
	0	11	17	0.2	11	4
范德堡大学	310,755	344,432	369,694	371,080	369,177	353,028
	15,007	17,865	18,657	16,703	17,242	17,095
	5	5	5	5	5	5
圣路易斯·华盛顿大学	203,003	212,995	224,561	230,791	239,313	222,133
	24,182	23,412	22,957	23,632	24,363	23,709
	12	11	10	10	10	11
耶鲁大学	260,067	272,583	278,771	282,264	293,688	277,474
	114,205	115,341	105,909	104,066	108,271	109,558
	44	42	38	37	37	39
耶希瓦大学	—	54,076	63,886	59,240	64,107	60,327
	—	6,126	10,183	4,825	4,785	6,480
	—	11	16	8	7	11

资料来源:根据各大学 2008—2013 财务年经审计的财务报表整理、计算而成。

如表 3.23 所示,各校 2008—2013 财务年的销售、服务、后勤企业收入占比大多居于稳定状态,西北大学在 2012—2013 财务年、南加利福尼亚大学在 2009—2013 财务年的销售、服务、后勤企业收入占比更是有明显提升。

表 3.23　各校 2008—2013 财务年的销售、服务、后勤企业收入及占比

单位:万美元

大学	2008—2009财务年办学收入 2008—2009财务年销售、服务、后勤企业收入 占比/%	2009—2010财务年办学收入 2009—2010财务年销售、服务、后勤企业收入 占比/%	2010—2011财务年办学收入 2010—2011财务年销售、服务、后勤企业收入 占比/%	2011—2012财务年办学收入 2011—2012财务年销售、服务、后勤企业收入 占比/%	2012—2013财务年办学收入 2012—2013财务年销售、服务、后勤企业收入 占比/%	2008—2013财务年办学收入均值 2008—2013财务年销售、服务、后勤企业收入均值 占比/%
波士顿大学	152,934 35,797 **23**	159,233 36,593 **23**	165,431 38,050 **23**	167,810 37,453 **22**	168,944 36,190 **21**	162,870 36,817 **23**
布朗大学	62,389 8,068 **13**	66,139 8,193 **12**	66,651 8,272 **12**	70,485 8,158 **12**	73,214 8,495 **12**	67,775 8,237 **12**
加州理工学院	225,242 3,430 **2**	240,890 3,259 **1**	212,757 3,127 **1**	214,567 3,114 **1**	200,584 3,163 **2**	218,808 3,219 **1**
卡内基梅隆大学	86,443 13,727 **16**	89,977 14,910 **17**	95,663 14,205 **15**	106,193 15,563 **15**	110,671 15,931 **14**	97,789 14,867 **15**
凯斯西储大学	84,508 4,628 **5**	83,304 4,552 **5**	91,979 4,945 **5**	89,605 5,101 **6**	90,818 5,825 **6**	88,043 5,010 **6**

续　表

大学	2008—2009财务年办学收入 2008—2009财务年销售、服务、后勤企业收入 占比/%	2009—2010财务年办学收入 2009—2010财务年销售、服务、后勤企业收入 占比/%	2010—2011财务年办学收入 2010—2011财务年销售、服务、后勤企业收入 占比/%	2011—2012财务年办学收入 2011—2012财务年销售、服务、后勤企业收入 占比/%	2012—2013财务年办学收入 2012—2013财务年销售、服务、后勤企业收入 占比/%	2008—2013财务年办学收入均值 2008—2013财务年销售、服务、后勤企业收入均值 占比/%
哥伦比亚大学	322,179 85,986 **27**	330,811 89,487 **27**	411,510 92,297 **22**	371,227 98,842 **27**	373,869 102,065 **27**	361,919 93,735 **26**
康奈尔大学	265,414 103,834 **39**	293,812 112,584 **38**	295,581 114,658 **39**	316,197 126,191 **40**	320,117 138,197 **43**	298,224 119,093 **40**
达特茅斯学院	70,098 11,343 **16**	73,321 16,397 **22**	76,276 17,969 **24**	79,395 18,692 **23**	83,349 19,724 **24**	76,488 16,825 **22**
杜克大学	399,466 226,629 **57**	424,396 239,097 **56**	469,231 265,576 **57**	461,192 270,245 **59**	477,498 276,882 **58**	446,357 255,686 **57**
埃默里大学	302,603 196,890 **65**	314,279 204,305 **65**	336,940 220,353 **65**	385,366 262,888 **68**	402,863 276,152 **69**	348,410 232,117 **67**
乔治敦大学	92,503 11,042 **12**	95,822 12,225 **13**	100,202 12,822 **13**	103,812 12,695 **12**	112,057 14,747 **13**	100,879 12,706 **13**

续　表

大学	2008—2009财务年办学收入 2008—2009财务年销售、服务、后勤企业收入 占比/%	2009—2010财务年办学收入 2009—2010财务年销售、服务、后勤企业收入 占比/%	2010—2011财务年办学收入 2010—2011财务年销售、服务、后勤企业收入 占比/%	2011—2012财务年办学收入 2011—2012财务年销售、服务、后勤企业收入 占比/%	2012—2013财务年办学收入 2012—2013财务年销售、服务、后勤企业收入 占比/%	2008—2013财务年办学收入均值 2008—2013财务年销售、服务、后勤企业收入均值 占比/%
乔治·华盛顿大学	73,520	112,678	121,979	102,010	117,798	105,597
	9,206	14,086	14,666	15,442	15,993	13,879
	13	**13**	**12**	**15**	**14**	**13**
哈佛大学	382,756	372,483	377,775	403,715	421,466	391,639
	50,586	49,481	54,660	55,717	56,529	53,395
	13	**13**	**14**	**14**	**13**	**14**
约翰斯·霍普金斯大学	387,799	410,319	436,998	456,064	479,378	434,112
	83,347	85,883	89,862	99,076	107,154	93,064
	21	**21**	**21**	**22**	**22**	**21**
麻省理工学院	264,396	266,310	275,065	299,030	318,660	284,692
	33,728	32,875	38,624	43,282	42,160	38,134
	13	**12**	**14**	**14**	**13**	**13**
纽约大学	431,115	483,176	517,223	568,124	597,496	519,427
	235,314	262,335	283,421	316,156	306,545	280,754
	55	**54**	**55**	**56**	**51**	**54**
西北大学	160,575	176,142	185,966	190,839	230,670	188,838
	31,817	33,538	35,458	38,065	65,315	40,839
	20	**19**	**19**	**20**	**28**	**22**

续　表

大学	2008—2009财务年办学收入 2008—2009财务年销售、服务、后勤企业收入 占比/%	2009—2010财务年办学收入 2009—2010财务年销售、服务、后勤企业收入 占比/%	2010—2011财务年办学收入 2010—2011财务年销售、服务、后勤企业收入 占比/%	2011—2012财务年办学收入 2011—2012财务年销售、服务、后勤企业收入 占比/%	2012—2013财务年办学收入 2012—2013财务年销售、服务、后勤企业收入 占比/%	2008—2013财务年办学收入均值 2008—2013财务年销售、服务、后勤企业收入均值 占比/%
普林斯顿大学	125,944 8,696 **7**	125,690 8,983 **7**	135,632 9,724 **7**	139,877 9,800 **7**	147,921 9,910 **7**	135,013 9,423 **7**
莱斯大学	45,416 2,964 **7**	46,748 3,324 **7**	51,980 3,982 **8**	55,100 4,055 **7**	56,827 4,250 **7**	53,151 3,715 **7**
斯坦福大学	560,278 284,667 **51**	577,874 304,847 **53**	638,157 346,201 **54**	681,462 378,714 **56**	735,857 428,300 **58**	638,725 348,546 **55**
塔夫茨大学	67,105 14,858 **22**	67,420 15,786 **23**	70,560 15,545 **22**	73,900 16,521 **22**	76,895 16,495 **21**	71,176 15,841 **22**
芝加哥大学	277,991 141,696 **51**	291,826 146,632 **50**	305,623 151,758 **50**	313,467 163,591 **52**	323,804 169,124 **52**	302,542 154,560 **51**
诺特丹大学	80,797 17,389 **22**	83,303 18,676 **22**	88,409 19,522 **22**	93,559 20,056 **21**	97,361 21,432 **22**	88,686 19,415 **22**

续　表

大学	2008—2009财务年办学收入 / 2008—2009财务年销售、服务、后勤企业收入 / 占比/%	2009—2010财务年办学收入 / 2009—2010财务年销售、服务、后勤企业收入 / 占比/%	2010—2011财务年办学收入 / 2010—2011财务年销售、服务、后勤企业收入 / 占比/%	2011—2012财务年办学收入 / 2011—2012财务年销售、服务、后勤企业收入 / 占比/%	2012—2013财务年办学收入 / 2012—2013财务年销售、服务、后勤企业收入 / 占比/%	2008—2013财务年办学收入均值 / 2008—2013财务年销售、服务、后勤企业收入均值 / 占比/%
宾夕法尼亚大学	522,131	552,359	603,603	616,165	619,103	582,672
	305,514	325,458	345,629	365,689	339,555	336,369
	59	**59**	**57**	**59**	**55**	**58**
南加利福尼亚大学	132,128	312,915	392,267	323,371	386,147	309,366
	25,293	96,988	108,558	116,589	126,304	94,746
	19	**31**	**28**	**36**	**33**	**31**
范德堡大学	310,755	344,432	369,694	371,080	369,177	353,028
	214,572	237,911	253,043	257,156	250,727	242,682
	69	**69**	**68**	**69**	**68**	**69**
圣路易斯·华盛顿大学	203,003	212,995	224,561	230,791	239,313	222,133
	86,299	89,831	96,074	104,425	112,451	97,816
	43	**42**	**43**	**45**	**47**	**44**
耶鲁大学	260,067	272,583	278,771	282,264	293,688	277,474
	56,545	60,404	65,042	70,969	77,912	66,174
	22	**22**	**23**	**25**	**27**	**24**
耶希瓦大学	—	54,076	63,886	59,240	64,107	60,327
	—	4,298	4,236	9,754	10,208	7,124
	—	**8**	**7**	**16**	**16**	**12**

资料来源:根据各大学 2008—2013 财务年经审计的财务报表整理、计算而成。

上述 5 项主要类别的收入中,各项每年占比与 2008—2013 财务年平均占比对照,未出现 10% 及以上的顺差或逆差的大学数占比分别为:净学杂费收入 93%;研究收入 90%;受赠收入 93%;投资收入所得 93%;销售、服务、后勤企业收入 100%。

第二节　美国私立大学获取经费资源的特点

美国私立大学获取经费资源的特点在于充分利用校内外有利条件——大学内部的学术力量与专业力量成为大学获取经费资源的重要力量,管理专业化是其获取经费资源的根本保障,联邦政府为大学获取经费资源创造了外部条件。

一、学术力量与专业力量是获取经费的重要力量

大学获取经费资源的重要力量之一是其学术力量。如表 3.24 所示,2008—2013 财务年,有 26 所私立大学的平均净学杂费与平均研究收入占平均年办学总收入的比例达到或超过 1/4,其中占比最高的是加州理工学院(87%),占比最低的是范德堡大学(22%)。由于各校年办学收入的基数都比较大,因此即便范德堡大学依靠学术力量获得的收入仅占平均年办学总收入的 22%,其仍获得了年均 8.5 亿美元的收入,而占比最高的加州理工学院从中获得的年平均收入更是超过了 19 亿美元。

表 3.24　各校 2008—2013 财务年平均净学杂费与平均研究收入占平均年办学总收入的比例

大学	2008—2013 财务年平均净学杂费占平均年办学总收入的比例/%	2008—2013 财务年平均研究收入占平均年办学总收入的比例/%	2 类收入占平均年办学总收入的比例/%
波士顿大学	49	23	72
布朗大学	34	23	56
加州理工学院	1	90	87

续　表

大学	2008—2013 财务年平均净学杂费占平均年办学总收入的比例/%	2008—2013 财务年平均研究收入占平均年办学总收入的比例/%	2 类收入占平均年办学总收入的比例/%
卡内基梅隆大学	36	37	73
凯斯西储大学	21	49	70
哥伦比亚大学	20	28	48
康奈尔大学	17	20	37
达特茅斯学院	20	23	43
杜克大学	8	23	31
埃默里大学	9	14	23
乔治敦大学	48	24	72
乔治·华盛顿大学	51	16	67
哈佛大学	19	21	40
约翰斯·霍普金斯大学	10	58	68
麻省理工学院	9	51	60
纽约大学	27	10	37
西北大学	27	27	54
普林斯顿大学	7	18	25
莱斯大学	21	20	40
斯坦福大学	7	18	25
塔夫茨大学	41	19	60
芝加哥大学	11	13	24
诺特丹大学	30	11	41
宾夕法尼亚大学	13	15	28
南加利福尼亚大学	29	14	43
范德堡大学	7	15	22

续　表

大学	2008—2013 财务年平均净学杂费占平均年办学总收入的比例/%	2008—2013 财务年平均研究收入占平均年办学总收入的比例/%	2类收入占平均年办学总收入的比例/%
圣路易斯华盛顿大学	13	24	37
耶鲁大学	9	24	33
耶希瓦大学	21	41	62

资料来源：根据各大学 2008—2013 财务年经审计的财务报表整理、计算而成。

除了学术工作中的专业力量，大学在通过资本运作和社会服务获取经费的过程中也体现出其专业力量的作用。

大学通过资本运作获取经费的显性体现是大学从投资中获得的收益。在 2008—2013 财务年中，普林斯顿大学（53%）、莱斯大学（42%）、耶鲁大学（40%）、哈佛大学（39%）、达特茅斯学院（26%）5 所大学年均投资收益划拨超过了其平均年办学总收入的 1/4。各校从投资收益中划拨用于办学的平均经费占年均办学收入比例最低的波士顿大学（2%）也因此有 3543 万美元的收入（见表 3.22）。

专业力量的另一个集中体现是大学通过专业的服务获取大笔收入。以大学提供专业的医疗服务为例，样本中 13 所大学的财务报表显示了其通过提供专业的医疗服务获取收入的信息，如表 3.25 所示，2008—2013 财务年中依靠医疗服务获得年均收入最少的约翰斯·霍普金斯大学平均年入账达 4.6 亿美元，宾夕法尼亚大学依靠医疗服务获得的年均收入更是高达近 32.6 亿美元。

表 3.25　13 所大学 2008—2013 财务年依靠医疗服务获得的年均收入排序

单位：万美元

序号	大学	2008—2009财务年	2009—2010财务年	2010—2011财务年	2011—2012财务年	2012—2013财务年	年均收入
1	宾夕法尼亚大学	328,717	354,842	335,113	315,161	295,429	325,852
2	斯坦福大学	373,358	324,504	299,424	262,029	242,393	300,342
3	范德堡大学	239,434	246,183	242,666	227,923	205,184	232,278

续　表

序号	大学	2008—2009财务年	2009—2010财务年	2010—2011财务年	2011—2012财务年	2012—2013财务年	年均收入
4	纽约大学	246,438	258,750	233,741	211,676	185,612	227,243
5	杜克大学	238,560	232,970	221,383	203,699	190,730	217,468
6	埃默里大学	269,514	256,579	213,819	198,240	190,932	225,817
7	芝加哥大学	148,030	142,967	131,410	126,650	122,395	134,290
8	南加利福尼亚大学	96,162	88,213	81,154	71,329	28,497	73,071
9	哥伦比亚大学	88,669	86,674	80,709	78,551	74,793	81,879
10	圣路易斯华盛顿大学	91,534	85,129	77,829	72,402	70,068	79,392
11	康奈尔大学	75,196	67,994	57,757	55,718	50,409	61,415
12	耶鲁大学	61,561	54,142	49,314	46,212	41,665	50,579
13	约翰斯·霍普金斯大学	54,313	49,384	45,140	41,670	40,705	46,242

资料来源:根据各大学 2008—2013 财务年经审计的财务报表整理而成。

二、管理专业化是获取经费的根本保障

学术力量与专业力量固然是大学获取经费资源的重要力量,但它还不是大学获取巨额经费资源的根本保障,大学获取巨额资源且财务稳定的根本保障在于——管理专业化。这种专业化体现在专业的教育经历和专业的职场经历两个方面。

（一）专业的教育经历

管理专业化首先体现在各校主管领导的高等教育经历。如表 3.26 所示,在各校直接向校长汇报工作的高层主管领导中,除了哥伦比亚大学、埃默里大学、乔治敦大学、哈佛大学、塔夫茨大学、诺特丹大学、宾夕法尼亚大学 7 所大学,有 22 所大学的执行副校长/资深副校长直接领导财务工作,其下不再设分管财务的副校长岗位,22 人中,1 位主管领导(乔治·华盛顿大学领导)受教育情况不详,17 位领导拥有工商管理硕士学位(master of business administration，MBA）。17人中，卡内基梅隆大学、杜克大学、约翰斯·霍普金斯大学、纽约大学、南加利福尼亚大学5所大学的主管领导还同时分别拥有教育学（高等教育管理）博士学位、哲学博士学位、公共管理硕士（master of public administration，MPA）学位、法学博士学位和经济学硕士学位。在其余不拥有MBA学位的4位主管领导中，2所大学（麻省理工学院、西北大学）的领导拥有MPA学位，1所大学（达特茅斯学院）的领导拥有法学博士学位。

　　前述哥伦比亚大学等7所大学的资深副校长的专业则显示出多样化：2所大学（哥伦比亚大学、哈佛大学）的领导拥有法学博士学位，埃默里大学、诺特丹大学、宾夕法尼亚大学、乔治敦大学、塔夫茨大学5所大学的主管领导分别拥有企业管理学博士学位、哲学博士（金融）学位、工商管理硕士学位、公共政策硕士学位、图书馆学硕士与公共卫生硕士双学位。这7所大学中隶属于这些资深副校长的、分管财务的副校长资料显示，大学基本上通过这些上下级搭配进行资源补充，实现管理专业化：在7位隶属于主管领导的、分管财务的副校长中，5位拥有工商管理硕士学位，1位拥有工业经济学硕士学位。

表 3.26　各校主管领导/分管财务领导的高等教育资历

大学	主管领导/分管财务领导	高等教育资历
波士顿大学	资深副校长、首席财务官兼主管霍华德(Howard)	文学学士,工商管理硕士
布朗大学	分管行政管理与财务的副校长怀德科珀(Huidekoper)	鲍多因学院学士,波士顿大学工商管理硕士
加州理工学院	分管财务与业务运作的副校长柯里(Currie)	哈佛大学文学学士,工商管理硕士
卡内基梅隆大学	分管财务的副校长兼首席财务官拉赫纳纳迈-阿扎尔(Rahnamay-Azar)	加利福尼亚州立大学萨克拉门托分校学士(商业管理)、MBA,宾夕法尼亚大学教育学博士(高等教育管理)
凯斯西储大学	资深副校长兼首席财务官塞德勒斯(Sideras)	约翰·卡罗尔大学学士,科罗拉多大学工商管理硕士
哥伦比亚大学	资深执行副校长卡斯丁(Kasdin)	普林斯顿大学文学学士,哈佛大学法学博士
哥伦比亚大学	执行副校长(分管财务)沙利文(Sullivan)	弗吉尼亚大学文学学士,哈佛大学公共政策硕士、工商管理硕士
康奈尔大学	分管财务的副校长兼首席财务官德斯特凡诺(DeStefano)	雪城大学理学学士(会计),康奈尔大学工商管理硕士(金融)
达特茅斯学院	分管行政管理的执行副校长兼首席财务官米尔斯(Mills)	汉密尔顿学院文学学士(历史),波士顿大学法学博士
杜克大学	执行副校长兼财务主管特拉斯克(Trask)	西方学院文学学士(历史),西北大学工商管理硕士,加利福尼亚大学哲学博士

续 表

大学	主管领导/分管财务领导	高等教育资历
埃默里大学	分管行政管理与业务的执行副校长曼德尔（Mandl）	乔治·华盛顿大学学士（会计），杜克大学硕士（通识教育），企业管理博士
	分管财务的副校长默里（Murphree）	佐治亚州立大学工商管理硕士
乔治敦大学	资深副校长兼首席运营官奥古斯特尼（Augostini）	纽约州立大学奥尔巴尼分校学士（公共政策分析），纽约州立大学奥尔巴尼分校硕士（公共政策，辅修经济学）
	分管财务的副校长兼大学财务主管鲁本斯坦（Rubenstein）	弗吉尼亚大学学士（城市规划），卡内基梅隆大学理学硕士（工业经济学）
乔治·华盛顿大学	执行副校长兼财务主管卡茨（Katz）	不详
哈佛大学	执行副校长拉普（Lapp）	费尔菲尔德大学文学学士（历史），霍夫斯特拉大学法学博士
	分管财务的副校长兼首席财务官肖尔（Shore）	弗吉尼亚大学达顿商学院工商管理硕士（金融方向），杜克大学学士（政治科学与心理学），哥伦比亚大学法学博士
约翰斯·霍普金斯大学	主管行政与财务的资深副校长恩尼斯（Ennis）	波士顿学院学士，哈佛大学工商管理硕士，公共管理硕士
麻省理工学院	执行副校长兼财务主管伊斯鲁（Ruiz）	西班牙加泰罗尼亚理工大学学士（工业工程），麻省理工学院公共管理硕士
纽约大学	主管财务与信息技术的执行副校长、首席财务官多夫（Dorph）	凯斯西储大学理学学士，哥伦比亚大学工商管理硕士，法学博士

续 表

大学	主管领导/分管财务领导	高等教育资历
西北大学	主管行政业务与财务的资深副校长森夏恩(Sunshine)	西北大学文学学士，雪城大学公共管理硕士
普林斯顿大学	主管财务的副校长兼财务主管安斯利(Ainslie)	巴克内尔大学学士，罗切斯特大学工商管理硕士
莱斯大学	主管财务的副校长柯林斯(Collins)	蒙特霍利约克学院艺术学学士，哈佛大学艺术硕士(城市规划)
斯坦福大学	主管行政业务的副校长兼首席财务官利文斯顿(Livingston)	斯坦福大学学士(机械工程)，工商管理硕士
塔夫茨大学	执行副校长坎贝尔(Campbell)	纽约州立大学奥尔巴尼分校文学学士，图书馆学硕士，塔夫茨大学硕士(公共卫生)
	分管财务的副校长麦古蒂(Mcgurty)	新罕布什尔大学理学学士(管理学)
芝加哥大学	主管行政管理的执行副校长兼首席财务官钦尼亚(Chinniah)	兰布斯大学理学学士(计算机科学)，范德堡大学工商管理硕士
诺特丹大学	执行副校长阿弗莱克-格雷夫斯(Affleck-Graves)	开普敦大学理学学士，理学硕士，哲学博士(金融)
	分管财务的副校长塞伊迪纳吉(Sejdinaj)	诺特丹大学理学学士，德保罗大学工商管理硕士
宾夕法尼亚大学	执行副校长卡那罗利(Carnaroli)	宾夕法尼亚大学沃顿商学院理学学士(经济学)，斯坦福大学工商管理硕士
	分管财务的副校长戈尔丁(Golding)	圣约翰费尔学士(经济学)，罗切斯特大学工商管理硕士

续 表

大学	主管领导/分管财务领导	高等教育资历
南加利福尼亚大学	主管财务的资深副校长兼首席财务官埃伯利斯(Abeles)	加利福尼亚大学洛杉矶分校硕士(经济学)、工商管理硕士
范德堡大学	主管财务的副校长兼首席财务官斯威特(Sweet)	海军学院学士、哈佛大学工商管理硕士
圣路易斯华盛顿大学	主管财务的副校长兼首席财务官费纳(Feiner)	圣路易斯华盛顿大学学士(教育学)、工商管理硕士
耶鲁大学	主管财务与行政业务运营的副校长金(King)	圣劳伦斯大学理学学士(心理学)、康奈尔大学工商管理硕士(金融与会计)
耶希瓦大学	首席财务官温纳(Winer)	卡内基梅隆大学文学学士(数学)、哥伦比亚大学工商管理硕士

资料来源:根据各校官网信息汇总而成。数据收集截至 2013 年 6 月 20 日。

(二)专业的职场经历

各位大学领导在高等教育阶段接受的学术规训成为他们驰骋职场的重要基础,各校主管领导以及分管财务领导的工作经历如表 3.27 所示,他们有的拥有在世界知名企业工作、领导的经历,有的熟悉公立部门的工作流程,有的转战各高校,职业历练使得他们拥有丰富的领导经验,在专业领域如虎添翼,这使得各校可以合理期待符合本校特色的财务规划。在实践中,各校的财务收入均有自己的强项,但没有一所大学将受赠作为大学财务的"立校之本"。

不仅如此,各位领导的工作成就也被广泛认可。如凯斯西储大学资深副校长兼首席财务官赛德勒斯(Sideras)在 2008 年任凯斯西储大学临时副校长期间,使得凯斯西储大学提前 3 年抹去近 2000 万美元的财政赤字,大学标准普尔债务指数从负值转向稳定。这一业绩显示出他拥有非凡的知识和经验领导学校的财务运作,在大学的资深副校长兼首席财务官搜寻中,其名列候选人榜首,于 2009 年被正式任命为凯斯西储大学资深副校长兼首席财务官。

再如埃默里大学主管行政管理与业务的执行副校长(executive vice president for business and administration)曼德尔(Mandl),曾先后任毕马威会计师事务所的注册会计师、葛兰素史克制药公司高级财务分析师、杜克大学负责财务的副校长、宾夕法尼亚大学负责财务的副校长,2003 年曼德尔成为埃默里大学分管行政管理与业务的执行副校长,任职期间其职业成就可圈可点:①2005 年,通过转让抗艾滋病毒药物恩曲他滨知识产权,使得埃默里大学获得 5.25 亿美元的收入,从而成为美国高校中知识产权货币化的典范;②开发校园总体规划,新建 15 幢大楼以满足学术工作、教师居住所需;③与当地企业、民间领袖合作,协同解决校区生活质量问题;④开发公立部门与私立大学的合作关系,由第三方开发研究生住宿楼、教职工安居楼并向教职工提供产权;⑤其领导的"埃默里企业风险管理"过程被视为高等教育领域的"最佳实践";⑥使得大学拥有强大的信贷等级,被国际评级机构穆迪公司评价为:"大学对'因经济低迷产生的财务影响'的治理与管理"是大学获得优良等级的实力;⑦在全校范围内改善政策与工作流程,推行服务为导向、降低成本的实践。

表 3.27　各校主管领导/分管财务领导的工作经历

大学	主管领导/分管财务领导	工作经历
波士顿大学	资深副校长、首席财务官兼财务主管霍华德	注册会计师，注册金融分析师，国际金融理财师。1975 年进入波士顿大学，国际金融管理工作。1983 年开始从事财务管理工作，1984 年成为分管财务的副校长，1992 年担任波士顿大学财务主管，因引进先进的财务体系深受认可，2007 年任分管财务的副校长兼财务主管，后升任波士顿大学资深副校长，首席财务官兼财务主管，任职期间，波士顿大学财务稳定，年办学预算为 17 亿美元
布朗大学	主管行政管理与财务的副校长怀德科珀	1981—1983 年任哈佛大学资深财务分析师，1983—1985 年任哈佛大学预算办副主任，1985—1995 年任哈佛大学研究经费预算管理办主任，1994 年任哈佛大学分管财务的代理副校长，1996—2002 年任哈佛大学分管财务的副校长。进入哈佛前，历任波士顿大学预算管理办项目经理、新英格兰"东北经济行动委员会"副主任，在财务运作、战略管理、研究管理、体制设计、战略规划方面积累了丰富的领导与管理经验。2002 年 10 月任布朗大学分管财务与行政管理的副校长，全面负责布朗大学的财务与预算规划、人力资源、劳资关系、设备、投资及所有行政业务的运作，内部审计、风险管理与保险、卫生与安全、校园安全、环境健康安全的运作
加州理工学院	主管财务与业务运作的副校长柯里	1975—1977 年任哈佛大学商学院分管研究生录取与教育的副主任，1977—1979 年任哈佛大学商学院分管研究生教育的院长助理，1980—1988 年任哈佛大学分管研究生政策规划与行政管理的副院长，1989—2004 年任加州理工学院分管财务与业务运作的副校长，工作职责包括支持研究工作、维护、修缮建筑设施，管理学校财务，创建安全校园环境

续　表

大学	主管领导/分管财务领导	工作经历
卡内基梅隆大学	分管财务的副校长兼首席财务官拉赫纳迈-阿扎尔	1999—2010年在南加利福尼亚大学任职,历任预算规划办公室副主任,分管行政运营的资深副校长助理,在南加利福尼亚大学的工作经历使他具备了研究型大学将大学战略规划与财务报告一起的领导经验。2010—2013年任佐治亚理工学院分管行政管理与财务的资深副校长,负责学校的全面预算、资源配置、资本规划、空间管理、院校研究与规划,组织发展与可持续性,房地产开发、财务服务、研究赞助经费与合同的会计核算,2013年开始担任卡内基梅隆大学分管财务的副校长兼首席财务官
凯斯西储大学	资深副校长兼首席财务官赛德勒斯	1998—2008年在克利夫兰的"大都市卫生系统"工作10年,历任"大学医院卫生系统"及"克利夫兰基金会"财务行政人员,2004年升任"大都市卫生系统"总裁兼首席执行官,2008年任凯斯西储大学临时副校长,任职期间西储大学提前3年将去近2000万美元的外债,显示出其拥有非凡的知识和经验领导凯斯西储大学的财务运作。2009年任凯斯西储大学资深副校长兼首席财务官
哥伦比亚大学	资深执行副校长卡斯丁	其职业生涯始于达维律师事务所,之后历任:普林斯顿大学投资公司副总裁兼总法律顾问,纽约市大都会艺术博物馆财务主管,密歇根大学资深执行副校长兼首席财务官,2002年任哥伦比亚大学资深执行副校长
	执行副校长（分管财务）沙利文	历任:基德尔皮博迪公司的投资银行部财务分析师,博思艾伦咨询公司财务咨询顾问,一家名为领会知识网（Fathom Knowledge Network）**的公司副总裁（负责战略规划）,哥伦比亚大学管理的副校长,宾夕尼亚大学沃顿商学院分管财务的资深副院长,2007年回到哥伦比亚大学任分管财务的执行副校长,监管大学办学与资本预算,资金运作,采购运营,内部审计等工作

续　表

大学	分管领导/分管财务领导	工作经历
康奈尔大学	分管财务的副校长兼首席财务官德斯特凡诺	历任赛车设备国际有限公司(Racemark)****的财务主管,斯伦贝谢有限公司****会计部经理,1990年进入康奈尔大学,从担任分管财务的副校长兼首席财务官学院的高级经理逐步升任分管财务的副校长兼首席财务官
达特茅斯学院	分管行政管理的执行副校长兼首席财务官米尔斯	有多年的高等教育工作经历,擅长领导大学财务、内部审计、人力资源、设施与运作、商业诉讼等工作。2005年进入哈佛大学前,任马萨诸塞州水资源局高级顾问兼任哈佛大学医学院分管行政与财务的执行院长,在其任职的3年中,重组行政团队,努力降低成本,重构收入来源,任当时动荡中的金融团队其任在复杂环境中独立判断,引领团队的丰富经验。2013年8月任达特茅斯学院执行副校长兼首席财务官,成为该校高层领导团队中第三号重要人物,负责领导人力资源、财务、设备运作、内部审计、信息技术等工作,被达特茅斯学院时任校长汉龙赞为"对高等教育,对'就校内各环境资源'之间的相互联系对推动大学使命的重要性,对多样化组织的复杂需求有着深刻理解,并有着专业引领与管理经验"
杜克大学	执行副校长兼财务主管特拉斯克	1976—1986年任加利福尼亚大学洛杉矶分校分管学术行政的副校长,负责学术资源的管理与分配,二级学院执行院长的搜寻与面谈,进入杜克大学前任华盛顿大学执行副校长,除了承担类似于杜克大学执行副校长兼财务主管的职责外,还负责华盛顿大学的整体投资工作,1995年开始担任杜克大学的行政与财务领导,负责财务、预算、采购、债务、校园规划、建筑、基建与维护、物业、人力资源、校园安全、校内交通、人力资源等工作,是董事会财务委员会、审计委员会、设备与环境委员会、人力资源委员会、审计委员会中的当然成员,同时也是杜克大学管理公司董事会成员,杜克大学董事会成员,杜克大学教育学兼职教授

大学	主管领导/分管财务领导	工作经历
埃默里大学	分管行政管理与业务的执行副校长曼德尔	曾先后任毕马威会计师事务所*****的注册会计师，葛兰素史克制药公司高级财务分析师，杜克大学负责财务的副校长和宾夕法尼亚大学分管行政管理与业务的执行副校长，2003年成为埃默里大学分管行政管理与业务的执行副校长，负责校园服务（基建项目和校园总体规划、停车场、校园班车、设备管理）、财务、设备管理、人力资源、信息技术、内部审计、投资管理
	分管财务的副校长默里	1987年进入埃默里大学，曾任分管行政的副校长的协理，2004年任分管财务的副校长
乔治敦大学	资深副校长兼首席运营官奥古斯特尼	毕业后在纽约市洛克菲勒政府研究所从事劳动力与经济发展研究，20世纪80年代末90年代初，在纽约政府的高等教育委员会、赋税委员会任职，1995—2000年，在纽约市的行政部门多个岗位任职，如负责运营的副市长的办公室主任，预算办副主任，其间负责纽约市数家核心机构的战略规划，与美国国会、州议会、市议会的关系。在预算中心任财务官，2000—2003年任乔治敦大学法律中心首席财务官，2003—2014年任资深副校长兼首席财务官，负责大学全面财务管理、监管跨年的运营资本与财务规划，在其任职期间，大学的基金增加了76%，国际评级机构穆迪公司与标准普尔大学资深副校长兼首席运营官，监管校内财务单位，法律中心、医学中心的行政服务工作，协调大学全面的服务工作，支持主校区，2014年夏天在乔治敦大学资深副校长兼首席运营官，投资办、大学设施与后勤管理，财务、人力资源、教职工福利、学生宿舍、人力资源、教职工福利、大学信息服务、后勤服务、内部审计与风险管理

大学	主管领导/分管财务领导	工作经历
乔治敦大学	分管财务的副校长兼大学财务主管本斯坦	进入乔治敦大学前，任纽约市预算管理办室副主任，负责纽约市教育机构、住房部、经济发展局的运营与资本预算。2004—2012年任乔治敦大学分管财务分析的副校长、债务分管理与债务的发行，2009年兼任首席财务官，2012年任大学分管财务的副校长兼大学财务主管，领导职责包括：财务部、教职工福利办、包括后勤服务在内的大学服务部门、医学中心的财务运作
乔治·华盛顿大学	执行副校长兼财务主管卡茨	进入乔治·华盛顿大学前，曾在图兰大学担任8年的分管行政管理的副校长兼财务主管，1990年进入乔治·华盛顿大学担任副校长兼财务主管，2003年升任执行副校长兼首席财务官，主要负责：监管大学的财务、物质与信息系统资源的管理，监管大学战略的、运营的、资本的规划与预算并向校长和董事会就影响大学发展战略的校务事务提出建议
哈佛大学	执行副校长拉普	1997—2001年历任纽约州刑事司法局律师、刑事服务部专员、纽约市刑事司法局总监，2001年"9·11"事件后被时任州长任命为北美大型运输网络"纽约大都会运输"行政总裁兼首席执行官，负责运输网络的财务、运作与运营，2007—2009年任加利福尼亚大学系统负责业务运作的执行副校长，监管包括加利福尼亚大学办公室、10个分校区、5个医学中心、劳伦斯伯克利国家实验室内的整个大学系统的财务预算、财务运作、人力资源、固定资产与设备管理、信息资源、各校债券的发行与还本付息策略，并监管各校基建，确保大学运作符合大学系统的整体预算，2009年8月任哈佛大学执行副校长，领导大学财务、行政管理、人力资源、资本规划、信息技术等工作，与各资深副校长合作，确保优化配置大学财务、资本与运营资源，支持与履行大学使命

续表

大学	主管领导/分管财务领导	工作经历
哈佛大学	分管财务的副校长兼首席财务官肖尔	进入哈佛大学前，历任纳特·麦克伦特·麦肯宁 & 菲什（Nutter McClennen & Fish）律师事务所******律师、麦肯锡公司******顾问，2003—2008 年任哈佛大学财务规划与预算办主任，其间预算办在开发阿尔斯顿校区、玖布里奇校区和廊沃德校区的设备规划与筹资活动中发挥了重要作用，2008 年 5 月任哈佛大学代理首席财务官兼分管财务的副校长兼首席财务官，10 月正式成为分管财务的副校长兼首席财务官
约翰斯·霍普金斯大学	主管行政与财务的资深副校长恩尼斯	曾历任：麦肯锡公司顾问，哈佛大学预算、财务规划与院研究办主任，哈佛大学分管财务与规划的副校长协理。2010 年 8 月进入约翰斯·霍普金斯大学任主管金融与财务的资深副校长，负责财会、投资、房地产办与安全等，主校区校园安全等工作
麻省理工学院	执行副校长兼财务主管鲁伊斯	进入麻省理工学院前，历任惠普公司和日产尼桑汽车公司工程师，2001 年任麻省理工学院财务规划与分析部经理，2003 年任财务部主任，2005 年任分管财务的副校长，2007 年任执行副校长兼财务主管兼学院首席兼财务官，全面负责该校的行政管理与财务工作，2011 年执行副校长兼财务主管的行政管理与财务工作
纽约大学	主管财务与信息技术的执行副校长、首席财务官多夫	曾历任特拉华州河港管理局分管财务的局长、费城财政部门副主管，长达 11 年的天普大学副校长、首席财务官兼校长，2007 年任纽约大学分管财务与信息技术的执行副校长、分管财务规划与预算办、大学投资办、财务主管办、会计办、产业运作、内部审计、公共资源管理与开发、注册办

续　表

大学	主管领导/分管财务领导	工作经历
西北大学	主管行政业务与财务的资深副校长森夏恩	1972—1987年在纽约州政府任职,任职经历包括资深预算审查员,节能办主任,州政府财务主管,税收政策处副处长,1987—1997年任约翰斯·霍普金斯大学分管行政业务的资深副校长兼财务主管,1997—2014年任西北大学分管行政业务与财务的资深副校长,监管大学预算,审计,基建,规划,建筑维护,大学物业,投资管理,银行关系,校警,风险管理等工作
普林斯顿大学	主管财务的副校长兼财务主管安斯利	2008年任普林斯顿大学分管财务的副校长兼财务主管,首席财务官,同时在普林斯顿大学投资公司,美国大学协会投资委员会任职,此前在康奈尔大学任20多年的领导
莱斯大学	主管财务的副校长柯林斯	进入莱斯大学前,先后在白宫预算管理办工作9年,任美国交通部预算办主任,1995—2005年开始任莱斯大学分管财务副校长协理兼预算办主任,2005年任莱斯大学分管财务办主任,负责预算办,会计办,效益办,院校研究,校内审计部的工作
斯坦福大学	主管行政业务的副校长兼首席财务官利文斯顿	曾任麦青锡公司管理顾问,之后在硅谷工作16年,其间与儿家生命科学技术公司合作,任首席财务官,通过首次招股,实现"变现"的操作,出售公司,购天公司。2001年任斯坦福大学分管行政业务的副校长兼首席财务官,监管财务公司,研究经费使用管理与服务部,监管财务部门,信息技术服务系统,信息安全部门,审计办,风险管理部门,行政业务开发部门,并和分管研究的副教务长共同领导受赞助的研究项目管理办

续表

大学	主管领导/分管财务领导	工作经历
塔夫茨大学	执行副校长坎贝尔	1996年进入塔夫茨大学前,任组约州州心理健康办分管财务与行政的副处长,1996—2004年在塔夫茨大学牙医学院担任8年行政副院长,其间引入新的信息系统,确定新的财务管理办法,提出新的战略规划、重组牙科门诊业务,之后在塔夫茨大学执3年分管财务与行政管理的副总裁,2007年8月担任塔夫茨大学执行副校长,分管财务、预算、人力资源、设施、建筑、学术与行政工作的计算机服务,内部审计,大学物业,风险管理
	分管财务的副校长兼财务主管麦克古蒂	进入塔夫茨大学前任新罕布什尔大学系统多个财务岗位工作10年。1985年进入塔夫茨大学,历任主办会计助理,资金运作办主管,1994年开始任副校长
芝加哥大学	主管行政管理的执行副校长兼首席财务官钦尼亚	负责大学的行政与财务部门,手下共900多人,其领导的部门包括:设备服务,信息技术,校警,校内交通与停车,审计与风险管理,环境卫生与安全,财务,产业多样化,大学物业等,并协助大学董事会下属的审计委员会,财务规划委员会,校园设备规划委员会。进入芝加哥大学前,在范德堡大学多个岗位任职共16年,在范德堡大学事务的最后一个岗位是分管学术事务的首席财务官兼行政与财务的副校长的第一副手,负责校警,设备运作,校内邮政,校内交通,书店等工作
诺特丹大学	执行副校长阿弗莱克-格雷夫斯	1975—1986年在开普敦大学任教,1986—2000年任诺特丹大学学系主任(其中1997—2000年任诺特丹大学金融与商业经济学学系主任),2001—2004年任诺特丹大学执行副校长兼副教务长,2004年4月开始任诺特丹大学执行副校长,管理年度9亿美元的办学预算及50多亿美元的大学留本基金,监管4000多名员工,指导大学基建工作,是行政与学术双强人物,已出版50多部学术不多的学术与行政双强人物,已出版50多部学术

续　表

大学	主管领导/分管财务领导	工作经历
	执行副校长阿弗莱克-格雷夫斯	著作，主要进行原始股、估值、资产定价模式及股东增值方法的研究，为美国联合信号公司****顾问。其在开普曾获大学教学奖 2 项，德国默克集团获得 6 项教学奖——3 项产生于 MBA 专业，2 项产生于 EMBA，1 项经诺特丹大学本科生推选获得）
诺特丹大学	分管财务的副校长塞伊迪纳吉	1982 年获得 MBA 学位后，在包括芝加哥第一银行等多家银行辗转工作多年。1994—1996 年进入诺特丹大学并任其投资办主任，主管固定收益与资金。1996—1999 年任财务预算办主任。在他任领导手下，办公室更新了预算模式与流程，形成一支服务团队，协助校内各学术、行政革新的预算与财务规划事宜。1999 年升任分管财务的副校长，其职责包括：预算、资本规划、现金管理、房地产开发与收购、财务分析与报告、会计与财务服务、税务核算、研究和赞助项目的会计、工资、收购与应付款、监管学生援助办
	执行副校长卡那罗利	进校前是美林证券****市政证券部副总裁，2000—2004 年任宾夕法尼亚大学分管财务的副校长兼财务主管，2004 年任宾夕法尼亚大学执行副校长，负责审计、合规与隐私，预算与分析，行政业务服务，财务，财务与设施服务，人力资源，投资，计算机与信息系统，公共安全
宾夕法尼亚大学	分管财务副校长兼财务主管戈尔丁	曾在美国"美铁"****的高层财务岗位工作。1991 年任约翰斯·霍普金斯大学医学院分管财务的执行院长，负责 30 多个系的学术、研究和临床工作、医学院的行政、财务工作，其间调整医学院财务规划，消除了过去存在 8 年的财务赤字。之后进入宾夕法尼亚大学，任分管财务的副校长兼财务主管，负责大学的财务工作，并监督宾夕法尼亚大学卫生系统的财务绩效

续表

大学	主管领导/分管财务领导	工作经历
南加利福尼亚大学	主管财务的资深副校长兼首席财务官埃伯利斯	在第一洲际银行工作24年，职位升至执行副总裁兼首席财务官，拥有在商业部门和非营利部门进行战略规划、财务开发的经验。2009年在南加利福尼亚大学任分管财务的临时资深副校长，负责大学开发的预算，2010年8月转正，负责大学的预算与规划、现金、财务与行政业务服务，设施管理与基建
范德堡大学	主管财务的副校长兼首席财务官威特	曾任美国海军核潜艇军官，国家安全局特别项目官员，2000—2004年任波士顿咨询集团*****美国站与欧洲站站长，2004—2008年任贝勒医学院分管财务的执行副校长。负责学院的财务、资本市场管理、信息技术、人力资源，设施与投资管理与行政。进入范德堡大学前，任哈佛大学文理学院分管财务行政的院长。负责哈佛本科生院、文理研究生院、工程与应用科学学院和继续教育学部。任范德堡大学分管财务的副校长兼首席财务官，领导大学财务工作，负责资本规划与办学预算，财务与报告、债务/资金管理、采购
圣路易斯华盛顿大学	主管财务的副校长兼首席财务官费纳	获教育学学士学位后从教9年，之后进入圣路易斯财务部工作。1996年在该校财务部门获MBA学位。于1983年获MBA学位，不久成为投资管理主管，1998年迅速成为大学的首席财务官，1999年成为该校分管财务的副校长兼首席财务官
耶鲁大学	主管财务与行政业务运营的副校长金	曾任普华永道会计师事务所、百事公司员工，1994—1998年任职于得克萨斯州一家咨询公司，向大型公司提供咨询服务。1998年回百事公司任区域性财务总裁，2006年任耶鲁大学主管财务与行政业务运营的副校长，其间强化财务手段，优化服务，改革财务运作管理、信息技术、行政业务运作，研究管理、促进绩效文化

续　表

大学	主管领导/分管财务领导	工作经历
耶希瓦大学	首席财务官温纳	被认为是高等教育领域及专业服务部门一流的首席财务官，注册会计师。其职业生涯始于普华永道公司管理咨询服务部的资深顾问，之后任康普 U 卡国际有限公司******分管行政与财务的副总裁，2 年内使得公司的销售额增加了 500%并成功上市。之后历任范德德堡大学分管财务的副校长协理，加利福尼亚大学分管行政的副校长助理。进入耶希瓦大学前，组约市立大学巴鲁克学院分管预算与规划的副校长助理，任佩斯大学执行副校长兼首席财务官。领导这个拥有 1.3 万名学生、年预算 3.5 亿美元的多校区大学的战略管理事务，负责各分校区的经费分配和投资管理，同时分别在该大学董事会的财务委员会、审计委员会和投资委员会任职。其任耶希瓦大学首席财务官的首要任务是帮助大学在财务上恢复元气，形成合理的战略规划，确保大学的财务增长

资料来源：根据各校官网信息汇总而成。数据收集截至 2013 年 6 月 20 日。

* 达维律师事务所（Davis Polk & Wardwell）创立于 1849 年，是一家总部设在纽约的全球性律师事务所，设公司法律部、税务法律部、诉讼部、国际法律部、商业法律部、遗产信托部等。其从事的各业务领域均为世界一流，连续三年列《美国律师》"甲级美国律师事务所"，2006 年列《美国律师》"最值得信赖的律师事务所"榜首。

** 领会知识网（Fathom Knowledge Network）是一家利用纽约公共技术服务商、大学、博物馆获取资源，并向终身学习者提供各类文章、讲座、访谈、展品的网站。其提供的课程、研讨会被视为深受欢迎的教育资源，学习者可通过其中的部分课程获取学分。

*** 赛车设备国际有限公司（Racemark）是全球著名的汽车设备供应商。

**** 斯伦贝谢有限公司是全球著名的油田技术服务公司，主要从事油田服务和地震数据采集、处理业务，总部位于纽约，巴黎和海牙。在全球 100 多个国家和地区设有分公司，是世界 500 强企业之一。

***** 毕马威会计师事务所（KPMG）是世界四大会计师事务所之一，提供三类主营服务：审计、税务和咨询。共有员工约 136500 人，在全球超 140 个国家或地区设有分支机构。

******纳特·麦克伦宁 & 菲什(Nutter McClennen & Fish)律师事务所是位于波士顿的著名律师事务所。

******麦肯锡公司(McKinsey Company)成立于 1926 年,拥有分布于 79 个国家的 39 个分支机构及 5000 余名训练有素的员工。麦肯锡公司在咨询业中处于引领地位,其竞争对手在任在自称为"仅次于麦肯锡的咨询公司"以达到扩大影响的目的。其业务除了向全球大企业、商业银行、大型高科技公司提供服务外,还以向教育、社会、环境及文化组织提供公益服务为荣。公司涉及新上市公司及家庭风险投资的业务也处于不断增长中。

******美国联合信号(Allied Signal)公司,是 20 世纪 50 年代美国西海岸颇具规模的私营公司,年销售额达 130 亿美元,其产品包括空间系统、汽车零部件、化工产品等。

******德国拜耳(Bayer)公司成立于 1863 年,总部位于德国的勒沃库森,是德国久负盛名的产业集团,拥有 12 万名员工,遍布世界各国的 350 家分支机构,在五大洲 200 个地点建有 750 家生产厂。公司的四大支柱产业是高分子、医药保健、化工以及农业。产品种类超过 10000 种。

******德国默克(Merck)集团成立于 1668 年,总部位于德国达姆施塔特,是国际著名的化学制药公司,员工达 28300 人,在全球 56 个主要国家设有分公司,在其中 28 个国家建有 80 个生产基地。

******美林(Merrill Lynch)证券成立于 1885 年,总部位于美国纽约,占据曼哈顿 4 号世界金融中心大厦整个第 34 层楼。该公司是全世界最大的全球性综合投资银行之一,也是全球性金融管理咨询公司之一,2008 年被美国银行收购。

******美国的"国家铁路客运公司"(National Railroad Passenger Corporation),简称"美铁"(Amtrak),成立于 1971 年,专门负责管理美国的火车客运,受国会保护,提供跨城市及跨州长途载客服务的铁路公司。除了阿拉斯加、夏威夷、南达科他和怀俄明州,"美铁"在全美 46 个州拥有 500 多个车站、行驶路线达 35200 多公里,并拥有其中 1170 公里全国铁路(约占全国铁路 3%)的所有权。

******波士顿咨询集团(Boston Consulting Group, BCG)共有雇员 3720 人,紧随麦肯锡公司排名行业第二。BCG 在全世界的业务主要集中于电子商务、能源、通信、汽车、制药及零售业、咨询人员在工作六年后选择专业服务方向。

******康普 U 卡国际有限公司(Comp-U-Card International, Inc.)始建于 1973 年,公司通过会员制形式,在旅游、保险、汽车、餐饮、度假、信用卡等方面向个体消费者提供服务与优惠,20 世纪 90 年代中期公司迅速扩大,1996 年会员达到 4000 万人,每人每年缴纳 5～250 美元会费。

三、联邦政府为大学获取经费创造外部条件

(一)联邦税法提供的政策便利

联邦政府为大学获取经费创造的外部条件莫过于联邦税法。根据美国国税局(IRS)非营利教育机构 501(c)(3)条款,私立大学(非营利)作为非营利法人,只要学校并非为获取个人利益而举办,学校财产永久用于慈善事业,净收入也不分配给学校的所有者或利益相关人,其每年可依法享受免税优惠。[①] 依据这一政策,大学每年得以省下一大笔开支。

税法提供给各大学的另一个有利条件是帮助其获得社会捐赠。美国没有单独的慈善法,关于慈善捐赠的规定都在税法条文里。根据联邦税法,将下列活动作为使命的组织可以接受获得减免税优惠的社会慈善捐赠:消除贫困,弘扬宗教,促进教育与科研,建设和保护公共建筑,创建和谐邻里关系,消除歧视,保护人权,改善社会治安和预防青少年犯罪[②]。各大学充分利用税法提供的有利条件,制定本校受赠条例,告知公众享受不同税收减免优惠的受赠类别以鼓励社会人士捐赠。

(二)大学的受赠类别

根据各校的受赠政策,大学的受赠类别可按两个维度划分。

1. 根据受赠的资产类别划分

根据受赠的资产类别划分,大学接受的捐赠主要包括以下 7 类。

(1)现金捐赠。这是程序最简单的捐赠,可即时支付,也可用于终身收益,即捐赠者在有生之年根据捐赠时双方签订的协议,每年按季度享受大学定期按比例支付的一部分回馈。根据 IRS 非营利教育机构 526 条款,若捐赠者捐赠的现金超过其当年税前收入的 50%,捐赠者可享受 50%税前收入的免缴税收优惠,超过部分,在未来五年享受税收减免的优惠[③]。

---

① International Revenue Service,Department of the Treasury. Publication 557:Tx-Exempt Status for Your Organization,Cat. No. 46573C[EB/OL].(2021-03-01)[2021-05-13]. https://www.irs.gov/pub/irs-pdf/p557.pdf.

② IRS. Publication 526(2019):Main Contents[EB/OL].(2019-01-01)[2019-11-07]. https://www.irs.gov/publications/p526/ar02.html#en_US_2013_publink1000229700.

③ IRS. Publication 526(2019):Main Contents[EB/OL].(2019-01-01)[2019-11-07]. https://www.irs.gov/publications/p526/ar02.html#en_US_2013_publink1000229700.

（2）增值上市股。[①]。若仅就税收优惠而言，捐赠上市股比捐赠现金更划算。假设一位拥有30万美元年收入的慈善人士，若捐赠20万美元，可比捐赠20万美元增值上市股的慈善人士少缴当年收入的6万美元所得税，但在未来5年，其比捐赠增值上市股的慈善人士少享受6万美元收入的税收优惠。而且根据税法，拥有该股权1年以上的捐赠者，在享受减免税优惠期间，还可免缴当年从该等价值的股票中获得的资本利得税。那些拥有强大投资团队的大学非常期待股票的后续获利，也非常鼓励慈善人士或大学友人捐赠增值上市股，这对双方更加利好。如哥伦比亚大学规定，无论捐赠者购买原始股时投入多少，若捐赠者愿意捐赠股权，那么他可以获得大学反馈的该股票在捐赠时的全部市值，此时对捐赠者来说，在价高时将原来低价购入的股票捐赠给大学是一件非常划算的事情。

（3）保费已经付足的人寿保单。大学通常只接受终身人寿保单，而非定期人寿保单。因为定期人寿保险只提供一个确定时期内的保障，如果被保险人在规定时期内发生意外身故时，保险公司向受益人给付保险金。如果被保险人在期满时仍然生存，保险公司不承担给付保险金的责任，也不退还保险金。而终身人寿保险的一个显著特点是它是一种不定期的人寿保险，为被保险人提供终身保障，保险责任从保险合同生效后一直到被保险人死亡时为止。由于人的死亡是必然的，因而终身保险的保险金最终必然要支付给被保险人。终身寿险的另一个显著特点是保单具有现金价值，且保单所有者可以中途退保领取保金（当保户急需用钱时，可以在保单现金价值的一定限额内向保险公司借款，具有较强的储蓄性）。终身人寿保单的这两个特点使得受赠大学迟早都能从中获得收益。捐赠者若将保单及其市值一同捐赠给大学，并将大学列为不可撤销的受益人，其便能立即享有税收减免的优惠。大学获赠入账登记的金额为转让之日若退保的现金价值，减免税优惠则一般根据保单的市值或保单的缴费部分计算，两者取量小者。

（4）房地产。房地产捐赠通常分为3种情况，第一种情况是即刻兑现的捐赠；第二种情况是将其作为剩余资产单一信托的财产，捐赠者本人将房产信托于大学或第三方，并在有生之年获得大学回馈的部分收入，过世后由大学作为唯一受益人接管房产；第三种情况是作为"非继承的终身房产"

[①]　IRS. Publication 526 (2019): Main Contents[EB/OL]. (2019-01-01) [2019-11-07]. https://www.irs.gov/publications/p526/ar02.html#en_US_2013_publink1000229700.

(retained life estate)，即捐赠人在有生之年仍居住其中或支配该房产使用的权利，负责支付房产所需的日常开支，如维护修葺费、保险费、财产税等，其也可以在有生之年搬出该居所并出租以换取收入，捐赠人过世后，房产不留给后代而由大学接收、使用或出售房产并根据捐赠者意图将售房所得用于大学工作。捐赠者生前若需要申请减免税优惠，则需对房地产进行独立的市值评估，费用由捐赠者自理，但捐赠者随即可申请2％的毛收入税收减免，并可以根据捐赠时的市值获得减免税优惠，大学则无须为此支付利得税[①]。

(5)退休养老金。一份养老金可能是个体拥有但税收负担重的资产。若个体在过世前未从退休金账户中提取全部养老金，其配偶可获得余额而无须纳税，但当其配偶过世并将余额过继给子孙时，账户上结余部分除了需缴纳联邦与州的财产税，还需缴纳隔代财产转让税等，各种税费叠加，最多可能达到账户金额的75％，后代真正能获得的只有账户余额的25％。但若个体将退休金捐赠给大学就不一样了：捐赠人用退休金设立剩余财产慈善信托，将大学作为剩余财产受益人转让剩余部分的退休金，其本人可获得终身收益，还可指定配偶或孩子作为共同终身受益人或定期受益人，如此，个体不但可以避免缴纳各种收入税及财产税，还可免缴因继承剩余部分所需的税费。

(6)未上市的企业股份。只要股份没有用于抵押、借贷，股份的转让也不受任何限制，捐赠者便可向大学提供股份转让授权书。虽然未上市的企业股份不能让大学在证券市场获利，但若能在合适时机使得公司向大学回购这些股份，大学便可获利。对于捐赠者来说，将不上市的股份用于捐赠慈善年金，不但可以获得收入税的减免，还可以获得终身收益。若公司在年终不分红，那么将不能带来任何收益的股份转化成可以产生收益且无须支付利得税的资产，实在是一个不错的选择。

(7)动产。这是捐赠者捐赠的个人珍藏的艺术品、收藏品、古董。赠品若达到IRS规定的"相关使用"要求、能发挥作用，个体便可申请并获得减

---

① IRS. Publication 526 (2019): Main Contents[EB/OL]. (2019-01-01) [2019-11-07]. https://www.irs.gov/publications/p526/ar02.html#en_US_2013_publink1000229700.

免税优惠[①]。

2. 根据捐赠者确定的捐赠安排

根据捐赠者确定的捐赠安排,大学接受的捐赠可以分为以下 6 类。

(1)遗赠。遗赠包括现金遗赠、资产遗赠、剩余资产遗赠、退休金遗赠等。这种捐赠安排的好处在于,捐赠者在有生之年仍可拥有自己的资产,其生前若情况有变,可对遗赠做出相应调整。遗赠还可以让个体的资产享受无上限的联邦税收免缴优惠,无须缴纳州的继承税和资产税。有时一笔数目不小的遗赠省下来的税收甚至超过遗赠值的一半。

(2)慈善年金捐赠。慈善年金捐赠指的是,捐赠者向大学提供不可撤销的捐赠,捐赠者不但可免缴捐赠数目的收入所得税,还可以在有生之年获得一定比例的回馈。学校将接受的年金捐赠归入大学基金,在受益人有生之年每年按季度支付给受益人一笔费用,直接打入其个人银行账户,费用从大学永久基金中划拨,受益人过世后,大学可获得剩余部分,此时大学将年金剩余部分从永久基金中划出,根据捐赠者意图用于大学工作。通常,大学会根据"美国年金理事会"(American Council on Gift Annuities)建议的比例支付,具体比例取决于捐赠者捐赠时的年龄以及受益人数。比如,单独受益人在 60 岁、65 岁、70 岁、75 岁、80 岁、85 岁时做出捐赠,则年金支付比例分别为 4.4%、4.7%、5.1%、5.8%、6.8%、7.8%;2 名共同受益人的,则年金支付比例为 2.4%、4.3%、4.7%、5.1%、6.0%、7.0%,此后每年不再改变。假设一位 65 岁的捐赠者向大学提供 5 万元的年金捐赠,那么作为单独受益人,其每年可获得大学提供的 2350 美元,这一数字不随年龄的增加而增加。

(3)慈善延递年金捐赠。慈善延递年金捐赠指的是,捐赠者捐赠大学一笔钱,虽其在未来到某一年龄后才开始接受大学支付的更高比例的年金,捐赠者根据其捐赠时的年龄可以享受不同的税收减免优惠。假设年龄在 40 岁、45 岁、50 岁、55 岁的 4 位捐赠者将原先用 2500 美元购买的、增值至 25000 美元的股票捐赠给大学,其延递年金领取年龄为 65 岁开始,则其可以立即享受的税收减免率分别为 3%、3.3%、3.7%、4.0%,其可获得的延递年金的支付比例分别为 10.4%、8.8%、7.5%、6.4%,受益人在 65 岁开始领取的每年可获得的年金分别是 2600 美元、2200 美元、1875 美元、1600

---

① IRS. Publication 526 (2019): Main Contents [EB/OL]. (2019-01-01) [2019-11-07]. https://www.irs.gov/publications/p526/ar02.html#en_US_2013_publink1000229700.

美元,其每年可获得的税收优惠总额分别为 2653 美元、4282 美元、5542 美元、6555 美元。对于高收入的中年人来说,这样的捐赠安排既可以帮助其少缴纳税费,又可以使其在退休后每年获得一笔收入。

(4)慈善保本信托。慈善保本信托指的是,捐赠人投入一定本金设立信托,受托人对信托的财产进行投资,在合同规定的捐赠期限内(如 15 年或捐赠人的有生之年),从信托财产中获得的收益归受赠大学所有,之后,信托本金归还给其指定的受益人或本人。这类捐赠安排的优势在于,每年捐赠给大学的那部分金额是免税的,且捐赠者在决定信托支付比例时,可通过计算将比例调整到确保将保本财产过继给后代时尽可能少地缴税,而同时又让大学获得一笔不小的收入。假设捐赠者将 200 万美元作为慈善保本信托,大学在 15 年每年可收取信托投资收益的 6%,信托本金留给捐赠者子孙,假设 15 年信托平均投资回报为 8%,留给子孙的剩余信托部分的国税局贴现率为 5%,那么在 15 年到期后,大学可以拿到 180 万美元的信托收益,家庭仍可获得近 236 万美元的本金,需缴纳的税金仅超过 14 万美元,若不将 200 万美元作为慈善保本信托,那么大学固然无法获得利益,家庭可获得 309 万美元,但是个人须缴纳的税费也高达 215 万美元。

(5)共同基金。这类捐赠方式不规定捐赠的起底额度,不同捐赠者将各自捐赠的现金、股票等投入同一基金内,其捐赠成为增加该基金总额的一部分,在其中各占一定比例,根据该基金的运作收益、其捐赠在基金中所占份额,捐赠者可获得终身的季度收益。捐赠人过世后,其捐赠部分从基金中划出,根据其捐赠意图用于大学工作。假设一位须缴纳 35% 收入税税率、年龄 65 岁的捐赠者,将花了 2000 美元购买的、已增值至 10000 美元的增值股以 4% 的收益率捐赠给大学,其本人为基金收益的受益人,那么其可获得的收益如下:免缴收入税 1889 美元,免缴资本利得税(15% 税率)1200 美元,第一年收益(收益率为 4%)400 美元。

(6)慈善性剩余年金信托。这是独立投资、管理的慈善信托,一些大学将这类捐赠的起底额度定为 10 万美元。捐赠者将自己或配偶等人指定为受益人,受益者能以年金形式获得不低于 5% 的信托收益,当年金受益人过世后,剩余的所有信托财产归受赠大学所有。这类形式的捐赠安排不仅意味着大学可以获得延递捐赠,而且捐赠者本人及指定的受益人可以获得稳定的、可测算的收入,还可以比原来少缴税。假设一位缴税额度在 35% 的 75 岁捐赠者设立了以 5 万美元购入、捐赠时市值 20 万美元的增值股作为年金信托,该信托在捐赠者有生之年支付其 5％的年金,信托的平均收益率 8％,国税局每月的折现率 1.6％,那么,受益人可免缴收入税 3.56 万美元,免缴资本利得税(15％税率)2.25 万美元,第一年收益 1 万美元,预计捐赠者税后可获利 9 万美元,大学可获利 27 万美元。

第四章　美国私立大学的学术资源

第一节　美国私立大学的教师资源

大学构建、维系充满活力的学术共同体的根本资源是扎根学科的教师。30 所美国私立大学通过搜寻教师、支持教师学术成长、界定教师职业发展、留用教师等途径获得、保存并加强大学的学术力量。

一、大学师资的构成

（一）大学教师的职称

私立大学教师分为终身教职系列和非终身教职系列，其职级、称谓取决于个人的学术水平及其所任职的岗位职责，不受个人喜好、传统或其他标准的左右。终身教职系列的教师是指在聘书上明确指出被授以终身教职或有资格获得终身教职的教师，他们的工作职责包括教学、研究和为大学提供服务。终身教职系列的教师为大学提供的服务通常指教学、研究工作之外的、参与行政管理或在大学内各级委员会中的任职，这既是教授们的义务，也是他们的能力体现。非终身教职系列的教师职责包括教学、研究，也可能包括为大学服务，其工作职责各有不同，称谓也因此有所不同，他们的主要职责、任期、薪资一般在聘书中说明。

1. 终身教职系列教师职称

终身教职系列设有 3 个教授职级——助理教授、副教授和正教授，他们必须拥有哲学博士学位或本学科最高专业学位。多数大学在"助理教授"前还会设一个"教员"岗位。大学对这4级岗位有明确的任职条件。

（1）教员。教员职级只是大学教师的入门职级，不属于教授职级，在一些大学内被称为"准博士"助理教授。除了乔治敦大学、西北大学、诺特丹大学、圣路易斯华盛顿大学，其余大学并不将"教员"这一职级列入终身教职系列，也不将其任职时间计入助理教授晋升至副教授所需的任期计时。教员的学术资历门槛为硕士，且已经完成博士生需要完成的多数工作，或刚完成博士生需要完成的全部工作但尚未获得学位证书的年轻学者。除了学历要求，其任职条件包括：①具备教学能力，以确保任职后的教学效果；②按大学正常的标准有晋升为助理教授的潜力；③具有担任教师和学生指导老师需要的特质。全职教员可以参加所在学院教师会，经学院教师会同意，有表决权，但他们还不能成为大学教师代表组织的正式成员，也没有在会上表决的权利。因为大学规定，只有助理教授、副教授和教授才拥有这样的权利。

（2）助理教授。助理教授须有更大能力、特质从事学术工作，且已有学术研究成果，并至少在学系一级能提供令人满意的服务。

（3）副教授。副教授不仅需有高水平的教学能力，而且作为学者或专业人士，应在全国享有盛誉。他们须体现3方面特质：①卓越的研究，副教授须体现其学术质量及其对团队合作的贡献，通常由校内外专家根据成果的原创性来判断其对知识领域的贡献、在学术界的影响；②卓越的教学，大学根据其所教学科评估其教学质量、与学生交流知识的能力，激发学生发挥潜力的技巧，判断其是否提供卓越的教学；③有效的专业服务或为大学服务，大学根据其所在部门的使命，评估教师对其所在学科及对整个大学的贡献。但是在职级晋升前，教师向大学提供的杰出服务不能替代其晋升职级时须具备的杰出的学术研究成果与教学效果。

（4）教授。教授须是在其所在领域因其杰出成就在国内外享有盛誉的教师。教师需要持续保持卓越的学术水平，证明自己自成为副教授以来所取得的重大成就，才有可能晋升至正教授。对大学来说，教师若能晋升至这一职级，便是大学认定其达到甚至超过同类研究型大学正教授的学术成就，能致力于卓越教学，能承担大学重要的领导管理等工作。各大学都希望教师的整个学术事业最终都能达到这一标准。

大学还设有"大学教授"、"受赞助教授"或"命名教授"岗位，但这些不属于职级，而是大学向杰出的在职教师提供的荣誉或待遇，通常经由研究中心、学系主任、学院院长、教务长、校长逐级提名,由董事会批准,教授需提供本人简历、学术成就、对学科及学校的贡献等材料。"大学教授"与"受赞助教授""命名教授"的区别在于:"大学教授"通常仅提供给正教授们,"受赞助教授""命名教授"通常同时面向三个职级的老师。

2. 非终身教职系列教师的类别

非终身教职系列的教师分为如下 5 类,临床类教师和研究类教师在助理教授职级前还分别设有临床教员、研究类教员。

(1)临床类教师。临床类教师岗位主要提供给那些进行实践教学或教授应用知识的医学教师。大学聘用临床类教师源于学位教学工作的需要,因为专业人才的培养需要由有专长并有专业知识、实践经验与杰出成就的教师提供课堂上无法获得的知识与经验。大学通常聘用他们从事临床的公共服务和相关教学:为学生开设几门课程,完成学位教学要求的实践环节。但他们不需要从事终身教职系列教师需要从事的其他工作。

(2)实践类教师。实践类教师通常被视为教官(officers of instruction),是其所在行业杰出的从业人员,具有本领域从业人员的一级证书,他们是对从事教育、学术工作的在职教师的补充,其主要职责是:通过教学、指导、服务,分享该行业的知识与经验。他们不需承担研究工作。

(3)研究类教师。研究类教师的主要工作是在所在专业、学系、学部确定的研究领域中从事研究工作,因此他们享有大学其他教师享有的学术自由权利。研究类教师是否承担教学工作,主要视学系工作需要而定,但即便承担教学工作,也是给学生开研讨会或上临时课程,一般不会超过其应承担工作总量的一半。研究类教师若在大学内的服务时间与终身教职系列教师的最长试用期时间相当,大学只能在以下情况下对其终止聘用:①教师学术能力不强、玩忽职守或触犯刑律;②所在学院终止了教师正在从事的研究工作;③若聘用该教师的薪资来自外部经费,当外部不再提供经费时,学院便会终止聘用该教师。

(4)兼职类教师。兼职类教师通常指其第一聘用单位非本校,或即便是由本校聘用,其第一聘用岗位为非学术岗位,他们往往是提供非全职教学或非连续教学的特殊领域的专家,其职责包括教育、指导学生,但不在学系的各委员会中任职。

(5)客座类教师。客座类教师指的是不在正式隶属的大学内教学,而是给其他学校提供教学服务的教师。客座类的另一种人员为客座研究类,其作用是满足本校教师在某段时间内从事某些具体研究所需的合作。

各大学还另设有学术职员岗位（academic staff）和研究职员岗位（research staff）。

学术职员一般为讲师（lecturer）、高级讲师（senior lecturer）和主任讲师（master lecturer），讲师起码需要有较强的教学能力、相关的学术基础与专业成就。在下列情况下，大学会在固定时间内以专职方式聘用讲师：学系与教研室需要承担大量日常教学工作的个体；大学需要有特殊专长或学术专业的人才，或需要本校非教学职员在他们的专业领域里不定期授课、承担某一课程的部分教学工作；某一学系的教师请假或学生人数在意料之外增加。各校聘用讲师的资格与标准有所不同，即便是同一所大学内，各学院之间也会有所差别。每个学术单位内对高级讲师或主任讲师的人数都有严格控制，他们须满足讲师的任职条件、至少5年的优秀教学经历，在确定所教课程的教学目标与教学计划时有发言权，也因此比讲师承担更多职责。

研究职员岗位是比研究类教师编制更灵活的岗位，因开展科研项目需要而设立，任职人员通常不是大学的正式雇员，一般分为：调研员（investigators），拥有博士学位或同等学力，其研究经历类似于助理教授，多为一年一聘，最多聘用3年；研究助手（research associates），具有硕士学位或同等学力；高级研究助手（senior research associates），至少已担任研究助手满3年，拥有博士学位，比研究助手有更高的学术业绩，可被连续聘用；研究人员（research fellows），至少须具有硕士学位或同等学力，一旦获得博士学位，有望转为大学正式雇员，不然其聘期不超过一年，且不能续聘。研究职员岗位的其他类型是博士后职位（postdoctoral positions），分为博士后研究助手（postdoctoral research associates）和博士后研究人员（postdoctoral research fellows），他们是处于学术准备期的个体，因教师科研项目需要被聘用，一般一年一聘，最多聘用5年。不同的是，前者为大学雇员，领取相应的薪资与福利，后者通常不是大学的正式雇员，大学以研究经费支付其报酬。研究职员岗位的其他类型是高级研究员与中心研究员，他们是在研究中心和研究所工作的职员。同时被学系和研究中心聘用的高级研究员通常是终身教职系列的教师，在研究中心发挥举足轻重的作用，但是单独被聘为高级研究员的人员通常不是终身教职系列的教师。中心研究员通常是由研究中心主任/研究所所长与高级研究员商讨后，根据中心工作的需要聘用的本校人员，并由所在学院主管院长审批。

（二）大学教师的聘用

1. 教师聘用类型

大学教师的聘用根据不同的分类标准有多种类型,且各聘用类型相互交叉。

（1）根据大学聘用人事关系,教师聘用可分为专职聘用与非专职聘用。凡是终身教职系列的教师均为专职教师,客座类与兼职类为非专职岗位,其他岗位既可以是专职,也可以是非专职。专职教师是指大学一年 12 个月聘用的教师,尽管除了教师因教学需在校之外,大学没有明确规定教师每天必须在大学上班的具体时长,但专职聘用的教师在履行大学使命上承担着主要职责,无论是正常上班的教师,还是因学术休假等原因未在校内工作的教师,除了极个别情况下由主管教师的领导签署书面同意意见外,大学绝不允许专职教师在拥有本校教职的同时还拥有其他大学的教职。专职类教师的聘用可以根据岗位分为 5 种:终身教职试用期聘用、终身教职聘用、研究类教师岗位聘用、临床类教师岗位聘用、实践类教师岗位聘用,前 2 类属于终身教职系列的教师聘用。大学非专职类教师的聘用与职责规定通常由所在专业、研究中心、学系确定。

（2）根据校内聘用单位,教师聘用可分为独立聘用（independent appointment）、主次聘用（primary-secondary appointment）和共同聘用（joint appointment）。独立聘用指的是教师首聘或续聘于本校某一学术单位内,其间教师隶属于该部门,在此开展工作,服从部门的领导与管理,并在可能的情况下,向所在部门提供除了学术工作之外的服务。主次聘用指的是教师被本校内 2 个学术单位聘用,其中一个为第一聘用单位,另一个为第二聘用单位,教师在本校的续聘、职级晋升、终身教职审批、聘用终止等主要由第一聘用单位负责。共同聘用主要适用于跨学科研究与教育,当教师的专业知识与多个学术单位的研究、教育目标相契合时,这些学术单位就有可能向这些教师提供共同聘用,获得共同聘用的教师在聘用单位拥有教师应有的全部权利,其薪水由共同聘用单位协商分担。

（3）根据聘用经历,教师聘用可分为首聘、续聘、职级晋升与提供终身教职。教师首聘是指教师首次获得本校专职教师职位的聘用,这既适用于校外搜寻获得的各职级新教师,也适用于从本校其他岗位首次转至教师岗位的内部人员（后者也称为转聘）。教师在聘用期满后继续被聘用为本校正式教师的,称为续聘。非终身教职系列的专职教师,一般由所在学院院长根据教师所在部门的工作目标与需要、学术要求与专业发展需要、设立该岗位所需物质与经济条件、教师本人的业绩等向教务长推荐,由后者续聘,通过试用期中期检查的终身教职系列教师,由学系提出续聘意向。教师在达到学校规定条件后,获得的新职级高于原先职级,为职级晋升。上述根据聘用经历分类的聘用类型中,"终身教职"这种聘用类型仅向终身教职系列教师提供,大学一般由董事会根据校长意见审批决定是否向教师提供终身教职。大学同意对试用期内终身教职系列的某一位教师进行无限任期的聘用,称为"提供终身教职"。

2. 教师聘用终止

大学若决定不再续聘非终身教职系列专职教师,须提前通知教师。如波士顿大学规定[①]:聘用不到一年的教师,须提前 3 个月通知;聘期在 1~2 年的教师,须提前 6 个月通知;聘期在 2 年及以上的,提前 1 年通知。教师在大学做出续聘与否决定前 21 天向教务长提出书面申请,由教务长在这 21 天决定是否续聘。若教师未在规定时间内申请,学校不再续聘;若教务长未在规定时间内回复,可被视为由大学自动续聘该教师 1 年。

在一般情况下,终身教职系列的教师若在规定的试用期内未能晋级的,大学在提供最后一年终结性聘用后终止对该教师的聘用。但在以下情况下,即便教师拥有终身教职,大学也可以终止对其的聘用:①教师退休;②教师提出辞职;③教师因故死亡;④教师有了其他聘用(如某教师从终身教职的副教授晋升至终身教职的教授,其原有的终身教职副教授聘用就自动终止);⑤教师在工作中体现出学术能力的缺乏、道德堕落,触犯刑律致大学共同体处于危险境地,或虽未违法,但屡次有意违反教师行为准则;⑥大学遭遇财务困难时(但大学规定,在组织遭遇财务困难时,应想方设法为终身教职教师提供合适岗位,除非大学竭尽全力仍无法摆脱财务困难,无力为终身教职教师提供岗位,才可以终止对终身教职教师的聘用)。

---

① Boston University, Office of Provost. Faculty Handbook, Appointment and Reappointment of Faculty on the Charles River Campus: D Non-Reappointment [EB/OL]. (2017-04-18) [2020-03-11]. https://www. bu. edu/handbook/appointments-and-promotions/appointment-and-reappointment-of-faculty-on-the-charles-river-campus/.

（三）大学的教师资源

1. 大学教师的学历结构

表 4.1 是根据 2010 年秋美国院校问责网（University and College Accountability Network, U-CAN）数据整理得出的 28 所大学拥有最高学位的教师比例（哥伦比亚大学和耶希瓦大学的这类数据无法获得），最高学位包括哲学博士学位或本专业最高层次的专业学位。如表 4.1 所示，在 28 所大学中，波士顿大学、凯斯西储大学、普林斯顿大学、约翰斯·霍普金斯大学、诺特丹大学 5 所学校拥有最高学位的教师比例不到 90%，其余 23 所大学中拥有最高学位的教师人数占比均超过了 90%，耶鲁大学的一些教师同时拥有数个最高学位，因此其拥有最高学位的教师比例超过了 100%。2012 年的数据显示，2010 年教师学历稍逊一筹的上述 5 所大学中，除了波士顿大学的数据无法获得，凯斯西储大学拥有最高学位的教师比例依然不到 90%，其余 3 所大学的教师中，拥有最高学位的教师人数比例分别上升到了 94%、94%、90%。

表 4.1　各校拥有最高学位的教师占比

学校	占比/%	学校	占比/%
波士顿大学	86	纽约大学	91
布朗大学	94	西北大学	100
加州理工学院	98	普林斯顿大学	87
卡内基梅隆大学	100	伦斯勒理工学院	91
凯斯西储大学	87	莱斯大学	97
哥伦比亚大学	—	斯坦福大学	100
康奈尔大学	93	塔夫茨大学	94
达特茅斯学院	95	芝加哥大学	100
杜克大学	96	诺特丹大学	87
埃默里大学	99	宾夕法尼亚大学	100
乔治敦大学	92	南加利福尼亚大学	90
乔治·华盛顿大学	97	范德堡大学	97

续　表

学校	占比/%	学校	占比/%
哈佛大学	98	圣路易斯华盛顿大学	98
约翰斯·霍普金斯大学	87	耶鲁大学	121
麻省理工学院	92	耶希瓦大学	—

资料来源：University and College Accountability Network. U-CAN Profiles：Advanced Search[EB/OL]. (2011-03-15) [2011-12-02]. https://www.ucan-network. org/default.asp.

2. 大学教师的任职结构

表 4.2 是 25 所私立大学拥有教师的情况（伦斯勒理工学院、芝加哥大学、诺特丹大学、宾夕法尼亚大学和耶希瓦大学的数据无法获得），由于各校规模不一，除了百分比，其余数据未必具有可比性。但是尽管表中数据分类不一，统计年份也各有不同，这些数据仍有助于我们大致了解各大学的教师任职结构。

表 4.2 中显示了专职聘用、兼职聘用教师人数的 8 所大学（用 * 标识）的数据可知，专职教师是各校教师的主体部分，其中占比最高的耶鲁大学达99.8%，紧随其后的是卡内基梅隆大学（94%）和约翰斯·霍普金斯大学（93%），占比最低的乔治敦大学为 59%；显示了终身教职与非终身教职系列教师人数的 8 所大学（用下划线标识）的数据表明，终身教职系列的教师人数并不明显高于非终身教职系列的教师人数，占比最高的凯斯西储大学仅为 72%，占比最低的纽约大学仅为 42%；在显示了三个职级教授数据的 14 所大学（用灰底标识）中，斯坦福大学与塔夫茨大学显示的仅仅是教授职级的数据，其余 12 所大学的数据显示，各职级教授是各校教师队伍的主体。

表 4.2　各校教师任职结构

学校	教师情况
波士顿大学* （2013—2014 学年）	专职教师（full time faculty）2612 人。其中教授 736 人，副教授 631人，助理教授 793 人，另有教员 170 人，其他 282 人。兼职教师1276 人。专职教师占比 67%，三个职级的教授占专职教师的比例是 83%
布朗大学 （2012—2013 学年）	专职教师 713 人。其中教授 379 人，副教授 127 人，助理教授 142人，高级讲师 36 人，讲师 29 人。三个职级的教授占比 91%

学校	教师情况
加州理工学院 (2013—2014 学年)	教授职级教师(professorial faculty)约 300 人,研究学者(research scholars)600 多人
卡内基梅隆大学* (2014 年秋)	专职教师 1336 人,兼职教师 87 人,共计 1423 人。专职教师占比 94%
凯斯西储大学 (2014—2015 学年)	专职教师 1280 人。其中教授 473 人,副教授 311 人,助理教授 350 人,资深教员 24 人,教员 122 人。三个职级的教授占比 89%
哥伦比亚大学 (2012 年秋—2013 年秋)	专职教师 3763 人。其中 Morningside Heights 校区 1514 人,欧文医学中心 2249 人。2 个校区的教授共计 1317 人,副教授 664 人,助理教授 1443 人,特殊教员 339 人。三个职级的教授占比 91%
康奈尔大学 (2014 年秋)	共计 2685 人。其中专职教授共计 1652 人,含教授 903 人,副教授 456 人,助理教授 293 人。另有 1033 名学术专业人员,包括:教员 332 人,研究人员 365 人,图书馆 116 人,推广部 220 人。三个职级的教授占比 62%
达特茅斯学院* (2012 年秋)	共计 1045 人。根据聘用类型分,专职教师 832 人,兼职教师 213 人;根据系列分,终身教职系列教师 589 人(拥有终身教职教师 425 人,未获得终身教职教师 164 人),非终身教职系列教师 456 人;根据职级分,教授 381 人,副教授 227 人,助理教授 234 人,教员 203 人。专职教师占比 80%,终身教职系列教师占比 56%,三个职级的教授占比 81%
杜克大学 (2011 年秋)	共计 3201 人。含终身教职系列教师 1780 人(已获得终身教职的 1264 人,未获得终身教职的 516 人),非终身教职系列教师 1421 人。终身教职系列教师占比 56%
埃默里大学 (2012—2013 学年)	共计 2945 人。其中教授 693 人,副教授 614 人,助理教授 1229 人,其他 409 人。三个职级的教授占比 86%
乔治敦大学* (2013 年秋)	专职与兼职教师共计 2343 人。其中专职教师 1376 人,兼职教师 967 人。专职教师占比 59%

续　表

学校	教师情况
乔治·华盛顿大学 （2012年秋）	专职教师总计1297人
哈佛大学 （2011年秋）	共有教师2275人，另有：研究与学术人员2645人，行政及专业人员5550人，职员与技术人员4496人，服务贸易人员1042人
约翰斯·霍普金斯大学* （2011—2012学年）	教师共计4305人，其中专职教师3985人（终身教职系列教师2766人，非终身教职系列教师1219人），兼职教师320人。专职教师占比93%，终身教职系列教师占比64%
麻省理工学院 （2013年秋）	共1809名教师。其中各职级教授共计1030人，含教授661人，副教授199人，助理教授170人。另有资深讲师、讲师等587人，教员156人，实践类与兼职教师36人
纽约大学 （2012年秋）	专职教师4373人。终身教职系列教师1857人，含终身教职教师1426人，未获终身教职教师431人；非终身系列教师2516人。终身教职系列教师占比42%
西北大学 （2013年秋）	专职终身教职系列教师共计3344人，含教授1024人，副教授706人，助理教授1101人，教员220人，讲师292人，研究助手1人。三个职级的教授占比85%
普林斯顿大学 （2014年春）	专职与兼职教师共计1175人。包括：教授495人，副教授80人，助理教授180人，教员17人，讲师292人，客座教师111人。三个职级的教授占比64%
莱斯大学* （2014年秋）	按系列分，终身教职系列教师共计540人（其中双肩挑教师18人，另有专职终身教职教授300人、专职终身教职副教授117人、专职助理教授94人、兼职终身教职教授9人、兼职终身教职副教授2人），非终身教职系列教师320人（含专职教师130人，专职研究类教师15人，兼职教师171人，兼职研究类教师4人）。专职教师占比78%，终身教职系列教师占比63%，专职教授占比79%
斯坦福大学 （2012年秋）	共计2118人。其中教授1313人，副教授381人，助理教授424人
塔夫茨大学 （2012年秋）	专职与兼职教师共计870人。终身教职系列489人，其中终身教职384人（教授240人、副教授142人、助理教授2人），未获得终身教职教授2人、副教授10人、助理教授93人；非终身教职系列教师381人，其中非终身教职教授86人、副教授68人、助理教授11人、实践教授116人。终身教职系列教师占比56%

续　表

学校	教师情况
南加利福尼亚大学 * （2012—2013 学年）	被聘于教师岗位的专职、兼职教师共计 5470 人，其中专职教师 3563 人，兼职教师 1907 人。按系列分，终身教职系列教师 1574 人（含终身教职教师 1192 人，尚未获得终身教职教师 382 人），非终身教职系列教师 3896 人（含非终身教职系列专职教师 2023 人，非终身教职系列兼职教师 1873 人）。专职教师占比 65%，终身教职系列教师占专职教师的比例是 44%
范德堡大学 （2014 年）	专职教师共计 3740 人。其中教授 808 人，副教授 703 人，助理教授 1447 人，教员 623 人，讲师 147 人，其他 12 人。三个职级的教授占比 79%
圣路易斯华盛顿大学 （2012—2013 学年）	专职教师共计 2911 人。其中丹佛斯校区专职教师 1095 人（含丹佛校区终身教职系列教授 663 人），医学院校区专职教师 1816 人
耶鲁大学 * （2014—2015 学年）	专职教师与兼职教师总计 4410 人。专职教师中，终身教职的教授、副教授、医学护理系列的终身教职教师 1097 人，终身教职系列但未获终身教职的副教授、助理教授以及转岗聘用人员、教员等任期教师以及医学护理系列教师 1275 人，其他（包括讲师、代理教员、门诊医师）1083 人，研究人员 857 人，兼职教师 98 人

资料来源：根据各校官网信息汇总而成。数据收集截至 2015 年 6 月 15 日。

3. 大学师资的实力管窥

30 所大学不仅拥有学术起点高、稳定的专职教师队伍，其中还不乏杰出人士。如表 4.3 所示，1999—2011 年有 8 所大学拥有超过 100 位的院士，各私立大学均拥有获得各类著名奖项的教师[1]（见表 4.4）。例如，根据

---

① 这包括人文艺术领域的奖项和科学、工程、卫生领域的奖项，其中人文艺术领域的奖项为：American Council of Learned Societies Fellows，Fulbright Scholars（American），Getty Scholars in Residence，Guggenheim Fellows，National Endowment for the Humanities Fellows，National Humanities Center Fellows，Newberry Library Long-term Fellows，Woodrow Wilson Fellow；科学、工程、卫生领域的奖项为：Beckman Young Investigator Awards，Burroughs-Welcome Fund Career Awards，Cottrell Scholars，Howard Hughes Medical Institute Investigators，Lasker Medical Research Awards，MacArthur Foundation Fellows，Mellon Foundation Distinguished Achievement Awards，National Medal of Science，National Medal of Technology and Innovation，NIH Merit（R37），NSF Career Awards，Pew Scholars in the Biomedical Sciences，Presidential Early Career Awards for Scientists and Engineers（PECASE），Robert Wood Johnson Health Policy Fellows，Searle Scholars，Sloan Research Fellows。

截至 2013 年 10 月的数据,麻省理工学院先后共出现 80 名诺贝尔奖得主,39 名国家科学奖章获得者,3 名国家技术创新奖得主,11 名约翰·贝茨·克拉克奖得主,4 名普利策奖得主。截至 2013 年 10 月仍在职的有 9 名诺贝尔奖得主,67 名古根海姆奖得主,6 名富布莱特学者,22 位麦克阿瑟奖得主,2 名千禧年技术奖得主,77 位美国科学院院士,63 名美国工程学院院士,33 名医学研究所成员。

表 4.3　30 所私立大学拥有院士情况(1999—2011 年)

大学	院士人数/人	在全国的排名	在私立(非营利)大学的排名	大学	院士人数/人	在全国的排名	在私立(非营利)大学的排名
波士顿大学	18	55	25	纽约大学	41	26	16
布朗大学	15	60	29	西北大学	40	27	17
加州理工学院	109	8	6	普林斯顿大学	114	7	5
卡内基梅隆大学	34	32	18	伦斯勒理工学院	8	80	37
凯斯西储大学	18	55	25	莱斯大学	18	55	25
哥伦比亚大学	115	6	4	斯坦福大学	294	2	2
康奈尔大学	62	18	10	塔夫茨大学	9	72	35
达特茅斯学院	15	60	29	芝加哥大学	58	20	12
杜克大学	60	19	11	诺特丹大学	3	109	47
埃默里大学	25	44	41	宾夕法尼亚大学	103	12	8
乔治敦大学	8	80	37	南加利福尼亚大学	50	23	13
乔治·华盛顿大学	2	133	78	范德堡大学	25	14	21
哈佛大学	353	1	1	圣路易斯华盛顿大学	43	25	15
约翰斯·霍普金斯大学	84	15	9	耶鲁大学	109	8	6

续　表

大学	院士人数/人	在全国的排名	在私立（非营利)大学的排名	大学	院士人数/人	在全国的排名	在私立（非营利)大学的排名
麻省理工学院	268	3	3	耶希瓦大学	13	64	31

资料来源：A Center for Measuring University Performance. Universities Reporting Any Federal Research in Past Five Years，National Academy Memberships(1999－2011)[EB/OL]. (2012-01-30)[2014-07-20]. https://mup. asu. edu/research_data. html.

表 4.4　30 所私立大学教师获奖情况(1999—2011 年)

大学	获奖教师数/人	在全国的排名	在私立（非营利)大学的排名	大学	获奖教师数/人	在全国的排名	在私立（非营利)大学的排名
波士顿大学	18	35	17	纽约大学	30	14	8
布朗大学	16	42	19	西北大学	34	10	6
加州理工学院	12	57	23	普林斯顿大学	20	29	14
卡内基梅隆大学	14	47	20	伦斯勒理工学院	4	132	46
凯斯西储大学	11	61	24	莱斯大学	11	61	24
哥伦比亚大学	37	9	5	斯坦福大学	44	3	2
康奈尔大学	27	17	10	塔夫茨大学	7	83	32
达特茅斯学院	6	93	35	芝加哥大学	20	29	14
杜克大学	22	25	11	诺特丹大学	7	83	32
埃默里大学	22	25	11	宾夕法尼亚大学	34	10	6
乔治敦大学	5	108	42	南加利福尼亚大学	22	25	11
乔治·华盛顿大学	6	93	35	范德堡大学	17	39	18
哈佛大学	101	1	1	圣路易斯华盛顿大学	19	32	16
约翰斯·霍普金斯大学	30	14	8	耶鲁大学	39	6	3

续　表

大学	获奖教师数/人	在全国的排名	在私立（非营利）大学的排名	大学	获奖教师数/人	在全国的排名	在私立（非营利）大学的排名
麻省理工学院	38	8	4	耶希瓦大学	10	69	27

资料来源：A Center for Measuring University Performance. Universities Reporting Any Federal Research in Past Five Years，National Academy Memberships(1999－2011)[EB/OL].(2012-01-30)[2014-07-20].https://mup.asu.edu/research_data.html.

二、大学优化师资的途径

（一）搜寻新教师

教师搜寻是大学获得新教师常见的途径，搜寻程序分为 3 类：终身教职教师、终身教职系列的教师、非终身教职系列的专职教师搜寻；非终身教职系列的非专职教师搜寻；临时教师的搜寻。通常前述第一类型的教师搜寻程序最为正式，为了兼顾教师多样性，其间学系所在学院的平权行动管理办公室自始至终参与、监督整个过程。临时教师则由学系、专业根据工作需要自行搜寻、聘用并呈报学院备案。前述第二类教师的搜寻程序介乎两者之间，既不像第一类教师搜寻那样正式，也不像临时教师搜寻那样完全由基层自主。笔者以塔夫茨大学文理工大教师会确定的《专职教师搜寻程序》[①]为例，解读大学终身教职系列教师搜寻机制。

1.搜寻教师的组织

大学内部参与教师搜寻的组织包括学系主任、学院平权行动管理办公室、教师搜寻委员会。他们分别承担不同的工作职责。

（1）学系主任。在春季学期，各学院院长发送一份备忘录给学院内的学系主任们，指导各系提交拟聘教职申请，需要招聘教师的学系主任需做出回应。其间学系主任的职责包括：

①根据本系课程、研究目标确定拟聘教职，向所属学院院长提交包括以

---

① Tufts University，School of Arts and Sciences & School of Engineering. Faculty Handbook：Search Procedures［EB/OL］.（2019-09-18）［2020-02-11］.https://ase.tufts.edu/faculty/pdfs/handbook.pdf.

下信息的申请：拟聘教职所属研究专业领域（适合终身教职系列岗位）和教学专业领域（适合所有岗位）的人员短缺；该教职与本学系长远研究目标、教学目标的关联性；招聘女性教师和其他来自弱势群体教师的行动建议；拟聘教职的职级与拟聘任期建议；

②与学院平权行动管理办公室商讨搜寻委员会的人员构成，若有可能，请本校少数民族教师、女性教师、残疾教师在搜寻委员会中任职；

③监控招聘过程，确保学系的教师搜寻委员会没有忽视弱势群体应聘人员。

（2）学院平权行动管理办公室。其职责包括：

①在确认院长批准学系的申请后，向学系提供一系列表格与资料，包括搜寻授权表，一份供学系呈报搜寻委员会成员的表格，一份由学系填写拟招聘广告措辞及在何处刊登广告的表格，有关招聘中如何外联以及形成多样化应聘群体网络的各种信息，有关教师搜寻各步骤的详细指导，平权行动报告表，有关招聘的预算指导；

②与系主任商讨搜寻委员会的人员构成，向搜寻委员会提供弱势群体应聘人员的数据库信息，参加搜寻委员会关涉讨论录用候选人程序的会议；

③通过网站向教职工公布拟聘教职的公告并广泛寻求帮助，以发现来自弱势群体的应聘人才；

④批准学系在公共出版物、网站等媒体上刊登招聘广告的申请；

⑤按学科保存档案，以便在每次搜寻中都能有多样的应聘人才库信息以方便联系。

（3）教师搜寻委员会。在平权行动管理办公室确认后，学系成立教师搜寻委员会并报院长审批。搜寻委员会的职责包括：

①制定选拔标准（如研究能力、论文引用、研讨会表现、学术渊源、与同事互动的能力），并确保其对所有的应聘人员都用同一标准衡量；

②仔细阅读所有与搜寻有关的材料；

③根据学科特点，在大学内外搜寻应聘人员；

④在学科出版物以及面向本学科弱势群体人员的媒体上刊登广告，并就大学的平权行动/机会均等做出声明；

⑤检索平权行动管理办公室保存的、可以联系的本领域人才档案库；

⑥检索本学科领域弱势群体应聘人员数据库；

⑦在专业招聘会上寻找应聘人员；

⑧仔细验查应聘人员证书,通过其就读的本科毕业院校、参加的专业协会、颁发给他们奖项的组织、是否参加兄弟会/联谊会等信息来甄别应聘教师,在审查应聘人员资料时,既看已有的出版成果,也重视应聘人员的学术潜力;

⑨记录外联的各项工作。

2. 搜寻教师的过程

(1)刊登招聘广告。一份全职教职的招聘广告信息包括:招聘学科/二级学科、职级、聘用起始日、拟聘任期;要求应聘人具有的教育背景、教学经验;要求应聘人具有的研究经验、研究潜力(适用于终身教职系列岗位);面试开始日期;供应聘人投递材料的联系人与地址;应聘人须提交的材料,如个人简介、教学经历/教学思想、未来的研究计划、推荐信等。平权行动管理办公室要求广告列出的应聘条件须明确、客观、与工作相关,且须说明应聘人是否需要提供证书,若需证书,应提醒应聘人最迟在雇佣关系开始时提交。为体现大学在教师搜寻、录用过程中遵循联邦政府的平权行动要求,以下语言须出现在招聘广告上:"本校奉行平权行动/机会均等,我们致力于加强教师的多样性,强烈鼓励弱势团体成员报名应聘。"

期刊、网络等都是刊登广告的常用途径,在期刊上刊登广告费用比较昂贵,一般在特殊情况下才会被批准,网络广告则是既便宜又传播广泛的最佳途径。除了广告,多数学系还向相关专业的研究生分发拟聘教职说明,这类传发的资料通常比广告篇幅要长,但资料中的应聘条件、应聘截止日、相关要求等基本信息与广告信息一致。为搜寻教师刊登广告的所有费用最终从所在学院的教师招聘预算中开支。

(2)确定"可能的候选人"短名单。此处首先需要弄清楚 3 个术语:应聘人(applicants)、可能的候选人(potential candidates)、候选人(candidates)。应聘人指的是来大学申请应聘该教职的所有人员;可能的候选人指的是通过第一轮筛选"幸存"下来的短名单上的 10～20 名人员;候选人指的是通过第二轮筛选"幸存"下来被邀请参加校内面试的人。

搜寻委员会首先制定选拔标准,并根据标准审核所有应聘材料后形成"可能的候选人"短名单,随同"可能的候选人"基本信息的资料统计复印件提交给学院平权行动管理办公室,学系还须同时提交外联工作记录,以说明其在招聘教师时努力确保本学系教师群体的多样化。平权行动管理办公室、学院院长一般在收到材料后 3 天内在短名单上签字,之后便进入第二轮筛选阶段。

（3）确定候选人名单。在审读应聘材料、形成短名单且获批准后，学系开始第二轮筛选，确定短名单上哪些人可被邀请参加学校面试。校内各学系教师搜寻委员会第二轮筛选方法各异：有的在本学科年度会议上与"可能的候选人"面谈后逐一筛选；有的通过视频或电话与"可能的候选人"交谈，逐一筛选；有的向"可能的候选人"索要更多材料（如介绍人的亲笔推荐信）；有的由学系全体教师参与讨论并决定可被面试的人选；有的再次审读短名单上"可能的候选人"申请材料（如学术作品、研究计划、教学情况说明）做进一步讨论。

在搜寻委员会通过第二轮筛选，选出有机会来本校参加面试的候选人后，学系须在候选人来学校前向平权行动管理办公室提交 2 份材料副本：来自弱势群体应聘人员中未获得面试机会的人员以及未获得面试的原因；获得面试机会的候选人的申请材料（包括应聘信、个人简历、教学说明、推荐信等）。大学要求搜寻委员会在解释不提供面试机会的理由时需具体且紧扣广告条款，如，招聘广告上要求应聘人员有教学经验，学系若填写上"不如其他应聘人员那样有水平"，就会被视为太笼统，但若写"无教学经验"、"教学经验有限"或"拥有的是非本学科的教学经验"，这类原因表述则显得具体明朗，其他不提供面试机会的理由还可以如"推荐信没有说服力"、"从学术作品看发展潜力不足"或"研究记录显示其实力不强"等。

学系须在其决定面试的至少 2 周前提交上述材料，因为平权行动管理办公室需证实学系对面试人员的取舍符合拟聘职位的要求，若发现明显应有机会被面试而没有被列入面试名单的人员，或明显不符合条件被面试的人却获得了面试机会，就会要求学系做出解释。学系、平权行动管理办公室、院长若就这份名单产生歧义，也在这 2 周内商讨解决。

（4）确定聘用教师。搜寻委员会通常会设定本学系的面试程序——如委员会事先准备适合所有候选人的问题或讨论话题，或要求候选人开设一堂研讨会。各学系一旦确定了面试程序，则该程序同样适用于本次搜寻中确定的每一位包括来自本校的候选人。在一般情况下，学院还会安排院长、负责学术工作的副院长与应聘副教授、正教授职级的候选人会面。

面试结束后，在学系对候选人的面试情况进行商谈、排名前后，学系主任会与学院院长通气。在向拟聘人员提供全职教职前，学系还须向平权行动管理办公室提交"平权行动报告"，说明拟被录用的候选人及其录用理由。

当学系的聘用决定经院长、大学批准后,由学系主任通知拟聘人员,大学向拟聘教师提供正式合同。这时,搜寻新教师的过程基本结束。搜寻过程中的广告复印件、搜寻的各类表格、收到的申请材料、应聘人员的往来信件等,一般在学系保留 3 年。

3."意外目标"程序

需要说明的是:搜寻教师是各大学获取适合工作需求、符合大学学术追求的教师的一个重要来源,但不是唯一来源。各校还有另一种录用教师的机制——"意外目标"(target of opportunity)程序——旨在为大学雇用具有非凡价值的新教师开绿灯。

能让大学启动"意外目标"程序的教师须满足大学的标准:符合大学作为学术组织的目标,能开拓学术深度、有独创能力,能在将来为大学做出显而易见的非凡贡献,对校内学者产生不同寻常的影响力,能使大学的教师队伍更具多样化,能更好地履行大学的学术使命,确保大学能在更深更广的领域向学生提供教育。当大学通过专业交流意外获得一名引领本学科的著名学者,或者本校某一个学术声望逐渐强大的教师要从非终身教职系列过渡到终身教职系列,此时大学可以启动"意外目标"程序,并逐级向教务长提出令人信服的证据(如校内外的专家推荐、候选人的重大学术成就等)以说明:大学即便启动正常的搜寻程序,该教师也必然是名列前茅的选择。学系若在正常的教师搜寻过程中发现了这样的老师,也可以放弃搜寻转而启动"意外目标"程序。只是各大学通过"意外目标"程序而被录用的学者人数寥寥。以布朗大学为例,在 2003—2013 学年,布朗大学的人文学科、生命科学、物理科学、社会科学经"意外目标"程序获得的教师总数分别仅为 8 人、5 人、8人、15 人。

(二)支持教师学术成长

大学广泛搜寻教师的目的是希望获得有学术潜力、能增强大学共同体学术力量的新成员。尽管大学在招聘正式教师时通常要求候选人具有博士学位,也已经做了严格选拔,但各校并不将此视为确保大学拥有强大师资力量的唯一保障,它们还提供各种政策与资源,支持在校教师的教学与学术研究工作,推动其学术成长,以确保本校教师不流失。其措施主要有以下几点。

1. 向青年教师提供建议与指导

支持青年教师、指导青年教师，是大学高度重视的工作。各校、各大学二级学院内的具体做法各异，大学并不会提出一致性的强制措施，但"建议青年教师"和"指导青年教师"是比较常见的。

"建议青年教师"指的是，学系主任（无学系的由院长负责）为青年教师指派本系、本学院熟悉工作程序的一名资深教师，由其根据教师续聘与职级晋升的标准，检查青年教师的工作绩效，根据教师本人的工作，反馈其学术工作上的表现及进步，指出其未来努力的方向。他们与青年教师探讨的内容包括：学术成果出版形式和出版商，迄今为止青年教师的学术质量和数量，本学科的质量要求，教学的数量、质量和类型，其他的学术工作质量（如创造性工作、临床工作），学校对青年教师的期望等。指导教师还会特别强调终身教职聘用的标准以及青年教师需要的前期准备。对青年教师来说，获得真实的、具有建设性的具体反馈意见是其得到引导的第一步。

"指导青年教师"的目的是帮助、引导青年教师探索有意义的学术发展方向，鼓励他们管理自己的学术生涯，审视自身存在的问题、面临的机遇，敦促其尽力发挥自己的学术潜力，开拓学术研究，提升自己的学术能力，让青年教师在学术成长过程中提升自我意识。大学内各学系通常根据不同的学科特点为青年教师配备一名有相似学术经历或研究方向的资深同事作为导师，由导师基于相互信任和尊重的合作关系，至少每年与青年教师交谈一次。

"建议青年教师"与"指导青年教师"以关注个体为特点，通过向青年教师提供直率的、针对性的反馈，帮助其获得学术事业的成功。但另一方面，导师提出的是建设性意见，是作为资深同事的判断，教师最终能否在学术生涯中进步，还在于其自身的努力。

2. 向教师提供学术研究需要的时间

时间是一种独特资源，教学、研究、为大学服务都会占用时间，大学教师是否可以在日常工作之余觅得静心思考的连贯时间，取决于校内制度。30所大学主要通过提供各类学术性休假向教师提供这种学术研究活动必不可少的重要资源，确保其学术水平可持续发展，从而在他们回到岗位时能有更新的视角、更深的洞察力，能更好地为大学服务。学术性休假包括以下几种。

（1）学术假。学术假是教师在本应正常上班时间内的假期，不同于寒暑假。大学的学术假一般仅面向 3 个教授职级的在编教师，既是认可他们在教学、学术研究等工作上对大学做出的杰出贡献，也是为提高教师专业贡献的一种投资。能获得学术假的教师，还须达到大学规定的服务年限。以布朗大学为例：教师在本校全职工作满 6 学期并被校长提名的，可获得一学期学术假，休假期间可获得 75％的薪水；若可获得学术假的教师放弃休假，则再为学校服务 6 个学期（共计 12 个学期）后，教师可以选择享受一学年的学术假，其间可获得 75％的薪水，或者享受一学期的学术假，其间获得全额薪水①。但是根据各校制度，任何一个学期内，教师若有带薪休假或不带薪休假、因看护家人减轻工作量的，那个学期就不能被视为全职服务，因此不能计入休学术假必须达到的服务时间。在下列情况下，即便教师为大学做出了杰出贡献，也满足了大学规定的服务年限要求，仍有可能不能获得学术假：处于终身教职审核过程中的教师，但若该教师通过审核获得了终身教职，那么任期审核这一年可以计入下一次学术假的服务年限计时；教师所在学系因没有适宜的人接替其工作，教师若因此不能休假的，其被迫放弃学术假的前一段服务时间可计入其下次获得学术假的计时服务年限；教师退休前或辞职前一年不能再享受学术假。

（2）青年学者假。已经接受过任期中期检查，并被认为学术工作有进展的终身教职系列的助理教授，有资格向所在学院申请青年学者带薪假，以便集中精力从事创作，若所在学院院长认为该教师请假开展学术研究能加强其职级晋升的实力且满足下列情况的，会批准休假：教师在休假前已经完成至少 6 个学期的全职服务；教师接受学院任期中期检查并情况良好。选择请假的时间段经由教师与系主任协商，以有利于教师为宜，请假一学期的一般集中在一个学期内结束，且教师一般须在新学年的 9 月份结束假期，因为此时通常是大学决定评审终身教职的时间段。

（3）借用学术假。这是大学为了最大限度地鼓励教师学术发展，向青年教师提供的可通融机会，即在教师事业发展的关键时期，被续聘一年以上的助理教授和副教授，经学系主任、院长批准，可预支未来 3 年的工作时间以获得请学术假的资格并尽可能获得更长的假期和更高的工资给付比例。

---

① Brown University. Handbook of Academic Administration：13.1 Sabbatical Leave［EB/OL］.（2019-08-02）［2020-03-23］. https：//www. brown. edu/about/administration/dean-of-faculty/sites/brown. edu. about. administration. dean-of-faculty/files/uploads/Handbook％202019-20_2. pdf.

休假教师须填写申请表，说明以下情况，提请学系主任、学院院长批准：请假期间，对原本属于自己的教学工作、学生论文的指导与监管，行政工作（若有）的安排；请假期间，教师本人完整的工作计划；若教师请假期间除了学术假薪水外，还有别的收入来源，须注明获得收入的来源、原因、数额，但各项包括校外收入的总额不能超过其在大学全职工作的报酬。被同时聘用在 2 个部门的教师休假，须先经第一聘用单位领导同意，再经第二聘用单位领导同意。除了客座教授岗位，正在休假的老师不能接受其他大学正式教职或行政岗位聘用。休假结束回到岗位后，教师要为学校提供至少等同于休假时间的全职服务。

除了上述学术休假，各校允许教师在因无法全身心投入学术工作的情况下，申请延长试用期。这些情况包括：同时接受学术聘用与行政任命的，家中有新生儿出生的，不带薪休假照顾子女或家中病人的。

3. 提供教学与学术信息资源

大学有多种途径向教师提供学术资源与信息，被视为大学心脏的图书馆是大学向教师提供学术资源与信息重要且稳定的来源，各校在办学过程中源源不断投入巨额经费建设图书馆。以耶鲁大学为例：耶鲁大学在 1979 年投入 1212 万美元的经费用于图书馆开支，1979—2009 年，每年的图书馆经费都有所递增，之后因金融危机，其经费投入有所减少，但在 2011—2012 年，其图书馆经费开支仍高达 8007 万美元（见表 4.5）。在这样的经费投资下，截至 2011—2012 学年，大学共拥有 15 个图书馆，并通过 1259 个网络数据库向教师提供稳定的资源与信息，其图书馆资源包括：1500 万册电子与印刷类图书，45 万种期刊（含电子期刊），1000 万份微缩印刷材料，40 万份视听材料。

表 4.5　耶鲁大学图书馆年开支 *

单位：万美元

年份	年开支	年份	年开支	年份	年开支	年份	年开支
1979—1980	1,212	1980—1981	1,326	1981—1982	1,421	1982—1983	1,609
1983—1984	1,698	1984—1985	1,750	1985—1986	1,985	1986—1987	2,186
1987—1988	2,578	1988—1989	2,690	1989—1990	2,871	1990—1991	3,015

续 表

年份	年开支	年份	年开支	年份	年开支	年份	年开支
1991—1992	3,155	1992—1993	3,318	1993—1994	3,349	1994—1995	3,672
1995—1996	3,795	1996—1997	3,915	1997—1998	4,211	1998—1999	4,279
1999—2000	4,725	2000—2001	5,149	2001—2002	5,972	2002—2003	5,650
2003—2004	6,521	2004—2005	6,879	2005—2006	7,494	2006—2007	7,740
2007—2008	8,146	2008—2009	8,894	2009—2010	7,533	2010—2011	7,229
2011—2012	8,007						

资料来源：Yale University. University Library Holdings and Activity,1979—1980 through 2011—2012 ［EB/OL］.（2012-10-11）［2013-02-28］. https://oir. yale. edu/detailed-data♯librariesandmuseums.

* 表中图书馆年开支不包括建筑维修费用。

表 4.6 显示的是各大学图书馆资源拥有情况。从表 4.6 中可知：耶鲁大学的巨额投入、丰富馆藏并非孤例,30 所大学各自图书馆资源的丰富程度令人咋舌。笔者以其中的 3 所大学举例说明。

(1)哈佛大学。哈佛大学的图书馆不仅是本校师生求知的重要场所,也是波士顿市实力强大的学术资源库、支持全球学者开展研究的重要场所。自 2007 年哈佛大学每年的图书馆开支达 8000 万美元,到 2011 年,年开支更是达 9000 万美元,其中用于购买馆藏的经费从 2007 年的不到 3000 万美元增加到 2011 年的近 3500 万美元,大学设有 79 个图书馆(含 36 个特色藏馆),还通过 1666 个数据库向教师提供资源与信息。截至 2011—2012 学年,其图书馆资源共包括：1700 万册印刷书与电子资源,2400 万份电子档案,17 万种期刊,800 万份相片,约 4 亿册手稿。2010 年图书馆成立协调管理组织,强调通过信息技术提供资源,计划将本校图书馆改造成有 21 世纪特色的、先进的图书馆,确保馆内外进行灵活协作,使得借阅者可以随时找到哈佛大学的任何馆藏——无论是图书、电子期刊,还是本校任何博物馆馆藏。

(2)哥伦比亚大学。哥伦比亚大学图书馆位列全美学术型图书馆前 5 位,2001 年图书馆经费达到 3600 万美元,此后逐年增加,2008 年其每年的图书馆经费达 6200 万美元。截至 2011—2012 学年,哥伦比亚大学共有：22 个图书馆,1355 个网络数据库,1200 万册印刷书,17 万卷杂志与连续出版物,640 万份微缩资料,50 万册善本,约 19km 高的手稿,18 万份音像资料,17 万份政府文件资料,10 万份电子杂志,13 万本电子书,10 万份电子影像资料等。

(3)西北大学。西北大学的馆藏量在美国私立大学图书馆中排前 10 位,其埃文斯顿校区拥有包括 2 个专业图书馆在内的共 10 个小型图书馆,芝加哥校区拥有 3 个专业图书馆,卡塔尔校区拥有 1 个图书馆。大学还通过 1500 个网络数据库提供资源。其图书馆年开支达 3200 万美元,其中购书款的 65.6% 用于购买电子资料,截至 2011—2012 学年,整个大学图书馆馆藏包括:560 万册印刷书或电子书,464 万份微缩资料,约 6km 高的档案与手稿,21 万份地图,69 万份图标图像,7 万份音频文件,4 万份影视频资料,14 万份刊物与连续出版物(其中 90% 属于在线资源)。

表 4.6　各校的图书馆资源

大学	图书馆资源简介
波士顿大学	大学有 12 个图书馆与资料中心向全校师生开放;另有 10 个学系、研究中心的图书馆或服务中心,仅向所在学系、研究中心的师生开放。大学馆藏包括:240 卷印刷类图书,4.5 万种大学独有的连续出版物,另通过 400 个电子数据库向本校师生员工提供学术论文全文、文章索引与摘要、电子书
布朗大学	大学拥有 7 个图书馆(包括可藏书 170 万册的图书馆附楼),447 个网络数据库(含 16 个免费数据库)
加州理工学院	大学拥有 5 个图书馆,251 个网络数据库(含大学购买的数据库和免费数据库)
卡内基梅隆大学	大学拥有 4 个图书馆,另有 2 个图书馆不属于大学,但因为位于大学内,方便大学内部人员借阅。大学另有 437 个网络数据库(含 39 个免费数据库),并与美国、加拿大 193 个大学图书馆有资料互借协议
凯斯西储大学	大学有 7 个图书馆,427 个网络数据库
哥伦比亚大学	见正文
康奈尔大学	大学有 21 个图书馆,1656 个网络数据库,600 多万册图书,其中电子书 115 多万册
达特茅斯学院	大学有 9 个图书馆,1542 个网络数据库,265 万册印刷类图书,64 万册电子书,80 万份数据库电子期刊,29 万份影像资料,19 万份地图,39 万份录音记录,46 万帧照片,约 82km 高的档案与手稿

续　表

大学	图书馆资源简介
杜克大学	大学有 9 个图书馆,藏书量计 634 万册,此外大学还加入了一个研究型图书馆网络,可与杜克大学、北卡罗来纳中央大学、北卡罗来纳州立大学和北卡罗来纳大学教堂山分校等校内部图书馆共享资源
埃默里大学	大学有 7 个图书馆,778 个网络数据库,印刷类图书与电子图书 390 万册,期刊 10 万份(8 万份为电子期刊),6~15km 高的善本与档案。截至 2012 年秋,图书馆年开支 1690 万美元
乔治敦大学	大学有 10 个图书馆,240 多万册图书,1407 个数据库(含免费数据库),还加入了 2 个图书馆联盟——研究型图书馆联盟、华盛顿研究型图书馆联盟(WRLC)
乔治·华盛顿大学	大学有 5 个图书馆,1277 个网络数据库,其法律图书馆是美国大型学术性法律图书馆之一,另与乔治敦大学一样加入了 2 个研究型图书馆联盟
哈佛大学	见正文
约翰斯·霍普金斯大学	大学有 12 个图书馆,930 个数据库,370 多万册印刷类图书,17 万种印刷类及电子刊物,9 万册电子书,以及众多的善本、线装书、档案材料
麻省理工学院	大学拥有 7 个图书馆(包括 1 个密集书库),989 个数据库(含免费数据库),300 万册印刷类图书,5.5 万种电子刊物
纽约大学	大学拥有 1 个中心图书馆,6 个专业图书馆,1139 个网络数据库,500 多万册馆藏图书,5.8 万种期刊,540 万份微缩资料
西北大学	见正文
普林斯顿大学	大学拥有 12 个图书馆,是全球著名的研究型图书馆之一。馆藏包括:700 万册藏书,600 万份微缩资料,4.8 万册手稿、善本。另有 2058 个网络数据库
伦斯勒理工学院	大学有 3 个图书馆,327 个数据库(其中 219 个数据库仅允许本校师生员工进入),500 多万册图书,3 万多种电子刊物
莱斯大学	大学有 1 个大学图书馆和 431 个数据库,图书馆订阅了 7.2 万种印刷类与电子类刊物,馆藏有:257 万册印刷类图书,328 万个单位的微缩印刷品,另有各种视听资料、善本、手稿与各类档案。与休斯敦大学等签订了互借协议
斯坦福大学	大学有 24 个图书馆,其中包括:2 个中心图书馆,14 个专业图书馆,3 个密集书库,1311 个数据库,5 个合作图书馆

大学	图书馆资源简介
塔夫茨大学	大学共有 6 个图书馆,599 个数据库,可提供:近 125 万册馆藏图书,3.8 万种电子刊物
芝加哥大学	北美第九大研究型图书馆,拥有 6 个图书馆,1272 个数据库,其中 968 个数据库仅允许本校师生员工进入使用,馆藏有:1119 万册印刷类图书、电子资料,约 15km 高的档案与手稿,117.5 百万兆字节(BT)的电子档案与研究资料。
诺特丹大学	大学共有 10 个图书馆,2730 个数据库,其中 1538 个数据库仅允许本校师生员工进入使用。馆藏包括:330 万册图书,3 万多个单位的微缩胶片资料,3 万多份电子书与杂志,近 3 万份视听资料
宾夕法尼亚大学	大学有 11 个图书馆,1198 个网络数据库,可向师生提供:375.5 万卷印刷类图书,104 万份网络资料,5 万本手稿,近 5 万份录音记录,近 3 万份视频资料
南加利福尼亚大学	大学共有 23 个图书馆,1115 个网络数据库,可向师生提供:454 万册藏书,12 万种连续出版物,319 万份视频材料,16 万份地图,4 万份录音材料,4 万份影视频记录,653 万个单位的微缩胶片,约 15km 高的档案与手稿,76 万册电子书,8 万份电子杂志
范德堡大学	大学有 8 个图书馆,1317 个网络数据库(含 212 个公共数据库)
圣路易斯华盛顿大学	大学有 12 个图书馆,1047 个网络数据库
耶鲁大学	大学有 15 个图书馆,1259 个网络数据库,可向师生提供:1500 万册电子与印刷类图书,45 万种期刊(含电子期刊),1000 万份微缩印刷材料,40 万份视听材料
耶希瓦大学	大学有 5 个图书馆(其校内的法律图书馆是联邦政府存储文件的图书馆之一),311 个网络数据库

资料来源:根据各校图书馆官方网站数据汇总而成。数据收集截至 2012 年 8 月 31 日。

(三)界定教师职业发展

大学教师的职级晋升与终身教职制度,是大学认可、推动、界定教师学术事业发展的一个重要手段。职级晋升是教师在获得某一职级岗位后取得重大进步的标志性成果,全职教师都必须在计时任期内获得职级晋升。在各大学教师群体中,终身教职系列的教师是大学较为稳定的师资力量,也是大学寄予厚望、较为倚重的学术力量,笔者主要以大学终身教职系列教师为例探讨教师的职级晋升与终身教职制度。

1. 教师职级晋升与终身教职制度的一般规定

表 4.7 是笔者通过梳理各校《教师手册》得出的各校终身教职系列职级晋升与终身教职制度的一般规定(加州理工学院、范德堡大学的资料无法获得),这些规定可以从五个维度来概括。

(1)就入职门槛而言,除了乔治敦大学、西北大学、诺特丹大学、圣路易斯华盛顿大学,其余大学并不将"教员"这一职级视为终身教职系列,也不将这一职级的任职时间计入终身教职的试用期计时。

(2)就教授职级试用期而言,这是各校关于职级制度里面最多样的,这种多样性表现为试用期的年限规定,以及试用期内的聘用周期。但是绝大多数大学规定了限时晋级的要求。

(3)就终身教职资格而言,仅哈佛大学规定:只有正教授才是唯一可能获得终身教职的职级,晋职为正教授但不能同时获得终身教职的教师,可获得最后一年聘期。其余大学的助理教授在晋升为副教授、副教授在晋升为正教授时可能获得终身教职,也可能仍是非终身教职,对此,各校规定不一。其中塔夫茨大学规定:本校三个职级的教授均有可能获得终身教职。而布朗大学、康奈尔大学、达特茅斯学院、普林斯顿大学、莱斯大学的助理教授在晋升为副教授时,可同时获得终身教职。

(4)就终身教职试用期而言,除了前述布朗大学等 5 所大学,晋升为副教授但没能通过终身教职评审的,可以获得试用期,副教授需在试用期满时申请评审并获得终身教职,不然会遭大学终止聘用。首聘为本校副教授的,一般需要经过试用期才可以申请终身教职的评审,但也有大学认可教师在原工作单位积累的业绩,如杜克大学、斯坦福大学规定:若首聘为本校副教授且符合终身教职授予条件的,可以获得终身教职。而一些大学有可能认可一部分教师之前的业绩,也有可能需要教师经历终身教职的评审,如南加利福尼亚大学规定,首聘为本校副教授的,或者同时获得终身教职,或者满一年后获得终身教职。而在康奈尔大学,首聘为本校副教授的,需要 5 年的试用期,也可以经董事会特批获得终身教职。对于由副教授晋级为正教授而未获得终身教职的,以及首聘为本校正教授的,是否需要经过试用期后申请终身教职的评审,各校也是规定不一。

(5)就获得终身教职的难易程度而言,最严格的是麻省理工学院(MIT),最宽松的是纽约大学。MIT 规定:教师满 35 周岁、工作满 8 年的副教授须获得终身教职,不然终止聘用。纽约大学则规定:由助理教授晋级至副教授的、由副教授晋级为正教授的,只要在本校工作时间达到一定时限要求的,就可以获得终身教职。

表 4.7　大学教员与终身教职系列教师的职级晋升与终身教职规范

大学	教员	助理教授	副教授	正教授
波士顿大学	聘期 1 年	助理教授聘期为终身教职试用期，要求教师在本校专职晋升，在其他 7 年内申请本校的任职时间是否计入入试人试用期，由大学与教师本人在首聘时协议决定。在特殊情况下，可延长试用期	由本校助理教授晋升至副教授的，可获得终身教职。首聘为本校副教授的，最迟在 7 年试用期内经评审可获得副教授的工作职，在其他大学任职审时间可以计入试用期	由本校终身教职副教授晋升为正教授的，仍拥有终身教职。首聘为本校教授的，最迟在 7 年试用期内经评审可获得正教授的工作职，在其他大学任职审时间可以计入试用期
布朗大学	教员一旦获得博士学位，即转为助理教授。教员不计入任期入试人助理教授的终身教职试用期	首聘 4 年，通过任期检查后，可再聘 2~4 年。助理教授至少要在本校工作 5 年，才可以申请晋升至终身教职的副教授	由本校助理教授晋升至副教授的，同时获得终身教职。若首聘为本校副教授的，至少要在本校工作 5 年，经评审获得终身教职	终身教职
卡内基梅隆大学	聘期一般为 1 年，最多 3 年	首聘 3 年，经任期检查后可续聘 3 年，教师最多总共聘 2 期。第二期聘期结束前（即提前于试用期）晋升至本校副教授的，不一定能获得终身教职，但若助理教授经终身教职评审能同时晋升为副教授	这一职级既可以是终身教职，也可以是非终身教职，若是提前晋升或首聘为副教授的，为非终身教职。终身教职试用期满 5 年的，可申请评审获得终身教职	无论是从本校副教授晋升至正教授的，还是从外校转入本校首聘为正教授的，通常情况下为非终身教职；在极少数情况下为终身教职的，聘期 3 年。其间如若前两年未能获得终身教职的，不再续聘

续 表

大学	教员	助理教授	副教授	正教授
凯斯西储大学	一	终身教职试用期 6 年,最长可延至 9 年,根据教授级任职教师在其他工作时同考虑缩短任职期,试用期满未获得终身教职的,可再续聘最后 1 年后终止聘用	由本校助理教授晋升至副教授的,可以获得终身教职。未获得终身教职试用期满后经评审后经评审可以获得终身教职	本校副教授晋升至教授的,可以获得终身教职。未获得终身教职试用期满后经评审可以获得终身教职
哥伦比亚大学	聘期 1 年,不计入 8 年试用期	试用期 7 年,期满后不能获得终身教职的教师,被聘、续聘时同总计不能超过 8 年	终身教职。未能通过终身评审的,可续聘最后 1 年	终身教职
康奈尔大学	最长聘期 2 年	首聘 3 年,通过任期检查的,可续聘 3 年,任期最长为 6 年,若满 6 年未能晋升至终身教职的副教授,可再续聘最后 1 年	由本校助理教授晋升至副教授的,同时获得终身教职。首聘试用期最长为 5 年,在个别情况下,经董事会批准首聘可获得终身教职的本校副教授的教师可获得终身教职	根据终身教职评审程序,由本校终身教职的副教授晋升至教授的,仍拥有终身教职。首聘为终身教授,终身教职试用期最长为 5 年
达特茅斯学院	聘期通常为 2 年	首聘 3 年,通过任期检查的,可续聘 3 年,第 6 年晋升至终身教职的副教授评审	由本校助理教授晋升至副教授的,同时获得终身教职。首聘为副教授的,聘期 4 年,一般须在试用期满 3 年后获得终身教职	副教授任职满 5 年后(包括在其他大学任教时的工作时同)可参加晋升至正教授的评审,正教授晋升为终身教职

续 表

大学	教员	助理教授	副教授	正教授
杜克大学	未获得最高学位的，可被聘为讲师，工作时间不计入终身教职试用期	首聘4年，通过任期检查的，可再续聘4年	由本校助理教授晋升至副教授的，或符合本校副教授任职条件的新聘教师，都可获得终身教职	终身教职
埃默里大学	一	试用期最多7年。医学院助理教授既可以是终身教职，也可以是非终身教职，聘期最长为9年，任助理教授满7年的，有2年续聘期	副教授可以是终身教职，从外校进入本校并被首聘为副教授的，称为代理副教授，5年内可以参加终身教职评审	终身教职，首聘教授称为代理教授，5年内可以参加终身教职评审
乔治敦大学	聘期1年，属于终身教职系列的职级	任教员与助理教授共计7年试用期。教师在其他大学任职时间可以计入试用期，但在本校工作的时间至少须4年。教师可在第6年或第7年申请晋升至副教授的评审	终身教职	终身教职
乔治·华盛顿大学	首聘1年，可再续聘3年，续聘期同一年一聘	助理教授可聘3年，任教员和助理教授最长聘期共计7年；任一职级的教师在其他大学任一职级任职超过3年的，首聘为本校教师时，一律低算1级且为非终身教职，聘期4年。而无论任	7年试用期满经审查后，可续聘为终身教职或非终身教职的副教授。未能获得终身教职的，可在4年试用期内申请终身教职评审	可获得终身教职。未能获得终身教职的，须在3年内通过终身教职评审

续　表

大学	教员	助理教授	副教授	正教授
乔治·华盛顿大学		该职级教师聘期是否超过7年,聘期最后一年不能获得终身教职的,该学年结束时终止聘用		
哈佛大学	聘期1年	最多7年试用期,倒数第二年须申请副教授评审(即,其任助理教授时间仅为5年),未能通过晋升评审的,最后1年也是在大学的最后任期	由校内助理教授晋升至副教授的,试用期满4年须晋级为正教授,由校外直接聘为副教授的,试用期3~5年	晋级正教授的同时通过终身教职评审的,可成为终身教授,若教师不能获得终身教职,学校可聘最后1年
约翰斯·霍普金斯大学	任期最多3年,第3年不能转为助理教授的,须在第二年聘期结束时通知其聘期终止聘用	最长任职8年,若在第8年开始仍未能正式成为副教授的,则第8年为聘期最后1年	可以获得终身教职,未能获得终身教职的,可有3年试用期,并须在试用期第二年通过评审获得终身教职	最晚须在任副教授第7年通过评审,评审晋升至正教授,不然以后每5年参加一次评审,直至晋升为正教授
麻省理工学院	聘期1年,由学系决定是否需要续聘	35周岁以下,任助理教授满8年的,须晋升为副教授,不然终止聘任	满35周岁,工作满8年的副教授须获得终身教职,不然终止聘用	终身教职

续　表

大学	教员	助理教授	副教授	正教授
纽约大学	一年一聘,聘期最长3年,不计入试用期	医学院、牙医学院、护理学院有10年试用期,其余学院有7年试用期,试用期满不能晋升至副教授的,终止聘用(不再增加最后1年聘期)	经评审为副教授并满足下列条件的,可获得终身教职:在本校专职任教满5年;在医学院、护理学院、牙医学院任助理副教授满10年;在商学院任助理教授满9年,其余学院满7年;在其他学院或助理教授、副教授或教授满3年,之后在本校医学院、护理学院、牙医学院任助理副教授或副教授满7年,或在本校商学院任助理副教授或副教授满6年,或在本校其他学院任助理副教授满4年	经评审晋升为正教授并满足下列条件的,可获得终身教职:在本校续聘为专职教授满3年;被商学院续聘为本校正教授满10年;被商学院续聘为本校正教授满9年;在其他学院续聘满7年;被本校正教授续聘为正教授至少3年;之后被本校医学院、牙医学院、护理学院聘为正教授满7年,或被商学院聘为正教授满6年,或被其他学院聘为正教授满4年
西北大学	教员被视为终身教职系列岗位(不包括医学院),是获得最高学位前的聘用,工作时间计入终身教职试用期	首聘为本校助理教授的,聘期3年,通过中期检查的,可再聘3年,医学院助理教授可以有第三次3年聘期。在其他学校的聘用时间或在本校的客座岗位工作时间不计入晋级试用期	在本校工作不足6年的副教授,可以获得终身教职,也有可能无法获得终身教职。在本校工作满6年(医学院为9年)的副教授必须获得终身教职	可得终身教职,不能获得终身教职的,在聘用时会确定聘用周期

续　表

大学	教员	助理教授	副教授	正教授
普林斯顿大学	一年一聘,聘期最长3年	首聘3年,期满后可再聘3年	由本校助理教授晋升至副教授的,为终身教授。首聘为本校副教授的,任期3年,期满后得终身教职的,系主任推荐评审,未能获得终身教职的,续聘一年后终止聘用(由于有严格的搜寻、甄选过程,这种情况其实很少)	终身教职
伦斯勒理工学院	—	终身教职试用期不能超过6年,届满时未能晋升至副教授的,可获得最后一年聘期。在其他大学术岗位任职、且在任职时拥有博士学位或本专业最高学位的,有资格缩短试用期	以下两种情况不具有终身教职:试用期未满,由本校助理教授晋升至副教授首聘为本校副教授时;从其他学校跳槽首聘为本校副教授不满6年的,或在其他学校任职的副教授的。其不是终身教职的副教授,余的可以获得终身教职以获得终身教职	由本校终身教职副教授晋升至教授的,为终身教授。从其他学校跳槽至本校首聘为教授时已经拥有终身教职的,仍认可其终身教职。不然需要满试用期,期后经过终身教职评审
莱斯大学	聘期1年内未能获得博士学位的,转为一年一聘的代课助理教授,代课助理教授聘期最长聘期8年,拿到哲学博士学位后可转为4年聘期的助	首聘4年,第3年接受聘期检查;结果令人满意的,可续聘4年;续聘期间教师可随时申请职级晋升评审,且最迟在助理教授第7年接受职级晋升获得终身教职评审,未能晋升获得终身教职的,还有1年聘期	本校助理教授晋升为副教授的,意味着获得了终身教职;首聘为本校副教授的,聘期为3年,且教师须在聘期3年内通过评审获得终身教职	本校副教授晋升为正教授的,仍享有终身教职。首聘为本校正教授的,聘期3年,且教师须在聘期3年内通过评审得终身教职

续　表

大学	教员	助理教授	副教授	正教授
莱斯大学	理教授,担任代课助理教授的时间不计入晋升至副身教职的试用期			
斯坦福大学	获得哲学博士的,有望转为助理教授,担任教员时的任期不能计入终身教职试用期	首聘为本校助理教授的,聘期一般3~4年,最多5年;由本校续聘的,续聘期通常3~4年。在正常情况下,聘期总计不超过7年	首聘为本校副教授的,可获得终身教职,不然最多有6年聘期;在本校晋级至副教授的,可获终身教职,不然最多有7年聘期	首聘为本校正教授的,可获得终身教职,不然可有6年聘期;在本校晋级至正教授的,可获终身教职,不然可有6年聘期
塔夫茨大学	通常在1~2年聘期内转为助理教授,最长不能3年聘期	助理教授有7年试用期,在其他学校的工作时间不计入试用期。助理教授有资格申请终身教职评审	任助理教授校助理教授第六年经评审晋升至副教授职,可获得终身教职的,未能获得终身教职的,最迟须在倒数第二年通过评审获得终身教职	由本校副教授晋升至教授的,获得终身教职,未获得终身教职的,有7年试用期,最迟在倒数第二年通过评审获得终身教职
芝加哥大学	聘期一般1~2年,最多不超过4年	首聘3~4年,通过任期检查的,可续聘3~4年,任助理教授最长时间不超过7年。任教员最长时间不超过6年,任助理教授第二年,终止聘用。若不能晋升为副教授的,终止聘用	可以是终身教职的,不能获得终身教职的,双方协商确定聘期。聘期倒数第二年不能获得终身教职的,可以有最后1年聘用	可以是终身教职的,不能获得终身教职的,双方协商确定聘期。聘期倒数第二年不能获得终身教职的,可以有最后1年聘用

续　表

大学	教员	助理教授	副教授	正教授
宾夕法尼亚大学	—	终身教职试用期7年，本校卫生专业院校内原先承担临床工作的教师，可有10年试用期	终身教职试用期满未升至副教授的，不能获得终身副教授的，须从其他学院跳槽至本校首聘为副教授的，须有5年终身教职试用期；从其他学校非终身教师岗位跳槽至本校首聘为副教授的，须有7年试用期	终身教职
诺特丹大学	被视为终身教职系列的教师。一般为一年一聘，之后可再续聘2次	一般首聘为3年，任助理教授时间不能超过7年，期满未能晋升为副教授的，可聘最后1年	由本校助理教授期满后晋升至副教授的，可获得终身副教授；未获终身教职的副教授，试用期不能超过6年；期满后未能晋升为正教授的，可聘最后1年	终身教职
南加利福尼亚大学	一年一聘	被本校首聘为助理教授的，试用期一般为7年，终身教职系列的，校内外任职总计不超过12年	可以是终身教职，也可以是非终身教职。本校助理教授晋升为副教授后，是否同时获得终身教职，视各学院政策而定；外校引进的非常优秀的教师，聘为副教授时可以同时或1年后获得终身教职	本校副教授晋升为教授的同时获得终身教职；外校引进的非常优秀的教师，聘为教授时可以同时或1年后获得终身教职

续　表

大学	教员	助理教授	副教授	正教授
圣路易斯华盛顿大学	教员属于终身教职系列	终身教职试用期不能超过10年,这包括担任教员与助理教授的工作的时间,没有获得终身教授的副教授的工作时间	分为终身教职的副教授和未获得终身教职的副教授,大学建议未获得终身教职的副教授试用期为4年,具体由各学院自行决定	终身教职
耶鲁大学文理学院	助理教授前的人门职级为讲师	任助理教授首聘为4年,倒数第二年经评审可续聘,任讲师、助理教授的时间最多7年,这包含因下列原因延长试用期的时间:离校提供公共服务或服兵役;休产假、哺乳期;请病假。任助理教授期间,教师可随时提出晋级副教授的评审申请	聘期副教授*的任期是终身教职试用期余下的时间,任聘期副教授时间不能超过7年(含副教授试用期延长试用期的时间)。聘期副教授任何时候都可以申请终身教职的副教授评审,但最迟须在聘期副教授任期满的倒数第二年申请评审	获得终身教职的副教授,5年内必须接受晋升职级的评审。通过评审的,可成为终身教职的正教授
耶希瓦大学	聘期1~2年,经任期检查后可续聘,任期最长为6年	任期最长6年,满5年可申请职级晋升的评审	副教授是获得终身教职的前提。教师可以在任命教授时获得终身教职,也可以在聘为副教授5年内申请终身教职评审	正教授职级是获得终身教职的前提。教师可以在任命教授时获得终身教职;首聘为本校教授的,可在被聘为教授5年内申请终身教职评审

资料来源:根据各校《教师手册》整理而成。

* 耶鲁大学的聘期副教授指从本校助理教授晋级至副教授的,也指首聘为本校副教授的。

2. 职级晋升——以哈佛大学文理学院晋级终身教职的正教授[①]为例

在哈佛大学文理学院内,助理教授晋升至副教授、副教授晋升至终身教职的正教授评审最迟须在被聘教师任原教授职级期满的倒数第二年开始,职级评审均从基层的学系初评开始,逐级进行,程序大致相同(见表4.8)。由于副教授属于非终身教职,其评审经教师所在学院通过即可,而正教授是可以获得终身教职的职级,因此其评审还须经大学同意。

准备晋级正教授、争取终身教职是一个相当具挑战性的过程,一旦失败,一年后教师在哈佛大学的学术生涯便只能终结。对教师来说,把握时间节点、让评审材料更具竞争性,是教师任职副教授伊始就需要准备的。为了让自己的材料符合哈佛大学的评审标准,教师必须非常注重工作质量与数量。尤为关键的是,教师要根据长远的职场规划,确定重大原创性研究计划,然后投入大量精力尽可能让自己的研究成果产生重大影响,并慎重考虑何时何地以何种形式出版学术成果。受青睐的学术成果发表形式常因学科不同而各异,有些学科觉得出书比发文章有价值,有的更看重同行审查的学术杂志或高规格的学术会议。未经严格审查出版的学术成果,通常缺少影响力,即便数量众多,也不会有助于职级晋升的评审。哈佛大学的副教授比助理教授有更大的机会让同行了解自己,因为他们有更强的科研能力、更多的学术积累,他们也更有可能获得校外研究经费、担任专业杂志的评委、在研究项目经费评审小组中任职,这都是可以丰富评审材料并让同行了解自己比较有利的途径。除了研究,教学也是一个重要因素,教学工作指:教师承担的本科生、研究生课程以及学生指导工作。教师需要仔细琢磨每年的开课与教学,对自己所开设的讲座、课程、研讨会有一个大致平衡,因为学系会将教师的教学工作表放入评审卷宗,评审时学系主任也需大致介绍教师的教学情况。

表4.8　哈佛大学文理学院教师职级晋升程序

助理教授晋升至副教授程序	副教授晋升至教授程序
形成晋级卷宗	形成晋级卷宗

---

① Harvard University, Faculty of Arts and Sciences, Office for Faculty Affairs. FAS Appointment and Promotion Handbook[EB/OL]. (2018-10-30)[2019-02-24]. https://academic-appointments.fas.harvard.edu/.

续　表

助理教授晋升至副教授程序	副教授晋升至教授程序
学系委员会初审	学系委员会初审
校外专家意见	校外专家意见
学系教授表决	学系教授表决
学院评审	学院评审
	大学评审

资料来源：Harvard University，Faculty of Arts and Sciences，Office for Faculty Affairs. FAS Appointment and Promotion Handbook［EB/OL］. (2018-10-30)［2019-02-24］. https://academic-appointments. fas. harvard. edu/.

　　从教师的副教授任期计时满的倒数第二年开始，学系主任会收到来自学院的、本学系内需要参加职级晋升评审的教师名单，学系主任据此向应参加评审的老师说明评审过程，要求教师准备材料，形成卷宗，这是准予教师晋升职级的主要依据，因此卷宗须能说明教师是否达到哈佛文理学院的晋级要求：对本科生、研究生的教学、指导及效果；学术成就，对本领域的影响，能否在学术上起引领作用或其未来获得成就的可能性；教师未来对大学，甚至是对更广泛学术共同体可能做出的贡献。教师还可以提供一份其希望/不希望学校联系的、提供评审意见的校外专家名单并说明理由。学系会充分考虑教师个人意见。

　　职级晋升与终身教职评审过程是校内外专家参与、逐级鉴定的过程，主要分为5个步骤。

　　(1)学系委员会初审。学系是职级评审的基层单位，由系主任召集一个评审委员会报分院院长批准，成员为来自本学系的资深同事，若有需要，学系也邀请外系资深教授参加，这既可以确保委员们具有广泛代表性，也可以避免有利益冲突的本系教师进入评审委员会。学系评审委员会的功能是：初审参评材料，确定教师是否符合申请资格。若学系一级的委员会否决教师晋升职级的申请，分院院长须认可委员会的决定。

　　(2)校外专家意见。在多数情况下，学系评审委员会推荐继续评审，学系主任会要求3～5名校外专家评审教师的教学与研究工作，专家名单及学系发出的联系函须经分院院长同意。

　　对学系而言，选定撰写评审意见的校外专家是一个更为慎重的过程，因为这些专家要评估教师的学术影响力，因此要非常了解该教师所在领域及该领域学者，所以他们本身须是所在领域或跨学科领域积极研究的学者，但他们未必清一色都来自大学。如在科学与工程学教师的评审中，有些校外专家有可能是来自公司或研究所的高级研究人员；在人文学科教师的评审中，有些校外专家可能是颇有建树的博物馆馆长或艺术家。校外专家除了要考量教师担任副教授以来的学术工作质量，还要将教师与本学科内的同行进行比较。学系联系函会随附一份教师的个人简历、学术成果目录、研究与教学情况说明，以及供比较的学者个人网站链接。比较名单上的学者是本领域中处于不同发展时期的顶尖学者（如外校刚得终身教职的副教授、刚获得终身教职的学者，也有本领域处于引领地位的正教授），校外专家需在可资比较的学者名单中对比该教师在其特定事业发展阶段做出的成绩，并做出适当评价。被评议的教师不一定非要名列这一名单上众多学者中的第一，才算是有资格获得职级晋升与终身教职。外部专家若认为，处于当前职级中的教师，在学术引领、学术成果质量、未来有可能在本领域中的影响并不会输给别人，便会给出有利于教师晋级的评价。所有接触卷宗的人（系主任、院长、评审委员会成员、校长）都清楚同行评价的重要性，也非常认真地对待校外专家的评审意见。

（3）学系教授表决。系评审委员会根据校外专家评审意见，综合考虑教师卷宗材料，起草一份体现教师优缺点的情况说明交给学系，由该教师所在学系的教授表决是否让上一级部门继续评审该教师的申请。若教师所在学系绝大多数教授认为其已达标，那么每位表决的教授都应提供一份表决书，说明其表决意见及原因。与此同时，学系主任与评审委员会一起对该教师的评审进行总结，内容包括：概述评审过程，说明教师所在学术领域以及该学术领域与学系工作的契合度、该教师工作的优点和缺点。评审总结连同教授表决书和卷宗交给文理学院。这一环节可以让分院院长了解评审情况，确保评审过程的公正，以及评审意见确实代表本系绝大多数教授意见。

（4）学院评审。在晋级正教授评审中，学院设有"聘任与职级晋升委员会"，由经验丰富的专家组对审核标准与流程把关，但其作用仅是院长的顾问，不对职级晋升、终身教职授予表决。委员会主要讨论教师的工作是否符合文理学院终身教职的正教授任职标准，之后向院长提出意见；或否决教师的晋级申请，由学系主任将学院意见转达给教师，或建议院长将申请材料提交给教务长和校长,让教师接受学校评审。

(5)大学评审。由于副教授晋级为正教授还牵涉向教师提供终身教职,因此最终须由学校决定是否让该副教授晋级为正教授。大学设有一个特别委员会负责特别评审,向校长或教务长说明该教师是否符合文理学院正教授任职标准。委员会包括:3名校外专家、2名不与教师同一学系的本校教授、校长或教务长、教师会主席、负责教师发展与多样化的资深副校长、被评审教师所在学院院长。委员会由校长或教务长主持,由教师所在学院院长与负责"教师发展与多样化"的资深副教务长商讨后召集。与校外评审专家一样,特别委员会的校外成员是对本领域非常了解的正教授,或来自大学以外的专家,但不包括提供校外评审意见的专家(因为卷宗中已经有他们的意见),也不会考虑与评审教师利益相关的人员、合作者或其指导老师等。

在特别委员会会议上,学系内部人员也会来见证会议,他们是来自学系持有不同意见的代表,包括:学系主任,系评审委员会主席,本学系内赞成、反对该教师职级晋升的资深教授各1人。会议期间委员们向来自教师所在学系的代表提相关问题、听取各种意见后,在校长或教务长主持下讨论并逐一概述个人意见,但不表决。会议结束并不表示评审结果出炉,通常校长或教务长还会尽量获取更多信息以做出公正决定。而一旦学校做出决定,便会通知院长,由他们联系学系主任,由学系主任将评审结果通知相关老师。若教师通过了大学职级晋升与终身教职的评审,就意味着他成功晋级为拥有终身教职的正教授,不然该教师在哈佛大学还剩下最后一年任期。

(四)留任教师

1.留任教师的策略

各大学有获取新教师、支持教师学术发展、界定教师职级的政策与机制,但大学若仅止于此,未必就能保证其可以拥有一支稳定的教师队伍。无论是已经有了杰出成就的资深教师,还是有可能在未来获得杰出成就的青年教师,都是大学来之不易的学术力量,他们是辛苦招募来的,或是经学校培养获得学术成长并经校内外学术共同体成员认可的教师,大学无论是从学术效益还是从经济效益上考量,都得想方设法保留这些学术力量。对大学来说,警惕教师,尤其是重要教师的流失,是大学必须关注的事务。各校有多种策略留任教师,这些策略包括以下几点。

（1）学系、学院乃至大学定期回顾教师的绩效工资，及时发现不公平，监管非工资形式的经费支持，确保其使用的合适性与公平。

（2）通过工资或其他形式的报酬、提拔到合适的领导岗位等手段，认可教师的杰出业绩。

（3）大学与学院定期提供福利政策的信息（如教师父母与子女看护、住房、研究经费等），并要求学院院长、系主任、行政办对大学有关教师离任、护理假、怀孕及残疾人教师相关的政策了如指掌，以便教师咨询。

（4）学系主任、学院院长随时关注下列事务：本部门可能使重要教师流失的事情，少数民族教师、女教师可能遇到的特殊阻力，目前留任教师的困难。他们通常每年一次或两年一次与教师进行面谈，倾听教师对其所关注的事务发表意见，并及时回复。

（5）大学时时关注各学系、学院的诸如聘用、职级晋升、辞职等教师事务，定期通过调研评估教师的生活质量，关注各学院、学系内不同性别、种族/民族、职级的教师对教师事务的评价，及时改进与教师相关的工作上的不足。

上述策略中，大学发起的调研既关注制度，又关注机制，大学行政、教师共治组织可以根据调研结果清晰识别工作成绩、洞悉问题、确定重点关注事项、明了教师工作环境与压力来源，最终通过有的放矢的行动达到留用教师的目的。在各校开展的调研中，麻省理工学院院校研究室提供的教师调研外包服务比较成熟，也深受同类大学的青睐。

2. 麻省理工学院的教师调研外包服务

麻省理工学院的教师调研外包服务由其院校研究室副主任专门负责，其提供的调研外包服务体现出以下特点。

首先，其设计的问卷项目体现出标准化与个性化相结合的特点。麻省理工学院院校研究室作为调研的第三方，协调同类院校合作拟定共同问题，还兼顾客户大学自身具体情况，由客户大学确定一部分具有本校特色的具体问题。客户大学确定的特色问题通常由校内各学院院长及其领导团队，特别是负责学术和教师事务的院长们以及教师代表讨论后确定。根据问卷汇总的信息有助于大学针对性地分析问题并提出整改建议，问卷中就学术组织共同关注问题的回复，通常被用作各校之间可资比较的信息。

其次，调研获得的数据可信度高。这主要源自两个方面：一是 MIT 确保答卷人与需分析的调研数据匹配。客户大学教师在回答问卷时，需要通过麻省理工学院统一资源定位器(URL)上网答卷,因为很有可能不同职级、称谓的教师需要回答不同的问题,统一资源定位器可以反映出答卷人所在学院、职级与称谓,这有利于答卷结束后客户大学在做调研分析时能获得匹配数据,也可以防止与客户大学无关的人员参与或同一个教师提交多次答案,从而确保大学获取的数据无歧义,据此进行的分析结果可信度高。二是 MIT 通过提供让人放心的保密技术确保教师能真实回答问卷。为了防止受访者信息、答案被泄密而对受访者、大学造成不良影响,MIT 运用加密工具(SSL)提供安全链接,调研期间获得的资料存储在 MIT 校内网络调研服务器上,由网络管理人员 7 天/周、24 小时/天进行监控,调研截止后由 MIT 将调研获得的资料提交给客户大学,由后者存储于本校安全的中央管理服务器,MIT 同时销毁本次调研收集的受访者信息与调研数据,客户大学则在获得资源后,进行数据分析。尽管各校分析数据的组织各不相同(如哈佛大学由校内的院校研究人员负责,而斯坦福大学则由分管教师发展的副教务长组织专门委员会进行分析),但无论是哪种组织,都隶属于教务长,并且严格执行本校保密程序,与分析、保管信息无关的任何个体都无权接近受访者个体的信息与调研答卷。

　　笔者以麻省理工学院提供的、斯坦福大学实施的 2008 年教师生活质量调研为例,说明大学通过调研改善工作、留任教师的努力。

3. 教师生活质量调研——以斯坦福大学为例

　　根据 2012 年秋的数据,斯坦福大学终身教职系列教师、高级研究员、中心研究员、医学中心系列教师共 1995 名,99% 的教师拥有本专业最高学位。全部教师中,终身教职教师 1086 人,终身教职系列但尚未获得终身教职的教师 312 人。在终身教职系列教师中,正教授 865 人,副教授 252 人,助理教授 281 人,其中又有 518 名终身教职系列教师获得受赞助教授岗位。更吸引人眼球的是,这一群体中还有众多院士和重要奖项得主。

　　处于这样一个不同寻常的学术共同体中的杰出教师,很难让其他大学不垂涎、不觊觎,留任教师自然也成为其师资工作的重头戏。早在 2003 年秋,斯坦福大学就曾由"教务长顾问委员会"牵头进行过教师生活质量调研,大学根据 2004 年发布的调研报告,决定成立一个常态性的、由教师组成的"教师平等与生活质量调查小组"(Panel on Faculty Equity and Quality of Life),持续监控与留任教师有关的大学事务。2008 年由斯坦福大学"教师平等与生活质量调查小组"与 MIT 合作发起的调研是大学进行的又一次教师生活质量调研。调研组通过识别与教师满意度相关的核心指标,聚焦于教师工作环境与生活,按教师总体满意度、工作量、工作环境、教师个人生活等几个方面制成调研题目,并基于格式化回答模式,以受访人特征为自变量,将教师的满意度、离校的可能性、是否还愿意成为斯坦福大学教师等视为应变量,用分层回归的方式审视自变量与应变量之间的二元关系,解读相关性与差异。总体而言,调研工作体现出 3 个特点。

(1)答卷教师具有广泛代表性。调研结果是否客观、可信,取决于参与调研的教师及其占比是否具有代表性。若参与调研的教师具有广泛的代表性,大致可以说明大学的调研及其搜集的意见具有广泛的代表性,据此进行的分析结果可信度高。斯坦福大学在 2008 年的调研中,约 2/3 的教师参与了调研(64%),表 4.9~4.12 显示出参与调研的教师呈现出以下特征。

①参与答卷的男、女教师在全部答卷教师中的占比与本校男、女教师在全校教师中的占比大体相当(见表 4.9);

②参与答卷的不同教职教师在全部答卷教师中的占比与各职级教师在全校教师中的占比基本相当(见表 4.10);

③参与答卷的分属不同系列的教师在全部答卷教师中的占比与该系列教师在全校教师中的占比基本相当(见表 4.11);

④参与答卷的、分属不同部门的教师在全部答卷教师中的占比与各部门教师在全校教师中的占比大体相当(见表 4.12)。

表 4.9　参与调研的教师类别占比对照(按性别)

教师类别	在全校教师中的占比/%	答卷者在全部答卷教师中的占比/%
男教师	74.9	73.1
女教师	25.1	26.9

资料来源:Stanford University. Stanford University Panel on Faculty Equity and Quality of Life. Report on the Quality of Life of Stanford Faculty (2010)[EB/OL]. (2010-01-30)[2014-03-18]. https://facultydevelopment. stanford. edu/sites/default/files/documents/fqol-report-jan2010. pdf.

表 4.10　参与调研的教师类比占比对照（按职级）

教师类别	在全校教师中的占比/%	答卷者在全部答卷教师中的占比/%
助理教授	22.1	21.8
副教授	22	20.9
正教授	55.2	56.3
高级研究员	0.7	0.5
其他	0.6	0

资料来源：Stanford University. Stanford University Panel on Faculty Equity and Quality of Life. Report on the Quality of Life of Stanford Faculty（2010）[EB/OL].（2010-01-30）[2014-03-18]. https://facultydevelopment. stanford. edu/sites/default/files/documents/fqol-report-jan2010. pdf.

表 4.11　参与调研的教师类别占比（按系列）

教师类别		在全校教师中的占比/%	答卷者在全部答卷教师中的占比/%
终身教职系列	已获终身教职教师	15.8	16.7
	未获终身教职教师	54.4	58.9
非终身教职系列		7.3	8.3
医学中心系列		22.6	16.1

资料来源：Stanford University. Stanford University Panel on Faculty Equity and Quality of Life. Report on the Quality of Life of Stanford Faculty（2010）[EB/OL].（2010-01-30）[2014-03-18]. https://facultydevelopment. stanford. edu/sites/default/files/documents/fqol-report-jan2010. pdf.

表 4.12　参与调研的各部门教师占比对照（按部门）

教师所在部门	答卷者占大学教师总数的比例/%	答卷者占全校答卷教师的比例/%	教师所在部门	答卷者占大学教师总数的比例/%	答卷者占全校答卷教师的比例/%
地球科学学院	2.6	3.4	教育学院	2.6	2.9
工程学院	12.7	13.5	商学院	5.6	6.4

续　表

教师所在部门	答卷者占大学教师总数的比例/%	答卷者占全校答卷教师的比例/%	教师所在部门	答卷者占大学教师总数的比例/%	答卷者占全校答卷教师的比例/%
法学院	2.6	2.5	独立研究室/中心/研究所	0.8	0.7
人文科学学院社会科学部	8.1	8.7	人文科学学院人文学部	11.7	14.8
人文科学学院自然科学部	8.1	9.2	美国能源部斯坦福国家加速器实验室	2.2	1.6
医学院(基础医学部)	5.4	7.7	医学院(临床医学部)	37.6	28.7

资料来源：Stanford University. Stanford University Panel on Faculty Equity and Quality of Life. Report on the Quality of Life of Stanford Faculty (2010)[EB/OL]. (2010-01-30)[2014-03-18]. https://facultydevelopment. stanford. edu/sites/default/files/documents/fqol-report-jan2010. pdf.

(2)调研目的性明确。大学"保有教师队伍"的目的围绕"教师满意度"进行,对教师满意度的调研贯穿于整张问卷始末(见附录 C)。问卷伊始,便是关于教师满意度的总体调查:"总体而言,成为斯坦福大学教师,您是否满意?"与教师满意度相关的第二个问题是"若能再次选择,您是否愿意再次成为斯坦福大学教师"。与教师满意度相关的第三个问题与他们是否愿意留任有关,是"在接下来的 3 年,您是否有可能离开斯坦福大学"。

调研结果显示,79.1%(872/1102)的答卷老师对工作满意,其中"非常满意"的教师比例从 2003 年的 24%上升到 2008 年的 45%,校内对学校表示不满意的教师比例与同类 7 所私立大学的教师比例持平(15%),对学校表示满意的教师比例(80%)稍高于同类 7 所私立大学的教师比例(79%)。除了工程学院、人文与科学学院(自然科学部)、法学院,其余学院内男性教师满意度均高于女性教师;在女性教师中,对工作满意的教师比例随着职级的增高而增加。与教师满意度相关的第二个问题的调研结果显示:72%的教师选择了"愿意留任",比 2003 年的 63%要高,24%的教师"需要再考虑",只有 4%的受访教师表示"不会留任本校"。与教师满意度相关的第三个问题的调研结果显示:58.8%的老师觉得未来 3 年不可能或十分不可能离职,只有 5.1% 的教师认为他们非常有可能离职,另有 16.4% 的受访者认为他们有可能离职。"有可能"与"非常有可能"离职的主要原因是:找一个更具支持性的工作环境。

(3)基于调研发现提出建议。调研小组基于对教师工作量、教师工作环境、工作场所之外的压力来源的调研结果,提出解决措施与建议。

① 调研发现。斯坦福大学对教师工作量、教师工作环境、工作场所之外的压力来源的调研发现如下。

· 对教师工作量的调研发现。对工作量的调研旨在了解教师工作量的合理性、花在工作上的时间,以及这些时间是如何被分配的。调研结果显示如下。

就工作时间而言,不同性别中,女教师平均每周用于工作的时间(61.9 小时/周)略多于男教师(60 小时/周);不同职级中,职级越低的教师周平均工作时间越长,助理教授每周的平均工作时间(63.1 小时/周)要显著多于正教授(59.3 小时/周);教师平均周工作时间最长的单位(医学院临床学部,64.5 小时/周)比工作时间最短的单位(人文学院人文学部,55.6 小时/周)要多出 9 个小时;各学院、各性别、各职级的专职教师每周工作时间远远高于 40 小时/周的法定时间。

就工作时间分配而言,男、女教师用于与学生交流(15.2 小时/周,14.2 小时/周)、行政管理(13.7 小时/周,13.5 小时/周)的时间基本相当,花在教师主要工作上(54.3 小时/周,54.4 小时/周)的时间也基本相当。不同职级教师工作时间分配大不相同,助理教授用于研究(41.2 小时/周)的时间多于行政工作(6.9 小时/周)、校外工作(0.6 小时/周)时间,正教授花在行政工作(16.8 小时/周)和校外工作(2.2 小时/周)上的时间多于副教授(11.7 小时/周,1.1 小时/周)与助理教授。人文学院人文学部教师花在教学(33 小时/周)上的时间为全校之最,商学院(29 小时/周)、法学院(28 小时/周)和教育学院(26 小时/周)的教师紧随其后,医学院基础医学部的教师花在研究(46 小时/周)上的时间为全校之最,之后依次为商学院(42 小时/周)、人文学院社会科学部(41 小时/周)、美国能源部斯坦福国家加速器实验室(SLAC,40 小时/周)的老师们,工程学院教师花在校外提供付费咨询(4 小时/周)上的时间多于其他学院的教师。

就工作量而言,49.8% 的受访教师认为工作量"合适";49.8% 的教师认为工作量"太重"或"过于重",其中,认为工作量太重或过于重的女性(59.5%)比男性教师(45.1%)的比例高,33.3% 的女教师与 24.4% 的男教师认为他们的研究任务太重或过于重,30.7％的受访女教师、19.4％的男教师认为他们与学生交流的工作量太重或过于重,女性副教授与教授认为工作量合理的人数比例要低于同职级男性教师。

另一个与工作量有关的问题是,"我不得不比其他同事更努力才能成为一个真正的学者"。相比较而言,认同这一说法的教师中,少数民族教师与亚裔教师人数比例要高于白种人教师比例,认同这一说法的女性教师比例要高于男性教师,那些认为自己不得不比其他同事更努力才能成为真正学者的教师通常工作时间要高于教师每周的平均工作时间。

• 对教师工作环境的调研发现。对教师工作环境的调研分为3个部分:是否受到所在学术单位支持;是否获得本校同事支持;是否觉得大学提供了支持性环境。斯坦福大学教师认为获得同事和单位支持的教师比例(73.14％)要高于同类6所私立大学(68.94％)。

就"是否受到所在学术单位支持"这一问题,除了法学院,各学院女性教师普遍认为自己不如男教师更能获得单位支持,人文与科学学院(自然科学部)、人文与科学学院(社会科学部)、医学院(基础医学部)的女教师对此感觉尤甚;在不同职级教师中,女性教师也认为其得到单位的支持不如男性教师。

就"是否获得本校同事支持"这一问题,除法学院,各学院女性教师普遍认为男教师更能获得同事支持,商学院、人文与科学学院(社会科学部)、医学院(临床医学部)女教师对此感觉尤甚;在不同职级教师中,各职级女教师普遍认为同职级男教师更能获得同事支持。

就"是否觉得大学提供了支持性环境"这一问题,肯定大学支持性环境的女教师比例(3.58％)大大低于男教师比例(80.4％)。

• 对工作场所之外的压力来源的调研发现。多数教师认为生活成本是工作场所之外最大的压力来源,其他的依次为:住房,照顾子女,照顾家中病人、老人和残疾人,本人的医疗,参加大学外的社会团体。与另外5所私立大学调研结果的比较显示,斯坦福大学内因生活成本感觉到"巨大压力"的教师比例(25.5％)高于同类学校均值(12.4％),感觉"一点也没有压力"的教师比例(28.7％)明显低于同类大学均值(50.3％);认为"存在巨大压力"的本校助理教授占比(37％)、副教授占比(35％)明显高于有同样选择的正教授占比(17％);认为"一点压力也没有"的助理教授占比(17％)、副教授占比(17％)明显低于正教授占比(37％)。

对这一问题的调研还涉及大学的保育政策与家属政策。在回答"大学如何做能更好帮助你平衡工作与个人/家庭职责"这一问题时,多数教师提到了"照顾子女",在家中有0~4岁幼童的189名答卷教师中,92.6%的教师认为照看子女"有点压力"或"压力巨大";在需要照顾子女的教师中,因个人原因减少教学/临床工作、任期计时延期的女教师比例高于受访男教师;在关于斯坦福大学配偶福利中,41.7%的受访助理教授回答其配偶找不到合适的工作。

② 针对性建议。调查小组的针对性建议分为三个部分。

针对上述工作时间与工作环境的调研发现,调查小组提出如下建议:努力增加教师多样性,特别是在少数民族教师、女性教师人数较少的部门增加这类教师的人数,并在资源分配、教师搜寻中体现这一主张;部门领导经常与老师交流,规范与离校教师的离职面谈,以便更全面了解有利于或阻碍教师发展与留任的各种情况,努力辨识有助于优化工作环境的措施;职能部门开发更多有效方法评估、解决工作环境方面的问题,特别是少数民族教师与女性教师面临的工作环境问题;根据调研结果确定不能提供支持性工作环境的部门,约谈所在学院院长,要求校内所有单位——特别是在工作环境评价中有明显落差的单位——形成具体策略,处理存在问题;学校领导、学院院长们评估现有的青年教师指导工作的有效性,建立具体的效能指标以确保助理教授、副教授都能得到充分的、个性化的职业/专业指导。

对于教师中普遍存在的工作场所之外的压力,尽管大学已经通过住房工作、众多校内的保育中心、子女看护援助、青年教师探亲援助等方法分配资源、降低教师生活成本,但是高生活成本仍严重影响许多教授的生活质量,也影响大学录用、留用教师的工作。为此调查小组提出4点旨在帮助减轻教师生活压力的建议:提供可与其他学校匹敌的薪酬,继续加强关涉教师的住房工作、父母护理等援助工作,以缓解高生活成本带给教师的压力;建造更多的保育中心,延长现有的保育中心、幼儿园工作时间,提高孩子放学后的看护质量,努力满足教师提出的校内看护孩子的需求;努力帮助教师减少工作/家庭冲突,根据教师的满意度、职称晋升与教师留任等情况,比较同类学校措施,评估大学延长任期计时、减少教学与临床工作量的政策;更努力帮助教师配偶就业,并确保有需要的教师都能获得这类援助。

就教师生活质量调研这一行动的建议。大学教师的多样性、公平与生活质量对于大学履行其核心使命至关重要,调研小组建议大学定期调研教师生活质量,集中研究与多样性、青年教师指导、学术环境、教师工作/家庭事务有关的政策与工作的有效性,并就"与教师多样性、公平、生活质量"相关的政策和工作与同类大学合作制定评估指标,既用于校际比较,也借此评估本校今后取得的进步。这一建议得到大学的支持,斯坦福大学不但决定保留调研小组以及处理教师公平、多样性、生活质量等事务的行政岗位,以便调研小组周期性地与各学系主任、学院院长会面,探讨与其单位相关的问题、提出相应的补救措施,还决定就关涉教师多样性、公平、生活质量的工作确定目标以及实现这些目标的计划,将目标的阶段性成绩视为学术领导年度工作绩效的评估内容。

第二节　美国私立大学的学科资源

此处笔者提供的各校学科资源质量的依据主要为:《美国新闻与世界报道》(*U. S. News & World Report*)公布的学科全球排名与各校专业学院的全美排名。

一、大学高质量的学科资源

(一)学科全球排名

1. 数据来源

本书中关于30所美国私立大学的学科全球排名数据来源于《美国新闻与世界报道》于2019年秋、2020年初公布的全球学科排名结果。

《美国新闻与世界报道》与科睿唯安公司(Clarivate Analytics)合作,首先根据科睿唯安公司的Web of Science数据库中的学科集合,对2013—2017年的文献进行计量,按不同的学科特点确定有资格参与排名的大学其特定学科文献的最低数量。当年达到最低文献计量门槛、可参与排名的大学数量因学科不同而有所不同,表4.13是各学科在2013—2017年参与学科排名的最低文献数量要求、不同学科有资格参与学科排名的大学数量以及《美国新闻与世界报道》最终公布的各学科排名结果的大学数量,不同学科其文献数量最低门槛为200篇或250篇,最低可参与学科排名的大学数量从159所(机械工程)到1188所(化学)不等。其次,《美国新闻与世界报道》根据学科所在领域不同的出版特点,确定该学科的排名因子数量(见

表 4.14)及权重(见表 4.15),并根据排名因子、权重及 Z 分,计算得出排名结果。科睿唯安公司提供的以下三类指标数据至关重要。

(1)声誉指标。声誉指标用于表征各学科领域近 5 年在全球范围内、地区范围内的研究声誉。调研前,科睿唯安公司收集其 Web of Science 数据库中已发表成果的学者信息,根据他们的地域分布,按比例挑选出受访者,邀请他们对自己所熟悉的学科发表意见。受访者根据自己对某一大学学科领域、学系一级的了解给出等级。26810 人接受了调研,其中 68% 为学术人员,13% 为研究人员,8% 为高级领导,4% 为研究生,7% 为其他人员,科睿唯安公司剔除了受访者对其母校的评价后,计算得出声誉调研结果。

(2)文献计量指标。《美国新闻与世界报道》用于排名的文献计量指标源于科睿唯安公司对 2013—2017 年 Web of Science 数据库文献进行的下列数据的统计。

①期刊文献数量。这一指标统计的是一所大学的某一特定学科以评论、文章等形式在高质量、有影响力期刊上发表的文献总数,用于衡量其总的研究成果产量。这一指标与规模密切相关,也与学科特点密切相关,因为一些学科(如医学)往往比其他学科发表更多文献。

②著作数量。《美国新闻与世界报道》纳入这一指标,是兼顾了以社会科学、人文学科为重点的大学的学术成果,因为这往往是社会科学、人文学科重要的出版载体。

③学术会议。《美国新闻与世界报道》纳入这一指标,兼顾的是与工程、计算机科学相关的学科,因为这些领域的研究突破很多通过学术会议论文为同行所知。

④标准化论文引用影响指数(normalized citation impact,NCI)[①]。NCI 被用于考察同行论文(发表于同一年、同一学科、相同文献类型的成果)的相对被引表现,以表示大学某一特定学科研究的影响力,并且不受规模、办学历史的影响。这一指标也避免了不同研究领域学术成果的出版类型、形式与周期不同导致的不可比性。

---

① NCI 既可以用来评估研究产出、质量、趋势,也可以用于了解成果的学术贡献。比如论文 A 是发表于 2018 年的,学科为图书情报,类型为学术论文,它的被引频次为 15 次,全球同行论文(同样发表于 2018 年的、学科为图书情报、类型为学术论文)的被引频次是 12.14 次(篇均被引频次),那么 A 的指数就是 15/12.14=1.24,大于 1 表明高于全球平均水平,小于 1 表明低于全球平均水平。

⑤总被引。这一指标用于衡量学术成果对全球研究共同体的影响力，用总被引这一指标可以克服不同大学内不同学科领域、成果出版类型与周期导致的不可比性。

⑥同一学科领域被引排名前10%的出版物数量。这一指标可以说明大学及其学科出产优秀研究成果的数量，每篇文献根据被引数用百分位定位，以区别同年相同学科领域与出版类型的其他文献。

⑦被引前10%的文献占出版物总量的比例。这一指标强调成果质量，与生产规模无关。

⑧置于国家语境中的国际合作。指"国际合著文献占产出的文献总量"这一比例除以"该学科所在国国际合著文献占该国这一学科产出的文献总量"这一比例而得出的百分比。因为学界通常认为最好的研究可以吸引国际合作者，因此这一指标用来表示研究的质量。

⑨国际合作。大学拥有国际合著文献的比例，这一指标同样用于表征研究成果的质量。

（3）科学卓越指标。科学卓越指标包含两个方面。

①在所在领域被引前1%的文献数量。这一高被引文献指标显示的是被科睿唯安公司基本科学指标（essential science indicators，ESI）分类为高被引文献的数量，是科睿唯安公司从 Web of Science 数据库的 22 个领域中每个领域被引前1%的文献数量，可以衡量全球相同主题领域的研究成果，用来说明科学卓越和最高质量的研究。

②被引前1%的文献占本校出版物的比例。这一指标和成果产量无关，和质量有关。

表 4.13　学科的文献计量要求及参与排名的所属大学数量

学科	最低文献量要求/篇	参与排名的大学数量/所	《美国新闻与世界报道》公布的被排名大学数量/所
艺术与人文	250	323	250
农业科学	250	318	250
生物与生物化学	200	620	500
心脑血管系统学	200	287	249
临床医学	250	1,093	749

续　表

学科	最低文献量要求/篇	参与排名的大学数量/所	《美国新闻与世界报道》公布的被排名大学数量/所
免疫学	200	316	250
微生物学	200	241	200
分子生物学与遗传学	250	448	399
神经科学与行为	250	453	400
肿瘤学	250	416	249
药理学与毒理学	250	360	250
动植物科学	250	600	500
精神病学/心理学	250	416	250
外科学	250	284	250
化学	250	1188	750
环境/生态学	250	536	500
地球科学	250	412	250
材料科学	250	685	500
数学	250	408	250
物理学	250	911	750
空间科学	200	269	250
土木工程	200	166	100
计算机科学	250	576	500
电气与电子工程	250	452	400
工程学	250	909	750
机械工程	200	159	100
经济与商业	250	274	250
社会科学与公共卫生	250	614	500

资料来源：Morse R，Vega-Rodriguez J. How U. S. News Calculated the Best Global Universities Subject Rankings：Find Out How U. S. News Determined the Top Universities in the World by Field of Study［EB/OL］.（2019-10-21）［2020-07-02］. https://www. usnews. com/education/best-global-universities/articles/subject-rankings-methodology.

表 4.14　不同学科排名因子数量

不同特点的学科	具体学科	排名因子数量
艺术与人文	艺术与人文	11
计算机科学与工程学	计算机科学,工程学	12
硬科学	农业科学,生物学与生物化学,化学,临床医学,环境/生态学,地球科学,免疫学,材料科学,微生物学,分子生物学与遗传学,神经科学与行为,药理学与毒理学,物理学,动植物科学,精神病学/心理学,空间科学	11
硬科学	心脑血管系统学,肿瘤学,外科学	10
不同特点的学科	具体学科	排名因子数量
软科学	经济与商业,数学,社会科学与公共卫生	11
软科学	土木工程,电气与电子工程,机械工程	10

资料来源：Morse R，Vega-Rodriguez J. How U. S. News Calculated the Best Global Universities Subject Rankings;Find Out How U. S. News Determined the Top Universities in the World by Field of Study[EB/OL].(2019-10-21)[2020-07-02]. https://www. usnews. com/education/best-global-universities/articles/subject-rankings-methodology.

表 4.15　不同学科排名因子权重

单位：%

排名因子	硬科学中11个排名因子的权重	软科学中11个排名因子的权重	艺术与人文学科排名因子的权重	硬科学中10个排名因子的权重	软科学中10个排名因子的权重	计算机科学与工程学排名因子的权重
全球研究声誉	12.5%	12.5%	20%	—	—	12.5%
区域研究声誉	12.5%	12.5%	15%	—	—	12.5%
出版物数量	15%	17.5%	10%	17.5%	12.5%	10%
著作	—	—	15%	—	—	—
学术会议	—	—	5%	2.5%	10%	7.5%

续　表

排名因子	硬科学中11个排名因子的权重	软科学中11个排名因子的权重	艺术与人文学科排名因子的权重	硬科学中10个排名因子的权重	软科学中10个排名因子的权重	计算机科学与工程学排名因子的权重
标准化论文引用影响指数	10%	7.5%	7.5%	12.5%	10%	7.5%
总被引	15%	12.5%	7.5%	17.5%	15%	12.5%
被引排名前10%的出版物数量	10%	12.5%	7.5%	12.5%	15%	12.5%
被引前10%的文献占出版物总量的比例	5%	5%	7.5%	7.5%	7.5%	5%
在所在领域被引前1%的高被引文献数量	5%	5%	—	7.5%	7.5%	5%
被引前1%的高被引文献占总出版物的比例	5%	5%	—	7.5%	7.5%	5%
国际合作——置于国家中	5%	5%	2.5%	7.5%	7.5%	5%
国际合作	5%	5%	2.5%	7.5%	7.5%	5%

资料来源：Morse R，Vega-Rodriguez J. How U. S. News Calculated the Best Global Universities Subject Rankings：Find Out How U. S. News Determined the Top Universities in the World by Field of Study[EB/OL]. (2019-10-21)[2020-07-02]. https://www. usnews. com/education/best-global-universities/articles/subject-rankings-methodology.

2. 质量表征

笔者根据《美国新闻与世界报道》公布的28门学科全球排名结果整理出表4.16～4.21,表中数据显示,30所大学的学科资源呈现出"峰峦叠嶂"的样态,其中有24所大学拥有位列全球前50位的学科。

(1)波士顿大学:心脑血管系统学、临床医学、神经科学与行为、精神病学/心理学、物理学、经济与商业、社会科学与公共卫生。

(2)布朗大学:材料科学、数学。

(3)加州理工学院:生物与生物化学、化学、地理学、物理学、太空科学。

（4）卡内基梅隆大学：计算机科学、工程学。

（5）凯斯西储大学：外科学。

（6）哥伦比亚大学：除了药物毒理学（60）、动植物科学（237）、电气与电子工程（94）、工程学（81），其余参与排名的学科均名列全球前50位。

（7）康奈尔大学：艺术与人文、农业科学、生物与生物化学、临床医学、免疫学、微生物学、分子生物学与遗传学、肿瘤学、动植物科学、精神病学/心理学、外科学、化学、环境/生态学、物理学、经济与商业、社会科学与公共卫生。

（8）达特茅斯学院：经济与商业。

（9）杜克大学：除了生物科学与医学的全部排名学科名列全球前50位，艺术与人文、环境/生态学、数学、经济与商业、社会科学与公共卫生也位列全球前50位。

（10）埃默里大学：心脑血管系统学、临床医学、免疫学、微生物学、神经科学与行为、肿瘤学、动植物科学、精神病学/心理学、外科学、社会科学与公共卫生。

（11）哈佛大学：除了电气与电子工程（136），其余参与排名的学科全部名列全球前50位。

（12）约翰斯·霍普金斯大学：太空科学、社会科学与公共卫生，以及生物科学与医学参与排名的学科全部名列全球前50位。

（13）麻省理工学院：除了心脑血管系统学（89）、环境/生态学（119），其余参与排名的学科全部名列全球前50位。

（14）纽约大学：艺术与人文、生物与生物化学、临床医学、免疫学、微生物学、神经科学与行为、肿瘤学、精神病学/心理学、外科学、数学、电气与电子工程、经济与商业、社会科学与公共卫生。

（15）西北大学：艺术与人文、心脑血管系统学、临床医学、神经科学与行为、肿瘤学、精神病学/心理学、外科学、化学、材料科学、物理学、经济与商业、社会科学与公共卫生。

（16）普林斯顿大学：除了临床医学（265）、材料科学（113）、社会科学与公共卫生（65）、微生物学（70）、分子生物学与遗传学（76）、动植物科学（72），其余参与排名的学科均名列全球前50位。

（17）莱斯大学：材料科学。

（18）斯坦福大学：参与排名的学科均名列全球前50位。

（19）芝加哥大学：艺术与人文、生物与生物化学、临床医学、免疫学、微生物学、分子生物学与遗传学、肿瘤学、精神病学/心理学、化学、材料科学、数学、物理学、太空科学、经济与商业。

（20）宾夕法尼亚大学：艺术与人文、生物与生物化学、心脑血管系统学、临床医学、免疫学、微生物学、分子生物学与遗传学、神经科学与行为、肿瘤学、药理学与毒理学、精神病学/心理学、外科学、材料科学、数学、经济与商业、社会科学与公共卫生。

（21）南加利福尼亚大学：生物与生物化学、神经科学与行为、肿瘤学、计算机科学、电气与电子工程、经济与商业。

（22）范德堡大学：临床医学、肿瘤学、药理学与毒理学、外科学。

（23）圣路易斯华盛顿大学：生物与生物化学、心脑血管系统学、临床医学、免疫学、微生物学、分子生物学与遗传学、神经科学与行为、肿瘤学、精神病学/心理学、外科学。

（24）耶鲁大学：除了药理学与毒理学（82）、动植物科学（53）、材料科学（119）、数学（101），其余参与排名的学科均名列全球前50位。

表4.16　30所大学的学科全球排名概况（1）

大学	艺术与人文	农业科学	生物科学与医学											
			生物与生物化学	心脑血管系统学	临床医学	免疫学	微生物学	分子生物学与遗传学	神经科学与行为	肿瘤学	药理学与毒理学	动植物科学	精神病学/心理学	外科学
波士顿大学	76		65	10	46	102		83	45	232			45	104
布朗大学	101		177	178	100	117		244	62	184			70	129
加州理工学院			29					57	77					
卡内基梅隆大学	76		218		508				163				77	
凯斯西储大学	16		156	86	66	54		127	88	70	120	237	183	47
哥伦比亚大学			14	3	10	26	19	12	7	39	60		5	14
康奈尔大学	43	5	10	100	32	15	15	19	52	6	83	3	43	24
达特茅斯学院			248		143	207	146	272	142	117			115	100
杜克大学	41		20	2	9	24	11	33	26	16	25	17	10	15
埃默里大学	147		86	15	21	16	18	63	27	33	52		35	12
乔治敦大学	62		157		170	134		218	210	114				167
乔治·华盛顿大学	192		398	188	176			309	205				244	171
哈佛大学	2	22	1	1	1	1	1	1	1	1	1	13	1	1

续 表

大学	艺术与人文	生物科学与医学												
		农业科学	生物与生物化学	心脑血管系统学	临床医学	免疫学	微生物学	分子生物学与遗传学	神经科学与行为	肿瘤学	药理学与毒理学	动植物科学	精神病学/心理学	外科学
约翰斯·霍普金斯大学	89		9	6	2	4	14	7	6	2	8		25	2
麻省理工学院	12		2	89	15	3	2	2	3	8	9		25	
纽约大学	7		28	71	46	40	34	59	13	42	209		17	31
西北大学	38		53	13	28	76	120	100	33	47	142		34	21
普林斯顿大学	18		48		265		70	76	48			72	46	
伦斯勒理工学院			405											
莱斯大学	194		222		684									
斯坦福大学	10		3	6	5	8	10	3	2	19	11	34	3	13
塔夫茨大学	238	92	174	98	116	100	132	242	159		139	419	239	177
芝加哥大学	17		22	94	37	32	23	22	84	26	103	156	41	51
诺特丹大学	92		365										207	
宾夕法尼亚大学	15		17	8	8	11	6	9	8	10	34	108	11	9
南加利福尼亚大学	72		45	137	53	122	74	57	48	28	100		53	59

续　表

大学	艺术与人文	生物科学与医学												
		农业科学	生物与生物化学	心脑血管系统学	临床医学	免疫学	微生物学	分子生物学与遗传学	神经科学与行为	肿瘤学	药理学与毒理学	动植物科学	精神病学/心理学	外科学
范德堡大学	129		63	55	26	51	105	61	76	11	46		52	32
圣路易斯华盛顿大学	143		26	44	20	7	8	13	9	21	132	140	47	8
耶鲁大学	4		21	46	14	6	21	18	16	11	82	53	4	30
耶希瓦大学			159	108	121	95	96	90	85	87			174	174

资料来源：U. S. News. Global Universities, Subject Rankings[EB/OL]. (2020-03-16)[2020-07-02]. https://www.usnews.com/education/best-global-universities.

4.17　30所大学的学科全球排名概况（2）

大学	自然科学							工程技术					社会科学	
	化学	环境/生态学	地理学	材料科学	数学	物理学	大空科学	土木工程	计算机科学	电气与电子工程	工程学	机电工程	经济与商业	社会科学与公共卫生
波士顿大学	287	86	81	302		42	210				323		44	42
布朗大学	92	123	138	35	28	127	186				420			76
加州理工学院	10	144	1	57	80	6	1			100	52			
卡内基梅隆大学	54	306		126	68	131	97		18	56	41		88	172
凯斯西储大学	155			81	432	117	117				474			220
哥伦比亚大学	48	28	4	27	6	11	33		50	94	81		7	8
康奈尔大学	44	30	67	55	92	23	64		89		146		20	88
达特茅斯学院	158	8	115	91	50	77			198	165	172		49	16
埃默里大学	177	315		174									16	40
乔治敦大学													130	110
乔治·华盛顿大学	704					552					606		133	71
哈佛大学	15	5	7	7	12	4	2		47	136	27		1	1
约翰斯·霍普金斯大学	166	258	132	119	119	107	20		220	237	150		185	2

续　表

大学	自然科学							工程技术					社会科学	
	化学	环境/生态学	地理学	材料科学	数学	物理学	太空科学	土木工程	计算机科学	电气与电子工程	工程学	机电工程	经济与商业	社会科学与公共卫生
麻省理工学院	3	119	8	3	3	1	18	23	10	19	2	13	2	28
纽约大学	354			328	7	131	67		59	25	81		9	29
西北大学	5			12	106	49	87		176		148		10	43
普林斯顿大学	17	13	9	113	4	8	5		15	29	47	12	15	65
伦斯勒理工学院	408			119		504					280			
莱斯大学	119	248	163	14	87	82	6				224	383		386
斯坦福大学	2	3	27	2	1	2			9	47	10	35	4	3
塔夫茨大学	517	275		402		300								183
芝加哥大学	12	106	70	30	14	5	8		194	125	85	67	5	51
诺特丹大学	131	174		237	218	186	146		214	217	336		113	342
宾夕法尼亚大学	54	275		45	46	71	74		184	212	212		6	22
南加利福尼亚大学	217		90	128	136	417			24	38	104		34	
范德堡大学	287	234	229	156		271	195				343		195	
圣路易斯华盛顿大学	391	234	229	239		412	232				412		131	

续　表

大学	自然科学								工程技术					社会科学	
	化学	环境/生态学	地理学	材料科学	数学	物理学	天空科学		土木工程	计算机科学	电气与电子工程	工程学	机电工程	经济与商业	社会科学与公共卫生
耶鲁大学	46	12	37	119	101	14	16					312		11	
耶希瓦大学															

资料来源：U. S. News. Global Universities. Subject Rankings[EB/OL]. (2020-03-16) [2020-07-02]. https://www. usnews. com/education/best-global-universities.

表 4.18　30 所大学的学科全球排名（生物科学与医学）(1)

农业科学	生物与生物化学	心脑血管系统	临床医学	免疫学	微生物学	分子生物学与遗传学
5 康奈尔大学	1 哈佛大学	1 哈佛大学	1 哈佛大学	1 哈佛大学	1 哈佛大学	1 哈佛大学
22 哈佛大学	2 麻省理工学院	2 杜克大学	2 约翰斯·霍普金斯大学	3 麻省理工学院	2 麻省理工学院	2 麻省理工学院
92 塔夫茨大学	3 斯坦福大学	3 哥伦比亚大学	5 斯坦福大学	4 约翰斯·霍普金斯大学	6 宾夕法尼亚大学	3 斯坦福大学
	9 约翰斯·霍普金斯大学	6 约翰斯·霍普金斯大学	8 宾夕法尼亚大学	6 耶鲁大学	8 圣路易斯华盛顿大学	7 约翰斯·霍普金斯大学
	10 康奈尔大学	6 斯坦福大学	9 杜克大学	7 圣路易斯华盛顿大学	10 斯坦福大学	9 宾夕法尼亚大学
	14 哥伦比亚大学	8 宾夕法尼亚大学	10 哥伦比亚大学	8 斯坦福大学	11 杜克大学	12 哥伦比亚大学
	17 宾夕法尼亚大学	10 波士顿大学	14 耶鲁大学	11 宾夕法尼亚大学	14 约翰斯·霍普金斯大学	13 圣路易斯华盛顿大学
	20 杜克大学	13 西北大学	15 麻省理工学院	15 康奈尔大学	15 康奈尔大学	18 耶鲁大学
	21 耶鲁大学	15 埃默里大学	20 圣路易斯华盛顿大学	16 埃默里大学	18 埃默里大学	19 康奈尔大学
	22 芝加哥大学	44 圣路易斯华盛顿大学	21 埃默里大学	24 杜克大学	19 哥伦比亚大学	22 芝加哥大学
	26 圣路易斯华盛顿大学	46 耶鲁大学	26 范德堡大学	26 哥伦比亚大学	21 耶鲁大学	33 杜克大学

续 表

农业科学	生物与生物化学	心脑血管系统	临床医学	免疫学	微生物学	分子生物学与遗传学
	28 纽约大学	55 范德堡大学	28 西北大学	32 芝加哥大学	23 芝加哥大学	57 加州理工学院
	29 加州理工学院	71 纽约大学	32 康奈尔大学	40 纽约大学	34 纽约大学	57 南加利福尼亚大学
	45 南加利福尼亚大学	86 凯斯西储大学	37 芝加哥大学	51 范德堡大学	70 普林斯顿大学	59 纽约大学
	48 普林斯顿大学	89 麻省理工学院	46 波士顿大学	54 凯斯西储大学	74 南加利福尼亚大学	61 范德堡大学
	53 西北大学	94 芝加哥大学	46 纽约大学	76 西北大学	96 耶希瓦大学	63 埃默里大学
	63 范德堡大学	98 塔夫茨大学	53 南加利福尼亚大学	95 耶希瓦大学	105 范德堡大学	76 普林斯顿大学
	65 波士顿大学	100 康奈尔大学	66 凯斯西储大学	100 塔夫茨大学	120 西北大学	83 波士顿大学
	86 埃默里大学	108 叶史瓦大学	100 布朗大学	102 波士顿大学	132 塔夫茨大学	90 耶希瓦大学
	156 凯斯西储大学	137 南加利福尼亚大学	116 塔夫茨大学	117 布朗大学	146 达特茅斯学院	100 西北大学
	157 乔治敦大学	178 布朗大学	121 耶希瓦大学	122 南加利福尼亚大学		127 凯斯西储大学
	159 耶希瓦大学	188 乔治·华盛顿大学	143 达特茅斯学院	134 乔治·华盛顿大学		218 乔治敦大学

续 表

农业科学学	生物与生物化学	心脑血管系统	临床医学	免疫学	微生物学	分子生物学与遗传学
	174 塔夫茨大学		170 乔治敦大学	207 达特茅斯学院		242 塔夫茨大学
	177 布朗大学		176 乔治·华盛顿大学			244 布朗大学
	218 卡内基梅隆大学		265 普林斯顿大学			272 达特茅斯学院
	222 莱斯大学		508 卡内基梅隆大学			309 乔治·华盛顿大学
	248 达特茅斯学院		684 莱斯大学			
	365 诺特丹大学					
	398 乔治·华盛顿大学					
	405 伦斯勒理工学院					

资料来源：U. S. News. Global Universities, Subject Rankings[EB/OL]. (2020-03-16)[2020-07-02]. https://www. usnews. com/education/best-global-universities.

表 4.19　30 所大学的学科全球排名（生物科学与医学）（2）

神经科学与行为	肿瘤学	药理学与毒理学	动植物科学	精神病学/心理学	外科学
1 哈佛大学	1 哈佛大学	1 哈佛大学	3 康奈尔大学	1 哈佛大学	1 哈佛大学
2 斯坦福大学	2 约翰斯·霍普金斯大学	8 约翰斯·霍普金斯大学	13 哈佛大学	3 斯坦福大学	2 约翰斯·霍普金斯大学
3 麻省理工学院	6 康奈尔大学	9 麻省理工学院	17 杜克大学	4 耶鲁大学	8 圣路易斯华盛顿大学
6 约翰斯·霍普金斯大学	8 麻省理工学院	11 斯坦福大学	34 斯坦福大学	5 哥伦比亚大学	9 宾夕法尼亚大学
7 哥伦比亚大学	10 宾夕法尼亚大学	25 杜克大学	53 耶鲁大学	10 杜克大学	12 埃默里大学
8 宾夕法尼亚大学	11 范德堡大学	34 宾夕法尼亚大学	72 普林斯顿大学	11 宾夕法尼亚大学	13 斯坦福大学
9 圣路易斯华盛顿大学	11 耶鲁大学	46 范德堡大学	108 宾夕法尼亚大学	17 纽约大学	14 哥伦比亚大学
13 纽约大学	16 杜克大学	52 埃默里大学	140 圣路易斯华盛顿大学	25 约翰斯·霍普金斯大学	15 杜克大学
16 耶鲁大学	19 斯坦福大学	60 哥伦比亚大学	156 芝加哥大学	25 麻省管理工学院	21 西北大学
26 杜克大学	21 圣路易斯华盛顿大学	82 耶鲁大学	237 哥伦比亚大学	34 西北大学	24 康奈尔大学
27 埃默里大学	26 芝加哥大学	83 康奈尔大学	419 塔夫茨大学	35 埃默里大学	30 耶鲁大学
33 西北大学	28 南加利福尼亚大学	100 南加利福尼亚大学		41 芝加哥大学	31 纽约大学

续 表

神经科学与行为	肿瘤学	药理学与毒理学	动植物科学	精神病学/心理学	外科学
45 波士顿大学	33 埃默里大学	103 芝加哥大学		43 康奈尔大学	32 范德堡大学
48 普林斯顿大学	39 哥伦比亚大学	120 凯斯西储大学		45 波士顿大学	47 凯斯西储大学
48 南加利福尼亚大学	42 纽约大学	132 圣路易斯华盛顿大学		46 普林斯顿大学	51 芝加哥大学
52 康奈尔大学	47 西北大学	139 塔夫茨大学		47 圣路易斯华盛顿大学	59 南加利福尼亚大学
62 布朗大学	70 凯斯西储大学	142 西北大学		52 范德堡大学	100 达特茅斯学院
76 范德堡大学	87 耶希瓦大学	209 纽约大学		53 南加利福尼亚大学	104 波士顿大学
77 加州理工学院	114 乔治敦大学			70 布朗大学	129 布朗大学
84 芝加哥大学	117 达特茅斯学院			77 卡内基梅隆大学	167 乔治敦大学
85 耶鲁大学	184 布朗大学			115 达特茅斯学院	171 乔治·华盛顿大学
88 凯斯西储大学	232 波士顿大学			174 耶希瓦大学	174 耶希瓦大学
142 达特茅斯学院				183 凯斯西储大学	177 塔夫茨大学
159 塔夫茨大学				207 诺特丹大学	

续　表

神经科学与行为	肿瘤学	药理学与毒理学	动植物科学	精神病学/心理学	外科学
163 卡内基梅隆大学				239 塔夫茨大学	
205 乔治·华盛顿大学				244 乔治·华盛顿大学	
210 乔治敦大学					

资料来源：U. S. News. Global Universities，Subject Rankings[EB/OL]. (2020-03-16) [2020-07-02]. https://www. usnews. com/education/best-global-universities.

表 4.20 30所大学的学科全球排名（自然科学）

化学	环境/生态学	地理学	材料科学	数学	物理学	太空科学
2 斯坦福大学	3 斯坦福大学	1 加州理工学院	2 斯坦福大学	1 斯坦福大学	1 麻省理工学院	1 加州理工学院
3 麻省理工学院	5 哈佛大学	4 哥伦比亚大学	3 麻省理工学院	3 麻省理工学院	2 斯坦福大学	2 哈佛大学
5 西北大学	8 杜克大学	7 哈佛大学	7 哈佛大学	4 普林斯顿大学	4 哈佛大学	5 普林斯顿大学
10 加州理工学院	12 耶鲁大学	8 麻省理工学院	12 西北大学	6 哥伦比亚大学	5 芝加哥大学	6 斯坦福大学
12 芝加哥大学	13 普林斯顿大学	9 普林斯顿大学	14 莱斯大学	7 纽约大学	6 加州理工学院	8 芝加哥大学
15 哈佛大学	28 哥伦比亚大学	27 斯坦福大学	27 哥伦比亚大学	12 哈佛大学	8 普林斯顿大学	16 耶鲁大学
17 普林斯顿大学	30 康奈尔大学	37 耶鲁大学	30 芝加哥大学	14 芝加哥大学	11 哥伦比亚大学	18 麻省理工学院
44 康奈尔大学	86 波士顿大学	67 康奈尔大学	35 布朗大学	28 布朗大学	14 耶鲁大学	20 约翰斯·霍普金斯大学
46 耶鲁大学	106 芝加哥大学	70 芝加哥大学	45 宾夕法尼亚大学	46 宾夕法尼亚大学	23 康奈尔大学	33 哥伦比亚大学
48 哥伦比亚大学	119 麻省理工学院	81 波士顿大学	55 康奈尔大学	50 杜克大学	42 波士顿大学	64 康奈尔大学
54 卡内基梅隆大学	123 布朗大学	90 南加利福尼亚大学	57 加州理工学院	68 卡内基梅隆大学	49 西北大学	67 纽约大学

续　表

化学	环境/生态学	地理学	材料科学	数学	物理学	太空科学
54 宾夕法尼亚大学	144 加州理工学院	115 杜克大学	81 凯斯西储大学	80 加州理工学院	71 宾夕法尼亚大学	74 宾夕法尼亚大学
92 布朗大学	174 诺特丹大学	132 约翰斯·霍普金斯大学	91 杜克大学	87 莱斯大学	77 杜克大学	87 西北大学
119 莱斯大学	234 圣路易斯华盛顿大学	138 布朗大学	113 普林斯顿大学	92 康奈尔大学	82 莱斯大学	97 卡内基梅隆大学
131 诺特丹大学	248 莱斯大学	163 莱斯大学	119 约翰斯·霍普金斯大学	101 耶鲁大学	107 约翰斯·霍普金斯大学	117 凯斯西储大学
155 凯斯西储大学	258 约翰斯·霍普金斯大学	229 圣路易斯华盛顿大学	119 伦斯勒理工学院	106 西北大学	127 布朗大学	146 诺特丹大学
158 杜克大学	275 宾夕法尼亚大学		119 耶鲁大学	119 约翰斯·霍普金斯大学	131 卡内基梅隆大学	186 布朗大学
166 约翰斯·霍普金斯大学	306 卡内基梅隆大学		126 卡内基梅隆大学	136 南加利福尼亚大学	131 纽约大学	195 范德堡大学
177 埃默里大学	315 达特茅斯学院		128 南加利福尼亚大学	218 诺特丹大学	186 诺特丹大学	210 波士顿大学
217 南加利福尼亚大学			156 范德堡大学	432 凯斯西储大学	271 范德堡大学	232 圣路易斯华盛顿大学
287 波士顿大学			174 埃默里大学		300 塔夫茨大学	

续 表

化学	环境/生态学	地理学	材料科学	数学	物理学	太空科学
287 范德堡大学			237 诺特丹大学		412 圣路易斯华盛顿大学	
354 纽约大学			239 圣路易斯华盛顿大学		417 南加利福尼亚大学	
391 圣路易斯华盛顿大学			302 波士顿大学		504 伦斯勒理工学院	
408 伦斯勒理工学院			328 纽约大学		552 乔治·华盛顿大学	
517 塔夫茨大学			402 塔夫茨大学			
704 乔治·华盛顿大学						

资料来源：U. S. News. Global Universities，Subject Rankings[EB/OL]. (2020-03-16)[2020-07-02]. https://www.usnews.com/education/best-global-universities.

表4.21　30所大学的学科全球排名(工程技术、艺术与人文、社会科学)*

工程技术				艺术与人文	社会科学	
计算机科学	电气与电子工程	工程学	机电工程	艺术与人文	经济与商业	社会科学与公共卫生
9 斯坦福大学	19 麻省理工学院	2 麻省理工学院	12 普林斯顿大学	2 哈佛大学	1 哈佛大学	1 哈佛大学
10 麻省理工学院	25 纽约大学	10 斯坦福大学	13 麻省理工学院	4 耶鲁大学	2 麻省理工学院	2 约翰斯·霍普金斯大学
15 普林斯顿大学	29 普林斯顿大学	27 哈佛大学	35 斯坦福大学	7 纽约大学	4 斯坦福大学	3 斯坦福大学
18 卡内基梅隆大学	38 南加利福尼亚大学	41 卡内基梅隆大学	67 芝加哥大学	10 斯坦福大学	5 芝加哥大学	8 哥伦比亚大学
24 南加利福尼亚大学	47 斯坦福大学	47 普林斯顿大学	383 莱斯大学	12 麻省理工学院	6 宾夕法尼亚大学	16 杜克大学
47 哈佛大学	56 卡内基梅隆大学	52 加州理工学院		15 宾夕法尼亚大学	7 哥伦比亚大学	22 宾夕法尼亚大学
50 哥伦比亚大学	94 哥伦比亚大学	81 哥伦比亚大学		16 哥伦比亚大学	9 纽约大学	28 麻省理工学院
59 纽约大学	100 加州理工学院	81 纽约大学		17 芝加哥大学	10 西北大学	29 纽约大学
89 康奈尔大学	125 芝加哥大学	85 芝加哥大学		18 普林斯顿大学	11 耶鲁大学	40 埃默里大学
176 西北大学	136 哈佛大学	104 南加利福尼亚大学		38 西北大学	15 普林斯顿大学	41 康奈尔大学

续　表

工程技术				社会科学		
计算机科学	电气与电子工程	工程学	机电工程	艺术与人文	经济与商业	社会科学与公共卫生
184 宾夕法尼亚大学	165 杜克大学	146 康奈尔大学		41 杜克大学	16 杜克大学	42 波士顿大学
194 芝加哥大学	217 诺特丹大学	148 西北大学		43 康奈尔大学	20 康奈尔大学	43 西北大学
198 杜克大学	237 约翰斯·霍普金斯大学	150 约翰斯·霍普金斯大学		62 乔治敦大学	34 南加利福尼亚大学	51 芝加哥大学
214 诺特丹大学		172 杜克大学		72 南加利福尼亚大学	44 波士顿大学	65 普林斯顿大学
220 约翰斯·霍普金斯大学		212 宾夕法尼亚大学		76 卡内基·梅隆大学	49 达特茅斯学院	71 乔治·华盛顿大学
		224 莱斯大学		89 约翰斯·霍普金斯大学	88 卡内基梅隆大学	76 布朗大学
		280 伦斯勒理工学院		92 诺特丹大学	113 诺特丹大学	88 达特茅斯学院
		312 耶鲁大学		101 布朗大学	130 乔治敦大学	110 乔治敦大学
		323 波士顿大学		129 范德堡大学	131 圣路易斯华盛顿大学	172 卡内基梅隆大学
		336 诺特丹大学			133 乔治·华盛顿大学	183 塔夫茨大学

续表

| 工程技术 | | | | 社会科学 | | |
计算机科学	电气与电子工程	工程学	机电工程	艺术与人文	经济与商业	社会科学与公共卫生
		343 范德堡大学		143 圣路易斯华盛顿大学	185 约翰斯·霍普金斯大学	220 凯斯西储大学
		412 圣路易斯华盛顿大学		147 埃默里大学	195 范德堡大学	342 诺特丹大学
		420 布朗大学		192 乔治·华盛顿大学		386 莱斯大学
		474 凯斯西储大学		194 莱斯大学		
		606 乔治·华盛顿大学		238 塔夫茨大学		

资料来源：U. S. News. Global Universities, Subject Rankings[EB/OL]. (2020-03-16)[2020-07-02]. https://www.usnews.com/education/best-global-universities.

* 土木工程学科的排名结果显示，30所大学中只有麻省理工学院名列全球第23位，此处未在表中呈现。

（二）专业学院的全美排名

1. 数据来源

专业学院的全美排名数据依据的是《美国新闻与世界报道》每年对商学、教育学、工程学、法学、医学、护理学六大学科以及对艺术、公共事务等专业的调研、权重、计算得到的专业学院排名结果。《美国新闻与世界报道》对专业学院的排名主要依据两个数据：专家对人才培养的意见；专业学院的教师、研究、学生质量的统计指标数。2019 年秋、2020 年年初，《美国新闻与世界报道》通过对 2081 个人才培养方案的统计调查、对 24603 名学者和专家进行的声誉调查，根据各项统计指标的权重（见表 4.22），计算得出专业学院排名数据。

表 4.22　专业研究生院评估范围及指标

专业学院	调研对象	评估指标（权重/%）			
商学院	由全球权威的商学院认证机构——国际商学院联合会认证的各校 477 个 MBA 专业接受了调研。收到 131 份有效回复	质量评估**（0.40）**	就业成功**（0.35）**	学生选拔**（0.25）**	
		同行评估（0.25）用人单位评估（0.15）	平均起始工资与奖金（0.14）全日制硕士毕业生就业率（0.21）[包括毕业时就业率（0.07）和毕业 3 个月后的就业率（0.14）]	GMAT 和 GRE 平均成绩（0.1625）本科 GPA 平均值（0.075）录取率（0.0125）	
法学院	由美国律师协会认证的 194 所法学院接受了调研	质量评估**（0.40）**	学生选拔**（0.25）**	就业成功**（0.20）**	师资**（0.15）**
		同行评估（0.25）律师/法官评估（0.15）	LSAT、GRE 平均成绩（0.125）本科 GPA 平均值（0.10）录取率（0.025）	就业率（0.18）[包括毕业时的就业率（0.04）和 9 个月后的就业率（0.14）]律师资格证通过率（0.02）	生均经费（0.1125）[含教学（0.0975）和学生援助（0.015）]师生比（0.03）图书资源（0.0075）

专业学院	调研对象	评估指标（权重/%）			
医学院	经医学教育联络委员会认证的153所医学院和美国骨科协会认证的35所骨科医学院接受了调研，收到122份有效回复	质量评估**(0.40)** 同行评估(0.20) 脱产实习指导教师评估(0.20)	研究工作**(0.30)** 上一年NIH划拨给医学院及其附属医院的研究经费总量(0.15) 上一年全职教师人均获得NIH划拨的研究经费额(0.15)	学生选拔**(0.20)** MCAT平均成绩(0.13) 本科GPA平均值(0.06) 录取率(0.01)	师资**(0.10)** 全职教师及全职临床教师与医学博士的师生比(0.10)
工程学院	授予博士学位的213所工程学院接受了调研，收到200份有效回复	质量评估**(0.40)** 同行评估(0.25) 用人单位评估(0.15)	师资**(0.25)** 师生比(0.1125)[包括全职终身教职系列的教师与全日制博士生的比例(0.075)、全职终身教职系列的教师与全日制硕士生的比例(0.0375)] 国家工程院院士占全职终身教职系列教师的比例(0.075) 授予的博士学位数(0.0625)	研究工作**(0.25)** 获得校外单位资助的研究经费总额(0.15) 获得校外单位资助的教师人均研究经费(0.10)	学生选拔**(0.10)** GRE平均成绩(0.0675) 录取率(0.0325)

续 表

专业学院	调研对象	评估指标(权重/%)			
教育学院	393 所授予博士学位的学院接受了调研,收到253 份有效回复	质量评估 (0.40)	研究工作 (0.30)	学生选拔 (0.18)	师资(0.12)
		同行评估 (0.25) 教育主管部门评估 (0.15)	专门划拨给教育学院的研究经费总额 (0.15) 师均教育经费开支 (0.15)	GRE 言语推理平均成绩 (0.06) GRE 平均成绩 (0.06) 录取率 (0.06)	师生比 (0.045) 获得部分教育杂志经费或担任编辑工作的教师占全职教师比例 (0.025) 授予的博士学位数 (0.05)
护理学院*	共 603 个专业中,264 个专业接受了调研,收到236 份有效回复	质量评估 (0.40)	硕士专业与规模(0.1125)	师资(0.2375)	研究(0.25)
		同行评估 (0.40)	本科平均 GPA (0.05) 录取率 (0.0125) 专业规模 (0.05)	师生比 (0.05) 教师认证 (0.05) 有重要学术成就的教师占比 (0.0375) 护理实践 (0.075) 硕士学位产出 (0.025)	研究总开支 (0.15) 师均研究开支 (0.10)
		质量评估 (0.40)	博士专业与规模(0.1875)	师资(0.2625)	研究(0.15)
		同行评估 (0.40)	本科平均 GPA (0.05) 录取率 (0.0125) 专业规模 (0.125)	师生比 (0.04) 教师认证 (0.05) 有重要学术成就的教师占比 (0.0375) 护理实践 (0.075) 硕士学位产出 (0.06)	获得研究的经费总额 (0.08)师均研究开支 (0.07)

续　表

专业学院	调研对象	评估指标(权重/%)
艺术学院	完全由同行进行评估,由艺术学院院长、一流的学者对艺术、设计领域的 227 个美术硕士专业进行评估	
公共事务学院	完全由同行进行评估,由专业学院的院长、主管、学系主任对 276 个公共事务与行政管理专业进行评估	

资料来源:U. S. News. Graduate Schools,About the Best Graduate Schools Rankings,Methodology[EB/OL]. (2020-03-16)[2020-07-01]. https://www. usnews. com/education/best-graduate-schools/articles/rankings-methodologies.

＊护理学院的排名是分别根据对护理硕士专业的调研和对护理博士专业的调研形成的护理学院排名。

2. 质量表征

表 4.23 显示,各校都有实力强大的专业学院,以下大学的专业学院分别名列全美前 10 位。

(1)商学院:斯坦福大学、宾夕法尼亚大学、芝加哥大学、西北大学、麻省理工学院、哈佛大学、哥伦比亚大学、纽约大学、耶鲁大学。

(2)法学院:耶鲁大学、斯坦福大学、哈佛大学、哥伦比亚大学、芝加哥大学、纽约大学、宾夕法尼亚大学、西北大学。

(3)医学院:哈佛大学、约翰斯·霍普金斯大学、宾夕法尼亚大学、斯坦福大学、纽约大学、哥伦比亚大学、圣路易斯华盛顿大学。

(4)工程学院:麻省理工学院、斯坦福大学、加州理工学院、卡内基梅隆大学、南加利福尼亚大学。

(5)教育学院:哈佛大学、宾夕法尼亚大学、斯坦福大学、范德堡大学、西北大学、哥伦比亚大学、纽约大学。

(6)护理学院:约翰斯·霍普金斯大学、杜克大学、埃默里大学、宾夕法尼亚大学、范德堡大学。

(7)艺术学院:耶鲁大学、卡内基梅隆大学、哥伦比亚大学。

(8)公共事务学院:哈佛大学、南加利福尼亚大学、纽约大学、普林斯顿大学。

表 4.23　30 所大学拥有各专业学院的情况及其全美排名

大学	商学院	法学院	医学院	工程学院	教育学院	护理学院（硕/博）	艺术学院	公共事务学院
波士顿大学	48	20	29	36	39		32	
布朗大学			38	51				49
加州理工学院				4				
卡内基梅隆大学	19			5			7	13
凯斯西储大学	88	76	24	51		11/12		
哥伦比亚大学	8	4	6	14	8	11/1	10	19
康奈尔大学	15	13	11	14		—/53	53	34
达特茅斯学院	12		50	50				
杜克大学	12	12	12	23		2/4		25
埃默里大学	22	24	24			5/8		
乔治敦大学	25	14	44			75/78		25
乔治·华盛顿大学	53	23	58	67	61	33/45	73	13
哈佛大学	6	3	1	22	1			3
约翰斯·霍普金斯大学			2	17	15	1/3		38
麻省理工学院	5			1				
纽约大学	10	6	4	38	10	17/19	42	10
西北大学	3	9	18	19	7		73	79
普林斯顿大学				21				10
伦斯勒理工学院				43			64	
莱斯大学	25			33				
斯坦福大学	1	2	4	1	3		32	
塔夫茨大学			31	67			53	
芝加哥大学	3	4	17				42	13
诺特丹大学	30	22		50			99	

续　表

大学	商学院	法学院	医学院	工程学院	教育学院	护理学院（硕/博）	艺术学院	公共事务学院
宾夕法尼亚大学	1	7	3	18	2	3/—	64	58
南加利福尼亚大学	17	18	31	10	11		53	3
范德堡大学	23	18	18	39	4	9/5		
圣路易斯华盛顿大学	30	17	6	46	31		23	
耶鲁大学	9	1	15	39		14/17	2	
耶希瓦大学		53						

资料来源：

U. S. News. Graduate Schools，2021 Best Business Schools［EB/OL］.（2020-03-16）［2020-07-01］. https：//www. usnews. com/best-graduate-schools/top-business-schools/mba-rankings.

U. S. News. Graduate Schools，2021 Best Law Schools［EB/OL］.（2020-03-16）［2020-07-01］. https：//www. usnews. com/best-graduate-schools/top-law-schools/law-rankings.

U. S. News. Graduate Schools，2021 Best Medical Schools：Research［EB/OL］.（2020-03-16）［2020-07-01］. https：//www. usnews. com/best-graduate-schools/top-medical-schools/research-rankings

U. S. News. Graduate Schools，2021 Best Engineering Schools［EB/OL］.（2020-03-16）［2020-07-01］. https：//www. usnews. com/best-graduate-schools/top-engineering-schools/eng-rankings.

U. S. News. Graduate Schools，2021 Best Education Schools［EB/OL］.（2020-03-16）［2020-07-01］. https：//www. usnews. com/best-graduate-schools/top-education-schools/edu-rankings.

U. S. News. Graduate Schools，Top Nursing Schools［EB/OL］.（2020-03-16）［2020-07-01］. https：//www. usnews. com/best-graduate-schools/top-nursing-schools.

U. S. News. Graduate Schools，Best Art Schools，ranked in 2020［EB/OL］.（2020-03-16）［2020-07-01］. https：//www. usnews. com/best-graduate-schools/top-fine-arts-schools/fine-arts-rankings.

U. S. News. Graduate Schools，Best Public Affairs Programs，ranked in 2020［EB/OL］.（2020-03-16）［2020-07-01］. https：//www. usnews. com/best-graduate-schools/top-public-affairs-schools/public-affairs-rankings.

二、大学充裕的学位教育资源

（一）丰富的学位教育专业

表 4.24 是根据各大学关于本校二级学院的资料,以及卡内基教学促进基金会对 30 所大学办学规模的分类等数据汇总而成的信息。30 所大学中,南加福尼亚大学拥有 23 个二级学院,为 30 所大学拥有学院数量最多的学校,在中等规模办学的大学中,各校拥有学院的数量为 5～11 个,小规模办学的加州理工学院拥有 6 个学部。各校主要依靠二级学院/学部内的师资提供丰富的人才培养方案,而不论其办学规模如何。比如:布朗大学属于中等规模办学,校内共有 4 个学院向全日制学生提供学位教育,本科生院是其中之一,该学院共设置 81 个专业,每年通过 40 个学系提供 2000 多门课程[1];凯斯西储大学也属于中等规模办学,校内共提供 95 个专业的本科学位,135 个研究生与专业硕士生专业,140 个双专业学位[2]。各大学也通过跨学科、多学科的研究中心与人才培养方案提供学位教育。比如:莱斯大学除了 6 个二级学院提供 50 多个专业,另外还提供辅修专业、跨学科专业和预修课程[3];哈佛大学除了向全日制学生提供学位教育的 13 个二级学院,其知名的拉德克拉夫高级研究所也同时向全日制学生提供学位教育[4];诺特丹大学除了 4 个本科生院、3 个提供高级学位教育的专业学院,另有 14 个研究所、24 个研究中心与特色专业提供或参与提供学位教育[5]。上述情况,在各校不一而足。

---

[1] Brown University. Undergraduate Programs [EB/OL]. (2019-06-30) [2020-05-12]. https://www.brown.edu/undergraduate_concentrations.

[2] Case Western Reserve University. Schools＋Programs [EB/OL]. (2019-06-30) [2020-05-12]. https://case.edu/schools/.

[3] Rice University. Academic:Majors, Minors and Programs[EB/OL]. (2019-06-30) [2020-05-13]. https://www.rice.edu/departments.

[4] Harvard University. Harvard Schools[EB/OL]. (2019-06-30) [2020-05-13]. https://www.harvard.edu/schools.

[5] University of Notre Dame. Academics[EB/OL]. (2019-06-30) [2020-05-13]. https://www.nd.edu/academics/.

表 4.24　私立大学各二级学院

大学	二级学院
波士顿大学（大型）	文理学院、文理研究生院、传媒学院、工程学院、美术学院、卫生康复科学学院、牙医学院、教育与人类发展学院、酒店管理学院、法学院、商学院、医学院（内设医学研究生院）、公共卫生学院、社会工作学院、神学院、通识教育学院、全球研究学院、军事教育部
布朗大学（中型）	本科生院、研究生院、工程学院、公共卫生学院、医学院
加州理工学院*（小型）	生物与生物工程学部，化学与化学工程学部，工程与应用科学学部，地质与行星科学学部，人文与社会科学学部，物理学、数学与天文学部
卡内基梅隆大学（大型）	工程学院、美术学院、人文与社会科学学院、商学院、公共政策与信息系统学院、理学院、计算机科学学院
凯斯西储大学（中型）	工程学院、文理学院、护理学院、应用社会科学学院、牙医学院、研究生院、法学院、医学院、管理学院
哥伦比亚大学（大型）	建筑、规划与保护学院，艺术学院，文理研究生院，女子学院，商学院，内科、外科医学院，哥伦比亚学院，牙医学院，国际公共事务学院，犹太神学院，新闻学院，法学院，护理学院，公共卫生学院，社会工作学院，教师教育学院，协和神学院，工程与应用科学学院
康奈尔大学（大型）	农业与生命科学学院，建筑、艺术与规划学院，文理学院，工程学院，商学院（含：酒店管理学院、管理研究生院、应用经济与管理学院），人类生态学院，产业与劳动力关系学院，计算机信息学院，研究生院，法学院，兽医学院，医学院（纽约市），医学院（卡塔尔），医学科学研究生院（纽约市），康奈尔技术学院（纽约市）
达特茅斯学院（中型）	文理学院、医学院、工程学院、商学院、高级研究研究生院
杜克大学（大型）	三一文理学院、工程学院、公共政策学院、研究生院、商学院、神学院、环境学院、法学院、医学院、护理学院
埃默里大学（大型）	文理学院、牛津学院、商学院、研究生院、法学院、医学院、护理学院、公共卫生学院、神学院
乔治敦大学（大型）	本科生院、商学院、对外服务学院、文理研究生院、法学院、医学院、护理与卫生研究学院、公共政策学院
乔治·华盛顿大学（大型）	文理学院、艺术与设计学院、媒体与公共事务学院、公共政策与公共管理学院、医学与卫生科学学院、法学院、工程与应用科学学院、教育与人类发展研究生院、商学院、国际事务学院、公共卫生学院、政治管理研究生院、护理学院

续　表

大学	二级学院
哈佛大学 （大型）	哈佛商学院、文理学院、设计研究生院、教育研究生院、肯尼迪政府学院、法学院、公共卫生学院、哈佛学院、牙医学院、神学院、工程与应用科学学院、文理研究生院、医学院
约翰斯·霍普金斯大学 （大型）	文理学院、工程学院、商学院、教育学院、医学院、护理学院、音乐舞蹈学院、公共卫生学院、高级国际研究学院
麻省理工学院 （大型）	建筑规划学院，工程学院，人文、艺术与社会科学学院，管理学院，理学院，计算机学院
纽约大学** （大型）	文理学院（含文理学院、文理研究生院、通识教育学院），牙医学院，护理学院，商学院，工程学院，公共服务研究生院，法学院，医学院，社会工作学院，文化、教育与人类发展学院，艺术学院，全球公共卫生学院，个性化学习学院
西北大学 （大型）	文理学院，传媒学院，教育与社会政策学院，工程与应用科学学院，研究生院，新闻、媒体、综合营销传媒学院，法学院，管理学院，医学院，音乐学院，西北大学卡塔尔校区
普林斯顿大学 （中型）	本科生院、建筑学院、工程与应用科学、公共国际事务学院、研究生院
伦斯勒理工学院（中型）	建筑学院、商学院、工程学院、人文艺术与社会科学学院、信息技术与网络学院、理学院
莱斯大学 （中型）	建筑学院、工程学院、人文学院、商学院、音乐学院、社会科学学院、自然科学学院
斯坦福大学 （大型）	商学院，地球、能源与环境科学学院，教育学院，工程学院，人文与社会科学学院，法学院，医学院
塔夫茨大学 （中型）	文理学院、文理研究生院、工程学院、兽医学院、牙医学院、营养科学与政策学院、医学院、生物医学科学研究生院、法学院、公民生活学院、艺术博物馆学院（塔夫茨校区）
芝加哥大学 （大型）	物理科学学部、生物科学学部、人文学部、社会科学学部、商学院、本科生院、神学院、公共政策研究学院、法学院、工程学院、医学院、服务管理学院
诺特丹大学 （大型）	文理学院、理学院、工程学院、商学院、建筑学院、国际事务学院（法学院）、研究生院
宾夕法尼亚大学（大型）	文理学院、工程与应用科学学院、护理学院、沃顿商学院、传媒学院、牙医学院、教育研究生院、设计学院、法学院、医学院、社会政策与实践学院、兽医学院

续　表

大学	二级学院
南加利福尼亚大学（大型）	人文、艺术与科学学院,会计学院,建筑学院,美术学院,商学院,电影艺术学院,传媒与新闻学院,舞蹈学院,牙医学院,戏剧艺术学院,教育学院,工程学院,老年学学院,法学院,医学院,音乐学院,职业理疗学院,药剂学院,公共政策学院,社会工作学院,艺术、技术与产业学院,物理理疗学院,艺术设计学院
范德堡大学（大型）	文理学院、音乐学院、神学院、工程学院、研究生院、法学院、医学院、护理学院、管理学院、教育与人类发展学院
圣路易斯华盛顿大学（大型）	商学院,工程学院,法学院,医学院,社会工作、公共卫生与社会政策学院,设计与视觉艺术学院,文理学院
耶鲁大学（大型）	耶鲁学院、文理研究生院、建筑学院、艺术学院、神学院、戏剧学院、工程应用科学学院、林业与环境研究学院、法学院、管理学院、医学院、音乐学院、护理学院、公共卫生学院
耶希瓦大学（中型）	女子学院、商学院、耶希瓦学院、医学院、犹太教育与管理研究生院、法学院、犹太研究研究生院、心理研究生院、商学研究学院、社会工作学院、科学卫生学院

资料来源:根据各校官网信息整理而成。数据收集截至 2020 年 4 月 30 日。

＊加州理工学院的二级学术单位为学部(academic divisions)。

＊＊纽约大学的数学研究所、美术研究所、古代世界研究所也提供学位专业。其个性化学习学院综合了酒店和旅游研究中心、房地产研究所、全球事务研究中心、全球体育研究所的学术力量。

　　笔者以耶鲁大学为例观察大学通过二级学院向全日制学生提供的学位教育。耶鲁大学是一所综合性大学,其校内的人文科学、社会科学、自然科学、生命科学、工程技术类学科在全球前 50 位排名中成绩不俗,其人文与社会科学类学科、理学类学科,以及专业研究生院在全美排名中处于引领的位置。耶鲁大学二级学院下共有 147 个学系、人才培养方案提供本科生、研究生的学位教育。表 4.25～4.27 呈现的仅是各二级学院向全日制学生提供的学位教育,不包括成人教育、职业进修、证书教育和博士后流动站的教学与研究指导。如表 4.25 所示,各专业学院与文理研究生院合作,其 64 个学系、专业不仅向学生提供文、理学硕士学位和哲学博士学位的教育,还通过绑定学位,向学生提供更多专业研究的机会。比如"非裔美国人研究"专业,不仅向学生提供文学硕士学位、哲学硕士学位和哲学博士学位,还与以下专业提供绑定哲学博士（Combined PhD）的学位教育：美洲研究、人类学、英语、电影媒体研究、法语、历史、艺术史、医学与科学史、音乐、政治科学、心理学、宗教研究、社会学、西班牙语和葡萄牙语（见表 4.26），而耶鲁大学的耶鲁学院则提供 80 多个文学学士（bachelor of art，BA）/理学学士（bachelor of science，BS）学位的教育（见表 4.27）。

表 4.25　耶鲁大学专业学院提供的学位教育

建筑学院	本科生、硕士研究生、哲学博士生的学位教育如下。 文学学士学位：向耶鲁学院学生提供的建筑专业、城市研究专业的学士学位 硕士学位：向无建筑专业知识基础的学生提供建筑专业硕士（Ⅰ）学位教育 向已经获得建筑学学士学位的学生提供建筑专业硕士（Ⅱ）学位教育 环境设计专业硕士学位教育 合作学位：建筑专业/管理专业的硕士学位教育 建筑专业/环境设计专业的硕士学位教育 建筑专业/环境管理专业的硕士学位教育 哲学博士学位及绑定学位：5 年制的哲学博士（doctor of philosophy，PhD）学位教育，学生除了教学实习、论文开题报告、论文撰写和答辩之外，达到 PhD 学位其他要求的，可获得哲学硕士（master of philosophy）学位
艺术学院	硕士研究生的学位教育如下。 4 个学系（平面设计、绘画/版画、摄影和雕塑）均提供艺术硕士（master of fine arts）学位教育
神学院	硕士研究生的学位教育如下。 硕士学位：神学硕士学位教育 宗教文学硕士学位教育 圣教硕士学位教育（向已获得神学学士学位、神学硕士学位或与其同等学力的学生提供的学位教育） 合作学位：神学硕士（或宗教文学硕士）/环境管理专业的硕士（或环境科学的硕士）学位教育 神学硕士（或宗教文学硕士）/法学博士学位教育 神学硕士/商务管理硕士学位教育 神学硕士（或宗教文学硕士）/医学博士学位教育 护理科学硕士/神学硕士（或宗教文学硕士）学位教育 神学硕士（或宗教文学硕士）/公共卫生硕士学位教育 神学硕士/社会工作专业的硕士学位教育
戏剧学院	硕士研究生的学位教育如下。 硕士学位：艺术硕士学位（由表演、设计、音响设计、剧作与戏曲评论、导演、编剧、舞台管理、技术设计与出品、影院管理 9 个学系提供）

续　表

工程与 应用科 学学院	硕士研究生、博士研究生的学位教育如下。 理学硕士学位：理学硕士(生物医学工程、化学工程、电子工程、环境工程、机械工程、材料工程)学位教育 哲学博士学位：哲学博士(生物医学工程、化学与环境工程、电子工程、机械工程与材料科学)学位教育
森林与 环境研 究学院	硕士研究生、博士研究生的学位教育如下。 硕士学位：2 年制的环境管理专业的硕士学位教育 2 年制的林业专业的硕士学位教育 2 年制的森林科学专业的硕士学位教育 2 年制的环境科学专业的硕士学位教育 向已有至少 7 年工作经验的人员提供的 1 年制的森林科学专业硕士和环境科学专业硕士学位教育 与下列单位合作，提供与上述其中一个 2 年制专业硕士学位绑定的双硕士学位：建筑学院：建筑专业(Ⅰ)、建筑专业(Ⅱ)的硕士学位教育 神学院：宗教文学硕士、神学专业的硕士学位教育 本校法学院、佩斯大学法学院、佛蒙特法学院：法律博士学位教育 管理学院：工商管理硕士学位教育 公共卫生学院：公共卫生硕士学位教育 文理研究生院：全球事务文学硕士学位教育、非洲研究文学硕士学位教育、东亚研究文学硕士学位教育、欧洲研究文学硕士学位教育 经济学系的国际发展与经济计划专业：文学硕士学位教育 文理研究生院全球事务研究所：全球事务文学硕士学位教育 在以下研究领域提供哲学博士学位教育：农林业，生物多样性保护，生物统计学和生物计量学，气候科学，社区生态学，生态系统生态学，生态系统管理，能源与环境，环境与资源政策，环境人类学，环境生物物理学和气象学，环境化学，环境伦理学，环境治理，环境健康风险评估，环境史，环境法，发展中国家的政治、环境管理和社会生态，森林生态学，绿色化学与工程，水文学，工业生态学，工业环境管理，植物生理学和解剖学，污染治理，人口生态学，资源经济学，育林，社会生态，林分开发，热带生态与保护，可持续发展，城市生态，城市地理，城镇土地覆被变化，城市地理，水资源管理 双博士学位教育：与耶鲁大学人类学系共同提供双博士学位教育，与纽约植物园共同提供双博士学位教育

续　表

法学院	硕士研究生、博士研究生的学位教育如下。 硕士学位:法律硕士(master of laws,LLM)学位教育 法律理学硕士(master of science of law,MSL)学位教育 博士学位:向已获得耶鲁法学院 LLM 学位的学生提供法学博士(juris of the science of law,JSD)学位教育 法律专业博士(juris doctor,JD)学位教育 向拥有 JD 学位的学生提供 3 年制的哲学博士学位教育
管理 学院	硕士研究生、博士研究生的学位教育如下。 硕士学位:2 年制的全日制 MBA 学位教育 2 年制的商务行政管理硕士(master of business administration for executive,EMBA)学位教育 1 年制的高级管理硕士(master of advanced management,MAM)学位教育 1 年制的管理研究硕士(master of management studies,MMS)学位教育 博士学位:哲学博士(会计、金融经济学、市场营销、组织管理)学位教育
医学院	硕士研究生、博士研究生的学位教育如下。 硕士学位:与公共卫生学院合作,提供医学科学硕士(master of medical science,MMSc)/公共卫生硕士(master of public health,MPH)绑定学位教育 博士学位:医学专业博士(MD)学位教育 与下列单位合作,提供与医学博士绑定的学位: 公共卫生学院:卫生科学硕士(master of health science,MHS)学位教育、公共卫生硕士(MPH)学位教育 法学院:法律博士(JD)学位教育 神学院:神学硕士(MDiv)学位教育 商学院:工商管理硕士学位教育 医学院:医学哲学博士学位教育
音乐 学院	硕士研究生、博士研究生的学位教育如下。 硕士学位:音乐专业的硕士(master of music,MM)学位教育 音乐艺术专业的硕士(master of musical arts,MMA)学位教育 通识教育文学学士(bachelor of art,BA)/音乐硕士(MM)学位教育 博士学位:音乐艺术专业的博士(doctor of musical arts,DMA)学位教育

护理 学院	硕士研究生、博士研究生的学位教育如下。 硕士学位:护理理学硕士学位教育(master of science in nursing,MSN) 专业硕士学位:成人/老年人急性护理专业硕士学位教育 成人/老年人初级护理专业硕士学位教育 家庭护理专业硕士学位教育 助产护理专业硕士学位教育 妇女保健护理实践专业硕士学位教育 助产与妇女保健护理专业硕士学位教育 儿科护理专业硕士学位教育 精神病-精神康复护理专业硕士学位教育 博士学位:护理专业的哲学博士学位教育 向已有硕士学位的护士提供护理实践专业博士的学位教育 与下列单位合作,提供双学位教育: 神学院:护理理学硕士/宗教文学硕士学位教育 公共卫生学院:护理科学硕士/公共卫生专业硕士学位教育 研究生院:护理理学硕士/护理哲学博士学位教育
公共卫 生学院	由6个学系(生物统计学学系、慢性疾病流行病学学系、环境卫生科学学系、微生物疾病流行病学学系、卫生政策管理学系、社会行为科学学系)分别向硕士研究生、博士研究生提供学位教育: 公共卫生硕士:公共卫生硕士(生物统计学、慢性疾疾病流行病学、环境卫生科学、微生物疾病流行病学、卫生政策、卫生护理管理、社会行为科学、公共卫生建模、全球卫生)学位教育 公共卫生理学硕士:公共卫生理学硕士(生物统计学、慢性疾疾病流行病学、传染病流行病学、卫生信息学)学位教育 博士学位:公共卫生哲学博士(生物统计学、慢性疾病流行病学、环境健康科学、微生物疾病流行病学、卫生政策和管理、社会行为科学)学位教育 与下列单位合作,提供双学位教育: 本校本科生院:文学士/公共卫生硕士 本校本科生院、上海交通大学、浙江大学:理学学士/公共卫生硕士 本校管理学院:工商管理硕士/公共卫生硕士

　　资料来源:根据耶鲁大学各专业学院官网信息整理。数据收集截至2020年6月10日。

表4.26　耶鲁大学文理研究生院与各学院合作管理提供学位教育的学系与专业

非裔美国人研究（文学硕士学位 MA、哲学硕士学位 MPhil、哲学博士学位 PhD）	地质学与地球物理学 MS, MPhil, PhD	分子生物物理与生物化学 MS, MPhil, PhD	西班牙语与葡萄牙语 MA, MPhil, PhD
非洲研究 MA	计算机科学 MS, MPhil, PhD	全球事务 MA	药理学 MS, MPhil, PhD
美洲研究 MA, MPhil, PhD	东亚语言文学 MA, MPhil, PhD	历史 MA, MPhil, PhD	音乐 MA, MPhil, PhD
人类学 MA, MPhil, PhD	东亚研究 MA	艺术史 MA, MPhil, PhD	近东语言文明 MA, MPhil, PhD
应用数学 MS, MPhil, PhD	生物学与进化生物学 MS, PhD	医学科学史 MA, MPhil, PhD	护理 MPhil, PhD
应用物理学 MS, MPhil, PhD	经济学 MA, MPhil, PhD	免疫生物学 MS, MPhil, PhD	哲学 MA, MPhil, PhD
生物医学工程 MS, MPhil, PhD	电子工程 MS, MPhil, PhD	跨系神经科学专业 MS, MPhil, PhD	物理学 MS, MPhil, PhD
工程与应用科学 MS, MPhil, PhD	细胞生物学 MS, MPhil, PhD	发展经济学与全球发展 MA	政治科学 MA, MPhil, PhD
细胞与分子生理学 MS, MPhil, PhD	中世纪研究 MA, MPhil, PhD	调查医学 PhD	心理学 MS, MPhil, PhD
考古研究 MA	欧洲与俄罗斯研究 MA	意大利语言文学 MA, MPhil, PhD	公共卫生 MS, MPhil, PhD
建筑 MPhil, PhD	电影媒体研究 MPhil, PhD	法律 MA, PhD	宗教研究 MA, MPhil, PhD
天文学 MS, MPhil, PhD	实验病理学 MS, MPhil, PhD	语言学 MA, MPhil, PhD	文艺复兴研究 MA, MPhil, PhD

288

续　表

化学与环境工程 MS,MPhil,PhD	法语 MA,MPhil,PhD	管理学 MA,MPhil,PhD	斯拉夫语文学 MA,MPhil,PhD
计算生物学和生物信息学 MS,PhD	林业环境研究 MS,MPhil,PhD	数学 MS,MPhil,PhD	社会学 MA,MPhil,PhD
化学 MS,PhD	遗传学 MS,MPhil,PhD	微生物学 MS,MPhil,PhD	统计与数据科学 MA,PhD
古典哲学 MA,MPhil,PhD	比较文学 MA,MPhil,PhD	德国语言文学 MA,MPhil,PhD	分子、细胞核发育生物学 MS,PhD

资料来源：Yale University，Graduate School of Arts and Sciences. Bulletin of Yale University，Series 115 Number 5：Programs and Policies，2019－2020 [EB/OL]. (2019-07-15) [2020-06-13]. https://bulletin.yale.edu/sites/default/files/graduate-2019-2020.pdf.

表 4.27　耶鲁大学耶鲁学院提供的本科生学位教育

非裔美国人研究 BA	计算机科学与经济学 BA/BS	音乐 BA
非洲研究 BA/BS	计算机科学与心理学 BA	近东语言与文明 BA
美洲研究 BA	计算与艺术 BA	神经科学 BA/BS
人类学 BA	东亚研究 BA	哲学 BA
应用数学 BA/BS	东亚语言文学 BA	物理学 BS
应用物理学 BS	生态与进化生物学 BA/BS	物理学与哲学 BA
考古研究 BA	经济学 BA	物理地球科学 BS
建筑 BA	经济学与数学 BA	政治科学 BA
艺术 BA	电子工程与计算机科学 BS	葡萄牙语 BA
天文学 BA	工程科学(化学)BS	心理学 BA/BS
天文物理学 BS	工程科学(电子)BA/BS	宗教研究 BA
化学 BA/BS	工程科学(环境)BA	俄语 BA
化学工程 BS	工程科学(机械)BA/BS	俄罗斯与东欧研究 BA
中文 BA	英语 BA	社会学 BA
古典文明 BA	环境工程 BS	数学 BA/BS	南亚研究(仅限第二专业)BA
经典名著(希腊语)BA	环境研究 BA	数学与哲学 BA	西班牙语 BA

续　表

经典名著（希腊语与拉丁语）BA	伦理、政治与经济学 BA	数学与物理学 BS	统计与数据科学 BA/BS
经典名著（拉丁语）BA	人种、种族与迁移 BA	机械工程 BS	戏剧研究 BA
认知科学 BA/BS	电影媒体研究 BA	现代中东研究 BA	城市研究 BA
计算机科学 BA/BS	地理与地球物理学 BS	分子生物物理学与生物化学 BA/BS	女子、性别与性行为研究 BA
计算机科学与数学 BS	法语 BA	分子、细胞与发育生物学 BA/BS	

资料来源：Yale University, Yale College. Bulletin of Yale University, Series 115 Number 4：Programsof Study, Fall and Spring Terms 2019—2020[EB/OL]. (2019-06-30) [2020-06-13]. https://bulletin.yale.edu/sites/default/files/ycps-2019-2020.pdf.

（二）多样的学位教育模式

1. 学位教育的多样模式

卡内基教学促进基金会根据《美国教学专业划分》，将各校提供的人才培养方案划分为文理类与专业类，并根据"综合中学后教育数据系统"（integrated postsecondary education data system, IPED）公布的全美各校于 2016 年 7 月 1 日至 2017 年 6 月 30 日授予的学位，确定境内高校人才培养模式的分类。表 4.28 和表 4.29 是笔者根据其分类整理而成的 30 所大学本科生人才培养模式与研究生人才培养模式。

在本科生人才培养模式中，"有一些研究生人才培养方案"指提供研究生人才培养方案，但是数量不到本科生人才培养方案的一半。"有高比例的研究生人才培养方案"指提供研究生人才培养方案，且数量至少是本科生人才培养方案的一半。[①] 在研究生人才培养模式中，根据卡内基分类标准，提供硕士人才培养方案和专业性人才培养方案（如法学院的专业性博士学位）但不提供研究性博士学位的，只能被称为"本科后"研究生人才培养方案。表 4.30 中"综合性"指的是在人文科学，社会科学，科学、技术、工程与数学（science, technology, engineering, and mathematics, STEM）领域和至少 1 个专业领域（如商业、教育、工程、卫生、公共政策、社会工作等）各提供至少一个硕士学位。"授予博士学位"指的是在人文科学、社会科学、STEM 领域提供多个博士学位，并至少在一个专业领域授予专业博士学位。[②]

表 4.28 和表 4.29 显示，30 所大学既提供本科生教育，又提供高级学位教育，其中 23 所大学既培养文理类学科的人才，又在专业性学科领域培养人才，28 所大学既提供博士、硕士研究生人才培养方案，又提供专业性高级学位教育。无论是学位层次上，还是教育内容上，30 所大学的人才培养模式体现出多样性。

---

① The Carnegie Classification of Institutions of Higher Education. Definitions and Methods, Undergraduate Instructional Program Classification Metodology [EB/OL]. (2018-06-30)[2020-06-14]. https://carnegieclassifications. iu. edu/classification_descriptions/ugrad_program. php.

② The Carnegie Classification of Institutions of Higher Education. Definitions and Methods, Graduate Instructional Program Classification Metodology [EB/OL]. (2018-06-30)[2020-06-14]. https://carnegieclassifications. iu. edu/classification_descriptions/grad_program. php.

表 4.28　30 所大学本科生人才培养模式

模式	相关学校	
着重于文理类学科,有一些研究生人才培养方案	达特茅斯学院	
着重于文理类学科,有高比例的研究生人才培养方案	布朗大学	芝加哥大学
	哈佛大学	范德堡大学
	斯坦福大学	耶鲁大学
有文理类人才培养方案和专业人才培养方案,有一些研究生人才培养方案	耶希瓦大学	
有文理类人才培养方案和专业人才培养方案,有高比例的研究生人才培养方案	塔夫茨大学	莱斯大学
	诺特丹大学	加州理工学院
	杜克大学	哥伦比亚大学
	埃默里大学	圣路易斯华盛顿大学
	乔治敦大学	普林斯顿大学
	纽约大学	西北大学
	乔治·华盛顿大学	
文理类与专业人才培养方案并重,有高比例的研究生人才培养方案	波士顿大学	麻省理工学院
	南加利福尼亚大学	卡内基梅隆大学
	康奈尔大学	宾夕法尼亚大学
	凯斯西储大学	约翰斯·霍普金斯大学

资料来源:The Carnegie Classification of Institutions of Higher Education. Institutional Lookup:Alphabetical Index[EB/OL]. (2018-06-30)[2020-06-14]. https://carnegieclassifications. iu. edu/lookup/lookup. php.

表 4.29　30 所大学研究生人才培养模式

模式	相关大学		
综合性博士人才培养方案(包括医学/兽医)	波士顿大学	乔治敦大学	乔治·华盛顿大学
	布朗大学	哈佛大学	约翰斯·霍普金斯大学

续　表

模式	相关大学		
综合性博士人才培养方案（包括医学/兽医）	凯斯西储大学	纽约大学	宾夕法尼亚大学
	康奈尔大学	西北大学	南加利福尼亚大学
	哥伦比亚大学	斯坦福大学	范德堡大学
	杜克大学	塔夫茨大学	圣路易斯华盛顿大学
	埃默里大学	芝加哥大学	耶鲁大学
综合性博士人才培养方案（不包括医学/兽医）	加州理工学院	莱斯大学	卡内基梅隆大学
	麻省理工学院	诺特丹大学	伦斯勒理工学院
	普林斯顿大学		
博士人才培养方案（STEM 为主）	达特茅斯学院	耶希瓦大学	

资料来源：The Carnegie Classification of Institutions of Higher Education. Institutional Lookup：Alphabetical Index［EB/OL］. (2018-06-30)［2020-06-14］. https://carnegieclassifications. iu. edu/lookup/lookup. php.

2. 学位教育的合作模式

（1）学位教育的跨学科合作模式。各校在学位教育中大量提供跨学科人才培养方案，在于深谙学术知识"打断骨头连着筋"的本质特点。以波士顿大学文理学院为例，波士顿大学文理学院除了提供常规的人才培养方案，还通过其设置的 50 个跨学科研究所、研究中心、人才培养方案，提供跨学科的本科生和/或研究生层次的学位教育，或为本科生、研究生提供课程教学。笔者列举其中 3 个跨学科合作开展人才培养工作的专业/中心。

①防腐研究专业[①]，提供文学硕士、理学硕士、哲学博士学位和法学博士/文学硕士绑定学位。

这一跨学科专业在波士顿大学已有 30 多年历史，由文理学院的考古、艺术史、历史学系的杰出教师和城市学院的城市事务专业的教师提供教学，指导学生兼用传统的、创新的方式防腐保存各类历史资源。专业已经培养

---

① Boston University，Arts and Sciences. American & New England Studies Program，Preservation Studies［EB/OL］. (2019-06-30)［2020-05-20］. https://www. bu. edu/amnesp/academics/.

200多名毕业生,他们多数在全国各地,特别是波士顿与新英格兰地区从事防腐工作,其中好多人已走上领导岗位。从教师到校友构成的人脉资源,是这一专业的实力之一。该专业还得益于其外部环境——波士顿和新英格兰地区长期以来一直是防腐保存工作的中心,且一直是这一领域的先锋、诸多防腐研究所的所在地。这一地区内从横跨全国的防腐倡导,到各城镇的草根实践,无一不给课堂教学提供充分的资源,也为学生的实习、就业提供了机会,这些也使得波士顿大学在保存历史资源方面处于领先地位。

②非洲研究中心①,提供本科辅修和研究生课程。

该中心创办于1953年,由联邦政府的"国家资源中心"(National Resource Center)资助,已培养数代大学教授、经济学家、卫生工作者、政府官员、开发人员、外交官以及众多其他领域的毕业生。中心十分重视多学科的教育,目前由来自全校20个单位的90多名教师和研究人员组成,提供关涉非洲知识的各类课程,学生可从文理学院的其中14个学系以及教育学院、法学院、神学院、管理学院、公共卫生学院与传媒学院提供的350门课程中选课,本科生可以辅修"非洲研究"或"非洲语言文学",研究生在完成硕士或博士学位时,可以获得"非洲研究结业证书",也有机会根据各交叉注册协议,修读哈佛大学、麻省理工学院和东北大学的课程。

③神经科学专业②,提供文学士、文学硕士、哲学博士学位。

波士顿大学的神经科学专业在过去十几年中通过整合多个学科获得迅速发展,该专业仰仗生物学系、化学系、计算科学系、数学与统计学系、物理学系、心理学系,以及萨金特学院的卫生科学系的学术资源,同时提供50多门高年级的选修课、实验室课程与研讨会,课程开设既注意知识宽度,向本科生提供导向文学士的跨学系主修专业,又引导学生在细胞与系统、认知与行为、计算神经科学3个核心领域进行深度探究。神经科学高级学位教育的首要任务是为研究生提供一个灵活而创新的环境,训练学生用临床视角看待基础神经科学的基本知识,从而使得下一代神经科学家们有更大能力在科学前沿发现中关注可以满足临床需要的成果。学生可以在2个校区通

① Boston University, Pardee School of Global Studies, African Studies Center. Academics [EB/OL]. (2019-06-30)[2020-05-20]. https://www.bu.edu/africa/forstudents/.

② Boston University Neuroscience. Academics [EB/OL]. (2019-06-30)[2020-05-20]. https://www.bu.edu/neuro/academics/.

过文理学院内各学系的实验室、医学院的各实验室接受多个学系(如解剖学和神经生物学、生物化学、神经学、病理学、药理学与实验治疗学、生理学和生物物理学、精神病学)教师的指导,开展独立研究。

(2)学位教育的跨专业合作模式。学位教育合作模式的另一种形式是大学的各专业、学系充分利用本校学术资源,向学生提供绑定学位教育和/或双学位人才培养模式。相对于学校与学生而言,这样的合作培养模式可谓是两不耽误,也两不相负:一方面,学校演绎着大学以规训特定的学科知识为载体但又超越知识、以思维训练为宗旨的奥妙,同时也回应社会对复合型人才的需求;另一方面,学生通过这样的机会,以更少的时间与经济成本接触更多的学术资源,获取更广泛的知识和能力训练。下面以医学院提供的绑定学位教育和/或双学位教育为例进行说明。

本研究 30 所大学中,共有 23 所大学拥有医学院,表 4.30 是笔者整理 23 所医学院提供的学位教育的跨专业合作模式。医学院提供的传统的人才培养方案是医学专业博士(MD)的学位教育,一般为四年,旨在培养将来能从事临床医学实践的毕业生。通常医学院在第一学年通过核心课程与选修课向学生介绍生物医学科学的基础知识以及人体有机组织的正常结构与功能等知识,并且指导学生参加第一轮岗位见习工作,以培养学生的临床技能;第二学年向学生提供医学科学基础的另一方面——病理生理学,使得学生了解各种疾病及后果,以及相应的药物治疗;第三学年向学生提供临床选修课程与必修的六大临床学科的见习指导——内科、外科、妇产科、妇科、精神病学、家庭医学,一般为期 6~8 周;第四学年,除了必修的 2 门见习课,学生根据自己的专业方向参加实习小组,同时每个学生必须完成选修 4 门高级临床学科的短期课程。各校除了医学专业博士(MD)学位教育,其医学院还提供各种绑定学位教育或双学位教育,这主要有两种形式:提供双博士学位或绑定学位的合作培养方案,提供跨层级学位教育的合作培养模式。

表 4.30　各医学院双学位/绑定学位人才培养方案

各医学院	双学位/绑定学位人才培养方案
南加利福尼亚大学医学院	医学博士/哲学博士
	医学博士/临床与生物医学调研理学硕士
	医学博士/工商管理硕士
	医学博士/公共卫生硕士
斯坦福大学医学院	医学博士/哲学博士（MSTP）
	医学博士/工商管理硕士
	医学博士/公共卫生硕士
	医学博士/法学博士
	医学博士/理学硕士
耶鲁大学医学院	医学博士/哲学博士（MSTP）
	医学博士/卫生科学硕士
	医学博士/公共卫生硕士
	医学博士/法学博士
	医学博士/工商管理硕士
	医学博士/神学硕士
乔治·华盛顿大学医学与卫生科学学院	医学博士/公共卫生硕士
	医学博士/哲学博士
	文学学士/医学博士
	理学学士/医学博士
乔治敦大学医学院	医学博士/哲学博士
	医学博士/理学硕士
	医学博士/工商管理硕士
	医学博士/伦理学文科硕士

续　表

各医学院	双学位/绑定学位人才培养方案
埃默里大学医学院	医学博士/哲学博士（MSTP）
	医学博士/公共卫生硕士
	医学博士/临床研究理学硕士
	医学博士/生物伦理学文科硕士
	医学博士/工商管理硕士
	医学博士/法律硕士
芝加哥大学医学院	医学博士/哲学博士（MSTP）
	医学博士/哲学博士（"残疾儿童成长与发展"方向、"医学、社会科学和人文科学"方向）
	医学博士/法律博士
	医学博士/工商管理硕士
	医学博士/公共政策硕士
西北大学医学院	医学博士/医学人文与生物伦理文科硕士
	医学博士/公共卫生硕士
	医学博士/卫生护理质量与病人安全理学硕士
	医学博士/哲学博士（MSTP）
波士顿大学医学院	医学博士/哲学博士
	医学博士/公共卫生硕士
	医学博士/工商管理硕士
	医学博士/临床调研文科硕士
哈佛大学医学院	医学博士/哲学博士（MSTP）
	医学博士/工商管理硕士
	医学博士/公共卫生硕士
	医学博士/公共政策硕士

续　表

各医学院	双学位/绑定学位人才培养方案
塔夫茨大学医学院	医学博士/哲学博士（MSTP）
	医学博士/公共卫生硕士
	医学博士/工商管理硕士
	医学博士/国际关系文科硕士
约翰斯·霍普金斯大学医学院	医学博士/哲学博士（MSTP）
	医学博士/公共卫生硕士
	医学博士/工商管理硕士
圣路易斯华盛顿大学医学院	医学博士/生物医学研究文科硕士
	医学博士/临床调研理学硕士
	医学博士/哲学博士双学位（MSTP）
杜克大学医学院	医学博士/哲学博士（MSTP）
	医学博士/工商管理硕士
	医学博士/法律博士
	医学博士/全球卫生理学硕士
	医学博士/公共卫生硕士
	医学博士/公共政策硕士
	医学博士/临床研究卫生科学硕士
	医学博士/信息科学理学硕士或图书馆科学理学硕士
	医学博士/图书馆研究文科硕士
达特茅斯学院医学院	医学博士/哲学博士
	医学博士/工商管理硕士
	医学博士/公共卫生硕士
	医学博士/理学硕士（工程学）

续　表

各医学院	双学位/绑定学位人才培养方案
哥伦比亚大学内科医生和外科医生学院	医学博士/哲学博士（MSTP）
	医学博士/公共卫生硕士
	医学博士/工商管理硕士
康奈尔大学医学院	医学博士/哲学博士
	医学博士/工商管理硕士
耶希瓦大学医学院	医学博士/哲学博士（MSTP）
	医学博士/公共卫生硕士
	医学博士/理学硕士（临床生物伦理研究）
纽约大学医学院	医学博士/哲学博士（MSTP）
	医学博士/公共卫生硕士（全球公共卫生）
	医学博士/公共管理硕士（卫生政策与管理）
	医学博士/理学硕士（临床调研）
	医学博士/文学硕士（生物伦理）
	医学博士/工商管理硕士
凯斯西储大学医学院	医学博士/哲学博士（MSTP）
	医学博士/公共卫生硕士
	医学博士/应用解剖理学硕士
	医学博士/生物医学工程理学硕士
	医学博士/生物医学调研理学硕士
	医学博士/文学硕士（生物伦理）
宾夕法尼亚大学医学院	医学博士/哲学博士（MSTP）
	医学博士/生物伦理学硕士
	医学博士/工商管理硕士
	医学博士/公共卫生硕士
	医学博士/临床流行病学理学硕士

续　表

各医学院	双学位/绑定学位人才培养方案
宾夕法尼亚大学医学院	医学博士/转化研究理学硕士
	医学博士/法律博士
	医学博士/卫生政策研究理学硕士
布朗大学医学院	自由医学教育
	提前录取人才培养方案
	医学博士/哲学博士
	医学博士/公共卫生硕士
	医学博士/公共政策硕士
	医学博士/公共管理硕士
范德堡大学医学院	医学博士/哲学博士(MSTP)
	医学博士/法律博士
	医学博士/工商管理硕士
	医学博士/神学硕士
	医学博士/公共卫生硕士

资料来源:根据各大学医学院官网资料整理而成。数据收集截至 2014 年 10 月 18 日。

①提供双博士学位或绑定学位的合作培养方案

• MD/PhD 人才培养方案。一般为 8 年制。录取 MD/PhD 的要求比仅录取 MD 的要求更高,但不能被这一绑定人才培养方案录取的学生,通常仍有可能被 MD 人才培养方案录取。

MD/PhD 学位教育既强调优质的临床教育和医学的社会性质(MD 人才培养方案的目的所在),又强调对学生进行严格而系统的学术训练(PhD 人才培养方案的目的所在),MD/PhD 人才培养方案利用本校的学科优势和师资力量,向同时在有着不同培养目的的人才培养方案内攻读学位的学生提供支持与指导,以培养优秀的医师兼科学家,也回应医学界一直面临的挑战——医学界既需要有能力运用强大的新技术与手段来诊断、治疗、预防各种疾病的人才,又需要对人类生存条件有更多认知、推动卫生护理知识发展的引领人物。

在 MD/PhD 人才培养方案中,值得关注的是美国卫生研究院(NIH)下属的国家普通医学科学研究所(National Institute of General Medical Sciences)设立的医学科学家人才培养项目(Medical Scientist Training Program,MSTP)。生物医学科学领域一直需要既具备基础科学知识,又具有临床研究能力的后备力量,但是 NIH 苦于其不具备颁发学位的权力,因此于 1964 年成立 MSTP 项目,委托有实力的医学院培养人才,并向各参与 MSTP 项目的大学及负责选定方向进行培训的医学院提供包括助学金、学费津贴、差旅、设备设施等的最低经费保障,以支持导向 MD/PhD 学位的人才培养,参加该项目的各医学院则向受训学生同时提供生物医学科学和临床研究两个领域的训练,在向学业成绩优秀并有潜力的学生提供资助的同时,传授他们将来从事学术医学和生物医学研究需要的知识和技能。

全美每年招收 170 名新生进入 MSTP 人才培养方案,入学竞争胜于 MD 的录取,新生质量也更高一筹。以霍普金斯大学医学院为例,2012—2013 学年,共有 554 人向霍普金斯大学医学院申请入读 MSTP,其中 73 人获得面试机会,但入学的仅有 10 人,10 名新生的平均 GPA 为 3.94,医学院入学考试(Medical College Admission Test,MCAT)平均分为 38 分。2012—2013 学年全美共有 43 个这样的人才培养方案,932 名受训者,44 家医学院成为受资助学院,他们向各入学学生提供生物学、化学、物理学、计算机科学、社会与行为科学、经济学、流行病学、公共卫生、生物医学工程、生物统计学、生物伦理学等领域的哲学博士学位。另外还有 75 家医学院虽然未能获得 NIH 的赞助,但也向新生提供 MSTP 的人才培养方案。本研究 23 所医学院中有 16 所医学院[①]获得 NIH 赞助[②],其余 7 所大学的医学院尽管未获得资助,但也都提供 MD/PhD 合作培养方案。

进入这一培养方案的学生,第一、二学年在医学院学习基础的医学科学知识,利用暑期进行研究。从第三学年开始,各医学院的安排略有不同,如在达特茅斯学院医学院,学生从第三学年开始既修读必修课程,又在导师的

---

① 16 所医学院所在大学为:斯坦福大学、耶鲁大学、埃默里大学、西北大学、芝加哥大学、约翰斯·霍普金斯大学、哈佛大学、圣路易斯华盛顿大学、耶希瓦大学、哥伦比亚大学、康奈尔大学、纽约大学、杜克大学、凯斯西储大学、宾夕法尼亚大学、范德堡大学。

② National Institute of General Medical Sciences. Medical Scientist Training Program Institutions[EB/OL]. (2019-08-23)[2020-06-12]. https://www.nigms.nih.gov/maps/Pages/Medical-Scientist-Training-Program-Institutions.aspx.

指导下进入实验室撰写研究论文,随着论文的完成与答辩,结束第三、四学年的学习。这一阶段的训练既注重基础知识,又注重训练学生的研究能力。之后学生可在以下 14 个学科领域选择攻读哲学博士学位:生物化学、生物学、化学、计算机科学、地球科学、工程科学、遗传学、卫生政策与临床实践、数学、微生物学和免疫学、物理和天文学、分子实验医学、心理和脑科学、定量生物医学科学。另一种教学安排如乔治·华盛顿大学,医学院提供的 MD/PhD 人才培养方案显示其提供哲学博士的学习领域不如达特茅斯学院广泛,他们向兼读哲学博士学位的医学博士生提供的学习领域包括化学与分子遗传学、分子医学、微生物与免疫学 3 个领域,学生在第 3～6 学年进行哲学博士学位必需的研究,最后 2 学年进行临床见习与实习,以免学生在走上岗位时"技艺生疏"。

　　·MD/JD 双学位。提供 MD/JD 双学位教育的有芝加哥大学、耶鲁大学、杜克大学、宾夕法尼亚大学、范德堡大学,5 所大学利用本校医学院与法学院的资源,使得学生有机会通过 5～7 年的学习获得本校两个学院各自同时颁发的博士学位证书。以芝加哥大学医学院的 MD/JD 人才培养方案为例,该校医学博士生完成 2 年级学业后,可向法律学院申请入读 JD 人才培养方案,若被录取,可向医学院请假 3 年去法学院攻读法律学位,之后返回医学院,修读后 2 年医学博士需要的临床见习与脱产实习,为此在法学院的最后一个季度,学生还同时强化复习"物理诊断"课程。

　　②提供跨层级学位教育的合作培养模式

　　·提供硕士学位和医学博士学位的合作培养方案。由本校医学院内部各学系合作,或由本校医学院和本校其他学院合作,既提供医学博士学位,又提供其他学科或领域的硕士学位,是各医学院利用本校教学与研究优势、吸引医科新生常见的合作培养方案,23 所医学院提供的硕博士绑定学位的培养方案有如下几种。

　　MD/MBA 双学位。医学院与商学院/管理学院合作开发的人才培养方案。这一合作培养方案学制 4～5 年,既传授医学知识,又传播商业管理知识,使学生将来能胜任卫生保健系统的实践与领导管理工作。申请入读的学生由本校医学院和商学院/管理学院分别录取、分别管理,医学院学生在 2 年级时向商学院提出申请,被录取后在第 3 学年去商学院学习 1 年 MBA 课程,之后回到医学院临床见习 1 年,在 MD 的第 4～5 年,学生修读 2 个学院提供的选修课。

MD/MPH 双学位。这一合作培养方案是对医疗事业与公共卫生相辅相成这一本质的回应，一般学制 5 年（塔夫茨大学、杜克大学、宾夕法尼亚大学为 4 年制），旨在在基本护理、政策与管理、流行病学、生物统计学、职业健康与环境、全球卫生、促进健康-预防疾病、孕产妇、儿童卫生等领域提供培训与教育，使医学博士生在毕业时对公共卫生的发展史、组织、目标、理念有基本了解，对提供卫生服务所需的政治、历史、经济和社会环境有一定敏感性。学生前 4 年学习医学博士的课程，最后 1 年学习硕士学位课程，但学生一般在第 3 学年就可以申请攻读 MPH 学位，只有成绩优秀的学生才有机会被 MPH 培养方案录取。

MD/MA 双学位。一般学制 5 年。在这一合作培养方案中，MD/MA in Bioethics（生物伦理学文学硕士）与 MD/MA in Public Policy（公共政策文学硕士）是较常见的，前一培养方案的目的是希望学生自从医开始就能识别、处理、评估临床实践中的伦理问题，使得学生可以提高他们的护理质量，也有能力从事与临床护理规定相关的政策方面工作，能主持伦理委员会工作或从事与临床实践相关的伦理教育工作。后一类培养方案是培养将来可以在卫生政策领域和卫生行政部门担任领导的毕业生。

MD/MS 双学位。一般学制 5 年。这一合作方案在广泛的领域提供硕士学位，如临床调研的硕士学位、卫生护理质量与病人安全的硕士学位、临床流行病学的硕士学位、卫生政策研究的硕士学位、转化研究的硕士学位、应用解剖学的硕士学位等。各校提供的硕士学位培养方案体现出前沿性与实用性特点，如乔治敦大学的医学院与校内跨学科培养哲学博士的生物科学研究所（GW Institute for Biological Sciences）合作提供的医学博士学位/生物危害性威胁与新发传染病硕士学位（MD/MS in Biohazardous Threat Agents & Emerging Infections Diseases）的教育，这一研究生人才培养方案针对业内面临的生物危害性与新发疾病之间存在的科学认知上的不足，训练学生识别"这些威胁的发生是自然因素还是人为故意的因素"。由于全球通信与交通系统使得疾病可以瞬间在全球传播，政府部门、疾病防控部门、私人部门都需要这类人才。

· 提供学士和医学博士绑定学位的培养方案。在 23 所医学院中，有 2 所医学院还提供学士/博士的绑定学位的人才培养方案。

其中一个人才培养方案是布朗大学医学院学制 8 年的自由医学教育

(program in liberal medical education)①。这一人才培养方案学制 8 年,布朗大学每年招收 50 名学生,学生先在本科阶段攻读自然科学或社会科学的文学学士或理学学士学位,或攻读人文科学、社会科学与行为科学的理学学士学位,为将来攻读 MD 学位打基础,学生本科毕业后,也可以申请参加 Flex Plan,在教育、研究、公共服务、政府部门、卫生护理或商业部门参加一年的社会实践后再进入医学院攻读 MD 学位,在医学院攻读学位时还可以同时攻读 MPH 或 PhD 学位。

另一个合作方案是乔治·华盛顿大学医学与卫生学院与本校文理学院合作的 BA/MD。大学本科新生进入本校文理学院学习 3 年后,由本校的审查委员会决定其是否可以被录取在本校医学与卫生学院攻读 MD 学位。不仅如此,其还与圣文德大学(Saint Bonaventure University)合作提供 BS/MD 学位,学生在圣文德大学本科阶段学习 4 年生物学,之后进入乔治·华盛顿大学医学与卫生学院攻读 MD 学位。能进入 BA/MD 或 BS/MD 培养方案的学生都是百里挑一的:学生在本科生入学时 SAT 或 ACT 成绩必须名列全校新生前 10%,在本科阶段 GPA 达到 3.6 且没有 C 等及以下学科成绩。②

第三节　美国私立大学的优质生源

一、大学生源质量表征

私立大学的优质生源,体现在两个方面:相比于同类公立大学,其新生入学成绩普遍高于州内同样位列 2010 年 *THES* 公布的世界排名前 200 位榜单的公立大学;私立大学能招收到州内外不同群体的优秀青年。笔者以 2010 年秋入学的各私立大学本科新生为例说明其生源特点。

① Brown,Alpert Medical School. Other Programs,Program in Liberal Medical Education [EB/OL]. (2019-06-30) [2020-06-19]. https://www.brown.edu/academics/medical/plme/.
② George Washington University,School of Medicine. Joint Programs:Programs for High School Seniors Interested in Pursuing Medicine at GW[EB/OL]. (2019-06-30) [2020-06-19]. https://smhs.gwu.edu/academics/md-program/admissions/joint-programs.

(一)新生入学成绩高于同类公立大学

表 4.31 显示的是 2010 年秋入学的各私立大学新生标准化测试成绩，除了波士顿大学、纽约大学和伦斯勒理工学院，其余大学入学新生的平均最低分数都在 640 分以上。笔者以美国境内六大认证地区为界，各选取其中一所上榜公立大学进行对比，其中西北地区无上榜私立大学，不需要对比同类公立大学，因此实际选取了 5 所上榜公立大学。由于笔者没有保存 2010 年各公立大学的数据，因此用 2012 年秋季公私立大学入学新生的标准测试成绩进行对比。表 4.32 显示，同为上榜大学，无论是入学新生的最低分还是最高分，私立大学都明显高于同类公立大学。

表 4.31　2010 年秋私立大学入学新生的标准化测试成绩

大学	本科生 SAT 入学成绩					
	数学	阅读	写作	总分范围	平均分范围	其他
波士顿大学	600～700	580～670	590～680	1770～2050	590～683	GPA 3.52
布朗大学	670～770	660～760	670～770	2000～2300	667～767	
加州理工学院	690～790	670～760	680～780	2040～2330	680～777	
卡内基梅隆大学	690～780	660～750	680～770	2030～2300	677～767	
凯斯西储大学	660～770	630～740	640～740	1930～2250	643～750	
哥伦比亚大学	700～790	690～780	690～780	2080～2350	693～783	
康奈尔大学	670～770	640～730	—	1310～1500	655～750	
达特茅斯学院	690～790	670～780	690～790	2050～2360	683～787	任选两门课程
杜克大学	29～35 (ACT)	英语　30～35（ACT）			29.5～35	只要两门成绩
埃默里大学	660～750	640～730	650～740	1950～2220	650～740	GPA 3.76
乔治敦大学	650～750	640～740	—	1290～1490	645～745	
乔治·华盛顿大学	610～700	600～690	620～700	1950～2090	650～697	
哈佛大学	700～790	690～800	710～800	2100～2390	700～797	
约翰斯·霍普金斯大学	660～770	630～740	640～740	1930～2250	643～750	GPA 3.72

续 表

大学	本科生 SAT 入学成绩					
	数学	阅读	写作	总分范围	平均分范围	其他
麻省理工学院	740~800	670~760	670~770	2080~2330	693~777	
纽约大学	600~720	610~710	620~710	1830~2140	610~713	GPA 3.6
西北大学	690~780	670~750	—	1370~1530	680~765	只要两门成绩
普林斯顿大学	710~790	690~790	700~790	2100~2370	700~790	GPA 3.89
伦斯勒理工学院	670~700	610~700	580~685	1860~2085	620~695	
莱斯大学	690~790	650~750	660~760	2000~2300	667~767	
斯坦福大学	690~790	670~760	680~780	2040~2330	680~777	
塔夫茨大学	680~760	670~740	680~760	2030~2260	677~753	
芝加哥大学	770~780	700~780	690~770	2160~2330	720~777	GPA 3.79
诺特丹大学	670~770	650~740	650~740	1970~2250	657~750	
宾夕法尼亚大学	690~780	660~750	680~770	2030~2300	677~767	GPA 3.99
南加利福尼亚大学	650~740	620~710	640~730	1910~2180	637~727	GPA 3.7
范德堡大学	690~770	670~760	660~750	2020~2280	673~760	GPA 3.7
圣路易斯华盛顿大学	710~790	680~750	—	1390~1540	695~770	只要两门成绩
耶鲁大学*	700~780	700~800	700~790	2100~2370	700~790	
全国平均入学成绩	515	500	491			

资料来源：根据美国院校问责网的数据整理而成（University and College Accountability Network. U-CAN Profiles. https://www. ucan-network. org/members. asp）。数据收集截至 2011 年 9 月 20 日。

* 本表中耶鲁大学的数据是 2011 年秋的数据。

表 4.32　2012 年秋公、私立大学入学新生标准化测试成绩对比

所在地区及州	大学	入学平均成绩区间	所在地区及州	大学	入学平均成绩区间
新英格兰地区的马萨诸塞州	马萨诸塞大学阿默斯特分校	530～630	中部地区的宾夕法尼亚州	宾夕法尼亚州立大学本部	577～660
	波士顿大学	590～683		卡内基梅隆大学	687～767
	麻省理工学院	697～783		宾夕法尼亚大学	677～767
	哈佛大学	693～793		加利福尼亚大学戴维斯分校	590～700
	塔夫茨大学	677～760		加州理工学院	673～777
南部地区的北卡罗来纳州	北卡罗来纳大学教堂山分校	ACT 28～32	西部地区的加利福尼亚州	斯坦福大学	693～783
	杜克大学	ACT 29.5～35		南加利福尼亚大学	637～740
中北部地区的印第安纳州	普渡大学	533～630			
	诺特丹大学	657～750			

资料来源：(1)私立大学学生入学成绩数据根据美国院校问责网的数据整理而成（University and College Accountability Network. U-CAN Profiles. https://www. ucan-network. org/members. asp）。数据收集截至 2013 年 5 月 20 日。

(2)公立大学学生入学成绩数据来源于各校官网招生信息，数据收集截至 2013 年 5 月18 日。

(二)入学新生多样化

由于各州的公立大学必须首先为州服务，因此在其录取的新生中，本州青年占了绝大多数。以同样上榜的加利福尼亚州大学洛杉矶分校为例，该校 2010 年共报到 4636 名新生，其中来自加利福尼亚洲的新生 4024 人，占 87%；来自其他州的新生 316 人，占 7%；国际留学生 296 人，占 6%[①]。而私立大学作为私法人，固然也招收本州青年，但其因不是"州的大学"，在招收新生时，不受生源地的约束，其新生中本州学生占少数。如表 4.33 所示，在可获得数据

---

　① University of California(Los Angeles). UCLA Undergraduate Admission, Profile of Admitted Freshmen, Fall 2010 [EB/OL]. (2010-11-30) [2011-05-20]. https://www. admissions. ucla. edu/Prospect/Adm_fr/Frosh_Prof10. htm.

的 22 所大学中,11 所大学其来自本州的学生比例不到 15%,其中达特茅斯学院仅 2% 的新生来自本州,17 所大学其来自州外的学生比例超过 60%。

表 4.33　2010 年秋来自州内外的新生比例

单位:%

大学	本州	其他州	国外留学生	生源地不详	大学	本州	其他州	国外留学生	生源地不详
波士顿大学	20	70	10	0	纽约大学	25	64	11	0
布朗大学	4	84	12	0	西北大学	24	70	6	0
加州理工学院	32	58	10	0	普林斯顿大学	14	76	10	0
卡内基梅隆大学	—	—	—	—	伦斯勒理工学院	31	64	4	1
凯斯西储大学	10	82	8	0	莱斯大学	44	42	11	3
哥伦比亚大学	—	—	—	—	斯坦福大学	40	52	8	0
康奈尔大学	33	58	8	1	塔夫茨大学	20	72	8	0
达特茅斯学院	2	90	8	0	芝加哥大学	17	73	10	0
杜克大学	12	77	9	2	诺特丹大学	13	83	4	0
埃默里大学	—	—	8	—	宾夕法尼亚大学	—	—	11	—
乔治敦大学	—	—	7	—	南加利福尼亚大学	52	37	11	0
乔治·华盛顿大学	—	—	7	—	范德堡大学	—	—	5	—
哈佛大学	13	77	10	0	圣路易斯华盛顿大学	7	85	7	1
约翰斯·霍普金斯大学	10	82	8	0	耶鲁大学*	5	83	12	0
麻省理工学院	9	79	12	0	耶希瓦大学	—	—	—	—

资料来源:根据美国院校问责网的数据整理而成(University and College Accountability Network. U-CAN Profiles. https://www.ucan-network.org/members.asp)。数据收集截至 2011 年 9 月 20 日。

*本表中耶鲁大学的数据是 2011 年秋的数据。

为向弱势群体提供补偿,各私立大学在录取新生时特别关注性别因素,以增加女性学生进入大学的机会,并最终提高女生在本校学生容量中的比例。表 4.34 显示,在 2010 年秋各大学入学新生中,除了波士顿大学、纽约大学、伦斯勒理工学院的男女生比例比较悬殊外,其余学校男女新生比例基本持平。

表 4.34　2010 年秋入学新生性别比例

大学	男女生比例 （男∶女）	大学	男女生比例 （男∶女）
波士顿大学	60∶40	纽约大学	39∶61
布朗大学	52∶48	西北大学	48∶52
加州理工学院	60∶40	普林斯顿大学	51∶49
卡内基梅隆大学	49∶51	伦斯勒理工学院	72∶28
凯斯西储大学	52∶48	莱斯大学	52∶48
哥伦比亚大学	48∶52	斯坦福大学	52∶48
康奈尔大学	50∶50	塔夫茨大学	49∶51
达特茅斯学院	50∶50	芝加哥大学	51∶49
杜克大学	51∶49	诺特丹大学	54∶46
埃默里大学	45∶55	宾夕法尼亚大学	49∶51
乔治敦大学	45∶55	南加利福尼亚大学	50∶50
乔治·华盛顿大学	45∶55	范德堡大学	49∶51
哈佛大学	50∶50	圣路易斯华盛顿大学	51∶49
约翰斯·霍普金斯大学	52∶48	耶鲁大学*	50∶50
麻省理工学院	55∶45	耶希瓦大学	—

资料来源:根据美国院校问责网的数据整理而成(University and College Accountability Network. U-CAN Profiles. https://www.ucan-network.org/members.asp)。数据收集截至 2011 年 9 月 20 日。

＊本表中耶鲁大学的数据是 2011 年秋的数据。

私立大学可以不囿于一方而有更广的选择新生的余地,使其可以拥有足以让诸多同类公立大学羡慕不已的新生质量,而对照公、私立大学入学成绩,显然私立大学能招收到州内外不同群体的优秀青年。

二、大学获取优质生源的途径

大学高质量的学术资源无疑是吸引优质生源的重要因素,大学与校外非营利组织合作招生、向学生提供可观的经济援助则是其获取优质生源的重要途径。

(一)与校外非营利组织合作

大学与校外非营利组织合作招生是美国公、私立高校招生的一个重要特点,校外组织在大学本科生、研究生的招生中发挥重要作用。

1. 校内外合作招收本科生的组织

与美国高校合作招收本科生的组织包括校外考试组织及"通用申请"组织。

(1)校外考试组织。与各校招生有关的校外考试组织主要有以下两个。

①美国大学入学考试中心(American College Testing,ACT)。ACT于 1959 年 11 月 7 日第一次提供大学入学测试,当时仅 7.5 万名高中毕业生参加测试,2019 年参加 ACT 测试考生已达 180 万人。[①]

②美国教育考试服务中心(Educational Testing Service,ETS)。位于新泽西州普林斯顿的 ETS 成立于 1947 年,拥有 2800 名职员,其中 1100 多名员工拥有教育学、心理学、统计学、心理测量、计算机科学、社会学和人文科学的专业知识,600 名员工拥有硕士以上学位,250 名员工拥有博士学位。中心聘请众多学科专家、教师、编辑、测试专家、测试评论家参与出题与试卷审查,在研究、评估、测试管理、阅卷、开发并提供教学产品和服务 5 个专业领域开展工作,是全球闻名的私立非营利教育考试评估机构,每年以纸考、机考、网考的形式向全球 180 多个国家、9000 个考点提供多达 5000 万人次的考试。其提供的测试为:包括托福在内的 4 种英语测试,面向中小学的评估测试,资格证书考试,以及与高等教育入学有关的考试——美国研究生入学考试(Graduate Record Examination,GRE)、同等学力(College-Level

---

① American College Testing. About ACT[EB/OL]. (2019-11-30)[2020-06-20]. https://www.act.org/content/act/en/about-act.html.

Examination Program，CLEP)考试，还承担 SAT 和 AP 的出卷与评估工作。[①]

SAT 分为普通考试、单科考试，是美国境内参加人数最多的大学入学考试。SAT 的测试结果不仅是大学用作选拔来自不同地区、不同高中、不同评分制的入学申请者的工具，也是国际留学生申请美国名校及奖学金的依据。

SAT 普通考试的测试成绩是选择参加 SAT 的学生在申请高校时必须提供的分数，平均而言，学生可以答对 50%～60% 的试题，80% 的学生可以完成全部试题内容。

SAT 普通考试历时 3 小时 45 分钟，分为 3 部分，即阅读、写作、数学，以衡量学生评价性阅读能力、数学推理能力和写作技巧。3 部分满分各 800分，最低分各 200 分。"评价性阅读"部分共 67 题，历时 70 分钟，试题中的文章来自自然科学、人文科学、社会科学等领域或文学作品，长短不一，体裁包括记叙文、议论文和说明文。试题要求学生阅读给定的文章，根据上下文确定词义，识别文章中心思想，了解作者写作意图与技巧，整合信息并进行因果分析、推论，解读文章的逻辑联系。"写作"部分共 50 题，为作文题（1题）和选择题（49 题），历时 60 分钟。作文题要求学生根据试卷给出的一篇短文章，在 25 分钟内撰写完成一段文字，这一题型旨在测试学生是否有能力根据文章陈述的事件形成一个论点，并根据本人的阅读、学习、经验、观察进行举例、推理、论证；选择题包括 3 类试题内容，即改写句子（25 题）、识别句子错误（18 题）、改良段落（6 题），这部分试题旨在测试学生是否具备以下能力：改写并提高文章质量，识别句子错误，明白语法要素和结构及其在句中的关联，通过使用过渡词和短语清楚表达自己的想法，提高段落内以及段落间的连贯性，清晰而有效地沟通思想。"数学"部分共 54 题，包括 2 类题型和 4 类测试内容，测试历时 70 分钟，2 类题型为标准化选择题（44 题）和填空题（10 题），测试内容为数字与运算（11～13 题），代数与函数（19～21题），几何与测量（14～16 题），概率、统计、数据分析（6～7 题）。

SAT 单科考试包括英语（文学）、历史（美国历史、世界史）、数学（数学Ⅰ、数学Ⅱ）、科学（生态生物学和分子生物学、化学、物理）、外语（中文、法

---

① Educational Testing Service. Who We Are & What We Do[EB/OL]. (2019-12-20)[2020-06-20]https://www.ets.org/about.

语、德语、现代希伯来语、意大利语、日语、韩语、拉丁语、西班牙语)5 个领域的测试,每门考试历时 1 小时,每科满分 800 分。以历史考试为例,历史考试共 90 题,考察 3 个时间段的历史:前哥伦比亚时期至 1789 年的历史知识(20%),1789—1898 年的历史知识(40%),1899 年至当代的历史知识(40%)。考试内容包括政治史(31%~35%)、经济史(13%~17%)、社会史(20%~24%)、知识文化史(13%~17%)、外国政治史(13%~17%)。总体来说,历史考试测试的是学生在高中阶段学习的历史知识,测试材料包括社会科学的基本概念、方法和归纳。尽管由于高中教材版本不同,考生会遇到一些陌生题目,很难得满分,但它能测试出学生三方面技能:是否熟悉、理解重大历史事件的概念、因果关系等,是否掌握历史分析必需的基本概念,是否具有利用历史知识解读地图上、图表中以及漫画中体现的资料内涵的能力。

学生若在申请之初已确定所申请的专业,就必须根据拟申请学校的要求或建议提前参加单科考试,有些学生还会因自身兴趣选择参加其他科目的考试。对学生而言,其提供的单科考试成绩,既可以证明自己的学习能力与兴趣,也可以突出自己的学科竞争优势,各校招生委员会则可以据此对不同学生予以区分。

(2)校外通用申请协会。通用申请(The Common Application,CA)①协会是一家非营利性高校成员协会,1975 年由 15 所私立院校发起成立,旨在向本科入学申请者提供一种通用的申请形式。成立之初,CA 隶属于全美中学校长协会,2005 年从中学校长协会中独立出来。自 2001 年第一所公立院校加盟后,成员不再是清一色的私立院校,经过 40 多年发展,CA 目前已经成为美国境内最大的高校入学申请系统。美国境内满足下列条件的院校,都可以成为 CA 成员:是全国高校招生咨询委员会成员并完全遵守《善意招生原则声明》的;经六大地区认证协会认证的;本科阶段至少向75%的学生授予学士学位或同等学位的;符合美国国税局条款规定的非营利性质的;在招生过程中全面甄选学生的(即其甄选过程包括主观标准和客观标准——至少一份推荐信,至少一篇不计时完成的作文,并在决定录取时兼顾学生生源的多样性);平等对待申请者的要求,并向申请人收取统一费

① The Common Application. About Us[EB/OL]. (2019-11-30)[2020-06-20]. https://www.commonapp.org/Login♯! PublicPages/History.

用、提供同等福利和便利的。在 30 所私立大学中,除了乔治敦大学、麻省理工学院和耶希瓦大学,其余 27 所大学均是 CA 成员。[①]

  CA 系统向各位申请人提供与申请相关的信息,包括:各校招生办公布的最低入学要求、不同招生类型及其招生规则、各高校补充申请的链接。申请人只需根据系统提供的统一表格在线提交一套材料便可以完成同时向数个学校的初次申请,这一服务大大节约了申请人和录取所需的时间和精力。学生需向系统提交的各项材料包括[②]:①学业表现,即就读中学提供的中学成绩单副本、高中毕业当年的分数、高中毕业证明、入读高校提供的成绩副本(转学生)。②入学标准化测试成绩,即 SAT(或 ACT)+写作、英语托福或雅思考试成绩(国际留学生)。③推荐信,即教师或升学指导教师评价或推荐信、学校提供的综合报告单、就读高校辅导员评价(转学生)。④个人社会活动与工作经历表。⑤写作。⑥其他,包括作品(艺术类)、《提前决定协议》(申请"提前决定"招生类学生)、证明自己有足够的经济实力完成大学学业的个人财务证明(国际留学生)。

  在这些材料中,单独列出的"写作"不是标准化测试的一个题型,而是通用申请表上的、学生须填写的最后一个项目"Writing"。申请人被要求在 6个选项中选择一个主题撰写出一篇 250～500 字的文章,这 6 个选项为(按原文译文):①评价一项你的重大经历或成就、经历过的重大风险、你面临的道德两难问题及对你的影响;②讨论某件本人、本地、本国或国际关注的事务,以及其对你的重要性;③说明一个对你有重大影响的人,并描述其对你的影响;④描述对你有重大影响的某个小说中的人物、历史人物或某项(美术的、音乐的、科学等的)创作,并说明其对你的影响;⑤说明你本人的个人背景(学术兴趣、个人观点、生活经历),描述一项你有助于构建多样化大学共同体的个人特质,或描述一项你遭遇的并让你明白多样化重要性的事情;⑥自选一个主题。这一写作材料是申请者向招生委员会提供的除了课程成绩、入学考试成绩等客观资料之外的另一个重要信息,借此证明其具有有效组织并清楚表达思维的能力。

  ① The Common Application. Explore Colleges [EB/OL]. (2019-05-10) [2020-03-15]. https://www.commonapp.org/explore/.

  ② The Common Application. Apply to College: Application Guide for First Time Students [EB/OL]. (2019-05-10) [2020-03-15]. https://www.commonapp.org/apply/first-time-students.

　　（3）校内招生组织。各校设"本科生招生委员会"，通常由招生办负责人、教师、负责本科生教学的院长或分管院长组成。委员会的使命是吸引、招收能力强的学生群体，力求本校新生具有丰富的才能、思想、学习背景和经历，有助于大学共同体成员的多样性，丰富在校本科生的个体经历。其具体工作包括：确定招生对象、申请类别与招生类别、申请截止日期、申请最低要求，初审申请人提交的支撑材料，组织招生委员会审读申请材料并决定将有卓越能力的申请人纳入本校学生群体。

　　各校将申请入读的学生分为三类：新生申请者、国际留学申请者、转学申请者，这三类学生互有覆盖。已经完成高中学业、达到州规定毕业要求的高中毕业生或通过同等学力测试——普通教育发展测试（Test of General Education Development）——的美国公民有资格依据各校要求提交材料申请入学；非美国公民或不持有绿卡的学生（不包括难民、寻求政治避难者、刑满获释人员或秘密入境人员），若已经完成相当于美国中学教育且有相关毕业文凭的，都具有国际留学生申请资格；转学申请指的是高中毕业后或通过同等学力考试后、已获取其他院校学籍正在就读、申请时已完成至少全日制一学期课程、达到一定学分的学生，这类学生既有本国学生，也有国际留学生。上述3类学生在提出入学申请时，都须提供大学要求的标准化入学测试成绩。

　　各大学除了常规录取（regular decision，RD），最常见的是提前决定（early decision，ED）和提前申请（early action/restricted early action，EA/REA）。RD是大学最传统最普遍的录取方式，多数学生通过RD入学。ED与EA的共同之处在于两者都是申请人提前向心仪学校提出申请并提交申请材料，在一般情况下学生在11月初申请，学校在11月中旬就会发布录取结果，对学生来说，提前得知被录取的消息，可以提前摆脱压力，未被提前录取的，仍有可能在常规录取中如愿。两者的不同之处在于ED比EA有更多的约束，选择ED的学生，在申请时需下载提前决定协议，填写完毕后随同其他申请材料一起提交给申请系统。这一协议对学生有约束力：虽然学生可以向多所学校申请常规录取，但只能提前申请这一所学校，一旦被提前录取，必须撤回向其他学校的常规申请，学生要么进入该校就读，要么失去保证金。这类申请不利于奖学金的申请，因此不利于家境不够殷实的学生，因为他们需要考虑上学费用，也正因为考虑到对经济条件不好的学生带来的不公平因素，这些年来哈佛大学取消了这一招生类别。在提前申请（EA）

的招生中,提前申请者无须签协议,因此没有约束力,其仍可以提前申请其他学校,学生在次年 5 月 1 日前不必急着决定是否接受大学的 offer,他们有足够的时间搞清楚各个学校的学生经济援助,即便学生最终选择了其他学校,也无须面对任何惩罚。EA 的另一种形式是限制性提前申请(REA),根据 2012—2013 年"通用申请"协会公布的招生规则,哈佛大学、斯坦福大学、普林斯顿大学和耶鲁大学是四所提供 REA 的学校,其限制部分体现为:申请 REA 的学生不可以同时向其他大学申请 EA、REA、ED。

学生除了在"通用申请"官网按程序操作,还需在大学官网注册账号,填写大学要求的"本校补充申请表"。招生委员会审读学生在"通用申请"官网和大学官网提交的申请材料并决定录取。以下是招生委员会特别关注的。

①申请人的学术能力:大学首先是一个学术性组织,这意味着尽管在评价申请者时,学习成绩不是大学考虑的唯一因素,但一定是首要考虑的问题。高中成绩单是说明学生学习成绩的材料,招生委员会根据高中成绩单可以了解学生在过去一段时间内的学习动力和表现,那些在高中时能消化有难度的课程并且成绩优秀的学生是大学青睐的,这些也会在教师评价中体现出来。高中教师评价不仅说明学生的课堂表现,还对学生的求知欲、精力充沛与否、与同学的关系是否融洽、是否对班级有正面影响等进行适当描述。尽管没有硬性规定高中成绩单比标准化测试成绩有更大权重,但学生若在有难度的课程中表现出色,可以适度弥补不拔尖的标准化测试成绩导致的劣势。

②个人思想:招生委员会通过申请人的写作来了解申请人的思想。申请人通过写作,真诚、坦率地呈现并阐述自己参与过的有意义的工作、个人经历等,招生委员会成员会仔细阅读文章,并力图明白文章背后申请人的真实人性。

③申请人的潜能:大学招收的是会最大限度利用大学资源和自己才华的学生。成绩单、测试成绩、推荐信,这些不仅让招生委员会了解其取得的成绩,也让招生委员会管窥申请人是否能充分利用大学提供给他们的机会,如高中是否提供给申请人预修课程(AP)、国际课程(IB),若有,申请人是否会把握这些机会?而申请材料所反映的申请人如何利用高中提供的资源和机会,大概也可以预期他入学后是否能最大限度地利用大学资源。各大学在解读申请人的生活、学习经历和思想时,更倾向于选择那些有欲望、有能力突破自我的申请人,就如耶鲁大学第十三任校长布鲁斯特(Brewster)所写:"我更愿意相信,那些不遗余力将事情做到极致的人,更胜于那些虽有很

强的能力但似乎并没有欲望突破自己的人。"

2. 校内外合作招收专业研究生的组织

研究生教育是各私立大学学术实力的重要体现。校外专业组织在研究生招生中发挥着重要作用。表 4.35 列举的是 30 所大学与各校外非营利组织合作招生的 4 个专业学院,其中 11 所大学设公共卫生学院,除了耶希瓦大学,其余都是美国公共卫生专业与学院协会(Association of School & Programs of Public Health,ASPPH)成员[1];7 所大学设牙医学院,均要求申请者提供美国牙医协会(American Dental Association,ADA)组织的牙科入学测试(Dental Admissions Test,DAT)成绩[2],并通过牙医教育协会(American Dental Education Association, ADEA)的统一申请系统(Associated American Dental Schools Application Service,AADSAS)提交申请[3];23 所大学设有医学院,且它们都是美国医学院协会(Association of American Medical Colleges,AAMC)成员[4];20 所大学设有法学院,另有乔治敦大学设有法学中心,共 21 个组织招收法律博士生和/或法律硕士生,除了耶希瓦大学,其余 20 个组织均与法学院录取委员会(Law School Admission Council,LSAC)合作招生,由委员会提供统一入学测试(Law School Admissions Test ,LSAT),申请者通过委员会的入学申请服务系统(Credential Assembly Service,CAS)提交入学申请材料[5]。表 4.36 是与表中的各专业学院合作招生的校外专业组织及其提供的与招生有关的入学测试、申请服务。校外专业组织在招生中发挥的主要作用在于:提供入学测试和入学申请服务;确保未来的专业从业人员的素质。笔者以美国医学院招生为例,解读校外专业组织美国医学院协会与校内组织在研究生招生中的作用。

---

① Association of School & Programs of Public Health. Member Directories[EB/OL](2019-12-30)[2020-04-12]. https://www. aspph. org/member-directory/

② American Dental Association. Education/Career:Dental Admission Test[EB/OL]. (2013-07-12)[2016-05-11]. https://www. ada. org/en/education-careers/dental-admission-test.

③ American Dental Education Association. ADEA Application Services[EB/OL]. (2013-06-20)[2016-05-11]. https://www. adea. org/ApplicationServices/.

④ Association of American Medical Colleges. AAMC Medical School Members[EB/OL]. (2013-10-20)[2016-05-11]. https://members. aamc. org/eweb/Dynamic Page. aspx? site = AAMC&webcode=AAMCOrgSearchResult&orgtype=Medical%20School.

⑤ Law School Admission Council. About the Law School Admission Council:Our Services[EB/OL]. (2013-05-20)[2016-05-11]. https://www. lsac. org/about.

表 4.35　30 所大学中与各校外非营利组织合作招生的部分专业学院

大学	法学院	牙医学院	医学院	公共卫生学院
波士顿大学	✓	✓	✓	✓
布朗大学	✓		✓	✓
加州理工学院				
卡内基梅隆大学				
凯斯西储大学	✓	✓	✓	
哥伦比亚大学	✓	✓	✓	✓
康奈尔大学	✓		✓	
达特茅斯学院	✓		✓	
杜克大学	✓		✓	
埃默里大学	✓		✓	✓
乔治敦大学	✓		✓	
乔治·华盛顿大学	✓		✓	✓
哈佛大学	✓	✓	✓	✓
约翰斯·霍普金斯大学	✓		✓	✓
麻省理工学院				

大学	法学院	牙医学院	医学院	公共卫生学院
纽约大学	✓	✓	✓	
西北大学	✓		✓	
普林斯顿大学				
伦斯勒理工学院				
莱斯大学				
斯坦福大学	✓		✓	
塔夫茨大学	✓	✓	✓	
芝加哥大学	✓		✓	
诺特丹大学	✓			
宾夕法尼亚大学	✓	✓	✓	
南加利福尼亚大学	✓	✓		
范德堡大学	✓		✓	
圣路易斯华盛顿大学	✓		✓	✓
耶鲁大学	✓		✓	✓
耶希瓦大学	✓		✓	✓

资料来源：根据各校官网整理而成。

表 4.36　校外非营利组织及其提供的与招生相关的主要服务

专业学院	校外专业组织	为相关专业提供的、与招生有关的入学测试与申请服务
法学院	法学院录取委员会（LSAC）	提供统一的法学院入学考试（LSAT）；通过申请服务系统（CAS）向申请者提供入学申请的服务
牙医学院	美国牙医协会（ADA）美国牙医教育协会（ADEA）	由 ADA 下属的测试服务中心（Department of Testing Services）为牙医学院提供统一的牙科入学测试（DAT）；由 ADEA 的统一申请服务系统（AADSAS）向申请者提供入学申请的服务
公共卫生学院	公共卫生专业与学院协会（ASPPH）	提供与招生有关的各类信息与链接；提供统一的在线申请服务系统（Schools of Public Health Application Service, SOPHAS）。
医学院	美国医学院协会（AAMC）	提供统一的医学院入学考试（MCAT）；提供统一的 AMCAS 申请服务，负责汇总包括申请入读医学博士所需的推荐信、电子申请，国内外学生成绩单处理等信息，统一换算

资料来源：

法学院录取委员会：Law School Admission Council. About the Law School Admission Council:Our Services [EB/OL]. (2013-05-20)[2016-05-11]. https://www.lsac.org/about.

美国牙医协会：American Dental Association. Education/Career:Dental Admission Test[EB/OL]. (2013-07-12)[2016-05-11]. https://www.ada.org/en/education-careers/dental-admission-test.

美国牙医教育协会：American Dental Education Association. ADEA Application Services[EB/OL]. (2013-06-20)[2016-05-11]. https://www.adea.org/ApplicationServices/.

公共卫生专业与学院协会：Association of School & Programs of Public Health. ASPPH Membership:Member Benifits [EB/OL]. (2013-05-20)[2016-05-11].https://www.aspph.org/aspph-membership/.

美国医学院协会：Association of American Medical Colleges. Services[EB/OL]. (2013-05-28)[2016-05-11]. https://www.aamc.org/services.

(1)美国医学院协会。美国医学院协会(Association of American Medical Colleges,AAMC)是一家成立于1876年的非营利组织,总部设在华盛顿哥伦比亚特区。AAMC成员包括141所经认证的美国医学院和17所加拿大医学院、近400个有影响的教学医院。[①] AAMC是各医学院合作招生重要的校外专业组织,其在招生中发挥的作用包括:组织统一入学考试,提供统一申请服务系统,对各拟录取新生进行道德监管。

①AAMC组织的入学测试。AAMC的"医学院招生考试"(Medical College Admission Test,MCAT)已有80多年历史。MCAT是各医学院衡量学生是否具有作为医学专业的学生、未来从医人员必需的批判性思维、解决问题的知识和技能的工具之一,申请在美国境内各医学院攻读医学专业博士学位的学生均须提交MCAT成绩。MCAT共有四部分,总分45分。试题依次为物理学、言语推理、生物学、写作(选作),其中历时45分钟的32道选作题成绩不计入总分,物理学、言语推理、生物学每部分满分15分,均计入入学成绩。具体如下。

•物理学测试。历时70分钟,共52题:7篇文章,每篇文章后设4~7个问题,另有13个独立问题。试题旨在评估考生基本的物理概念和在普通化学、物理学领域解决问题的能力。

•言语推理测试。历时60分钟,共40题:7篇各约600字的文章,涵盖人文科学、社会科学和自然科学,每篇文章后设5~7个题目。试题评估的是考生理解、评价、应用各篇文章中的论点和信息的能力。本科阶段广泛修读各类人文科学、社会科学和自然科学的考生通常会占尽优势,因为他们更熟悉这些课程所蕴含的批判性思考和推理技巧。

•生物学测试。历时70分钟,共52题:7篇文章,每篇文章后设4~7个问题,另有13个独立问题。这部分试题旨在评估考生基本的生物学概念和在有机化学和生物学领域解决问题的能力。

MCAT试题涵盖内容广泛,深奥晦涩,难度与题量都很大,考生得满分的可能性几乎为零。对各位申请入读医学院的考生来说,极具挑战性。根据AAMC公布的数据,2003—2012年参加MCAT的人数总体呈上升趋势,但每部分测试的平均分和总平均分从未"好看"过(见表4.37)。

---

① Association of American Medical Colleges. About the AAMC[EB/OL]. (2013-10-28) [2016-05-11]. https://www.aamc.org/about/.

表 4.37　2003—2012 年 MCAT 测试结果

年份	物理学		言语推理		生物学		测试总平均成绩/分	标准方差/分²	参加人数/人
	平均成绩/分	标准方差/分²	平均成绩/分	标准方差/分²	平均成绩/分	标准方差/分²			
2003	8.1	2.3	8.1	2.4	8.5	2.4	24.7	6.2	58,647
2004	8.1	2.4	8.0	2.5	8.5	2.5	24.6	6.4	61,973
2005	8.1	2.4	8.1	2.4	8.5	2.5	24.7	6.4	66,433
2006	8.4	2.4	8.1	2.4	8.6	2.5	25.1	6.5	70,901
2007	8.4	2.4	8.0	2.6	8.8	2.5	25.1	6.4	67,828
2008	8.2	2.4	8.0	2.5	8.7	2.5	24.9	6.4	75,809
2009	8.3	2.5	8.1	2.5	8.7	2.6	25.1	6.5	79,244
2010	8.3	2.5	7.9	2.5	8.7	2.5	25.0	6.4	82,004
2011	8.4	2.5	7.9	2.4	8.8	2.5	25.1	6.4	86,181
2012	8.4	2.5	8.1	2.5	8.8	2.5	25.2	6.4	89,452

资料来源：AAMC. MCAT Exam Statistics，Percentages and Scaled Score Tables [EB/OL]．（2013-04-20）[2014-05-20]．https：//www. aamc. org/students/applying/mcat/data/mcat_stats/.

②AAMC 提供的在线申请系统。AAMC 提供的"美国医学院申请服务系统"（American Medical College Application Service，AMCAS）是 AAMC 向本协会各成员医学院提供的在线招生服务系统。AMCAS 工作程序包括 3 个步骤：提供在线申请的有偿系统服务；处理材料（包括审核申请材料是否齐全、课程信息是否正确，计算 AMCAS 的平均绩点）；对拟录取新生进行道德监管。

首先是 AMCAS 提供的在线申请表。通过 AAMC 提供的 AMCAS，申请人员只需缴纳 160 美元的系统服务费，便可以通过 AMCAS 系统填写一份申请表，提交一套申请资料，同时向多所医学院提出入学申请，申请者每增加一所申请学校，多缴付 34 美元。申请人需在申请表中输入以下内容。

· 申请人身份信息，包括姓名、昵称、曾用名、社保号、出生地及出生日期、性别。

· 毕业高中与曾就读的高校信息，包括：曾经至少修读过一门课程的各高校，无论其是否在该校获得学分；高校主修和辅修课程及成绩；已获得的各学位，或将要获得的学位；是否曾受学校纪律处分。

· 个人简介，包括居民身份、合法居住地、语言能力、民族、父母/监护人、兄弟姐妹、是否曾遭遇刑事判决等信息。若申请人曾认罪或被判有罪，必须在申请表上如实填写，若是在提交申请表后有认罪或被判有罪的情况，则须在认罪或判决后 10 天内书面告知所申请的医学院。

· 学业课程及申请人在美国境内（或领地）高校以及加拿大高校就读获得的成绩，非全日制学生或中止过学业的学生，需要确保本人就读的学时达到 AAMC 的要求。

· 与申请人工作、社会活动相关的信息，如工作经历，课外活动，获奖、出版的作品、成果等。

· 推荐人联系方式。

· 拟申请医学院。

· 个人陈述，通过一个篇章说明为什么选择医学领域，若成绩单上有明显波动的记录，也可以说明求学过程中的特殊经历或困难，及自己如何看待学业波动。

· 标准化测试成绩，若申请人攻读的是合作培养的绑定学位或双学位（如 MBA-MD、MA-MPH、MD-PHD），申请者除了提供 MCAT 成绩外，还需提供 GMAT、LAST、MAT、GRE 的成绩。

其次是 AMCAS 提供的平均绩点（grade point average，GPA）换算。各申请人来自不同学制、不同评分等级制的大学，AMCAS 制定有不同学制学分换算表和统一的学业成绩等级换算表，并可以据此计算出统一的 AMCAS 平均绩点。各医学院只采信 AMCAS 折算出的平均绩点，并据此对本校所有申请者的学术背景与实力进行统一比较。

AMCAS 计算的 GPA 包括 BCPM 值、AO 值和总值。BCPM 指的是生物（biology）、化学（chemistry）、物理（physics）、数学（math）类课程，AO(all other) 指的是除了上述类别的各课程的所有课程。申请人在填写申请表时，需要根据 AMCAS 提供的课程分类正确输入自己修读的课程成绩，以便获得应得的各类平均绩点值，本科后进修获得的课程学分，既有单列的本科后 GPA、学时一栏，也计入本科 GPA 总值和总学时，研究生课程的平均绩点单独计算。不导向学位的课程学分、正在修读或计划要修读的课程、尚未完成的学年课程、因延期提交论文等不能及时得分的课程，都不需要在 AMCAS 申请表上填写。在计算平均绩点值时，AMCAS 不会将以下课程学分列入 AMCAS 计算

GPA 所需的原始成绩,但会将这一类课程学时列入"补充学时":补考及格、不及格的课程,通过同等学力考试获得的学分,获得的预科学分。

　　获取了计算 GPA 必需的课程信息后,AMCAS 根据"评分等级换算表"和"AMCAS 等级与权重"(见表 4.38)、根据"学季制和学期制学分换算表"(见表 4.39)换算出学期制学时,根据"AMCAS 权重×学时"这一公式,计算出同一年级各门课程的 AMCAS 质点,将同一年各门课程质点累计分别得出申请人各年级的课程质点总值,用"总质点/总学时"这一公式分别计算出申请人各年级平均绩点值、4 年的平均绩点值。BCPM 和 AO 的平均绩点值的计算与上述方法一致。

表 4.38　AMCAS 评分等级与权重

评分制类型:及格以上设 5 个或 5 个以上等级

AMCAS 等级		A	A−	B+	B	B−	C+	C	C−	D+	D	D−	F
AMCAS 权重		**4.0**	**3.7**	**3.3**	**3.0**	**2.7**	**2.3**	**2.0**	**1.7**	**1.3**	**1.0**	**0.7**	**0.0**
各等级类型	1	A	A−	B+	B	B−	C+	C	C−	D+	D	D−	F
	2	A+,A	A−	B+	B	B−	C+	C	C−	D+	D	D−	F
	3	A		B+	B		C+	C		D+			F
	4	A+,A		B+	B		C+	C		D+	D		F
	5	A+,A	A−	B+	B	B−	C+	C	C−	D+	D		F
	6	A	A−	B+	B	B−	C+	C	C−				F
	7	A		B+	B		C+	C			D		F
	8	A	A−	B+	B	B−	C+	C	C−	D+	D	D−	F
	9	A	A−	B+	B	B−	C+	C			D		F
	10	A	A−	B+	B	B−	C+	C	C−	D+	D	D−	E/NC
	11	A+,A	A−	B+	B	B−	C+	C					
	12	A+,A	A−	B+	B	B−	C+	C		D+	D	D−	
	13	A	A−	B+	B	B−	C+	C	C−	D+	D	D−	

续 表

评分制类型:含半级的 ABCD/F 制

		A	AB	B	BC	C	CD	D	DE	F		
AMCAS 等级		A	AB	B	BC	C	CD	D	DE	F		
AMCAS 权重		**4.0**	**3.5**	**3.0**	**2.5**	**2.0**	**1.5**	**1.0**	**0.5**	**0.0**		
	1	A	AB	B	BC	C	CD	D	DF	F		
	2	A	AB	B	BC	C		D		F		
	3	A	AB	B	C+	C		D		F		
	4	A	B+	B	C+	C	D+	D		F		
	5	A	B+	B	C+	C	CD	D		F		
	6	A	B+	B	C+	C	C−	D		F		
	7	A	B+	B	C+	C	D+	D		F		
	1	A	B	C	D	F						
	2	A	B	C	D	NC/N						
	3	A	B	C	D	E						
各等级	4	H	S+	S	S−	U						
类型	5	E	S	M	I	F						
	6	DN	HP	P	HCO	NC						
	7	D	E	G	Q	U/F						
	8	H	E	G	P	U						
	9	S	H	P	LP	F						
	10	E	VG	G	P	F						
	11	HO	HP	PA	CR	NC						
	12	A	B	C	D							
	13	A	B	C	D	U/R						

续　表

评分制类型：ABC/F制（前3个字母等级为通过）

AMCAS等级	A	B	C	F							
AMCAS权重	**4.0**	**3.0**	**2.0**	**0**							
各等级类型	1	A	B	C	F						
	2	H	HP	CR	NC						
	3	H	HP	P	F						
	4	A	B	C	NC						
	5	A	B	C							
	6	H	HP	P	NP						
	7	HH	H	P							
	8	HH	H	P	F						
	9	E	G	P	U/F						

评分制类型：数字-百分制

AMCAS等级	A	A−	B+	B	B−	C+	C	C−	D+	D	D−	F
AMCAS权重	**4.0**	**3.7**	**3.3**	**3.0**	**2.7**	**2.3**	**2.0**	**1.7**	**1.3**	**1.0**	**0.7**	**0.0**
1	100~93	92~90	89~87	86~83	82~80	79~77	76~73	72~70	69~67	66~63	62~60	59~0
2	100~90			89~80			79~70			69~60		59~0
3	100~94	93~90		89~85			84~75			74~70		69~0
4	100~90			89~80			79~70			69~65		64~0
5	100~93			92~85			84~77			76~70		69~0
6	100~93			92~84			83~75			74~70		69~0
7	100~90			89~80		79~76	75~70			69~60		59~0
8	100~90		89~85	84~80		79~75	74~70					69~0

续 表

评分制类型:数字-4分制

AMCAS等级		A	A−	B+	B	B−	C+	C	C−	D+	D	D−	F
AMCAS权重		**4.0**	**3.7**	**3.3**	**3.0**	**2.7**	**2.3**	**2.0**	**1.7**	**1.3**	**1.0**	**0.7**	**0.0**
各等级类型	1	4.0	3.7	3.3	3.0	2.7	2.3	2.0	1.7	1.3	1.0	0.7	0.0
	2	1		2			3			4			5
	3	4.0			3.0			2.0			1.0		0.0
	4	1+,1	1−	2+	2	2−	3+	3	3−	4+	4	4−	5/6
	5	3.0			2.0			1.0					0.0

评分制类型:数字-4分制含半级(0.5)

AMCAS等级		A	AB	B	BC	C	CD	D	DE	F
AMCAS权重		**4.0**	**3.5**	**3.0**	**2.5**	**2.0**	**1.5**	**1.0**	**0.5**	**0.0**
各等级类型	1	4.0	3.5	3.0	2.5	2.0	1.5	1.0	0.5	0.0
	2	4.0	3.5	3.0	2.5	2.0		1.0		0.0

评分制类型:数字-加拿大制

AMCAS等级		A	A−	B+	B	B−	C+	C	C−	D+	D	D−	F
AMCAS权重		**4.0**	**3.7**	**3.3**	**3.0**	**2.7**	**2.3**	**2.0**	**1.7**	**1.3**	**1.0**	**0.7**	**0.0**
各等级类型	1	9	8	7		6	5		4	3			2,1
	2	10,9	8	7		6	5		4	3	2	1	0
	3	100~87	86~80	79~76	75~73	72~70	69~66	65~63	62~60	59~56	55~53	52~50	49~0
	4	100~84	83~75	74~72	71~69	68~66	65~64	63~62	61~60	59~56	55~53	52~50	49~0
	5	100~87	86~80	79~75	74~70	69~65	64~60	59~55	54~50				49~0
	6	100~87	86~80	79~75	74~70	69~65	64~62	61~50	58~55	54~52	51~48	47~45	44~0

资料来源:AMCAS. 2013 AMCAS Grade Conversion Guide[EB/OL]. (2013-03-21)[2014-05-10]. https://www.aamc.org/students/download/181676/data/amcas_grade_conversion_guide.pdf.

表 4.39 AMCAS 学季制和学期制学分转换

学季制学分	学期制学分	学季制学分	学期制学分	学季制学分	学期制学分	学季制学分	学期制学分
0.5	0.3	3.0	2.0	6.0	4.0	12.0	8.0
1.0	0.7	3.5	2.3	7.0	4.7	15.0	10.0
1.5	1.0	4.0	2.7	8.0	5.3	20.0	13.3
2.0	1.3	4.5	3.0	9.0	6.0		
2.5	1.7	5.0	3.3	10.0	6.7		

资料来源：AMCAS. 2013 AMCAS Grade Conversion Guide[EB/OL]. (2013-03-21) [2014-05-10]. https://www. aamc. org/students/download/181676/data/amcas_grade_conversion_guide. pdf.

③AAMC 对各拟录取新生的道德监管。医学博士人才培养方案的目的在于培养出将来能从事医学工作或从事医学研究的专业人员。但是根据各州医学委员会联盟（Federation of State Medical Boards）的《州行医法案基本条例须知》（*Essentials of a State Medical and Osteopathic Practice Act*），若医师执照申请人被美国境内外主管当局发现有违法行为，将被剥夺申请资格。为了确保被录取于各医学院的学生最终都有资格参加行医执照考试，也为了确保患者的安全与福祉、加强公众对医疗事业一如既往的信任，AAMC 要求：申请人若有认罪、被判罪的事实，均不得向 AMCAS 和所申请的医学院隐瞒。不仅如此，AAMC 还建议所有的美国医学院在招生时，对拟录取新生进行犯罪案底调查，为此 AAMC 发起了由塞尔蒂菲筛查公司（Certiphi Screening Inc.）操作的"全国案底调查服务"，并要求 AMCAS 提供协助，在各校最终决定是否录取申请人时，以医学院为单位向各医学院发送合法的案底调查报告。

塞尔蒂菲筛查公司是全球著名的申请人调查公司"垂直筛查公司"（Vertical Screen Company）的三家分公司之一，该分公司专门提供对医学领域求职、求学申请人进行调查的服务。为了确保能向各医学院提供准确无误的调查结果，塞尔蒂菲筛查公司通过以下途径地毯式搜寻信息。

• 搜寻社会安全保障号。通过搜寻个人信用报告，证实申请人的姓名、住址、社会保障号和居住地。

• 搜寻县、州、联邦法院的犯罪档案。通过直接搜寻、研读各级法院重罪、轻罪的档案记录,查证申请人是否有重罪或轻罪案底。

· 搜寻全国的犯罪记录档案。通过搜寻各辖区私人数据库,对多达1.94 亿条的犯罪记录进行甄别。

· 搜寻全国的性侵犯数据库。通过对全国的收录有性侵犯记录的私人数据库进行搜寻,设法识别申请人是否有这类案底。

· 搜寻美国卫生服务总督办(U. S. Department of Health and Human Services Office of Inspector General)列出的禁入卫生医疗领域的个体与实体名单[①],查询申请人是否在列。

· 搜寻相关申请人是否有不光彩的退伍记录。这通常是向之前的长官电话了解申请人的军号、军籍、军衔、服役期、参军地及复原地等情况。

· 国际搜寻。在可能的情况下,搜寻是否有与申请人相关的犯罪案底。

拟录取新生可以主张以下权利:根据联邦政府的《公平信用报告法案》(Fair Credit Reporting Act)要求塞尔蒂菲筛查公司提供的、关于其本人的调查报告信息正确、公平;有权知晓调查内容与结果;有权要求调查公司删除、纠正调查报告中的不实信息;未经申请人同意,筛查公司不可以将相关当事人的信息提供给任何一方。若申请人发现筛查公司违背了《公平信用报告法案》的规定,可以向州或联邦法院起诉。[②]

为确保行为的合法性,塞尔蒂菲筛查公司根据申请人在 AMCAS 上填写的邮箱地址,对各医学院所有拟录取新生发送一份邮件,提供一份在线表格,由其输入身份信息,签署同意书。同意书既是筛查公司对申请人进行全国范围的案底调查的合法依据,也是塞尔蒂菲筛查公司依法向相关医学院发送调查结果报告的依据。虽然各拟录取新生有权决定是否愿意被调查,但案底调查是各医学院录取新生的基本条件之一,除非学生放弃入读申请。

AAMC 推动的、由塞尔蒂菲筛查公司操作的、针对各医学院拟录取学生的案底调查,是 AAMC 实施行业道德监管的一个重要方面,旨在确保各校录取的新生具有医学工作者必须具备的道德品行。拟录取新生若有犯罪案底,未必不被录取,但若隐瞒不报,则肯定会失去被录取的机会。

---

① 这份名单是联邦政府向公众、卫生护理机构、病人等公布的禁止从事医疗保险、医疗补助工作和医护工作的个体与实体。

② Federal Trade Commission (FTC). The Fair Credit Reporting Act [EB/OL]. (2018-09-20) [2020-06-19]. https://www. ftc. gov/system/files/documents/statutes/fair-credit-reporting-act/ 545a_fair-credit-reporting-act-0918. pdf.

（2）校内招生组织。医学院内招生组织主要负责：确定招生程序，公布拟招生的人才培养方案及入学申请资格，接收并审读申请材料，提供面试，决定录取人选。学生在计划申请医学院时，首先通过医学院的招生网站，了解申请各医学院时需要具备的资格和遵照的程序，符合各医学院基本要求的学生，才有资格按程序申请。

①招生程序。医学院的招生程序包括下几点。

· 申请者填写申请学校的补充申请表（supplementary application）。校方在收到经 AMCAS 审核的材料后，根据学生提供的邮件地址与申请人联系，指导其登录本校医学院招生网站，填写申请补充表，进行第二轮申请（secondary application）。

· 审读申请者的推荐信。各医学院希望获得申请人所在大学医学预科委员会或卫生预科委员会提供的推荐信，若不是这类组织提供的推荐信，则学生必须提供 3 份分别由学生所在大学的授课教师、从事研究时的导师撰写的推荐信。

· 申请人参加大学提供的面试。校内招生组织综合申请人的各项材料，选定获得面试机会的申请者。对大学来说，面试是一个更深层次了解申请人的求知欲、道德价值观、对服务事业是否够敬业的机会。医学院面试的日期并不集中在一两天之内（这与录取 PhD 学生不同），获得面试机会的学生可以根据医学院公告的每周面试日期，报名确定面试的具体时间。面试没有标准答案，也不测试学生医学领域的具体知识，其目的主要是要求考生从不同角度考虑问题，借此评估面试人的思维过程和快速反应能力，以考查学生是否具有以下特质：换位思考、主动性与应变性、洞察力等品性，沟通与解决问题的技巧，小组团队合作精神，同情心和诚信的品格。

· 大学决定录取。面试后，申请程序基本结束，招生委员会根据以下信息确定录取人选：申请人大学阶段的学业优秀程度，其原就读大学的教师或医学预科委员会、卫生学预科委员会的评价，标准化测试成绩和面试结果，申请人案底调查结果。

②申请者的录取资格。申请者的录取资格，既包括硬性的可以量化的学术要求，又包括质性的无法量化的个人特质。

医科学生须具备学术资历。申请入读医学专业的学生必须报名参加由 AAMC 组织的 MACT，外国留学生还须提供雅思或托福考试成绩。此外，学生还需满足医学院提出的学位和已修读大学课程的要求——不仅必须在经认证的大学获得本科学位,还须修读大学的化学、生物学、物理学、数学等课程,以及相应的人文科学、社会科学和行为科学的课程,掌握医科学生必需的基础知识。具体如下。

· 生物学。学生在本科阶段至少学习 1 年大学生物学,并有实验室经历,其目的不仅是要求学生对如病毒、原核生物、植物和动物等多样生命有所了解,熟悉这些有机体的生命周期和新陈代谢,还要求学生对哺乳动物细胞、结构基因有基本了解。实验室经历则可以使学生基本理解细胞、分子生物学的科学探究、发现与应用。

· 化学。学生在本科阶段至少学习 1 年的普通化学(有实验室经历)和至少 1 年的有机化学(有实验室经历),其目的是要求学生具有下列知识:化学平衡,热力学,酸/碱化学性质的离子在溶液中的氧化还原反应,分子的结构,特别是生物有机化合物、反应速率、绑定系数、酶反应机理以及其他用于理解生命系统的知识,以便学生能基本理解核酸结构及其存储与传输。

· 物理学。学生在本科阶段至少学习 1 年的物理课程(有实验室经历),因为医科学生必须了解:物理测量的常数与单位,牛顿力学,物体在液态、固态、气态等状态下的物理性能,电学、磁性、光学的基本知识,以及这些知识在生命系统中的应用。要求学生有实验室经历,是希望学生对科学操作过程有基本了解,明白科学知识是如何被发现、被验证的。

· 数学。一些医学院要求学生在本科阶段至少学习 1 年的数学,其目的是确保学生已经具备推导方程、解读功能图像的能力,并有能力在研究自然现象时验证假设的概率。

· 人文科学、社会科学和行为科学。这些科学知识是学医、从医的基础,有助于学生广泛了解人类以及全球日益多样的文化和社会环境。学生还必须在人文科学或社会/行为科学课程中修读至少 2 门写作课程,因为学生需要具备简洁、流畅的口头与笔头交流能力。

除了在上述知识领域里申请人须表现出其优异的成绩,学生还须具有信息素养,包括利用电脑获取知识、与他人沟通的能力,这是高质量完成学业必须具备的素质基础。

医科学生须满足的特质要求包括两方面内容。

· 技术要求。医学专业博士生必须具备一定的技术和知识技能,才能完成 MD 学业,为将来从医打下扎实基础,为此医学院需要学生具备下列五项潜质:有能力有效地和病人及病人家属沟通以了解病史、回顾病史记录,有能力记录当下病情,有能力用多种方式对病人进行全身检查;能参加并理解本专业的讲座、实验室工作、教学会议、病房查房、临床值班等人才培养工作必需的各环节;能证明自己可以承担复杂的社会角色、职业角色和个体角色;能在微妙的人际关系中正常工作,并显示出真诚、可靠、温和、有亲和力的品性;即使在神、体俱疲的情况下仍能控制住冲动并有良好的判断能力。招生委员会通常通过面试和学生社会实践经历来观察、判断学生是否满足上述技术要求。

• 经验要求。经验包括两个方面:团队合作经历,从事医学工作的经历或医学研究的经历。医学非常强调团队合作,申请人必须提供材料,证明其在学习、课外活动中有团队合作的工作经历,并具有为完成一个共同目标而与他人一起工作的能力。申请人还需要提供在国内外医院做义工、参加各类课外活动、暑期实践工作的证明或记录,若申请的是提供 MD/PhD 绑定学位证书的人才培养方案,申请人还须提供其本科毕业后曾经参与过的科研活动和研究成果。

(二)提供可观的学生经济援助——以 2011—2012 学年为例

一些政策研究者认为,多数低收入家庭的学生没能接受高等教育,是因为他们在学业上不够优秀。事实上,学术准备固然是进入一流大学的必要条件,但若没有足够的经济实力,学术准备就绝不是充分条件。美国高等教育领域内形成的由联邦政府、州/地方政府、学校、校外组织构成的稳定的学生援助体系,确保具有学术准备的学生不因支付能力而失去获得优质学术资源的机会。30 所私立大学充分利用境内的学生援助体系,尤其是本校雄厚的财力吸引优秀青年。

1. 私立大学学生获得的政府经济援助

(1)获得联邦政府的经济援助。联邦政府是美国境内学生援助主要的经费提供者,其每年主要通过补助金项目、贷学金项目与勤工俭学项目提供的学生援助经费多达 1500 亿美元,满足下列条件的高校学生可以获得联邦的经济援助[①]:证明自己有经济需求;为美国公民或合乎条件的非本国公

---

① Office of U. S. Department of Education. Federal Student Aid, Who Gets Aid, Basic Eligibility Criteria [EB/OL]. (2018-10-11)[2020-05-20]. https://studentaid. ed. gov/eligibility/basic-criteria.

民；拥有有效的社会保障号；已经做了服役登记（已满18周岁而尚未在军队服役的男生）；提供高中毕业证书或同等学力证书；是正在攻读学位或证书的普通学生；至少为半工半读的学生；达到就读学校"令人满意的学术进步"的要求；在联邦学生贷款中无违约记录，并承诺将联邦援助用于求学所需。

联邦政府提供的高校学生经济援助既不强调学生的本州籍身份而向公立院校倾斜，也不因私立院校的高学费向私立部门倾斜。在同时拥有上榜公、私立大学的11个州中，同类公、私立大学的学生获助情况显示，虽然各州公、私立大学在受助比例、人均受助额上各有千秋，但同一州内人均受助额总体上没有大的悬殊（见表4.40）。

表4.40　2011—2012学年公、私立大学新生获得联邦政府补助金/奖学金的情况

援助州	上榜私立大学	受助总额/美元	受助比例/%	人均受助额/美元	上榜公立大学	受助总额/美元	受助比例/%	人均受助额/美元
加利福尼亚洲	加州理工学院	206,300	14	6,068	加利福尼亚大学伯克利分校	5,295,077	25	4,885
					加利福尼亚大学洛杉矶分校	8,968,311	32	4,824
	斯坦福大学	1,184,774	16	4,388	加利福尼亚大学圣塔芭芭拉分校	7,171,017	39	4,507
					加利福尼亚大学戴维斯分校	9,091,805	42	4,627
					加利福尼亚大学圣地亚哥分校	7,596,102	46	4,789
	南加利福尼亚大学	2,766,264	20	4,753	加利福尼亚大学欧文分校	10,729,146	45	4,675
					加利福尼亚大学圣克鲁兹分校	6,985,944	42	4,587
					加利福尼亚大学河滨分校	10,279,742	59	4,777

续　表

援助州	上榜私立大学	受助总额/美元	受助比例/%	人均受助额/美元	上榜公立大学	受助总额/美元	受助比例/%	人均受助额/美元
佐治亚州	埃默里大学	2,134,509	21	5,632	佐治亚理工学院	2,061,418	17	4,462
伊利诺伊州	西北大学	1,896,502	14	6,259	伊利诺伊大学芝加哥分校	7,666,302	55	4,507
	芝加哥大学	955,817	11	5,974	伊利诺伊大学厄巴纳-香槟分校	6,960,726	21	4,573
印第安纳州	诺特丹大学	1,362,167	12	5,629	印第安纳大学伯明顿分校	6,541,016	20	4,465
					普渡大学主校区	6,951,177	21	5,004
马里兰州	约翰斯·霍普金斯大学	922,275	13	5,152	马里兰大学帕克分校	2,528,308	15	4,322
马萨诸塞州	波士顿大学	3,067,123	13	5,831	马萨诸塞大学阿默斯特分校	4,799,319	23	4,347
	哈佛大学	2,200,217	18	7,190				
	麻省理工学院	1,971,061	19	9,431				
	塔夫茨大学	805,360	11	5,593				
新泽西州	普林斯顿大学	881,144	12	5,439	罗格斯大学新布朗斯维克分校	8,793,504	32	4,590
纽约州	哥伦比亚大学	1,587,323	16	7,086	纽约州立大学石溪分校	4,502,178	36	4,964
	康奈尔大学	3,280,066	17	5,878				
	纽约大学	5,258,453	23	4,798				
	伦斯勒理工学院	993,828	17	5,071				
	耶希瓦大学	1,200,684	32	4,198				

续　表

援助州	上榜私立大学	受助总额/美元	受助比例/%	人均受助额/美元	上榜公立大学	受助总额/美元	受助比例/%	人均受助额/美元
北卡罗来纳州	杜克大学	1,005,731	15	3,853	北卡罗来纳大学教堂山分校	3,828,016	22	4,291
俄亥俄州	凯斯西储大学	879,964	18	5,301	俄亥俄州立大学主校区	6,245,624	21	4,128
					辛辛那提大学主校区	4,294,858	24	4,190
宾夕法尼亚州	卡内基梅隆大学	1,394,425	15	6,516	宾夕法尼亚州立大学主校区	5,160,438	15	4,539
	宾夕法尼亚大学	2,497,846	17	6,122	匹兹堡大学	2,548,351	16	4,401

资料来源：根据美国教育数据中心数据整理而成（National Center for Education Statistics. Integrated Postsecondary Education Data System, College Navigator [EB/OL]. (2011-12-30)[2012-04-20]. https://nces. ed. gov/collegenavigator/)。数据收集截至 2012 年 4 月 20 日。

（2）获得州政府的经济援助。私立大学所在 18 个州提供的学生经济援助种类不一，但集中体现出 3 个特点：①助学金是各州向学生提供经济援助的普遍形式。这说明了联邦政府根据 1972 年《高等教育修正法案》设立的"州学生激励性助学金"——通过向州提供匹配经费，激励州向学生提供经济援助——这一举措成效显著；②18 个州向入读本州公、私立院校的学生提供援助的同时，强调学生本州籍身份；③在向特定人群、特定职业的从业人员提供助学金或贷学金还贷援助时，都强调学生及其家庭对本国，尤其对本州的贡献，这既包括学生本人是否可以满足州的劳动力需求，也包括学生家人是否（曾）为州、为美国做出贡献。结合公、私立大学本州籍学生的占比，上述援助特点使得州的学生援助经费更多地流向公立院校。若再考虑到同一州内同类公、私立大学相差很大的学费，州政府提供给私立大学学生的经济援助"相当不给力"。30 所大学中，获得州援助的新生占比在 10% 及以上的大学仅 9 所（参见表 4.41），其中占比最高的埃默里大学也仅有 20% 的新生获得来自州的援助，普林斯顿大学、加州理工学院分别仅 3 名新生获得州政府的补助。在获助学生中,各校人均获助数额悬殊,其中加州政府向本州 3 所私立大学新生提供的援助超过了人均 9000 美元,新罕布什尔州的达特茅斯学院(405 美元)、罗得岛州的布朗大学(556 美元)、康涅狄格州的耶鲁大学(559 美元)的人均受助金额均不到 1000 美元。

表 4.41　2011—2012 学年公、私立大学新生获得州政府补助金/奖学金援助的情况

援助州	上榜私立大学	受助总额/美元	受助比例/%	人均受助额/美元	上榜公立大学	受助总额/美元	受助比例/%	人均受助额/美元
加利福尼亚州	加州理工学院	29,124	1	9,708	加利福尼亚大学伯克利分校	11,720,363	22	11,839
					加利福尼亚大学洛杉矶分校	19,774,366	28	12,065
	斯坦福大学	999,924	6	9,708	加利福尼亚大学圣塔芭芭拉分校	18,732,511	39	11,752
					加利福尼亚大学戴维斯分校	22,778,679	41	11,821
					加利福尼亚大学圣地亚哥分校	19,079,037	46	11,999
	南加利福尼亚大学	3,488,390	12	9,690	加利福尼亚大学欧文分校	28,765,997	48	11,862
					加利福尼亚大学圣克鲁兹分校	17,430,430	43	11,392
					加利福尼亚大学河滨分校	22,714,804	57	10,968
佐治亚州	埃默里大学	1,470,990	20	4,132	佐治亚理工学院	12,128,463	60	7,505

续　表

援助州	上榜私立大学	受助总额/美元	受助比例/%	人均受助额/美元	上榜公立大学	受助总额/美元	受助比例/%	人均受助额/美元
伊利诺伊州	西北大学	606,534	6	4,702	伊利诺伊大学芝加哥分校	7,867,877	56	4,519
	芝加哥大学	239,652	4	4,062	伊利诺伊大学厄巴纳-香槟分校	11,253,866	26	5,999
印第安纳州	诺特丹大学	102,433	2	2,498	印第安纳大学伯明顿分校	2,353,055	18	3,328
					普渡大学主校区	6,963,998	16	6,014
马里兰州	约翰斯·霍普金斯大学	155,150	4	3,166	马里兰大学帕克分校	5,202,500	13	5,723
马萨诸塞州	波士顿大学	392,088	4	2,241	马萨诸塞大学阿默斯特分校	5,381,193	53	2,125
	哈佛大学	156,978	4	2,453				
	麻省理工学院	38,916	2	1,853				
	塔夫茨大学	108,730	4	2,265				
新泽西州	普林斯顿大学	9,293	0	3,098	罗格斯大学新布朗斯维克分校	11,037,144	27	6,821
纽约州	哥伦比亚大学	379,678	8	3,273	纽约州立大学石溪分校	4,360,264	45	3,811
	康奈尔大学	1,200,827	16	2,341				
	纽约大学	2,194,591	11	4,172				
	伦斯勒理工学院	414,056	15	2,288				
	耶希瓦大学	367,589	14	2,872				

续　表

援助州	上榜私立大学	受助总额/美元	受助比例/%	人均受助额/美元	上榜公立大学	受助总额/美元	受助比例/%	人均受助额/美元
北卡罗来纳州	杜克大学	658,597	16	2,335	北卡罗来纳大学教堂山分校	2,828,959	20	3,545
俄亥俄州	凯斯西储大学	110,059	8	1,529	俄亥俄州立大学主校区	1,062,444	13	1,117
宾夕法尼亚洲	卡内基梅隆大学	129,911	4	2,320	宾夕法尼亚州立大学主校区	3,508,134	15	3,273
	宾夕法尼亚大学	395,078	6	2,725	匹兹堡大学	2,193,335	18	3,338

资料来源：根据美国教育数据中心数据整理而成（National Center for Education Statistics. Integrated Postsecondary Education Data System，College Navigator ［EB/OL］. (2011-12-30)[2012-04-20]. https：//nces. ed. gov/collegenavigator/）。数据收集截至 2012 年 4 月 20 日。

2. 私立大学学生获得的本校援助

虽然联邦政府在向各公、私立大学学生提供经济援助时"一碗水端平"，但私立大学学生未能从州政府那里获得可观的援助金额，且私立大学的学费明显高于同类公立大学，这些客观因素使得私立大学在竞争优质生源中似乎处于不利地位。好在各私立大学"财大气粗"，各校通过本校财政划拨用于学生经济援助的大额投入大大缓解了大学竞争优质生源不利的困境。表 4.42 是各私立大学用于学生援助的经费，大学核算"办学收入"时，已经减去了由大学出资、学生援助办提供给全校本科生、研究生的学生援助经费，因此这笔经费既没有纳入各校财务报表中的"年办学收入"，也没有被纳入"年办学开支"，但是各校提供的这笔经费占大学学杂费毛收入的比例不小。如表 4.42 所示，在 2011—2012 财务年，29 所大学中，由大学出资、学生援助办提供的学生援助经费数额过亿元的大学共有 26 所，除了乔治敦大学，其余 28 所大学投入学生经济援助的经费占本学年学生就读教育成本总额的 1/4 及以上，各有 9 所大学援助经费占毛学杂费收入比例为 20％～29％、30％～39％、40％～49％，加州理工学院的这笔经费投入虽然不足

5000万美元,但占学杂费毛收入的58％,普林斯顿大学这一经费占比更是高达65％。

表 4.42　各私立大学用于学生援助的经费①

大学	2010—2011学年援助经费/万美元	大学当年学费收入/万美元	占当年学费收入的比例/％	2011—2012学年援助经费/万美元	大学当年学费收入/万美元	占当年学费收入的比例/％
加州理工学院	4,569	7,644	60	4,770	8,183	58
斯坦福大学	23,031	45,784	50	24,065	48,050	50
南加利福尼亚大学	35,686	126,755	28	38,880	136,596	28
耶鲁大学	22,700	46,751	49	24,300	49,373	49
乔治敦大学	13,132	60,219	22	13,934	63,966	22
乔治·华盛顿大学	20,922	74,784	28	22,041	78,937	28
埃默里大学	16,729	48,325	35	18,378	51,268	36
西北大学	25,411	76,794	33	27,022	79,914	34
芝加哥大学	27,392	60,764	45	29,439	62,929	47
诺特丹大学	17,408	43,907	40	21,002	47,972	44
约翰斯·霍普金斯大学	23,058	67,243	34	24,983	70,621	35
波士顿大学	27,856	106,807	26	28,080	112,380	25
哈佛大学	33,504	74,057	45	35,700	77,676	46
麻省理工学院	24,030	49,378	49	25,171	52,770	48
塔夫茨大学	10,221	39,078	26	10,717	40,854	26
圣路易斯华盛顿大学	16,324	45,725	36	16,909	47,749	35
达特茅斯学院	11,453	26,667	43	11,639	28,454	41
普林斯顿大学	17,785	27,629	64	18,481	28,276	65

① 此处各校用于援助的经费不包括校内其他处室、部门提供的用于学生援助的经费。

续　表

大学	2010—2011学年援助经费/万美元	大学当年学费收入/万美元	占当年学费收入的比例/%	2011—2012学年援助经费/万美元	大学当年学费收入/万美元	占当年学费收入的比例/%
哥伦比亚大学	29,895	101,163	30	28,210	108,483	26
康奈尔大学	30,681	78,788	39	33,387	84,220	40
纽约大学	36,939	176,739	21	40,131	187,187	21
耶希瓦大学	8,851	20,712	43	9,253	21,517	43
杜克大学	21,641	57,272	38	23,782	61,074	39
凯斯西储大学	12,142	30,950	39	11,815	31,786	37
卡内基梅隆大学	11,370	45,299	25	12,180	48,849	25
宾夕法尼亚大学	24,186	98,917	24	26,023	103,688	25
布朗大学	11,887	34,501	34	12,294	36,079	34
范德堡大学	22,070	43,740	50	22,810	44,940	51
莱斯大学	7,805	18,520	42	8,635	20,674	42

资料来源:根据 29 所大学 2011—2012 学年经审计的年度财务报表汇总所得。伦斯勒理工学院的数据无法获得。

大学的大额投入,极大地减轻了私立大学高学费带给学生的经济压力,也大大减轻了私立大学入学新生的贷款压力(见表 4.43),学生明显受惠于此。表 4.44~4.47 显示,30 所大学中,从大学处获得援助的新生占比为 50% 及以上的大学共 21 所,伦斯勒理工学院从大学处获得经济援助的新生占比高达 93%,受助学生占比最低的达特茅斯学院也达 41%,在获助学生中,人均受助额在 2.5 万美元以上的就有 23 所大学,人均受助额在 3 万美元以上的有 14 所大学,人均受助额最高的是哈佛大学,为 39754 美元。获助新生中,私立大学新生人均获得本校援助经费比同类公立大学获助新生人均所得高出 2 万~3 万美元(见表 4.44),新生从联邦、州、大学处获得的人均援助经费显著高于公立大学获助新生人均受助金额(见表 4.48)。受益于私立大学大手笔援助经费的,绝不仅仅是新生,如表 4.49 所示,各私立大学获助本科生中,人均获助金额显著高于同类公立大学本科生。

表 4.43 2011—2012 学年 11 个州中公、私立大学新生获得贷学金援助的情况

援助州	上榜私立大学	受助总额/美元	受助比例/%	人均受助额/美元	上榜公立大学	受助总额/美元	受助比例/%	人均受助额/美元
加利福尼亚州	加州理工学院	392,293	29	5,525	加利福尼亚大学伯克利分校	7,488,466	29	5,787
					加利福尼亚大学洛杉矶分校	13,833,027	39	6,145
	斯坦福大学	1,238,727	11	6,589	加利福尼亚大学圣塔芭芭拉分校	12,385,683	50	6,110
					加利福尼亚大学戴维斯分校	12,558,498	49	5,460
					加利福尼亚大学圣地亚哥分校	10,024,626	54	5,413
	南加利福尼亚大学	10,803,700	60	6,100	加利福尼亚大学欧文分校	13,958,738	52	5,289
					加利福尼亚大学圣克鲁兹分校	13,005,535	60	6,063
					加利福尼亚大学河滨分校	10,898,731	58	5,146
佐治亚州	埃默里大学	4,726,937	39	6,792	佐治亚理工学院	5,922,654	31	7,068
伊利诺伊州	西北大学	4,575,094	36	6,084	伊利诺伊大学芝加哥分校	9,302,224	50	6,052
	芝加哥大学	2,403,708	28	6,116	伊利诺伊大学厄巴纳-香槟分校	21,600,414	45	6,622

续　表

援助州	上榜私立大学	受助总额/美元	受助比例/%	人均受助额/美元	上榜公立大学	受助总额/美元	受助比例/%	人均受助额/美元
印第安纳州	诺特丹大学	5,308,823	43	6,109	印第安纳大学伯明顿分校	10,286,174	36	7,104
					普渡大学主校区	20,425,948	39	7,127
马里兰州	约翰斯·霍普金斯大学	2,973,326	34	6,478	马里兰大学帕克分校	17,177,269	38	6,707
马萨诸塞州	波士顿大学	19,274,792	47	10,118	马萨诸塞大学阿默斯特分校	21,743,149	64	7,124
	哈佛大学	905,839	11	5,118				
	麻省理工学院	1,623,494	20	7,216				
	塔夫茨大学	2,476,874	30	6,223				
新泽西州	普林斯顿大学	386,155	8	3,543	罗格斯大学新布朗斯维克分校	29,399,865	60	8,042
纽约州	哥伦比亚大学	1,650,574	16	7,537	纽约州立大学石溪分校	7,503,002	50	5,936
	康奈尔大学	6,365,966	30	6,315				
	纽约大学	18,331,261	45	8,359				
	伦斯勒理工学院	7,031,149	63	9,387				
	耶希瓦大学	2,723,942	41	7,402				
北卡罗来纳州	杜克大学	2,448,542	29	4,878	北卡罗来纳大学教堂山分校	7,197,368	31	5,712
俄亥俄州	凯斯西储大学	3,800,717	63	6,727	俄亥俄州立大学主校区	23,711,838	48	7,034
					辛辛那提大学主校区	15,605,551	58	6,310

续 表

援助州	上榜私立大学	受助总额/美元	受助比例/%	人均受助额/美元	上榜公立大学	受助总额/美元	受助比例/%	人均受助额/美元
宾夕法尼亚州	卡内基梅隆大学	5,034,680	47	7,537	宾夕法尼亚州立大学主校区	29,382,498	51	7,869
	宾夕法尼亚大学	2,639,112	19	5,651	匹兹堡大学	19,459,314	58	9,001

资料来源：根据美国教育数据中心数据整理而成（National Center for Education Statistics. Integrated Postsecondary Education Data System, College Navigator [EB/OL]. (2011-12-30) [2012-04-20]. https://nces. ed. gov/collegenavigator/）。数据收集截至 2012 年 4 月 20 日。

表 4.44 **2011—2012 学年 11 个州中公、私立大学新生获得学校补助金/奖学金援助的情况**

援助州	上榜私立大学	受助总额/美元	受助比例/%	人均受助额/美元	上榜公立大学	受助总额/美元	受助比例/%	人均受助额/美元
加利福尼亚州	加州理工学院	4,166,854	57	29,763	加利福尼亚大学伯克利分校	21,078,292	52	9,160
					加利福尼亚大学洛杉矶分校	28,342,347	57	8,534
	斯坦福大学	33,987,768	55	36,389	加利福尼亚大学圣塔芭芭拉分校	19,444,726	59	8,038
					加利福尼亚大学戴维斯分校	23,377,491	72	6,968
					加利福尼亚大学圣地亚哥分校	11,277,463	67	4,869
	南加利福尼亚大学	48,750,894	62	26,979	加利福尼亚大学欧文分校	16,510,065	60	5,429
					加利福尼亚大学圣克鲁兹分校	17,264,127	64	7,454
					加利福尼亚大学河滨分校	19,307,497	75	7,062

援助州	上榜私立大学	受助总额/美元	受助比例/%	人均受助额/美元	上榜公立大学	受助总额/美元	受助比例/%	人均受助额/美元
佐治亚州	埃默里大学	26,075,903	53	27,477	佐治亚理工学院	5,076,379	28	6,823
伊利诺伊州	西北大学	32,072,021	54	27,986	伊利诺伊大学芝加哥分校	10,181,113	63	5,248
	芝加哥大学	22,267,968	59	26,732	伊利诺伊大学巴纳-香槟分校	19,738,731	42	6,527
印第安纳州	诺特丹大学	34,321,008	58	29,259	印第安纳大学伯明顿分校	12,053,672	48	6,242
					普渡大学主校区	27,920,592	45	8,369
马里兰州	约翰斯·霍普金斯大学	21,499,609	47	33,804	马里兰大学帕克分校	17,070,180	41	6,163
马萨诸塞州	波士顿大学	44,685,967	49	22,614	马萨诸塞大学阿默斯特分校	15,154,618	57	5,541
	哈佛大学	40,112,145	61	39,754				
	麻省理工学院	20,818,270	57	32,427				
	塔夫茨大学	15,106,015	42	27,465				
新泽西州	普林斯顿大学	25,581,116	60	32,754	罗格斯大学新布朗斯维克分校	18,184,710	48	6,258
纽约州	哥伦比亚大学	25,041,815	50	36,083	纽约州立大学石溪分校	3,039,355	52	2,327
	康奈尔大学	56,802,724	52	33,006				
	纽约大学	47,235,991	55	17,672				

续　表

援助州	上榜私立大学	受助总额/美元	受助比例/%	人均受助额/美元	上榜公立大学	受助总额/美元	受助比例/%	人均受助额/美元
纽约州	哥伦比亚大学	25,041,815	50	36,083	纽约州立大学石溪分校	3,039,355	52	2,327
	康奈尔大学	56,802,724	52	33,006				
	纽约大学	47,235,991	55	17,672				
北卡罗来纳州	杜克大学	30,696,660	49	36,284	北卡罗来纳大学教堂山分校	17,100,311	43	9,902
俄亥俄州	凯斯西储大学	17,880,472	80	24,800	俄亥俄州立大学主校区	33,372,110	71	6,665
					辛辛那提大学主校区	12,240,165	49	5,922
宾夕法尼亚州大学	卡内基梅隆大学	19,657,090	61	22,620	宾夕法尼亚州立大学主校区	13,351,932	30	6,031
	宾夕法尼亚大学	38,154,736	47	33,557	匹兹堡大学	15,563,559	37	11,419

资料来源:根据美国教育数据中心数据整理而成。(National Center for Education Statistics. Integrated Postsecondary Education Data System, College Navigator [EB/OL]. (2011-12-30)[2012-04-20]. https://nces. ed. gov/collegenavigator/)。数据收集截至 2012 年 4 月 20 日。

表 4.45　2011—2012 学年其余 8 所私立大学新生获得来自联邦政府的补助金/奖学金援助的情况

大学	受助人数/人	受助比例/%	受助总额/美元	人均受助额/美元
耶鲁大学	161	12	988,975	6,143
乔治敦大学	259	16	1,664,090	6,425
乔治·华盛顿大学	316	14	1,496,619	4,736
圣路易斯华盛顿大学	97	7	519,682	5,358

续　表

大学	受助人数/人	受助比例/%	受助总额/美元	人均受助额/美元
达特茅斯学院	147	13	1,141,648	7,766
布朗大学	305	20	1,241,069	4,069
范德堡大学	231	14	1,114,859	4,826
莱斯大学	166	17	729,023	4,392

资料来源：根据美国教育数据中心数据整理而成（National Center for Education Statistics. Integrated Postsecondary Education Data System，College Navigator ［EB/OL］.（2011-12-30）［2012-04-20］. https：//nces. ed. gov/collegenavigator/）。数据收集截至 2012 年 4 月 20 日。

表 4. 46　2011—2012 学年其余 8 所私立大学新生获得来自州/地方政府的补助金/奖学金援助的情况

大学	受助人数/人	受助比例/%	受助总额/美元	人均受助额/美元
耶鲁大学	8	1	4,472	559
乔治敦大学	27	2	29,112	1,078
乔治·华盛顿大学	58	3	61,272	1,056
圣路易斯华盛顿大学	88	6	195,495	2,222
达特茅斯学院	13	1	5,261	405
布朗大学	44	3	24,442	556
范德堡大学	175	11	941,910	5,382
莱斯大学	161	16	649,296	4,033

资料来源：根据美国教育数据中心数据整理而成（National Center for Education Statistics. Integrated Postsecondary Education Data System，College Navigator ［EB/OL］.（2011-12-30）［2012-04-20］. https：//nces. ed. gov/collegenavigator/）。数据收集截至 2012 年 4 月 20 日。

表 4. 47　2011—2012 学年其余 8 所私立大学新生获得来自大学的补助金/奖学金援助的情况

大学	受助人数/人	受助比例/%	受助总额/美元	人均受助额/美元
耶鲁大学	723	54	27,760,965	38,397
乔治敦大学	744	47	22,501,848	30,244

续　表

大学	受助人数/人	受助比例/%	受助总额/美元	人均受助额/美元
乔治·华盛顿大学	1,437	64	35,483,505	24,693
圣路易斯华盛顿大学	691	47	18,024,752	26,085
达特茅斯学院	456	41	16,439,462	36,051
布朗大学	662	44	21,090,819	31,859
范德堡大学	975	61	36,674,882	37,615
莱斯大学	623	62	17,518,117	28,119

资料来源：根据美国教育数据中心数据整理而成（National Center for Education Statistics. Integrated Postsecondary Education Data System, College Navigator ［EB/OL］.（2011-12-30）［2012-04-20］. https://nces. ed. gov/collegenavigator/）。数据收集截至 2012 年 4 月 20 日。

表 4.48　2011—2012 学年 11 个州中公、私立大学新生获得联邦、州、学校补助金/奖学金援助的情况

援助州	上榜私立大学	受助总额/美元	受助比例/%	人均受助额/美元	上榜公立大学	受助总额/美元	受助比例/%	人均受助额/美元
加利福尼亚州	加州理工学院	4,402,278	57	31,445	加利福尼亚大学伯克利分校	38,093,732	53	16,141
					加利福尼亚大学洛杉矶分校	57,085,024	59	16,760
	斯坦福大学	36,172,466	55	38,522	加利福尼亚大学圣塔芭芭拉分校	45,348,254	60	18,382
					加利福尼亚大学戴维斯分校	55,247,975	73	16,235
					加利福尼亚大学圣地亚哥分校	37,952,602	69	15,920

援助州	上榜私立大学	受助总额/美元	受助比例/%	人均受助额/美元	上榜公立大学	受助总额/美元	受助比例/%	人均受助额/美元
加利福尼亚州	南加利福尼亚大学	55,005,548	62	30,256	加利福尼亚大学欧文分校	56,005,208	68	16,047
					加利福尼亚大学圣克鲁兹分校	41,680,501	66	17,418
					加利福尼亚大学河滨分校	52,302,043	82	17,522
佐治亚州	埃默里大学	29,681,402	56	29,534	佐治亚理工学院	19,266,260	61	11,784
伊利诺伊州	西北大学	34,575,057	55	29,961	伊利诺伊大学芝加哥分校	25,715,292	66	12,581
	芝加哥大学	23,463,437	59	28,033	伊利诺伊大学厄巴纳-香槟分校	37,953,323	46	11,411
印第安纳州	诺特丹大学	35,785,608	58%	30,301	印第安纳大学伯明顿分校	16,935,035	62%	6,796
					普渡大学主校区	41,425,606	51	10,950
马里兰州	约翰斯·霍普金斯大学	22,577,034	48	34,469	马里兰大学帕克分校	29,223,857	44	9,850
马萨诸塞州	波士顿大学	48,145,178	51	23,670	马萨诸塞大学阿默斯特分校	15,154,618	57	5,541
	哈佛大学	42,469,340	62	41,555				
	麻省理工学院	22,828,247	58	34,641				
	塔夫茨大学	16,020,105	42	29,075				
新泽西州	普林斯顿大学	26,471,553	60	33,894	罗格斯大学新布朗斯维克分校	38,015,358	55	11,392

续 表

援助州	上榜私立大学	受助总额/美元	受助比例/%	人均受助额/美元	上榜公立大学	受助总额/美元	受助比例/%	人均受助额/美元
纽约州	哥伦比亚大学	27,008,816	51	37,934	纽约州立大学石溪分校	11,901,797	70	6,801
	康奈尔大学	61,283,617	55	33,434				
	纽约大学	54,689,035	56	20,084				
	伦斯勒理工学院	23,819,218	94	21,478				
	耶希瓦大学	18,975,117	82	25,922				
北卡罗来纳州	杜克大学	32,360,988	57	33,191	北卡罗来纳大学教堂山分校	23,757,286	47	12,583
俄亥俄州	凯斯西储大学	18,870,495	80	26,136	俄亥俄州立大学主校区	40,680,178	73	7,904
					辛辛那提大学主校区	17,045,151	56	7,108
宾夕法尼亚州	卡内基梅隆大学	21,181,426	61	24,263	宾夕法尼亚州立大学主校区	22,020,504	37	8,168
	宾夕法尼亚大学	41,047,660	48	35,539	匹兹堡大学	20,305,245	50	10,940

资料来源：根据美国教育数据中心数据整理而成（National Center for Education Statistics. Integrated Postsecondary Education Data System, College Navigator ［EB/OL］. (2011-12-30)［2012-04-20］. https://nces. ed. gov/collegenavigator/）。数据收集截至 2012 年 4 月 20 日。

表 4.49　2011—2012 学年 11 个州中公、私立大学全体本科生获得联邦、州
就读学校学生补助金/奖学金援助的情况

援助州	上榜私立大学	受助总额/美元	受助比例/%	人均受助额/美元	上榜公立大学	受助总额/美元	受助比例/%	人均受助额/美元
加利福尼亚州	加州理工学院	4,402,278	57	31,445	加利福尼亚大学伯克利分校	245,374,023	61	15,616
					加利福尼亚大学洛杉矶分校	264,324,034	63	15,442
	斯坦福大学	165,614,921	65	36,893	加利福尼亚大学圣塔芭芭拉分校	182,422,288	60	16,383
					加利福尼亚大学戴维斯分校	258,827,211	70	14,860
					加利福尼亚大学圣地亚哥分校	244,979,381	69	15,446
	南加利福尼亚大学	313,457,650	61	29,491	加利福尼亚大学欧文分校	214,338,026	65	15,100
					加利福尼亚大学圣克鲁兹分校	159,820,258	64	15,766
					加利福尼亚大学河滨分校	220,846,741	77	15,451
佐治亚州	埃默里大学	137,306,604	64	28,962	佐治亚理工学院	73,042,497	64	8,182
伊利诺伊州	西北大学	136,194,941	54	26,868	伊利诺伊大学芝加哥分校	124,577,850	62	11,830
	芝加哥大学	100,328,791	63	29,639	伊利诺伊大学厄巴纳-香槟分校	164,416,446	49	10,387

续　表

援助州	上榜私立大学	受助总额/美元	受助比例/%	人均受助额/美元	上榜公立大学	受助总额/美元	受助比例/%	人均受助额/美元
俄亥俄州	凯斯西储大学	18,870,495	80	26,136	俄亥俄州立大学主校区	40,680,178	73	7,904
					辛辛那提大学主校区	17,045,151	56	7,108
印第安纳州	诺特丹大学	150,078,048	64	27,958	印第安纳大学伯明顿分校	173,345,951	54	9,935
					普渡大学主校区	105,504,924	50	7,849
马里兰州	约翰斯·霍普金斯大学	89,516,833	53	28,310	马里兰大学帕克分校	138,583,957	50	8,709
马萨诸塞州	波士顿大学	236,409,183	53	24,683	马萨诸塞大学阿默斯特分校	117,561,203	65	8,255
	哈佛大学	171,932,934	45	37,239				
	麻省理工学院	105,467,161	74	32,572				
	塔夫茨大学	64,131,749	43	28,656				
新泽西州	普林斯顿大学	109,564,925	59	35,654	罗格斯大学新布朗斯维克分校	170,670,563	53	10,271
纽约州	哥伦比亚大学	161,757,781	55	35,954	纽约州立大学石溪分校	59,414,392	58	6,443
	康奈尔大学	251,860,250	59	30,304				
	纽约大学	244,203,181	58	18,919				

续 表

援助州	上榜私立大学	受助总额/美元	受助比例/%	人均受助额/美元	上榜公立大学	受助总额/美元	受助比例/%	人均受助额/美元
纽约州	伦斯勒理工学院	104,278,389	95	20,965	纽约州立大学石溪分校	59,414,392	58	6,443
	耶希瓦大学	43,079,590	80	19,266				
北卡罗来纳州	杜克大学	138,467,160	61	33,822	北卡罗来纳大学教堂山分校	119,391,396	55	11,723
俄亥俄州	凯斯西储大学	64,437,734	65	24,604	俄亥俄州立大学主校区	185,143,468	59	7,347
					辛辛那提大学主校区	82,503,389	56	6,421
宾夕法尼亚州	卡内基梅隆大学	88,023,459	60	24,802	宾夕法尼亚州立大学主校区	162,611,707	71	5,895
	宾夕法尼亚大学	188,612,086	53	30,217	匹兹堡大学	99,675,171	53	10,275

资料来源：根据美国教育数据中心数据整理而成（National Center for Education Statistics. Integrated Postsecondary Education Data System, College Navigator［EB/OL］.（2011-12-30）［2012-04-20］. https://nces. ed. gov/collegenavigator/）。数据收集截至 2012 年 4 月 20 日。

以私立大学财政为坚挺后援的学生援助，大大减轻了校内有经济需求的学生所需缴付的高等教育成本带来的经济压力。表 4.50 显示的是 2009—2012 学年住校生毛学杂费、获助学生实际缴纳的平均净费用、净费用占毛学杂费的比例。3 年中，共有 23 所大学获助学生缴纳的平均净费用占比刚到或不到 50%，净费用平均占比不到 40% 的大学有哈佛大学（31%）、耶鲁大学（33%）、范德堡大学（34%）、哥伦比亚大学（35%）、斯坦福大学（36%）、普林斯顿大学（36%）、达特茅斯学院（36%）、麻省理工学院（37%）、宾夕法尼亚大学（39%）；净费用占毛学杂费平均比例最高的是伦斯勒理工学院（64%），耶希瓦大学紧随其后（62%）。

表 4.50　2009—2012 学年各私立大学获助学生的平均净费用[*]及占比

大学	2009—2010 学年			2010—2011 学年			2011—2012 学年			3 年平均占比/%
	获助后净费用/美元	获助前费用/美元	占比/%	获助后净费用/美元	获助前费用/美元	占比/%	获助后净费用/美元	获助前费用/美元	占比/%	
加州理工学院	21,569	49,968	43	25,382	52,389	48	22,645	54,090	42	44
斯坦福大学	20,358	54,009	38	21,421	55,918	38	19,233	57,755	33	36
南加利福尼亚大学	28,167	53,617	53	27,541	55,578	50	27,544	57,876	48	50
耶鲁大学	17,634	52,950	33	18,934	55,300	34	18,479	58,250	32	33
乔治敦大学	27,078	54,954	49	26,521	56,485	47	25,993	58,125	45	47
乔治·华盛顿大学	27,095	54,125	50	27,793	55,625	50	31,443	57,148	55	52
埃默里大学	24,831	52,132	48	25,094	53,556	47	26,458	55,992	47	47
西北大学	27,919	53,983	52	27,113	56,406	48	28,868	58,829	49	50
芝加哥大学	24,321	55,195	44	29,924	57,590	52	31,917	59,950	53	50
诺特丹大学	23,445	51,297	46	24,632	53,239	46	24,956	55,257	45	46
约翰斯·霍普金斯大学	27,461	53,390	51	25,795	55,390	47	22,973	57,442	40	46
波士顿大学	28,421	53,000	54	29,899	54,836	55	33,172	56,842	58	56
哈佛大学	16,459	52,000	32	18,277	53,950	34	14,445	56,000	26	31
麻省理工学院	18,644	52,000	36	20,660	53,210	39	20,629	55,270	37	37
塔夫茨大学	24,754	53,130	47	26,274	55,000	48	27,525	56,600	49	48
圣路易斯华盛顿大学	31,391	54,533	58	32,870	56,930	58	32,728	58,901	56	57
达特茅斯学院	19,320	52,973	36	20,814	55,386	38	20,490	58,638	35	36
普林斯顿大学	17,568	51,260	34	18,813	52,715	36	20,040	53,934	37	36

续　表

大学	2009－2010 学年			2010－2011 学年			2011－2012 学年			3 年平均占比/%
	获助后净费用/美元	获助前费用/美元	占比/%	获助后净费用/美元	获助前费用/美元	占比/%	获助后净费用/美元	获助前费用/美元	占比/%	
哥伦比亚大学	18,253	54,294	34	19,073	56,681	34	21,274	59,208	36	35
康奈尔大学	22,537	52,414	43	24,249	54,676	44	23,684	57,125	41	43
纽约大学	33,286	53,943	62	36,834	56,700	65	37,656	58,858	64	64
伦斯勒理工学院	32,616	52,160	63	33,257	54,035	62	35,701	57,179	62	62
耶希瓦大学	24,157	46,799	52	22,682	48,435	47	24,408	50,330	48	49
杜克大学	20,845	53,035	39	22,879	55,150	42	24,134	57,325	42	41
凯斯西储大学	25,560	50,128	51	27,169	52,073	52	27,997	54,133	52	52
卡内基梅隆大学	30,178	53,660	56	32,054	55,286	58	33,257	57,520	58	57
宾夕法尼亚大学	21,731	53,250	41	20,592	55,250	37	21,821	57,360	38	39
布朗大学	23,077	52,030	44	22,743	54,370	42	23,127	56,150	41	42
范德堡大学	18,775	54,718	34	18,993	56,634	34	19,667	58,554	34	34
莱斯大学	17,823	45,637	39	19,675	47,871	41	19,888	50,171	40	40

资料来源：根据美国教育数据中心数据整理而成（National Center for Education Statistics. Integrated Postsecondary Education Data System，College Navigator ［EB/OL］. (2011-12-30)［2012-04-20］. https：//nces. ed. gov/collegenavigator/）。数据收集截至 2012 年 4 月 20 日。

*净费用＝总的入学成本—获助金额。

不仅如此，私立大学的学生援助明显向低收入家庭学生倾斜。表 4.51 显示的是 2009—2012 学年来自不同家庭收入的获助学生缴纳的平均净费用。30 所大学中，除了波士顿大学、纽约大学、伦斯勒理工学院、耶希瓦大学、卡内基梅隆大学，其余 25 所大学家庭年收入在 0～30000 美元的获助学生在 2009—2012 学年缴纳的净费用不到应缴费用的 1/3，除了波士顿大

学、纽约大学、伦斯勒理工学院、凯斯西储大学、卡内基梅隆大学,其余 25 所
大学家庭年收入在 30001～48000 美元的获助学生在 2009—2012 学年缴纳
的净费用同样不到应缴费用的 1/3。在西北大学、芝加哥大学、达特茅斯学
院、普林斯顿大学、康奈尔大学、莱斯大学 6 所大学中,家庭年收入在 0～
30000 美元的学生,与家庭年收入在 30001～48000 美元的学生所缴纳的净
费用基本持平;在加州理工学院、埃默里大学、诺特丹大学、约翰斯·霍普金
斯大学、圣路易斯华盛顿大学、哥伦比亚大学、耶希瓦大学、杜克大学 8 所大
学中,家庭年收入在 0～30000 美元的学生缴纳的净费用反而比家庭年收入
在 30001～48000 美元的学生缴纳的净费用高出 1%～8%。但在上述 14
所大学中,来自其余年家庭收入层次的获助学生实际缴纳的净费用随家庭
经济状况的提高而提高。30 所大学中,剩余的 16 所大学来自各个家庭收
入层次的获助学生缴纳的净费用因其家庭年收入层次提高而提高,家庭年
收入在 11 万美元以上的学生,尽管其获得了学生援助,但是获助学生在 3
年中缴纳的平均净费用均明显高于来自其他年收入层次家庭的学生所缴纳
的费用。

表 4.51　2009—2012 学年各私立大学内来自不同收入家庭*的获助学生
缴付的净费用及占毛费用比例

大学	学年	各年毛费用/美元	来自各年收入层次家庭获助学生的净费用及占毛费用比例									
			A/美元	占比/%	B/美元	占比/%	C/美元	占比/%	D/美元	占比/%	E/美元	占比/%
加州理工学院	2009—2010	49,968	9,295	19	1,502	3	9,116	18	19,890	40	36,433	73
	2010—2011	52,389	310	0.6	1,742	3	6,379	12	19,275	37	36,163	69
	2011—2012	54,090	6,444	12	2,413	4	8,479	16	24,274	45	35,539	66
	年均	**52,149**	**5,350**	**11**	**1,886**	**3**	**7,991**	**15**	**21,146**	**41**	**36,045**	**69**

续　表

大学	学年	各年毛费用/美元	来自各年收入层次家庭获助学生的净费用及占毛费用比例									
			A/美元	占比/%	B/美元	占比/%	C/美元	占比/%	D/美元	占比/%	E/美元	占比/%
斯坦福大学	2009—2010	54,009	4,496	8	4,736	9	7,041	13	11,788	22	38,397	71
	2010—2011	55,918	5,332	10	5,946	11	6,461	12	15,101	27	38,546	69
	2011—2012	57,755	4,501	8	6,895	12	8,530	15	16,652	29	37,357	65
	年均	**55,894**	**4,776**	**9**	**5,859**	**11**	**7,344**	**13**	**14,514**	**26**	**38,100**	**68**
南加利福尼亚大学	2009—2010	53,617	17,820	33	18,734	35	22,518	42	32,054	60	43,745	82
	2010—2011	55,578	15,610	28	16,436	30	24,479	44	32,046	58	43,055	77
	2011—2012	57,876	14,338	25	16,050	28	22,784	39	32,502	56	43,104	74
	年均	**55,690**	**15,923**	**29**	**17,073**	**31**	**23,260**	**42**	**32,201**	**58**	**43,301**	**78**
耶鲁大学	2009—2010	52,950	5,713	11	5,755	11	7,123	13	11,579	22	29,767	56
	2010—2011	55,300	6,025	11	7,482	14	7,818	14	10,521	19	29,858	54
	2011—2012	58,250	7,852	13	8,071	14	12,309	21	17,147	29	36,442	63
	年均	**55,500**	**6,530**	**12**	**7,103**	**13**	**9,083**	**16**	**13,082**	**23**	**32,022**	**58**
乔治敦大学	2009—2010	54,954	10,173	19	11,079	20	18,635	34	27,019	49	41,784	76
	2010—2011	56,485	10,603	19	12,309	22	17,089	30	25,045	44	41,277	73
	2011—2012	58,125	9,122	16	11,984	21	15,639	27	24,020	41	42,196	73
	年均	**56,521**	**9,966**	**18**	**11,791**	**21**	**17,121**	**30**	**25,361**	**45**	**41,752**	**74**

续　表

大学	学年	各年毛费用/美元	来自各年收入层次家庭获助学生的净费用及占毛费用比例									
			A/美元	占比/%	B/美元	占比/%	C/美元	占比/%	D/美元	占比/%	E/美元	占比/%
乔治·华盛顿大学	2009—2010	54,125	13,093	24	11,345	21	16,335	30	24,297	45	33,787	62
	2010—2011	55,625	14,670	26	13,879	25	17,142	31	26,141	47	35,236	63
	2011—2012	57,148	20,985	37	15,147	27	19,503	34	26,481	46	40,004	70
	年均	**55,633**	**16,249**	**29**	**13,457**	**24**	**17,660**	**32**	**25,640**	**46**	**36,342**	**65**
埃默里大学	2009—2010	52,132	12,499	24	15,271	29	21,785	42	26,968	52	40,890	78
	2010—2011	53,556	14,612	27	14,767	28	22,106	41	28,571	53	41,803	78
	2011—2012	55,992	17,035	30	16,173	29	24,277	43	28,962	52	41,691	74
	年均	**53,893**	**14,715**	**27**	**15,404**	**29**	**22,723**	**42**	**28,167**	**52**	**41,461**	**77**
西北大学	2009—2010	53,983	16,576	31	15,579	29	20,502	38	28,439	53	40,729	75
	2010—2011	56,406	15,174	27	16,436	29	18,236	32	26,676	47	42,429	75
	2011—2012	58,829	15,633	27	14,744	25	20,565	35	28,605	49	41,986	71
	年均	**56,406**	**15,794**	**28**	**15,586**	**28**	**19,768**	**35**	**27,907**	**50**	**41,715**	**74**
芝加哥大学	2009—2010	55,195	10,099	18	9,363	17	13,521	24	26,195	47	42,424	77
	2010—2011	57,590	10,228	18	10,504	18	16,315	28	27,611	48	43,193	75
	2011—2012	59,950	13,267	22	13,501	23	17,079	28	26,500	44	39,555	66
	年均	**57,578**	**11,198**	**19**	**11,123**	**19**	**15,638**	**27**	**26,769**	**46**	**41,724**	**73**

续　表

大学	学年	各年毛费用/美元	来自各年收入层次家庭获助学生的净费用及占毛费用比例									
			A/美元	占比/%	B/美元	占比/%	C/美元	占比/%	D/美元	占比/%	E/美元	占比/%
诺特丹大学	2009—2010	51,297	9,071	18	7,941	15	11,718	23	19,494	38	38,376	75
	2010—2011	53,239	11,939	22	10,784	20	14,688	28	21,246	40	39,354	74
	2011—2012	55,257	15,116	27	10,402	19	18,543	33	23,227	42	37,487	68
	年均	**53,264**	**12,042**	**22**	**9,709**	**18**	**14,983**	**28**	**21,322**	**40**	**38,406**	**72**
约翰斯·霍普金斯大学	2009—2010	53,390	14,994	28	13,216	25	18,494	35	28,809	54	41,939	79
	2010—2011	55,390	13,611	25	9,719	18	15,854	29	27,392	49	41,403	75
	2011—2012	57,442	12,168	21	12,642	22	13,675	24	23,633	41	41,279	72
	年均	**55,407**	**13,591**	**25**	**11,859**	**22**	**16,008**	**29**	**26,611**	**48**	**41,540**	**75**
波士顿大学	2009—2010	53,000	20,261	38	21,043	40	24,953	47	30,451	57	40,225	76
	2010—2011	54,836	23,932	44	24,337	44	26,196	48	31,771	58	41,890	76
	2011—2012	56,842	26,951	47	28,476	50	29,391	52	34,593	61	44,595	78
	年均	**54,893**	**23,715**	**43**	**24,619**	**45**	**26,847**	**49**	**32,272**	**59**	**42,237**	**77**
哈佛大学	2009—2010	52,000	423	0.8	967	2	3,632	7	9,023	17	29,380	57
	2010—2011	53,950	1,297	2	3,028	6	4,732	9	12,364	23	32,362	60
	2011—2012	56,000	2,880	5	3,647	7	7,079	13	11,639	21	34,980	62
	年均	**53,983**	**1,533**	**3**	**2,547**	**5**	**5,148**	**10**	**11,009**	**20**	**32,241**	**60**

续　表

大学	学年	各年毛费用/美元	来自各年收入层次家庭获助学生的净费用及占毛费用比例									
			A/美元	占比/%	B/美元	占比/%	C/美元	占比/%	D/美元	占比/%	E/美元	占比/%
麻省理工学院	2009—2010	52,000	2,540	5	4,291	8	6,377	12	17,283	33	35,952	69
	2010—2011	53,210	5,672	11	5,547	10	10,548	20	17,497	33	37,233	70
	2011—2012	55,270	4,995	9	4,448	8	7,976	14	19,409	35	38,469	70
	年均	**53,493**	**4,402**	**8**	**4,762**	**9**	**8,300**	**15**	**18,063**	**34**	**37,218**	**70**
塔夫茨大学	2009—2010	53,130	12,353	23	13,253	25	21,516	40	27,798	52	43,548	82
	2010—2011	55,000	11,081	20	12,044	22	17,129	31	27,813	51	42,360	77
	2011—2012	56,600	10,742	19	12,312	22	18,567	33	26,924	48	42,702	75
	年均	**54,910**	**11,392**	**21**	**12,536**	**23**	**19,071**	**35**	**27,512**	**50**	**42,870**	**78**
圣路易斯华盛顿大学	2009—2010	54,533	9,280	17	11,370	21	20,798	38	28,510	52	39,963	73
	2010—2011	56,930	—	—	4,483	8	17,483	31	28,134	49	42,950	75
	2011—2012	58,901	6,614	11	5,276	9	12,415	21	25,422	43	42,839	73
	年均	**56,788**	**7,947**	**14**	**7,043**	**13**	**16,899**	**30**	**27,355**	**48**	**41,917**	**74**
达特茅斯学院	2009—2010	52,973	4,062	8	5,975	11	9,413	18	17,043	32	36,423	69
	2010—2011	55,386	7,233	13	6,265	11	8,896	16	18,733	34	36,504	66
	2011—2012	58,638	8,094	14	7,407	13	10,047	17	20,474	35	40,693	69
	年均	**55,666**	**6,463**	**12**	**6,549**	**12**	**9,452**	**17**	**18,750**	**34**	**37,873**	**68**

大学	学年	各年毛费用/美元	来自各年收入层次家庭获助学生的净费用及占毛费用比例									
			A/美元	占比/%	B/美元	占比/%	C/美元	占比/%	D/美元	占比/%	E/美元	占比/%
普林斯顿大学	2009—2010	51,260	4,995	10	5,089	10	6,498	13	14,202	28	25,373	49
	2010—2011	52,715	7,545	14	5,528	14	9,001	17	18,465	35	28,098	53
	2011—2012	53,934	8,322	15	7,504	14	11,646	22	32,453	60	34,153	63
	年均	**52,636**	**6,954**	**13**	**6,040**	**13**	**9,048**	**17**	**21,707**	**41**	**29,208**	**55**
哥伦比亚大学	2009—2010	54,294	6,481	12	4,602	8	7,994	15	20,105	37	34,680	64
	2010—2011	56,681	6,277	11	4,124	7	9,185	16	15,887	28	36,846	65
	2011—2012	59,208	12,018	20	6,719	11	10,145	17	15,741	27	36,551	62
	年均	**56,728**	**8,259**	**14**	**5,148**	**9**	**9,108**	**16**	**17,244**	**31**	**36,026**	**64**
康奈尔大学	2009—2010	52,414	9,610	18	9,614	18	12,514	24	21,406	41	37,644	72
	2010—2011	54,676	8,244	15	9,277	17	13,513	25	22,439	41	39,459	72
	2011—2012	57,125	9,980	17	9,219	16	13,355	23	21,891	38	39,073	68
	年均	**54,738**	**9,278**	**17**	**9,370**	**17**	**13,127**	**24**	**21,912**	**40**	**38,725**	**71**
纽约大学	2009—2010	53,943	20,061	37	23,775	44	31,209	58	38,093	71	43,676	81
	2010—2011	56,700	25,462	45	28,961	51	36,764	65	40,148	71	46,306	82
	2011—2012	58,858	27,274	46	30,069	51	37,486	64	41,969	71	47,891	81
	年均	**56,500**	**24,266**	**43**	**27,602**	**49**	**35,153**	**62**	**40,070**	**71**	**45,958**	**81**

续　表

大学	学年	各年毛费用/美元	来自各年收入层次家庭获助学生的净费用及占毛费用比例									
			A/美元	占比/%	B/美元	占比/%	C/美元	占比/%	D/美元	占比/%	E/美元	占比/%
伦斯勒理工学院	2009—2010	52,160	20,055	38	23,766	46	27,437	53	30,320	58	35,071	67
	2010—2011	54,035	20,360	38	23,668	44	27,725	51	30,508	56	35,633	66
	2011—2012	57,179	24,154	42	25,717	45	29,957	52	32,868	57	38,278	67
	年均	**54,458**	**21,523**	**39**	**24,384**	**45**	**28,373**	**52**	**31,232**	**57**	**36,327**	**67**
耶希瓦大学	2009—2010	46,799	16,648	36	16,520	35	17,578	38	20,767	44	28,312	60
	2010—2011	48,435	15,935	33	14,521	30	18,049	37	21,603	45	25,683	53
	2011—2012	50,330	18,227	36	7,644	15	18,834	37	25,039	50	28,981	58
	年均	**48,521**	**16,937**	**35**	**12,895**	**27**	**18,154**	**37**	**22,470**	**46**	**27,659**	**57**
杜克大学	2009—2010	53,035	7,596	14	5,304	10	13,912	26	20,840	39	38,089	72
	2010—2011	55,150	8,049	15	8,043	15	15,937	29	23,905	43	41,618	75
	2011—2012	57,325	3,813	7	4,279	7	8,162	14	21,198	37	44,282	77
	年均	**55,170**	**6,486**	**12**	**5,875**	**11**	**12,670**	**23**	**21,981**	**40**	**41,330**	**75**
凯斯西储大学	2009—2010	50,128	15,869	32	16,894	34	24,056	48	27,585	55	33,362	67
	2010—2011	52,073	18,381	35	21,065	41	23,637	45	28,926	56	33,922	65
	2011—2012	54,133	9,976	18	22,996	42	26,246	48	27,388	51	32,375	60
	年均	**52,111**	**14,742**	**28**	**20,318**	**39**	**24,646**	**47**	**27,966**	**54**	**33,220**	**64**

大学	学年	各年毛费用/美元	来自各年收入层次家庭获助学生的净费用及占毛费用比例									
			A/美元	占比/%	B/美元	占比/%	C/美元	占比/%	D/美元	占比/%	E/美元	占比/%
卡内基梅隆大学	2009—2010	53,660	20,397	38	22,082	41	25,260	47	29,720	55	38,732	72
	2010—2011	55,286	23,173	42	21,629	39	24,140	44	30,337	55	40,824	74
	2011—2012	57,520	20,372	35	22,417	39	26,708	46	29,101	51	42,025	73
	年均	**55,489**	**21,314**	**38**	**22,043**	**40**	**25,369**	**46**	**29,719**	**54**	**40,527**	**73**
宾夕法尼亚大学	2009—2010	53,250	6,295	12	7,142	13	13,205	25	21,153	40	37,226	70
	2010—2011	55,250	6,529	12	8,643	16	13,334	24	20,582	37	37,344	68
	2011—2012	57,360	7,578	13	7,919	14	13,698	24	19,973	35	34,999	61
	年均	**55,287**	**6,801**	**12**	**7,901**	**14**	**13,412**	**24**	**20,569**	**37**	**36,523**	**66**
布朗大学	2009—2010	52,030	5,771	12	4,884	9	12,853	25	20,742	40	41,001	79
	2010—2011	54,370	5,056	9	6,530	12	8,642	16	19,717	36	38,537	71
	2011—2012	56,150	5,404	10	8,841	16	11,875	21	21,716	39	40,875	73
	年均	**54,183**	**5,410**	**10**	**6,752**	**12**	**11,123**	**21**	**20,725**	**38**	**40,138**	**74**
范德堡大学	2009—2010	54,718	5,767	11	4,271	8	8,582	16	12,108	22	31,539	58
	2010—2011	56,634	4,124	7	7,667	14	8,936	16	14,640	26	33,037	58
	2011—2012	58,554	7,364	13	6,784	12	7,304	12	14,726	25	33,427	57
	年均	**56,635**	**5,752**	**10**	**6,241**	**11**	**8,274**	**15**	**13,825**	**24**	**32,668**	**58**

续　表

大学	学年	各年毛费用/美元	来自各年收入层次家庭获助学生的净费用及占毛费用比例									
			A/美元	占比/%	B/美元	占比/%	C/美元	占比/%	D/美元	占比/%	E/美元	占比/%
莱斯大学	2009—2010	45,637	6,160	13	3,419	7	8,832	19	21,903	48	31,343	69
	2010—2011	47,871	5,476	11	7,540	16	10,653	22	22,816	48	35,396	74
	2011—2012	50,171	6,841	14	7,450	15	10,537	21	20,351	41	35,394	71
	年均	**47,893**	**6,159**	**13**	**6,136**	**13**	**10,007**	**21**	**21,690**	**46**	**34,044**	**71**

资料来源:根据美国教育数据中心数据整理而成(National Center for Education Statistics. Integrated Postsecondary Education Data System, College Navigator〔EB/OL〕. (2011-12-30)〔2012-04-20〕. http://nces. ed. gov/collegenavigator/)。数据收集截至 2012 年 4 月 20 日。

　　* A 指家庭年收入为 0～30000 美元,B 指家庭年收入为 30001～48000 美元,C 指家庭年收入为 48001～75000 美元,D 指家庭年收入为 75001～110000 美元,E 指家庭年收入为 110001 美元及以上。

第五章　美国私立大学的制度资源

对大学成员产生影响的制度,包含斯科特认为的三个关键要素——为社会生活提供稳定性和意义的规制性系统、规范性系统与文化-认知性系统。[①] 三类制度系统相互渗透,从不同角度为大学组织提供合法性基础——刚性的法律法规约束组织与个体的行为,社会群体的规范为同质的组织与个体行为提供逻辑基础,文化-认知性系统使得扎根不同学科的教师共享其"内部人"不成文的价值取向与行为习惯,这种信念以不成文的形式弥散在大学各处,使得学术共同体以"形散而神不散"的样态演绎大学理念、履行大学使命。大学凭借其制度资源,规制、规范共同体成员履行职责的行为,提高共同体成员行为的协调性,减少大学可能面临的风险。

本章基于大学董事履职行为标准、大学自治与学术自由的制度逻辑管窥大学制度资源中的规制性、规范性系统,以大学共同体成员制定、实施大学战略规划这一过程,探究其内部治理机制。

第一节　美国私立大学的治理制度

一、大学的规制性制度——以董事履职为例

私立大学董事不同于企业董事:作为校外人员,私立大学董事为志愿性

---

① 斯科特.制度与组织——思想观念与物质利益[M].姚伟,王黎芳,译.3版.北京:中国人民大学出版社,2010:58.

质,其日常经济利益也就是报销履职所需的差旅费,很多董事甚至连这一利益也放弃了。然而他们又是大学共同体的重要组成部分:参与任命校长、监管大学领导工作、积极购买大学债券、为大学筹资贡献财力——他们对办学具有重要影响,规制董事行为是大学治理制度不可或缺的。

《美国非营利法人示范法》要求,非营利组织的董事应当基于三个法定的基本原则履行作为董事及董事会下属委员会成员的职责:①善意地;②尽一般谨慎的人处于相同地位相似环境作为和不作为的注意义务;③以董事合理认为符合法人最佳利益的方式。前两条原则要求董事履行法定的关注义务,第①③条原则要求董事履行法定的忠实义务。费希尔曼(Fisherman)曾在其著作《非营利组织:案例与材料》一书中对关注义务与忠实义务进行了区分。在他看来,如果一个非营利法人董事不仔细阅读合同条款就草率签约,属于没有履行关注义务;如果董事利用职权为其或与其相关的人牟取私利,则是违反了忠实原则。① 各州非营利法人法体现了州内非营利组织董事履职的法定义务(见表5.1),大学内部章程则有更为针对性的规定。

---

① Fisherman J F, Schwarz S. Nonprofit Organization: Cases and Materials[M]. New York: Foundation Press,1995:160.

表 5.1　各私立大学所在州关于非营利法人董事权利和义务的法律条款

州	行为准则	董事会会议	利益冲突	赔偿	备注
一、新英格兰地区					
康涅狄格州	《2011年康涅狄格州法律汇编》，标题33 法人，第602章 非营利法人；33-1104 行为标准 (b)	33-095,1097,1098 董事会会议	33-104 (a)	33-104 行为标准 (c)(d)	
马萨诸塞州	《2011年马萨诸塞州法律汇编》，第1部分 政府行政，标题21 法人，第180章 慈善及其他宗旨的法人；第180章 第6c部分 法人董事、管理层或组建者善意履职；责任	第180章中无专门规定	第180章第3部分 组建者、组建行为；成员批准；管理层等人应向法人承担的个人责任	第180章第6部分 法人权力；宗教法人；管理层等人的补偿	
新罕布什尔州	《2010年新罕布什尔州法律汇编》，标题27 法人、协会与公共土地的所有者，第292章 志愿法人与协会；无单独规定	292:6-a 慈善法人董事会	292:2-a 慈善法人组织；必需的规定	292:8-ee 免费	虽然对董事的行为标准没有做出单独规定，但在 292:8-ee 规定：出于善意治理导致诉讼的，个人不承担责任，且可获得补偿。
罗得岛州	《2010年罗得岛州法律汇编》，标题7 法人、协会与合作关系，第7章、第6条 罗得岛州非营利法人法案；无单独规定	7-6-27 董事会会议地址与通知	7-6-26 董事的利益冲突	7-6-6 补偿	该州非营利法人法未专门列出董事行为标准，但在 7-6-6（b）规定：以下情况，法人有义务补偿因身为董事涉入

续 表

州	行为准则	董事会会议	利益冲突	赔偿	备注
罗得岛州					诉讼的个体:①善意行事;②合理相信在董事履职时其行为最有利于法人或其行为与法人最佳利益不相左;③在刑事诉讼案中,无理由认为其行为是非法行为

二、中北部地区

州	行为准则	董事会会议	利益冲突	赔偿	备注
伊利诺伊州	《2010年伊利诺伊州法律汇编》,企业,第805章 企业组织:非营利法人(又称1986年非营利法人法),第8条 董事与管理层,第108部分				
	无单独规定	108-15 董事法定人数 108-20 董事会会议地点 108-25 董事会会议通知	108-60 董事利益冲突	108-75 管理层、董事、雇员,代理机构的补偿;保险	该州未专门列出董事行为标准,但在补偿条款中规定,符合行为标准的才可获得补偿
印第安纳州	《2010年印第安纳法律汇编,标题23 企业与协会,第17章 非营利法人				
	23-17-13 董事行为准则	23-17-13 董事会会议和决议	23-17-13-2.5 成员、董事、管理层涉嫌利益冲突的协议与交易	23-17-16 补偿	

续　表

州	行为准则	董事会会议	利益冲突	赔偿	备注
	《2011 年密苏里州修订法规·标题 22 法人、协会与合作关系·第 355 章 非营利法人法》				
密苏里州	无单独规定	355-376 例会与特别会议 355-381 无决议的会议 355-386 会议召集通知与通知的权利 355-391 放弃被通知的权利 355-401 最低法定人数与表决	355-416 董事的利益冲突	355-471 董事的补偿	
	《2011 年俄亥俄州法律汇编·标题 17 法人与合作关系·第 1702 章 非营利法人法》				
俄亥俄州	无单独规定	1702-31 董事会议-通知 1702-32 董事会议最低法定人数	1702-301 关涉协议的董事或管理层的利益冲突	1702-12 非营利法人董事的权利	法律汇编中没有专门列出的行为标准,但作为获得补偿的条件,董事若遵守 3 条原则,则可以获得补偿

三、中部地区

州	行为准则	董事会会议	利益冲突	赔偿	备注
	《2006 年纽约州法律汇编》《非营利法人法》				
纽约州	717 董事与管理层义务	707 董事法定人数 708 董事决议	715 有利益关系的董事与管理层	721 获得补偿的非绝对性 722 董事、管理层获得补偿的权力	

续 表

州	行为准则	董事会会议	利益冲突	赔偿	备注
纽约州		709 董事表决与最低法定人数的更高要求 710 会议时间与地点 711 会议通知		723 法庭补偿之外其他补偿的支付 724 法庭裁定的补偿 725 影响董事、管理层获得补偿的其他规定 726 保险	
马里兰州	《2010年马里兰州法律》,法人与协会,标题 2 总论:法人的形成、组织及运作,分标题 4 董事与管理层				
马里兰州	2-405-1 董事应有的关注标准	2-409 董事会会议	2-419 有利益关系的董事的交易	2-418 董事、管理层、雇员、代理机构的补偿	根据 5 特种法人(2):非营利法人 5-201 总法人法的适用于非营利法人,兰州普通法人法《非营利法人》适用于非营利法人,因此虽然《非营利法人法》对前述情况虽然做出特别规定,但笔者依据《非营利法人法》的上位法部分的规定采用
宾夕法尼亚州	《2010年宾夕法尼亚州法律汇编》,标题 15 法人与协会,第 57 章 管理层、董事与雇员				
宾夕法尼亚州	分章 B 受托职责	分章 A 会议及通知 5702 通知方式 5703 会议通知及地点 5705 放弃被通知	分章 C 5728 有利益关系的成员、董事与管理层;最低法定人数	分章 D 补偿	

续　表

州	行为准则	董事会会议	利益冲突	赔偿	备注
新泽西州	《2009年新泽西州法律汇编》,标题15 非营利法人与协会				
	15A:6-14 关注标准;信托责任;法人记录的可靠性	15A:6-7 董事会及委员会决定的最低要求;无会议决议 15A:6-10 会议地点与通知	15A:6-8 董事成员的影响及董事的个人利益	15A:3-4 董事、管理层及雇员的赔偿	
华盛顿哥伦比亚特区	《2010年哥伦比亚特区法典》《非营利法人法典》 C 董事行为标准	B 董事会会议及决议	F 有利益冲突的交易;交易无效的规定	E 补偿与预付	《非营利法人法》·标题 29 企业组织,第 4 章 非营利法人,第 6 分章 董事、管理层和雇员

四、西北部地区　无上榜的私立大学

五、南部地区

州	行为准则	董事会会议	利益冲突	赔偿	备注
佐治亚州	《2010年佐治亚州法律汇编》,标题14 法人、合作关系和协会,第3章 非营利法人 第 3 部分 行为标准 14-3-830 董事行为标准	第 2 部分 董事会议及决议	第 5 部分 补偿 14-3-851 涉身法律诉案的董事补偿权力	第 5 部分 补偿 14-3-851 涉身法律诉案的董事补偿权力	第 3 章 非营利法人,第 8 条 董事与管理层

369

续 表

州	行为准则	董事会会议	利益冲突	赔偿	备注
北卡罗来纳州	《2010年北卡罗来纳州法律汇编》·第55A章 北卡罗来纳非营利法人法案·第8条 董事与管理层				
	55A830 董事行为总则	55A820 例会与特别会议 55A821 无会决议 55A822 会议通知 55A823 放弃被通知的权利 55A824 会议最低法定人数及表决	55A831 董事利益冲突	55A-8-5 补偿	
田纳西州	《2012年田纳西州法律汇编》·标题48 法人与协会·非营利法人·第58章 董事与管理层				
	48-58-301 董事行为总则	48-58-201 例会与特别会议 48-58-202 无会决议 48-58-203 会议通知 48-58-204 放弃被通知的权利 48-58-205 会议最低法定人数与表决	48-58-302 董事、管理层的利益冲突	48-58-502 给予补偿的权力 48-58-503 强制性补偿 48-58-504 预付补偿款 48-58-505 法庭裁定的补偿 48-58-506 补偿的确定与权力 48-58-508 保险	

续　表

州	行为准则	董事会会议	利益冲突	赔偿	备注
得克萨斯州	《2009年得克萨斯州法律汇编》法人组织法典·标题2法人·第22章非营利法人				
	22-221 董事行为标准	22-213 会议最低法定人数 22-214 董事会决议 22-215 亲自或代理表决 22-217 会议通知、放弃通知	22-230 关涉有利益冲突董事、管理层与成员的交易与协议	无补偿规定	根据Ⅰ分章22-406，宗教性非营利组织或隶属于某一教会、教派的内部成员，董事才有权获得补偿，其他未见补偿规定
六、西部地区					
加利福尼亚州	《2012年加利福尼亚州法律汇编》《加利福尼亚法人法案》，标题1法人·第一部分非营利法人·第2部分非营利公益法人·第2章董事与管理				
	3 行为标准5231、5237	1 总体规定5211	3 行为标准5233~5235*	3 补偿5238	

资料来源：根据美国各州相关法律整理汇总而成。Justia. US Codes and Statutes, State Codes and Statutes[EB/OL]. (2010-12-30)[2015-05-13]. http://law.justia.com/codes/.

* 根据该部分规定，任何法人，其存在有利害关系的董事不可超过49%。有利害关系指的是：①其本人任董事前12个月，为全职、兼职雇员，独立承包人，目前仍在接受除了董事应有的合理待遇之外的报酬；②具有①中情状人员的兄弟姐妹、父母、后代、姻亲。

（一）大学董事履职的法定义务

1. 董事的关注义务

董事的关注义务要求董事以一般谨慎之人在类似情况下运用同等程度的关注、技能、谨慎、勤勉，以最有利于法人的方式履行职责，在参与决策、分析合同、投资、业务往来和其他事务中合理查询。董事的行为前与行为后的情形是他人判断其是否履行关注义务的依据：董事做出决定时是否施加了足够的注意？董事的决定是否草率，以致应由董事个人承担相应后果？

认真参加董事会及其委员会会议并谨慎表决，是大学董事履行关注义务的显性工作。各州法律条款对董事会会议有详细规定。以哥伦比亚特区为例，该地区《2012 年非营利法人法》B 部分"董事会会议与决议"规定[①]：①董事会应召开例会或特别会议，需将注明会议日期、时间、地点、会议目的的通知送达董事本人。②董事在达到最低法定人数的会议上表决、经多数成员同意的决议视为董事会决定，未通过董事会会议表决但经全体董事签署书面同意书的，与会议表决通过同效。③董事会应允许董事就商议的工作表达各自意见，并将董事意见计入会议纪要及相关董事的参会记录（一旦董事会某一决议引起诉讼，会议记录是判断董事履职是否符合董事行为标准的重要依据）。④为有利于董事有效履行关注义务，以便在决策组织事务时做出正确判断，董事会应定期向董事提供由下列人员提供的信息、意见、报告以及财务决算报告以便董事履行职责：能胜任相关事务的法人管理层或雇员；对相关事务具备专业能力的律师、独立会计师等；由其他董事、上述2 类人员组成的委员会提供的有关该委员会职责范围内相关事务的信息。⑤若组织章程无特别规定，董事会主席、法人最高管理者、占时任董事会20％的成员可召集特别会议，并至少在会前 2 天通知。⑥若有必要，董事会应允许董事通过现代通信手段参加会议，只要参会人员可以无障碍沟通，视为董事参会。

各校董事会章程、下属委员会章程根据州法律条款，对董事会、下属委员会会议类别、时间和频次、通知方式等做出规定。单院制董事会每年召开

---

① District of Columbia. District of Columbia Nonprofit Corporation Act of 2012, Chapter 4 of Title 29 of the District of Columbia Code, Sub-chapter Ⅵ Directors, Officers, and Employees, Part B Meetings and Action of the Board[EB/OL]. (2012-09-13)[2013-05-17]. https://law. justia. com/codes/district-of-columbia/2012/division-v/title-29/chapter-4/subchapter-vi/part-b/.

3～4次例会（含年会）。在双院制董事会组织中，诺特丹大学上层的法人组织每年仅召开1次年会，下层的董事会会议频率为3次/年。双院制董事会组织成员集会最频繁的数哈佛大学——监事会每年召开7次会议，校务委员会每学年中每两周召开1次会议，根据哈佛校历，校务委员会在2012—2013学年共召开34次会议。

董事会会议一般在学校主校区所在地召开。年会是各校董事会自组织的会议：选举董事、董事会管理层，回顾本学年的工作，讨论下一年工作计划等。董事会例会议程包括：各董事对上次会议的会议记录审阅、签名认可；董事会主席做工作报告；大学高层领导（通常为校长）做工作报告；各委员会做工作报告；各特别委员会做工作报告；商议其他需由董事会商议的待定事务。董事会特别会议是否仅为特事特议，则各校规定不一。

30所大学董事会中，共有州内董事549人、州外董事702人、境外董事76人（见表5.2），"允许董事通过现代通信工具参加会议"这一规定至少在两个方面起了作用：①董事会只有在达到法定最低人数的会议上才可商议大学事务，不然在非紧急情况下，须将会议延期，允许利用现代手段参会方便董事及时参与商讨大学事务。②参加会议是董事履行法定关注义务的基本方式，若在任董事无故缺会到一定限度，其任职资格将被自动取消，允许董事通过现代通信工具参加会议，使得地域因素不会成为影响董事履行关注义务的一个障碍。

表 5.2　各校董事地域及人数分布*

大学	州内	州外	境外	不详	大学	州内	州外	境外	不详
波士顿大学	14	23	4	0	纽约大学	41	14	5	0
布朗大学	1/2	40/9	1/1	0	西北大学	34	37	3	2
加州理工学院	33	16	2	1	普林斯顿大学	5	32	3	0
卡内基梅隆大学	22	41	6	0	伦斯勒理工学院	13	15	3	0
凯斯西储大学	22	23	1	0	莱斯大学	18	5	2	0
哥伦比亚大学	20	3	0	0	斯坦福大学	21	11	0	0
康奈尔大学	32	27	4	1	塔夫茨大学	17	23	1	0

续 表

大学	州内	州外	境外	不详	大学	州内	州外	境外	不详
达特茅斯学院	2	23	0	0	芝加哥大学	21	22	3	0
杜克大学	7	29	1	0	诺特丹大学	12	28	3	4
埃默里大学	26	16	0	0	宾夕法尼亚大学	13	37	6	0
乔治敦大学	4	27	4	0	南加利福尼亚大学	39	10	4	0
乔治·华盛顿大学	11	26	3	0	范德堡大学	12	23	0	0
哈佛大学	5/4	23/6	2/0	0/0	圣路易斯华盛顿大学	30	24	2	0
约翰斯·霍普金斯大学	16	28	3	9	耶鲁大学	5	13	1	0
麻省理工学院	26	41	5	0	耶希瓦大学	21	7	3	5
合计	247	401	37	11	合计	302	301	39	11

资料来源:见本书第 20 页脚注。

*由于哈佛大学与布朗大学的双院制董事会成员人数不重复,因此合在一起统计,诺特丹大学的双院制中,校务委员会成员同时也是董事会成员,因此只统计 47 位董事。

2.董事的忠实义务

忠实义务的预设前提是:任何董事在履职时,都有可能出现个人利益与法人利益冲突的情况,所以需有必要的制度安排,要求非营利法人董事将法人利益置于个人利益之上,以便在出现利益冲突时,董事能忠于法人利益,避免将自利企图转变成实质行为。因此忠实义务重在关注董事的意志因素,避免董事利用职务之便捞取个人不当利益伤害法人。

遵守"回避利益冲突交易"(conflict of interest transaction)这一政策是董事履行忠实义务的基本途径。各校政策中将"与法人有关的有冲突的利益"界定为:在由法人(包括由法人控制的其下属实体)主张或对法人有重大影响的工作/交易中,无论该交易是否由董事会批准,在交易开始至结束时,在任董事或与董事相关的人员(如董事的配偶、父母、兄弟姐妹、子女、孙辈及其各自的配偶、姻亲或与董事共同拥有房产的同居者或该董事财产的未来受益人)是交易中的一方,或其在交易中有重大经济利益(如董事在交易另一方的实体中任董事、合伙人、代理人或雇员，或其实际控制该实体，或作为交易一方的个体是本校董事的合伙人、领导或雇主)，或者因为有着这样的关系使人们有理由相信该董事在董事会表决中会左右董事们的判断和决定。这一政策中，各校对于"由董事实际控制"的界定不一，如在波士顿大学，拥有某一实体超过5％的所有权的在任董事就有可能涉嫌利益冲突[①]，而在另外一些学校，在实体中拥有35％的表决权或35％以上股份的，为该董事"拥有该实体"。

　　大学有一定程序规制董事履行忠实义务。首先董事每年必须向董事会提交一份有本人签名的声明，说明本人已经收到、阅读、了解并承诺遵守本校的利益冲突政策，并且明白大学作为免税的慈善组织应遵循的宗旨。其次，在董事会审批某交易的会议前，董事须填写表格进行"必需的公开"，说明其是否存在利益冲突，若存在，其利益冲突属于哪种性质，并随时根据情况修改其公开的信息。在董事提交信息后，由董事会或相关委员会决定将要进行的交易是否存在与董事相关的利益冲突，此时除非是有利益冲突的董事被要求做进一步的口头补充，不然须回避。同时，董事会或相关委员会主席指定无利益冲突的董事调研与交易有关的其他可比性方案，若即便是无利益冲突的交易也不会更有利于大学，则董事会或相关委员会可以对有利益冲突的交易进行表决以决定是否批准该交易。通常，"该交易对法人而言是否公正、是否会给法人带来损失、是否最有利于法人"是董事表决是否同意有利益冲突的交易重要的底线。其间，根据法律、职业规范或保密义务，相关董事均不得在其他无利害关系的董事表决前将本人向董事会提交的利益冲突信息或相关交易的特点提前透露给与会董事，以免因事先通气影响董事公正合理的表决，致使交易对大学不利或不公正。无利害关系董事在满足行为标准的情况下独立判断，若多数人赞成，则法人可以批准这类有利益冲突的交易，交易合法有效。但若相关董事不据实上报、故意隐瞒利益冲突事实，那么关于这类交易的决定便无效。董事会首先责令涉事董事进行解释，并提出纠偏，若涉嫌董事一意孤行，法人、其他董事、管理层或雇员有权上诉法庭，若情况属实，法庭便可依法判决相关董事欺诈或蓄意违

　　① Boston University. Boston University Conflict of Interest Policy, 3 Procedures, (a) Disclosure［EB/OL］.（2013-12-11）［2014-06-12］. https://www. bu. edu/ethics/files/2014/01/conflict. pdf.

法,要求其归还从交易中所得利润和利润生成之日始的合法利息、法人在交易中损失的财物、偿付评估法人损失所需的费用。保险起见,董事会在审批此类交易时充分利用审计委员会成员的专业知识,在董事会表决后,再由审计委员会主席及委员会多数成员签署书面报告,对"是否允许双方的交易关系或经济关系"把关,交董事会存档,大学董事会的审计委员会每年还会对董事的利益冲突情况申报进行审计。如此谨慎既是警醒、保护董事,也确保大学利益不受损。

(二)大学董事的法定权益

大学董事在履职时的重要权益并非经济收入,而是其可以依法要求董事会补偿其履职风险。大学保障董事这一权益的目的,是分担董事在履行法定义务时无法避免的、个体不得已承担的责任,从而吸引、留用负责任的董事。各州非营利法人法除了规定董事的法定义务,通常还有补偿董事履职风险的法律规定,符合各州非营利法人董事行为标准的董事,在其任董事期间因履职成为或可能成为民事诉讼、刑事诉讼、行政复议、仲裁、调查中的一方时,有权依法获得补偿,补偿分为允许的补偿、无条件补偿、预付补偿和法庭裁定的补偿。

(1)允许的补偿指的是,若董事善意工作,并且出于法人最佳利益考虑、审慎行事,大学须依法根据其处理诉讼案的合理开支、判决、罚款和实际支付的数额对其进行补偿。

(2)无条件补偿指的是,若涉身诉讼的法人董事在相关诉讼中依据事实胜诉,法人应根据其处理诉讼的合理开支予以补偿。

(3)预付补偿指的是,成为诉讼案当事人的董事提交给法人下列材料后,法人可以在诉讼案结案前预先支付给董事补偿费用:由本校法律顾问办提供的、说明董事行为符合法定行为标准的书面证明;由当事董事提供的书面保证,保证其若无权获得无条件补偿,或因未达到董事行为标准而无法获得补偿,或其所获补偿超过实际开支,将退还法人预付的或超额预付的补偿款。此时对董事而言,这一承诺无须找人担保但法人须履行,对法人而言,除涉案董事外,若董事表决多数赞同,法人应接受董事预付费用的要求而不必考虑其偿还能力。

(4)法庭裁定的补偿指的是,作为诉讼一方的董事,可以向受理案件的法庭申请要求法人补偿或预付其费用,法人在收到申请后需予以必要关注。在下列情况下,法庭会要求法人支付或预付补偿费用:董事满足法定的行为标准;董事有资格获得无条件补偿。

董事若有资格享有上述任一种补偿权利,需在有效时间内向法人提出补偿申请,法人须在有效时间内支付费用。30 所大学中,多数学校对补偿有明确的政策规定。如卡内基梅隆大学章程就规定:被补偿人可在收到诉讼通知的 7 天内书面要求大学法律顾问办提供法律援助,还应在收到被诉传票 7 天内或抗辩 2 天前通知法人的首席财务官,不然将失去补偿的权利。① 若法人在收到要求的 30 天内没有付清补偿费用,相关董事可起诉,要求学校支付未付清部分,且可要求学校支付因本次诉讼产生的开支。面对董事的这类起诉,大学只可进行 2 种辩护:根据法律,本校不能向当事人补偿其主张的费用;若提供这样的补偿,会使学校不符合 501(c)(3)条款的规定而失去免税地位。但这些需要由学校来举证。

董事的补偿权利是一种契约权利,不与董事应享有的其他权利相排斥,在 30 所大学分布的 18 个州中,除了得克萨斯州,各州以法律的形式予以规定。各大学通常未雨绸缪,为董事购买保险并续保,一旦发生牵扯董事的诉讼案件,法人利用来自责任保单的收益支付补偿费用。

二、大学的规范性制度——以大学伦理审查委员会的工作机制为例

大学的逻辑基础是高深学问,学术自由与大学自治是大学治理的重要特征,这个治理特点是大学自问世以来作为学术组织的应有之义,但是学术自由与自治并非没有边界,大学合规部门以及专业组织都有制度予以规范。此处笔者通过管窥大学伦理审查委员会(Institutional Review Board,IRB)的工作机制,解读各校如何规范学术人员演绎大学自治与学术自由的制度逻辑。

(一)伦理审查委员会的运作

私立大学内伦理审查委员会是各校审查、监督本校研究人员在从事以有生命的个体为受试者进行生物医学、社会学和行为研究的机构,目的是保护作为研究对象参与研究的受试者的权利和福祉。根据美国《联邦法规汇

---

① Carnegie Mellon University. Bylaws of Carnegie Mellon University (a Pennsylvania Nonprofit Corporation),Article Ⅸ,Liability and Indemnification of Trustees and Officers[EB/OL]. (2016-05-16)[2018-01-20]. https://www.cmu.edu/policies/bylaws/index.html.

编》标题45《公众福利》第46部分《受试者保护条例》(45CFR46)[1]，各大学在以有生命的个体为受试者开展研究时，须经美国卫生和公众服务部(Department of Health and Human Services, DHHS)下属的"受试者保护办公室"(Office for Human Research Protections, OHRP)认证，获得联邦范围认证的学术机构可以从事相关研究实验，各大学则成立相应的伦理审查委员会，根据相关联邦法律，委员会至少由5名成员构成，其中至少1名科学家，1名非校内成员。经注册认证的IRB负责审批、监督本校涉及以人为受试者的研究项目，以确保受试者的权利和福祉。

1. 伦理审查委员会的审查类别

伦理审查委员会对研究项目的审查分为委员会集会审议、加速审议和免审三类。[2]

集会审议要求半数以上成员参加，如果委员会没有相关专家对相关协议进行实质性审查，就会邀请顾问参加审议并提供意见，但顾问不具投票权。对需要集会审议的研究项目而言，通常符合下列条件的项目可获得IRB批准：根据研究目的和环境，受试者的选择合理；研究获得受试者合法的知情同意文本；研究计划中包含为确保受试者安全的数据监控；研究保证受试者的隐私不被外泄；研究保证对儿童、孕妇、犯人、智障人员等弱势群体的额外保护；研究所产生的对受试者的风险是最小的，即在研究中预期出现的对人体的伤害或人体不舒适的可能性及程度不会超过受试者常规的身体检查或心理检查时遭遇的伤害或不舒适。如果研究人员提交的资料完整且项目无须修改，IRB在2周内完成审议后，在5～7个工作日内将审议结果书面告知研究人员，若需修改，研究人员需根据IRB的书面意见，将修改并注明改动之处的文本再次提交供其再审议。

加速审议指研究项目由IRB主席或IRB指定的成员审批同意而不需

---

[1] Department of Health and Human Services. Code of Federal Regulations, Title 45 Part 46 Protection of Human Subjects[EB/OL]. (2018-07-19)[2020-04-11]. https://www. ecfr. gov/cgi-bin/retrieveECFR? gp=&SID=83cd09e1c0f5c6937cd9d7513160fc3f&pitd=20180719&n=pt45.1.46&r=PART&ty=HTML.

[2] Department of Health and Human Services. Code of Federal Regulations, Title 45 Part 46 Protection of Human Subjects[EB/OL]. (2018-07-19)[2020-04-11]. https://www. ecfr. gov/cgi-bin/retrieveECFR? gp=&SID=83cd09e1c0f5c6937cd9d7513160fc3f&pitd=20180719&n=pt45.1.46&r=PART&ty=HTML.

集会审议。仅给受试者带来最低风险的,或对之前已获 IRB 审批的但需些微改动的研究都可申请加速审批。

免审指不受联邦保护受试者法律制约的研究项目不需要 IRB 审批。根据《联邦法规汇编》标题 45 第 46 部分 101(b),若为满足学位要求开展一项涉及人类主体的研究,需先经 IRB 审批。但若实验的目的不是推进知识,而只是研究方法的教学和实践,则无须 IRB 同意(但教师需负责保护受试者)。若实验是对现有数据、文件、记录、诊断样本等的收集和研究,或数据可通过公共途径获得,或实验中获得的原有记录无法与数据主体联系起来,这类实验活动也可免审。

联邦法规要求受联邦资助的、涉及受试者的研究均须先经 IRB 审批,IRB 会要求那些事先未经其审议的项目立即停止研究,并向其提交审查申请,解释为何"先斩后奏",之后由 IRB 调查,确定违规程度,以及研究项目的进行是否合乎道德,并将不遵守规定的事例报告给学校的"科研管理与合规"机构,这会导致研究搁置或终止,因此研究人员通常会事先请教 IRB 而不会主观判断自己所要从事的研究属于哪一种审议类别。而且在通常情况下,各校未经 IRB 审批同意的相关项目不可能获得分管科研的副校长或分管医疗科学的副校长的同意。

2. 伦理审查委员会审查的重点内容

根据美国《联邦法规汇编》标题 45 第 46 部分,需伦理审查委员会审查的研究指[①]:系统地通过开发、测试和评价等程序,发展和推进知识的研究,其间研究人员(专家、学生)通过对有生命的个体进行干预和交互获得受试者个人的信息。当涉及食品与药物管理局(Food and Drug Administration,FDA)管制的药物、器械和生物制品时,FDA 定义的"临床试验"等同于"研究"。

IRB 对研究的审查主要是为了保证研究的进行合乎伦理道德,因此与受试者权利和福祉相关的内容都属于 IRB 审查的重点,主要为以下两点。

(1)对知情同意的审查。知情同意是一个动态过程,其实质包括研究信

_____

① Department of Health and Human Services. Code of Federal Regulations,Title 45 Part 46 Protection of Human Subjects [EB/OL]. (2018-07-19)[2020-04-11]. https://www. ecfr. gov/cgi-bin/retrieveECFR? gp=&SID=83cd09e1c0f5c6937cd9d7513160fc3f&pitd=20180719&n=pt45. 1. 46&r=PART&ty=HTML.

息的获取、对研究信息的理解和受试者是否愿意参加研究的自由意志。知情同意文本只有经证人、受试者签字才具法律效力,也才能被 IRB 认可。

(2)对研究人员资格的审查。在实验开始前,除了不接触受试者和机密数据的行政人员外,所有相关研究人员和受试者须接受并完成学校提供的培训,主要为:联邦范围认证(FWA)条款、《贝尔蒙特报告》、《联邦法规汇编》标题 45 第 46 部分、学校的 IRB 政策和工作程序、《健康保险通行与问责法案》中的隐私保护制度等。校外研究成员若不参加培训,须提供已完成培训的证明。同时,各校要求从事生物医学和行为研究的项目负责人须具备学术研究能力,如哥伦比亚大学规定①,主持这类研究项目的必须是本校三个职级的教授或本校专职研究科学家,客座类、兼职类教师不得独立主持这类研究项目。对项目负责人的资格限定确保了研究过程中当出现性质、严重性和频率上对受试者造成比研究协议中描述的最低风险更严重的心理或身体伤害、经济损失或社会危害等意外事件时,研究团队有能力立即根据专业判断探讨并合理修改研究程序。根据学校科研管理规定,研究人员还须在事后将意外事件及处理方式报告给 IRB,这一事后报告方式也在事实上监督研究人员在实验过程中的伦理道德。

就各大学而言,凡校内学术人员开展涉及受试者的生物医学和行为的研究,都须经 IRB 审批。分属两校的研究人员欲进行合作研究时须同时向两所大学的 IRB 提请审批,若一方大学的 IRB 要求研究人员更改申报材料,其需及时向另一所大学的 IRB 呈报。若隶属于某大学的研究人员在国外进行这类研究,项目的运作仍受本校科研管理条款、联邦法律和联邦下属工作机构指导方针的约束,IRB 要求对非美国籍受试者的保护等同于对本国受试者的保护。

(二)伦理审查委员会运作的制度基础

大学伦理审查委员会的制度基础主要分为三个层次:微观的影响研究人员日常行为选择的具体操作规则,用于奠基操作规则的法律和法规,用于设计法律法规的规制。

---

① Columbia University. Human Research Policy Guide, 25 Principal Investigator Eligibility [EB/OL]. (2019-02-12) [2020-03-10]. https://www.columbia.edu/cu/irb/policies/index.html#Selected.

1. 伦理审查委员会运作的道德依据

伦理审查委员会运作的道德依据主要有：1946 年公布于世的《纽伦堡法典》，1964 年世界医学会联合国大会通过的《赫尔辛基宣言》以及 1979 年美国卫生、教育和福利部公布的《贝尔蒙特报告》。

《纽伦堡法典》是第二次世界大战后国际上关于人体实验的第一个法典。该法典强调，启动人体实验须慎重，实验开始前须告知受试者实验的性质、期限和目的并尊重受试者参与或退出实验的意愿，研究人员须尽力保证实验带给受试者的伤害属于"最低风险"，研究过程中若出现致受试者受伤甚至可能致死，须立即终止实验。[1]

《赫尔辛基宣言》不仅承袭了《纽伦堡法典》制定的、涉及人体对象的医学研究需遵守的道德原则，确定了以人为受试对象的生物医学和行为研究的伦理原则，还特意指出，在人体实验中，对受试者的完好状况考虑应优先于科学和社会的利益，强调保护受试者隐私。宣言还提出了进行生物医学研究的限制条件：实验必须由具有专业资格的人员来实施，他们须对所进行的人体实验负责；人体实验须经伦理审查委员会审批，委员会必须与实验者、资助者或其他相关的机构相互独立、互不影响；参加科研的实验者须与科研结果没有利益关系。这个宣言更重要的意义在于，它规定任何国家在有关人体实验的伦理、法律和行政管理方面的要求须达到宣言对受试者保护的要求。[2]

《贝尔蒙特报告》承袭了《纽伦堡法典》和《赫尔辛基宣言》坚持的伦理原则，在区分了行医和医学研究的边界后，提出了更具普适性的三大基本原则，三大原则不仅使《贝尔蒙特报告》适用于规范生物医学研究，也适用于规范社会学和行为研究，成为伦理审查委员会审查相关研究的依据，也成为相

---

[1]　National Institute of Health, Office of NIH History & Setten Museum. The Nuremberg Code[EB/OL]. (1946-10-30)[2014-09-19]. https://history. nih. gov/display/history/Nuremburg + Code.

[2]　World Medical Association. WMA Declaration of Helsinki-Ethical Principles for Medical Research Involving Human Subjects[EB/OL]. (2013-10-30)[2020-04-10]. https://www. wma. net/policies-post/wma-declaration-of-helsinki-ethical-principles-for-medical-research-involving-human-subjects/.

关机构制定、评价和诠释特定法规、规则的基础。这三大基本原则如下。[①]

（1）对人的尊重。这包含两个信念：将个体看成自主主体，尊重个体的意见和选择；因疾病、智障、被剥夺自由、未成年和丧失劳动力的弱势个体有受额外保护的权利。这一原则主要体现在知情同意过程中。

（2）合乎善行，即研究人员须合乎道德地对待个体。这一原则主要体现在对研究的风险和利益评估中。风险和利益评估是判断潜在伤害发生的可能性及其对受试者造成伤害的程度和通过研究获利的可能性及获利程度。相关的风险和利益评估须清楚体现在研究文件和知情同意书中。对研究人员而言，这是检查其是否合理安排研究的途径；对审查委员会而言，是确定受试者将要面临的风险是否合理的参考依据；对受试者而言，风险和利益评估则有助于其决定是否参与研究。

（3）体现公平，即谁该从研究中获利？谁来承担研究所需的危害和风险？这体现在两个层面——对个体的公平和对群体的公平。对个体的公平主要体现在研究人员不能只向对他们有利的病人提供有益的研究，或只选择另一部分受试者参与危险的研究。对群体的公平指研究人员需根据受试群体承担风险的能力以及是否合适让他们承担风险而区分应参与实验的群体和不应参与实验的群体。坚持公平体现在对受试者的选择过程中和对后续成果的获益中。

2. 伦理审查委员会运作的法律依据

伦理审查委员会运作的法律依据主要来自两个层面——联邦法规和州的法令。

伦理审查委员会依据的联邦法规主要为《联邦法规汇编》标题45、美国卫生和公众服务部制定的《公共福利》第46部分《受试者保护条例》和第160、164部分《安全与隐私条例》，以及《联邦法规汇编》标题34、由美国教育部制定的《家庭教育权利和隐私法案》第99部分。

《公共福利》A对IRB成员的多样性、人数、任职资格等做了规定，并明确了IRB的职能和运作、审查内容和审批标准、知情同意程序及内容等基本政策。B、C、D部分则对包括孕妇、胎儿、初生婴儿、犯人、儿童等弱势群

---

① U. S. Department of Health and Human Services. Belmont Report[R/OL]. (1979-04-18) [2014-04-14]. https://www. hhs. gov/ohrp/regulations-and-policy/belmont-report/read-the-belmont-report/index. html.

体的额外保护做了细致规定。^① 这一法规根据《贝尔蒙特报告》体现的道德原则而制定,也是各校 IRB 制定本部门规则的重要依据。该法规适用于规范所有涉及受试者的、由联邦政府机构进行的或资助的研究项目。但各大学通常要求:凡是涉及受试者的医学生物、社会学和行为研究均须经 IRB 审查而不论其经费出处。

由于涉及受试者的研究不仅限于生物医学领域,联邦教育部制定的 FERPA 成为规范涉及保护作为受试者的学生利益的法规。根据这一法律,学校只有获得家长/监护人或成年学生的书面同意才可以公布其受教育记录,但学校向下列机构提供有关学生记录既不需要书面同意书也不算违法:学生转入就读的学校,对学校进行监督和评估的官员,向学生提供资助的一方,院校研究组织,鉴定机构,根据裁决令或合法传票获取信息的一方,处理突发安全事件的官员,根据州法律和青少年司法体制、需要这些信息的州或地方权力部门。^②

在生物医学和行为研究的管理方面,各州也有条款保护受试者隐私和保障作为研究对象的学生的权利。根据美国卫生和公众服务部及其下属机构"受试者保护办公室"提供的"保密证领取指南",为确保受试者隐私不被泄露给无关人员,研究人员可以向美国卫生研究院(NIH)或除了"受试者保护办公室"之外的隶属于美国卫生和公众服务部的其他机构申领保密证,但保密证无法防止研究人员有意无意地泄密,因此各州通常还有特定机制以切实保护受试者隐私。以新泽西州为例,该州《隐私法案》规定,除非受试者同意,或依据法律或法庭要求需将数据作为呈堂证供,或获得授权,不然不能解密、利用加密信息,未经授权随意泄露与受试者相关的信息都将受到刑罚。新泽西州法令第 36 章标题 18A《学校调查/家长同意》则保障作为研究对象的学生的权利,根据这一法令,学校在收集下列研究信息时须事先获得家长或法定监护人的书面知情同意文本复印件以备查:政治立场,使学生及其家庭尴尬的心理问题或智力问题,性行为和态度,要求学生对其家庭成员

① Department of Health and Human Services. Code of Federal Regulations, Title 45 Part 46 Protection of Human Subjects[EB/OL]. (2018-07-19)[2020-04-11]. https://www.ecfr.gov/cgi-bin/retrieveECFR? gp=&SID=83cd09e1c0f5c6937cd9d7513160fc3f&pitd=20180719&n=pt45.1.46&r=PART&ty=HTML.

② U. S. Department of Education. Family Educational Rights and Privacy Act[EB/OL]. (1974-08-12)[2020-04-12]. https://www2.ed.gov/policy/gen/guid/fpco/ferpa/index.html.

进行评价，就社会保障编号或非法的、自证其罪和有辱人格的行为向学生进行调查、评估和分析。违背这条法令的学校会被苛以罚金[①]。

3. 各校的相关管理制度

根据美国科学技术政策署的《学术行为不端管理政策》和美国卫生和公众服务部公共卫生署的《学术行为不端》政策，各校都制定了《学校学术行为不端管理条例》，还会在本校"科研管理"网站上公布各类与科研相关的信息。以哥伦比亚大学为例，哥伦比亚大学在"科研管理"网站上提供《受赞助的研究项目管理手册》，提供给本校员工实用指南，并不断更新，以使员工了解"联邦行政管理和预算局"和其他政府法规，特定的赞助文件和最新的、包括 IRB 运作的大学科研及管理信息。[②] 各校对学术行为不端的管理，以及对研究人员科研工作的指导似乎与 IRB 的运作没有直接的关系，但事实上，科研人员诚实的学术品行、高效率地安排科研工作无疑为 IRB 在审批相关项目、监督研究进展的过程中减轻了压力。而各校 IRB 具体的工作制度更是其在管理有关受试者的研究、分析解决其中的伦理问题时的重要基础。

科学研究带来巨大的社会福利，但也产生道德问题。各私立大学内 IRB 基于从业人员须遵守的基本道德信念、遵循联邦法规和州的法令、结合科研规范，确保研究人员在探究知识的同时最大限度地保障受试者的权利和福祉。IRB 的工作机制诠释了学术组织的制度逻辑：大学拥有自治和学术自由的特权，但大学自治和学术自由的权利并非没有边界。

第二节　美国私立大学战略规划的机制

大学治理是"大学内外利益相关者参与大学重大决策的结构与过

---

① New Jersey State. 2014 New Jersey Revised Statutes, Title 18A-Education, Section 18A：36-34-School Surveys,Certain,Parental Consent Required before Administration[EB/OL]. (2014-09-20)[2020-05-19]. https://law. justia. com/codes/new-jersey/2014/title-18a/section-18a-36-34/.

② Columbia University. Columbia Research[EB/OL]. (2016-05-16)[2019-12-30]. https://research. columbia. edu/.

程"①。它可划分为：大学外部治理（大学外部诸多因素与大学互动以实现对大学的治理）和内部治理（大学内部不断应对变化着的环境因素和资源约束、利益相关者和各治理主体，对自身进行治理）。制度与组织是大学治理体系中的显性结构，大学内部的治理机制表现为由校内各组织之间、构成各组织的个体之间、组织与个体之间相互作用的过程和功能，三大制度系统②为其行为提供合法性基础。校内治理机制涵盖多个层面的工作，本节以私立大学战略规划的机制为例，管窥大学的内部治理机制。

一、美国私立大学的战略规划

寇普（Cope）认为，大学的战略规划"是一种开放的系统论，指引院校之舟在前进的道路上顺利通过变化多端的环境；是一种行为，对未来外部环境状况可能引起的问题预先提出解决议案；也是一种手段，在持续的资源竞争中争取有利的地位。它的主要目的是把院校的前途和可预见的环境变化联系起来，使资源的获得快于资源的消耗，从而能够成功地完成院校使命"③。在大学以其发展为目标做全局性谋划时，参与规划的大学共同体成员在识别本校优缺点、解读外部环境潜在的威胁和机遇时，无不受到"起着组织定向作用"④的大学理念这一文化-认知性制度系统潜移默化且弥散式的影响，从而对战略目标的确定、实现目标的行动选择产生方向性影响。笔者根据收集到的以下 18 所大学的战略规划，解读大学战略规划的机制。

（1）波士顿大学：《成为伟大学府，波士顿大学愿景——过去，现在和未来：大学战略规划》。

（2）布朗大学：《精益求精：布朗新规划》。

（3）卡内基梅隆大学：《卡内基梅隆大学 2008 年战略规划》。

（4）凯斯西储大学：《前瞻性思考——凯斯西储大学战略规划：2008—

① Gayle D J, Tewarie B B, White A Q. Govermance in the Twenty First Century University: Approaches to Effective Leadership and Strategic Management[M]. San Francisco: Wiley, 2003:1.

② 斯科特. 制度与组织：思想观念与物质利益[M]. 姚伟, 王黎芳, 译. 3 版. 北京：中国人民大学出版社, 2010:58.

③ Cope R G. Opportunity from Strength: Strategic Planning Clarified with Case Examples [R]. Washington D. C.: ASHE-ERIC Clearing House on Higher Education, College Station, Assoiation for the Study of Higher Education, 1978:134.

④ 眭依凡. 大学使命：大学的定位理念及实践意义[J]. 教育发展研究, 2000(9):18-22.

2013》。

(5)哥伦比亚大学:《五年战略规划:一个更强大的国际性大学》。

(6)康奈尔大学:《战略规划:2010—2015》。

(7)达特茅斯学院:《达特茅斯战略规划:2013综合》。

(8)杜克大学:《创造不同——杜克大学战略规划》。

(9)埃默里大学:《勇敢探究引领之处——战略规划:2005—2015》。

(10)乔治·华盛顿大学:《愿景2021:乔治·华盛顿大学创校200年之际的战略规划》。

(11)约翰斯·霍普金斯大学:《十大战略重点:展望2020年的约翰斯·霍普金斯大学》。

(12)伦斯勒理工学院:《战略规划:2024》。

(13)莱斯大学:《10点愿景》。

(14)塔夫茨大学:《十大战略规划:2013—2023》。

(15)诺特丹大学:《继承传统,发扬光大:2014—2024》。

(16)宾夕法尼亚大学:《宾夕法尼亚大学条约2020:十年进步,更上一层楼》。

(17)南加利福尼亚大学:《南加利福尼亚大学战略愿景:付诸行动,实现抱负》。

(18)范德堡大学:《范德堡大学战略规划》。

二、大学确定战略规划的过程

大学确定战略规划的过程,是共同体成员对话的过程,大学成员确定战略规划的对话模式主要分为:自上而下的对话模式,自下而上的对话模式,多维互动的对话模式。

(一)自下而上的对话模式

波士顿大学、埃默里大学属于这一模式。以波士顿大学为例,2005年冬天,罗伯特·A.布朗(Robert A. Brown)就任波士顿大学校长3个月时,启动波士顿大学战略发展规划的制定工作,以确定履行大学使命的战略目标、战略重点及资源分配。

规划伊始,各二级学院院长应布朗布置,在本学院内各学系、研究中心展开广泛讨论并利用 15 页的篇幅描述本单位在全球同行中的地位、对未来的展望。院长们则以收集上来的报告为基础，撰写 15 页的本学院战略规划，并于 2006 年 4 月提交给大学领导高层会议供讨论，布朗则在大学毕业典礼后成立了由教师、行政人员组成的正式的战略规划特别工作组，思考整个波士顿大学的战略发展。工作组成员仔细研读各学院战略规划等材料，于 2006 年 12 月 1 日将草拟的报告《一个波士顿大学》呈递给布朗，同时也张贴在波士顿大学网站，寻求大学成员意见。布朗和工作组成员一起，一边按学院逐个召集教师听取反馈，一边与大学领导团队成员沟通、讨论，综合考虑各学院的战略规划、大学可以掌握的资源。2007 年 4 月 12 日，历时一年多经广泛沟通确定的规划被呈递给董事会并获得批准。校内各单位据此调整本单位的战略目标与行动计划。

（二）自上而下的对话模式

莱斯大学属于这一模式。莱斯大学是一所同时提供本科生、研究生教育的大学，致力于开创性研究、卓越的教学，为改善世界做出贡献。为实现这一使命，2005 年 6 月 30 日，莱布伦（Leebron）校长通过《呼唤对话》要求所有大学成员参与制定大学愿景的工作。在《呼唤对话》中，Leebron 论证了莱斯大学面临的基本问题，确定了 7 个需要深入讨论的主题：莱斯大学的基本使命、责任与抱负；办学规模；本科生经历；研究生与博士后教育工作；研究与学术活动；莱斯大学的家乡城市休斯敦；相应的重点工作与完成这些工作须具备的条件。

在之后的 4 个月，莱布伦以会议、论坛的形式，就"大学的未来""大学在办学后的第二个世纪应有的作为"等话题，与本校教师、职员、学生、校友、休斯敦市领导进行了 100 多次讨论，同时约有 1450 人次登录网站分享思想、在线提供 16 万字的意见。最终莱斯大学确定 10 个"必须"作为"进入第二个世纪的莱斯大学的愿景"：必须大大增加致力于"研究"这一使命的工作，努力提高研究与学术工作形象；必须提高全面的本科生经历，用知识、技能与价值观武装学生，使他们能对世界发挥独特影响；必须加强研究生与博士后教育工作，以吸引、招收高素质年轻学者；必须充分利用本校资源，极大促进与其他学校的合作关系；必须利用自身实力以及合作者的实力，在一些跨学科领域加大投入；必须继续对建筑、管理、音乐学院以及公共政策研究所的投入，重视他们的成就对大学发展的作用；必须扩大大学规模，充分实现"成为一所全国一流乃至全球一流的大学，以吸引全球最优秀的学生、研究者"的抱负；必须成为一所明显比现在更加关注亚洲、拉丁美洲地区的国际性大学；必须提供可以增加学校活力、促进集体感的空间与设备；必须充分参与休斯敦市的市政工作，为休斯敦市的发展做出贡献，因为与家乡城市成功的伙伴关系是大学未来的重要组成部分。

2005 年 12 月 15 日，董事会批准了 10 个"必须"作为大学愿景，决定在未来 10 年，大学的本科生规模从当时的 2990 人增加到 3800 人，莱布伦提出的 7 个主题成为战略重点。

（三）多维互动的对话模式

多数大学属于这一模式。这种多维互动模式以各校成立的不同职责的组织结构为载体。常见的组织结构为：战略规划领导委员会、教师顾问委员会与高级行政顾问委员会、战略规划沟通委员会、由 2 个顾问委员会分别组织的若干工作组（或"分委员会"）。规划过程受战略规划领导委员会领导，由顾问委员会以及沟通委员会确保大学共同体成员广泛参与、有效沟通（在由教务长牵头的战略规划过程中，也会有学校将战略规划领导委员会、2 个顾问小组所包含的不同类型的成员糅合在一个战略规划领导委员会中，这一委员会同时肩负着上述 3 个委员会的职责，工作组则直接对该领导委员会负责）。

战略规划领导委员会成员包括：大学校长，大学教务长，各二级学院院长，分别负责财务的、大学发展等工作的校领导。委员会负责：确定战略规划的结构、制定过程与时间表；确定指导原则与主要议题；根据需要建立承担一定职责的顾问委员会；确保在制定规划的过程中与校长、董事会、顾问委员会、教师、学生、职员、校友、大学友人等进行有效协调与沟通；汇总并传阅、评价、综合各委员会草案，制定战略规划终稿；监督、评估大学各部门执行战略规划。

教师顾问委员会由二级学院院长推荐的各职级教师组成，主要负责：确定规划过程中需讨论的、能推动大学发展的战略性学术工作；定期向战略规划领导委员会汇报、建议战略规划事宜；倾听教师意见，代表教师全面监督规划过程；成立下属工作组，接受并讨论工作组提出的建议、报告；形成学术工作战略报告。

高级行政顾问委员会负责：确定规划过程中需讨论的、能推动大学发展的学术工作所需的行政性支持工作；定期向战略规划领导委员会汇报、建议战略规划事宜；倾听全校职员、学生、校友的意见；成立下属工作组，接受并讨论工作组提出的建议、报告;形成行政工作战略报告。

战略规划沟通委员会由教师、职员、学生组成,直接对战略规划领导委员会负责。委员会就战略规划的沟通工作形成总的目标及计划,确保沟通方案提供了各种途径以使大学共同体成员提供建议并被倾听、接纳。

顾问委员会下属的战略规划工作组数量、成员人数取决于顾问委员会商定的战略主题以及吸收与反馈意见需投入的工作量,其负责:探究与战略主题相关的内外部因素,深入思考战略主题;收集各方信息,与顾问委员会定期相互反馈;就职责范围内的主题草拟报告提交给顾问委员会。

三、大学确定战略目标的过程——以乔治·华盛顿大学为例

大学确定战略目标的过程是不同层面的成员之间进行对话的过程,其间共同体成员根据大学面临的内外部环境,审视大学发展的机遇、可能遇到的威胁,以及大学已经具备的实力、存在的不足,并围绕上述问题达成对环境的一致理解,确定大学发展的战略问题,形成对战略目标的共同约定,思考战略性工作重点及相应的资源配置。这一多方参与的过程确保了未来某一阶段大学的战略目标能“定于谈判和反思过程之中,通过谈判和反思加以调整”[①]。笔者以乔治·华盛顿大学为例,描述其确定战略目标的过程。

(一)对环境形成一致理解

乔治·华盛顿大学的战略规划工作由教务长牵头,规划中的对话过程属于第3种模式,规划工作历时18个月,共同体成员共进行90多次对话。2011年秋,大学教务长成立了教务长(主席)、一名教师评议会执委会成员、一位二级学院院长、数名高级行政人员、数名教师组成的战略规划领导小组,成员每周聚会一次,讨论如何形成一个既鼓舞人心又可行的规划。为审视大学的办学环境,委员会还多次与教师、职员、学生、董事、校友、学生家长开展广泛探讨。在解读大学办学内外部环境的基础上,共同体成员对大学的办学优势、存在的短板、面临的机遇和挑战达成共识。

1. 大学的办学优势

大学的办学优势体现在四个方面:①位于国家首都的中心。成为国家

---

　　①　杰索普.治理的兴起及其失败的风险:以经济发展为例的论述[C].//俞可平.治理与善治.北京:社会科学文献出版社,2000:52-85.

决策中心、国际组织总部的"邻居",这一地理优势是学校的巨大财富,为学校带来独一无二的好处。大学能够(而且也确实这么在做)与联邦决策机构、各国际组织以多种方式合作,学生有大量机会在这些组织中实习,师生可以深入参与公共政策的分析、制定与实施,这些使得大学的教师、校友对各个领域的公共政策有实质性影响。这一优势也使得大学师生对公共服务、转化研究有强烈兴趣,共同体成员因此形成了参与社会服务的习惯,在卫生护理、教育、科学、技术、法律、知识产权、国际事务等政策领域体现出明显实力。②大学享有良好的学术声誉,学科优势明显。乔治·华盛顿大学本身位列2010年《美国新闻与世界报道》全美排名前50位,法学院的知识产权、国际法、环境法三个专业分别名列全国前3位、前10位和前20位,国际事务学院的国际关系专业、商学院的国际商务专业一直名声在外,法学院、公共卫生学院、教育研究院在《美国新闻与世界报道》的专业学院排名中一直名列前茅。③种类繁多的国际项目成为大学的核心优势。校内10个二级学院都开展国际性工作——学生交换项目,结合国际研究确定的学位培养方案,与全球同行的合作等。④大学充裕的住宿楼、先进的学术大楼以及持续投入的基建成为加强本科生在校经历的有利条件。

2. 大学存在的短板

影响乔治·华盛顿大学发展的不利因素主要在于三个方面:主校区招生封顶;大学的财务收入过于依赖学费;组织的灵活性相对落后。根据与特区政府的协议,大学对位于哥伦比亚特区校区内的学生、职员有数量上的限制,这对学校不利,因为净学费、慈善捐赠、校外研究经费是乔治·华盛顿大学3个主要收入来源,而其在获取校外研究经费、慈善捐赠上的优势并不明显,招生封顶、学生日益增加的经济援助需求又限制了大学通过学费增加收入的可能,而且大学的很多体系形成于小规模办学时期,那时对研究的要求不如现在那么强烈,因此研究的管理、信息技术、教师治理、人力资源管理等工作体系与流程落后于今天的大学办学所需。

3. 大学面临的机遇和挑战

影响高等教育的六大变化趋势给乔治·华盛顿大学带来机遇和挑战。这六大趋势分别为:①全球化。学校必须做好准备,以便充分利用全球化提高研究与教育的工作质量。②美国的人口老龄化、发展中国家年轻人增加以及美国本土少数民族人口明显增长。这意味着学校要教育有着不同背景、不同人生经历的新生代。③全球资源需求变化。发展中国家能源、原材料、农产品日益增加的消费让环境的可持续性成为一个问题,美国依靠别国进口能源、原材料、农产品带来国家安全问题,这种全球资源需求变化带来的环境问题和国家安全问题使得在校内进行的、与资源需求变化相关的研究、教育工作的重要性日益增加。④全球治理事宜中的张力。这要求大学的研究工作既关注适宜的政策,又关注治理系统如何将这些张力转化为可接受的且有效的行为。⑤美国境外的各国高校扩招,高校数量增加。这一情况一方面使得入学竞争激烈的美国一流大学能够被境内外适龄青年视为首选,另一方面,高等教育成本上涨使得大学将面临更严格的问责。⑥计算机通信技术的发展。技术发展产生积极影响,使得多种形式的远程教育成为可能,大学可以减少"何时何地排何种课"这样的困难,但必须提高教育质量,不然将失去竞争力。

(二)对战略目标形成共同约定

1. 探讨战略问题

根据大学办学的内外部环境,战略规划领导委员会确定了大学发展的四大战略问题:全球化、治理与政策、通过跨学科实现创新、公民意识与领导管理。2011年深秋时节,乔治·华盛顿大学教务长组织成立4个工作组,每个工作组均包括教师、职员、学生,分别围绕一个战略问题,从研究、教育、与外界的联系、组织结构4个方面设计问题(见表5.3),供大学共同体成员思考。各工作组分别与大学成员进行5~7次讨论,每次讨论历时1~2小时,以收集不同声音。2012年5月初,规划领导委员会召集由4个工作组同时参加的会议,各工作组汇报收集的信息,与会人员集体讨论大学成员的建议。

2. 约定战略目标

2012年6月,战略领导委员会将战略规划的理念汇报给董事会,并根据董事会意见,在暑期整合各种思想,结合大学的资源,确定未来10年大学履行教育、研究、服务三大基本使命的目标,具体如下。

(1)大学履行教育这一使命的六大目标:加强本科生教育经历,促进学生的核心竞争力,使其具有能将所学转变成创造力、批判性思维、定量推理、理解并沟通不同文化的能力;帮助学生获得应有的学习经验,以及实习、兼职等课外经历,以培养学生的领导能力、反思性实践;提供全球教育,促进研究生和本科生跨文化能力的养成与提高;成立"科技、工程、数学"(STEM)学会,做好基础建设支持其工作;改善人才培养方案,加强就业指导,向本科毕业生提供就业或继续学习等多种机会;增加奖学金名额,提高学生援助经费,开发跨学科人才培养方案,保持并加强研究生、博士后人员的多样性、高质量。

(2)大学履行研究这一使命的四大目标:从全校有实力的领域中抽调师生成立跨学科的研究所,以应对复杂的社会问题;根据战略规划中确定的战略领域,聘用 50～100 名从事相关研究的教师,扩大研究规模、教师规模,提升质量;通过调整政策、提高经费、提供基础设施等方式在各校区内推动研究;支持着重于解决全国性、全球性问题的应用研究、转化研究、政策研究,鼓励可以为重大社会问题提供视角与解决方案的学术活动,确保伦理审查委员会的政策、程序可以支持并推动应用研究,支持从事决策、治理等实际工作的个体在本校从事教学、研究工作。

(3)大学履行社会服务这一使命的三大目标:形成向校内外共同体传播本校研究成果的机制,帮助解决社会问题,并在全球产生积极影响;在大学有学术实力的领域,领导开展全国性对话,如吸引一流艺术家来校交流表演,聘用著名决策者、作家来校担任客座教授,确立具有乔治·华盛顿品牌的政策案例研究并牢固确立乔治·华盛顿大学在这个领域的领导地位;扩大学校在华盛顿哥伦比亚特区的影响。

为实现上述目标,乔治·华盛顿大学在 2012—2021 年需要投入 2.28亿～3.05 亿美元,其中开展具体的战略行动需要 1.26 亿～2.43 亿美元。规划领导小组确定了执行规划所需经费的五大来源:①从开源节流中大学争取获得 4500 万～6000 万美元;②重新分配集中在教务长办公室、不属于二级学院的经费,加上原来就有的年度经费 200 万美元,使得教务长办公室可调配经费增加到 2500 万～3000 万美元;③各二级学院争取通过创收等途径增加收入,争取在未来 10 年中各学院总共可以划拨用于执行规划工作的经费达到 500 万～1000 万美元;④大学发展办为支持执行战略规划所需,承诺提供 3 亿～4 亿美元的经费(其中的一半从纯粹的礼赠中划拨,另一半自捐赠基金划拨),用于设置一个全球化基金、一个跨学科基金、一个公民意识与领导管理基金、一个学生服务基金以及设置教师岗位所需;⑤2012—2021 年,大学通过跨学科研究获得 300 万～500 万美元经费,从研究经费、合同中产生的间接成本用于与研究相关的基础设施建设。

5.3　乔治·华盛顿大学规划领导委员会下属各工作组设计的问题

方面	全球化工作组设计的问题	治理与政策工作组设计的问题
研究	**利用来自全球的知识贡献** · 大学可以采取哪些措施确保本校学者和来自全球各地的学者一起工作? · 我们是否应和不同国家的不同大学建立合作伙伴关系?如果有必要,我们在挑选合作伙伴时应坚持哪些原则? · 我们如何加强教师之间的跨国界合作?是否应增加大力度从国外聘请学者? · 本校在地区研究中的实力是什么?我们如何进一步利用这些实力? · 全球有哪些领域需要我们特别加强研究?	**将政策以及政策相关的事务转化为科学研究与探究** · 我们该采取什么样的激励措施鼓励教师从事政策探究? · 我们应采取何种方式让以下两类教师合作进行科研:擅长科研的教师和擅长用科学研究的方法的方法对广泛的政策与内容与政策问题进行科学研究的教师? · 我们如何形成一种方法,使得我们既可以从事政策相关的研究,又可以将研究成果转化为与政策相关的知识? · 我们应拓展什么样的校外经费来源来支持与政策相关的研究? · 我们如何支持教师申请与政策相关的立项课题,如何支持教师将研究结果应用于学术活动与政策制定? · 我校是否应该成立一个政策智库?如果应该成立,该如何去做?
教育	**让学生为进入全球社会做好准备** · 乔治·华盛顿大学的本科生是否已经准备好在全球社会中茁壮成长?若尚未做好准备,我们该如何培养他们? · 我们是否已经加强了课程建设以培养这样的学生? · 我们是否要增加学生出国学习的机会?用何种方式确保学生在国外的学习既有深度,又有意义? · 我们该做些什么帮助本校学生具有跨国就业所需的知识与技能? · 我们应采取什么措施向国际留学生提供本校教育? · 我们是否应通过单独招生,校际合作招取国际留学生?	**构建与政策相关的教育经历** · 我们如何教育学生,使得他们对重大发展工作的政策内涵进行批判性思考? · 教师如何使得学生不局限于学科技术性事务,转而分析更广泛的政策问题与政策模式? · 教师如何训练学生会政策分析,特别是政策问题的识别方法,以及政策解决方案的提出,测试学生会评估方法? · 教师如何训练学生跨越利益相关者的利益,提出有意义、有效的政策倡议? · 什么样的浸入式经历(如在政府部门实习)可以被纳入训练学生政策思维的培养方案?

方面	全球化工作组设计的问题	治理与政策工作组设计的问题
	• 我们是否要额外地向某些国家的留学生提供教育机会？如果是，该是哪些国家？ • 我们在招收国际留学生时存在哪些困难？该如何克服？ • 在研究生层次，哪些专业特别能吸引国际留学生？我们该如何利用这样的机会？ • 我们如何才能确保国际留学生适应本校生活？如何利用国际留学生丰富校园文化？	• 我们可以与哪些公私立学校合作进行政策教育与培训？ • 如何才能让学生更好地接触地方层面的、国家层面的、全球层面的集体决策中出现的异同？
与外界的联系	**提高全球理解程度** • 我们如何确保本校进行的研究最终能在全球传播？ • 我们如何才能利用先进的学习方法，如研讨会、远程学习、现场合作学习、座谈会等，与本校重点学术领域中的各引领者接触？ • 在研究生、博士后人才培养方案中，是否应有这样一个核心要求：教育学生，使其知道在国内外宣传其学科、研究成果的重要性？ • 本校该如何利用已有的出版物、网站、新的社会媒体技术全在全球范围内交流？	**推动公、私立法人治理的新模式** • 我们如何能成为"面向公、私立部门决策"的最先进的培训与教育中心？ • 我们如何才能利用先进的学习途径（如研讨会、远程学习、现场合作学习、座谈会等），有机会与公、私立部门决策岗位的领导接触们？ • 我们如何鼓励相关教师通过跨学科、跨领域途径与公、私立部门利益相关者讨论治理途径及影响？
组织结构	**确保能胸怀全球化的大学提供支持** • 作为国际性大学，我们的核心资源（如学生保健、全球服务、语言培训）是否都能跟上工作的要求？ • 大学发展办是否要充分把握大学发展的时机，积极筹资，为支持这一更为全球化的战略规划提供所需资源？ • 我们还需开展哪些全球保工作确保全球化工作所需的合作与协调？	**加强本校作为政策事务研讨中心的地位** • 本校是否应考虑成立一个由未来具有竞争力领域与学科的学者构成的、正式的政策协调中心？ • 我们应采取何种战略巩固我们作为无党派的、成熟的政策开发中心的声誉？ • "政策、决策与治理中的先进的领导管理"是否应成为本科生、研究生阶段正式的教育内容？

续　表

方面	通过跨学科合作创新工作组设计的问题	公民意识与领导管理工作组设计的问题
研究	**促进跨学科合作** • 在更好地利用我们的跨学科、跨学院工作时，我们如何增加生物医学等学科领域的、由校外经费赞助的研究？ • 我们拥有什么样的与医学科学相关的跨学科优势，该如何加强这些优势？ • 我们应采取什么措施鼓励学者们从事在解决跨越学科边界的那些基本问题的研究？ • 我们如何鼓励跨学科研究，支持教师进行跨学科研究？ • 我们现有的跨学科研究优势是什么？如何进一步推动这些优势？ • 在医学、护理、卫生科学与本校的法律学院、工程学院、商学院之间是否有可能存在有协同效应的研究领域？我们如何促进这种协同效应？ • 我们还应成立哪些跨学科研究中心？是否有必要撤销、合并一些单一学科的研究中心？ • 我们如何才能更积极地加强跨学科研究，以对未来出现的挑战做出回应？ • 大学是否应利用短期研究中心，以鼓励教师对某一存续时间不同不长的研究课题进行跨学科合作？	**发展对公民意识与领导管理的研究** • 我们如何才能帮助共同体成员理解并形成公民意识，并参与本地区、本国乃至全球事务？ • 我们如何将科学发展与其他领域联系起来，为最广大人民带来最大利益？ • 什么样的创新，旨在促进本地、本国乃至全球投入什么，以生产可使我们的知识交流？ • 我们应对研究与学术活动投入什么，以生产可使我们的世界更有价值的知识？
教育	**让学生为融入全球社会做好准备** • 在住校环境下，本校如何促进本科生的跨学科学习经历？ • 如何用最好的方式使得学生接触跨学院、需有不同思维模式的知识经验与跨学科视野？	**促进公民意识与领导技能** • 我们该如何重新规划学生的受教育经历、提升他们的技能与价值，使得他们可以为本地、为国家乃至为全球做出贡献？

续　表

方面	通过跨学科合作创新工作组设计的问题	公民意识与领导管理工作组设计的问题
与外界的联系	• 学生是否在一进校时就应该具有跨学科学习经历？如果应该有，用何种方式？ • 是否应有本科生核心课程？专业应包括什么？应为学生的跨学科课程学习、专业与学习领域的结合设立哪些参数？ • 该应如何形成跨学科的研究生人才培养方案？跨学科是否应成为研究生人才培养方案的基本要求？ • 大学是否考虑设立新的跨学科学位？ • 大学是否应增加、重新设计5年制的双学位专业使学生更熟悉不同学科？ **推动跨学科文化** • 我们如何确保在本校开展的研究最终能在全球传播？ • 研究他们的学科是否有一个核心要求，使得学生能让公众理解他们的学科与研究？ • 如何更负责地使公众参与在本校进行的知识对话、发现对话？ • 本校该如何利用已有的出版物、网站、新的社会媒体技术进行全球性交流？	• 什么样的学习经历与成绩可以使得他们在校内具有主人翁意识，并进而成长为社会引领者？ • 我们如何通过学生的在校经历，推动共同体概念、公民意识概念？ • 什么样的人力资本投入对我们的成功办学至关重要？ • 大学如何利用"全球公民"这一概念，避免各自为政、避免各类知识单位各部门之间的门户关闭？ • 什么样的教育创新、服务创新可以帮助我们从多样化的学习环境，帮助他们在跨文化的学习环境中形成应有的全球公民意识？ • 我们如何为师生创造一个全球化的学习环境，帮助他们形成应有的全球公民意识？ **公民意识与领导的责任** • 作为哥伦比亚特区的一员，我们如何才能更有效地做出贡献？ • 我们的教师、学生与职员应关心哪个共同体：大学共同体、哥伦比亚特区大都会社区共同体、地区性的、全国的乃至全球环境中的决策者共同体？ • 我们是否不仅要思考上述问题，还要思考"我们应调哪一种共同体利益"？ • 作为免税的其他教育机构，我们是否应像其他机构一样，着重于改善社会利益？ • 我们是否应像其他机构一样，着重于改善哥伦比亚特区的教育、卫生、经济与商业、艺术以及社会条件？ • 我们如何能更好地奖励为哥伦比亚特区共同体提供的服务、以及对哥伦比亚特区事务的参与？

续　表

方面	通过跨学科合作创新工作组设计的问题	公民意识与领导管理工作组设计的问题
组织结构	**使得跨学科合作成为可能** • 我们如何将以单一学科为基础的组织转变成为鼓励并支持跨学科合作的组织? • 我们的物理空间如何有助于跨学科教师的研究(如学系主任的安置,共用的研究空间,跨学系讨论的空间等)? • 跨学科合作对现有的学系组织,教师聘用与职级晋升,预算,教师治理与课程有什么影响? • 教务长是否应成立一个跨学科教师终身教职与职级晋升委员会作为其顾问组织? • 是否应鼓励跨学科教师的聘用?是否要在跨学科研究领域实行多种聘用?若是,该采取什么措施来鼓励这样的聘用? • 是否所有本科生应先被收入本科生院,并由那些有研究生人才培养方案的二级学院提供教师,承担教学工作? • 教师在从事跨学科教学时,需要改变哪些教学方法(如基于问题的学习,基于主题的学习,由团队教师成员分担进行教学)? • 我们应采取哪些措施确保我们的教育支持性服务(如图书馆系统)能向跨学科的学生、学者提供其所需信息?	**使得公民意识与领导成为可能** • 什么样的资源与人力资本投资使得我们为社会服务成为可能? • 我们需要思考、投入哪些与研究生、本科生学习有关的政策与工作? • 我们如何促进在人数上没有优势的如研究生等大学共同体成员的参与? • 我们如何解决阻碍我们合作、学习的空间与资源不足等问题? • 我们是否要重新理解本科生的诸如自我治理等的在校经历?

资料来源:George Washington University,Office of the Provost,Charge to the Working Groups for Development of The George Washington University Strategic Plan[A/OL].(2014-09-03)[2015-06-10].https://provost.gwu.edu/strategic-plan.

四、大学基于战略目标统一行为的过程——以埃默里大学为例

(一)将战略目标转化成责任指标

埃默里大学《勇敢探究引领之处——战略规划:2005—2015》确定的四大战略目标为[①]:拥有世界一流的、多样化的教师队伍,凭此大学确立并保持卓越的学习、研究、学术活动、服务工作质量;录取优秀的本科生、研究生,向他们提供支持,帮助他们学有所成;利用大学的社会环境与自然环境丰富师生员工的智力工作与生活,使得大学成为教职员工愿意工作的场所;使得大学成为一个学者汇聚、面对人类生存的条件和经验、探究 21 世纪科技前沿的、强大且生机勃勃的共同体。这四大目标被大学转化成关于教师、学生、职员和慈善捐赠的责任指标,引导着校内各部门合力实现大学的战略目标。

1. 关于教师的 8 个指标

大学关于教师的 8 个指标为:①全国获奖的教师数量从每年的 14 人上升到每年 40 人,使得大学的这一排名从原来的第 45 位上升至第 6 位;②入选国家科学院院士的教师人数从原来的 17 人上升到 50 人,使得大学的这一排名从原来的第 56 位上升到第 21 位;③研究经费从 2005 年的 3.5 亿美元上升到 7.35 亿美元,使得大学的这一排名从原来的第 39 位上升到第 20 位;④录用一流教师,提高教师留任比例;⑤提高教师多样化;⑥受本校教师吸引的博士生数翻倍,使大学的这一排名从原来的第 90 位上升到第 37 位;⑦大学仅有 1 个专业名列全美前 5 位,仅有 3 个专业名列全美前 20 位,2010 年争取有 5 个专业名列全美前 5 位,另有 10 个专业名列全美前 20 位;⑧通过增加临床人数、提高病人护理环境、加强最前沿的临床转化研究等工作,提高一流教师的岗位满意度。

2. 关于学生的 8 个指标

大学关于学生的 8 个指标为:①2005 年埃默里大学新生录取比例从 2003 年的 43% 下降到 36%,到 2015 年下降到 25%,学生报到注册率从原

---

① Emory University, Office of the Provost. Strategic Plan:2005－2015 [EB/OL]. (2006-03-08)[2014-02-10]. https://provost. emory. edu/documents/strategies/plan/Emory-Strategic-Plan. pdf.

来的 29％上升到 40％；②到 2010 年完成本科毕业的学生比例从原来的
85％上升到 90％；③入学新生 SAT 平均分数从原来的排名第 25 位上升到
第 15 位；④2005 年 59 位新生获得国家优秀学子奖（National Merit
Scholars），到 2010 年翻倍至 118 人，使得埃默里大学的这一排名从原来的
第 34 位上升到第 18 位；⑤国际留学生占全校学生总数的比例从原来的
3.8％上升到 10％；⑥大学设法使获得主要国家奖学金（如罗德岛奖、马歇
尔奖、富布莱特奖、国家科学基金奖）的学生数从原来的 27 人翻倍至 54 人；
⑦使更多的毕业生获得国家研究经费，进入公共服务高层以引领人文与非
营利组织，进入公司或医疗服务领导层；⑧提高学生的多样性。

3. 关于职员的指标

大学关于职员的指标包括 7 个方面：①争取位列"适合工作的非营利组
织"前 100 强；②争取在定期的工作士气调查中，职员满意度有提升；③提高
职员的多样性；④增加重要产业的营业额；⑤提供更多的岗位和升职机会；
⑥与同类大学的福利不相上下，在亚特兰大市用人单位中具竞争性优势；
⑦向教师、职员提供健康的生活方式。

4. 关于慈善捐赠的指标：

大学关于慈善捐赠的指标既包括大学作为捐赠者的指标，也包括大学
作为获赠者的指标。埃默里大学 2004 年累计向社会捐赠 1.1 亿美元，名列
全国第 39 位，至 2010 年累计捐赠达 2.85 亿美元，名次提升至全国第 12
位，校友捐赠给母校的金额占大学受赠总额的比例提高到 35％。

（二）校内各部门合力实现目标

埃默里大学的战略目标、责任指标最终成为校内各学术单位、支持性部
门努力的方向，各部门的工作为大学实现战略目标奠定了基础。以下是笔
者根据埃默里大学及其各学术单位 2005—2010 学年历年总结进行的不完
全统计。

1. 根据"拥有世界一流、多样化的教师队伍"这一目标开展的工作

为完成这一目标，大学在执行规划的第一年设置了 3500 万美元的"教
师特色基金"，用于各学院根据战略目标招聘、留任相关教师所需。鉴于各
学院内即将退休的著名教师人数较多，大学从开始执行规划伊始就设置了
1000 万美元的"教师配套经费"，用于新聘教师所需。自 2008—2009 学年
开始，大学又设置了"杰出教学奖"，嘉奖包括院士在内的本校教师教学业

绩。大学还通过各种方法(如在学校网站宣传教师,在各种出版物上刊登学校"年度教师"事迹)提高教师知名度,为本校教师入选院士、获取全国奖项的提名创造条件。

在 2005—2010 学年,大学共录用了 138 名终身教职系列教师,使得这类教师的数量增加了 13%,在人文科学、社会科学、自然科学、卫生科学和其他领域内聘用了 22 位著名新教师,入选国家科学院院士的教师人数从 2005—2006 学年的 17 人增加至 33 人,获得校外奖项的教师人数从 2005—2006 学年的 16 人增加至 21 人,在大学试图挽留的教师中,2/3 的教师最终选择留在学校。在全美 13 所最具多样性的同类一流大学中,埃默里大学的多样性如下:少数民族教师占比 28%,名列全美第 1 位;女性教师占比 38%,名列全美第 7 位;外籍教师占比 7%,名列全美第 7 位。

大学的这一成绩是各部门共同努力的结果。在执行规划期间,神学院、法学院、商学院、护理学院、埃默里学院在不同年份迎来了新院长,不仅如此,各学院在改善师资方面大有斩获。以下举例说明。

①埃默里学院在规划执行的第一年,新增 17 名教师,2006—2007 学年又聘用了 5 名著名教师,至 2008 年秋,埃默里学院招募到 48 位教师。至 2009 年秋,学院内 37% 的教师至少发表一篇文章,15% 的教师出版了专著。学院内教师中,1 名教师入选《时代》杂志百强"一流科学家与思想家"之列,1 名教师获得普利策奖(诗歌),1 名女教师获得州妇女委员会授予的"2008 年州年度妇女"称号,2 名教师入选美国文理学院院士,1 名教师获得日本最高学术荣誉奖——日本明仁天皇颁发的帝国奖。

②医学院在 2005—2006 学年就设定了 100 万美元的匹配经费,以增加其录用、留任全国著名教师的能力。截至 2010 年,学院留任了微生物学与免疫学、精神病学、放射学、医学、细胞生物学、儿科 6 个领域共 6 名杰出教师,录用了 1 名全国知名的学者任生物化学系主任,新聘了眼科、急诊医学、物理与康复医学学系共 3 名学系主任,在皮肤病科、微生物学与免疫学、生理学、放射治疗和手术领域基本完成招募有强大学术背景、致力于研究与优质护理的 5 名学系主任,招募到精神病学、神经内科、移植、癌症研究领域的共 4 名全国知名的教师。2008—2009 学年,学院有 1 名教师入选美国科学院院士,1 名教师入选美国文理学院院士,当年医学院入选亚特兰大市最佳医师的人数占整个市最佳医师人数的 44%。

③公共卫生学院在 2005—2006 学年获得捐助成立全球卫生学系,并聘

到首任系主任,截至 2010 年,学院共新聘 41 名新教师,其中 29 名拥有终身教职或属于终身教职系列教师,1 人为受赞助岗位教师,3 人被聘为学系主任,学院教师数增加到 84 人,离 100 名教师的战略目标日益接近。

④护理学院在 2005—2006 学年新设一个与医学院进行跨学科合作的命名教授岗位,2006—2007 学年学院新增 4 名终身教职教授,这 4 名终身教职的教师在入职第二年就获得了在肯尼亚、多米尼加共和国、孟加拉国、印度等国从事国际研究项目的经费,在他们入职第三年的时候,护理学院受疾病控制中心邀请,研究工作从肯尼亚延伸到了津巴布韦共和国。

2. 根据"录取优秀的本科生、研究生,向他们提供支持,帮助他们学有所成"这一目标开展的工作

根据这一目标,大学在学生工作多个方面取得了成绩。

就"关于学生的指标"而言,仅在 2007 年秋,大学本科生录取比例就从 2006 年秋的 32% 下降到 27%,仅文理学院在 2008—2009 学年就录取到 68 名获得"国家优秀学子奖"的新生。2005—2010 年,大学录取的国际留学生数显著增加,仅在 2010 年秋国际留学新生就占新生总数的 12%。2010 年秋,大学的 6 年毕业率达 90%,一年级学生保有率达 96%。截至 2010 年秋,埃默里大学投身于"为美国而教"行动的高年级学生数名列全美同类大学前 10 位。

就"向学生提供支持"而言,由埃默里学院于 2007 年 1 月牵头发起的"埃默里优势"项目于 2007 年秋正式在大学内施行①,仅在 2007—2008 学年,大学为"埃默里优势"投入的经费达 350 万美元,向 335 名家庭年收入不到 5 万美元的学生提供了援助,2009—2010 学年,学校通过该项目向 1115 名新生提供援助,2010 年秋,校内基于需求的学生从大学处获得的受助金额占就读大学总成本的 62%,比 2005 年的 52% 有了明显提高。在研究生院,2005—2010 学年,学院为院内所有研究生缴纳了全额健康保险费。医学院自 2007—2008 学年增加了医科学生奖学金经费。法学院自 2005—2006 学年开始向在公共非营利部门实习的本学院学生提供配套经费补贴,增加了还贷援助项目的基金,并增加 50 万美元预算用于发放学生奖学金,至 2008—2009 学年,学院已连续三年向新生增加奖学金数额,该学院仅

---

① "埃默里优势"项目旨在帮助来自低收入和中等收入家庭的学生削减其债务。

2011级就有75％的学生获得大学提供的援助经费。

各学院还通过提高入学要求、增设新专业、改进学生成绩评定工作、提供新设施等方式改善学生在校经历。其校内9个学院均有可圈可点的做法。

①研究生院在2005—2006学年试点成功的"学术诚信"项目被推广成为获得本校哲学博士学位必须达到的条件。2005—2010年,学院增设了"生物伦理学"(文学硕士)专业并招生,重组了设于文理学院内的博士研究生专业,还响应"大学在计算机科学与生命科学领域引领科技前沿"的战略主题,增设跨计算机/信息学、综合科学、系统生物学等多学科的"计算机科学与信息"专业并开始招收硕士生和哲学博士生。

②文理学院仅在2006—2007学年就为学院72％的教室配备了先进的技术设备,超过了该学院原定65％的目标,当年学院还组织了"学生保有"的小组研究,以更好地了解可能影响学生保有率的在校生经历。

③牛津学院在2005—2010学年成立了学院的院校研究室、学术优秀中心,使得学院在评估学生成绩、向教师提供反馈、基础设施建设方面有了很大提高。规划期内,学院建设了一幢可以容纳350名学生的大楼,2010年学院迎来910名学生,学院为这些新生新增了人文教育特色的课程体系。

④神学院增设了神学硕士专业并开始招生,新生注册率达75％,学院还持续改进神学硕士专业和神学研究硕士专业的课程体系以更有利于学生的在校经历。

⑤法学院在2005—2010学年成立了刑事辩论律所、青少年司法诊所、儿童法律与政策律所,调整新生课程体系,以吸引更高质量的学生,法学院声誉的提高使得入学申请人数大增。

⑥2005—2010学年,商学院增加了一年制MBA课程的招生数,设置了一个新的全日制MBA专业,将学术发展、职业发展与领导力发展的培养目标整合入该专业的课程体系,并积极通过推广教育增加学院收入,其周末的EMBA课程仅在2006—2007学年学生数就增加了38％,使得学院当年的收入增加了11％。

⑦医学院的医学教育课程体系在医学教育联络委员会的评估中获得"优秀",学院新建的大楼投入使用,大楼配有技术先进的演讲厅、小教室、具有计算与成像能力的解剖实验室、先进的模拟实验室、模拟门诊与模拟检查的住院病房等先进设施。

⑧公共卫生学院在 2006—2007 学年收到指定用于建造新楼的 5250 万美元慈善捐赠。学院向学生提供的在亚特兰大市内非营利组织实习的机会,使得入学学生数及学生质量都有明显提高,2010 年秋入学新生达到 466 人,创历史新高。

⑨护理学院在规划执行的第一年,从校外组织获得的教育经费就增加了 28.3 万美元(增幅 38%),录取到了 15 年来人数最多、成绩最好的本科生,其中 1 名在校生担任了全国护士协会学生会主席。2005—2010 学年,学院探索本科生双学位人才培养、学士/硕士双学位速成人才培养,并与美国佐治亚州一所私立女子文理本科学院合作进行 3+2 学士-哲学博士学位的人才培养。由于越来越多的学生进入护理学院修读第二学位,其本科生数量和质量均有提高,学院在高等护理教育委员会 10 年期的认证评估中获得"优秀"的成绩,截至 2010 年秋,护理专业学生人数达到 474 人。

3. 根据"利用大学的社会环境与自然环境丰富师生员工的智力工作与生活"这一目标开展的工作

大学通过筹资确保有足够的经费实现这一目标。2008 年秋,大学启动目标为 16 亿美元的筹资运动,到 2010 年已经达到 11 亿美元,校内各项目在筹资工作中成绩斐然:"校园生活部"筹到超过目标 114 万美元的经费;"我的埃默里"项目共筹得 5200 万美元,超过目标 200 万美元;卫生科学研究中心比 10.7 亿美元的目标多筹资 74%;护理学院、公共卫生学院筹得的资金均超过本学院目标的 90%;研究生院更是在 2005—2006 学年就完成了筹资目标。大学利用筹资获得的一部分经费成立了"生活-工作"资源中心,帮助大学成员平衡工作与生活压力,提高埃默里健康护理中心的服务质量,为此仅在 2006—2007 学年,大学向健康护理中心投入的经费就将近 7000 万美元。

利用充裕的经费建设学校,大学提供的工作环境受到了社会肯定:大学的校内交通受到全国媒体的赞扬;《高等教育纪事报》在 2009 年第三次将埃默里大学评为"适宜工作的高校";2009 年在《科学》杂志的排名中,埃默里大学在 94 所美国学术机构中名列"适宜工作的学校"第 5 位。

4. 根据"使得大学成为一个学者汇聚、面对人类生存的条件和经验、探究 21 世纪科技前沿的、强大且生机勃勃的共同体"这一目标开展的工作

大学根据这一目标开展的工作同样取得了令人满意的成绩。

2005—2010 学年,大学的科研成果持续增长,截至 2010 年秋,共有 212 项发明、21 项专利,其发明数在全美前 13 所大学中名列第 5 位,通过专利许可获得的收入名列全美第 6 位。截至 2010 年秋,大学获得的校外科研经费达 5.35 亿美元,比 2009 年秋增加 10.5%。埃默里大学医学院在 2005 年从 NIH 处获得约 1.9 亿美元的经费;2006—2007 学年,医学院从 NIH 处又获得 1.88 亿美元的研究经费,名列全国 18 位;2007—2008 学年,在 NIH 预算与往年持平的情况下,学院获得 NIH 的经费增加了约 20%。大学的公共卫生学院在 2006—2007 学年获得的校外研究经费增加了 50%,使得其当年的研究经费达到 5000 万美元。大学的护理学院由于聘用了 4 名著名终身教职教授,不仅获得了在肯尼亚、多米尼加共和国、孟加拉国、印度等国开展国际研究项目的经费,还于 2009 年获得比尔及梅琳达·盖茨基金会提供的、用以研究埃塞俄比亚农村孕妇及新生儿存活率的 810 万美元的经费。2009 年,耶基斯灵长类研究中心收到了来自国家研究资源中心(NCRR)的、用于研究白眉猴群体的 100 万美元的经费。

2005—2010 学年,校内一些研究中心在相关领域实现了"处于引领地位"的目标。商学院的"替代投资研究中心"基于对全球金融产业的大量研究和严格分析,已经开始领导投资业。大学公共卫生学院开拓的"全球卫生"工作合作伙伴已遍及全球 75 个国家。在医学院,2006—2007 学年,在获得 NIH 经费全美排名前 10 位的学系中,其有 8 个学系入围,在全国获得 NIH 经费排名前 20 位的 26 个学系中,其有 13 个学系入围。耶基斯灵长类研究中心获得生物医学信息研究网络①(Biomedical Information Research Network)的国家健康计划(National Health Plan,NHP)测试台划拨的经费,成为全国首个获得这项经费的研究中心,它也是全美 8 个灵长类研究中心中开发项目和出版数量最多的组织,在规划实施期领导了链接 8 个国家灵长类研究中心的 2 个大型数据库(非人灵长类动物和数字病理图像普查)的共同开发工作。

事实上,大学战略目标不仅统一了校内各部门的行为方向,也统一了学术市场的竞争行为。30 所入学竞争激烈的研究型大学,无论是大型的、中等规模的还是小型的,其本科生教育无论是文理科、专业教育并重,还是各

---

① 隶属于美国国家科研资源中心(National Research Resource Centre,NCRR)与美国卫生研究院(NIH)。

有侧重,其研究生教育无论是提供综合的博士生人才培养方案,还是同时提供医学、兽医专业的人才培养方案,现代大学"教育、研究、为社会服务"三大基本使命成为各校战略目标的指向。可以想象,各校同质性的目标指向、可量化的指标,最终必然转化为各大学对生源、高质量学者、专业的行政领导人、公共资源等激烈竞争的行为,这是大学追求卓越的理念与其履行使命的行为碰撞下产生的效应,这种效应催生了一个积极的、极具竞争性但又充满活力的高等教育市场,这一市场不仅使得同类大学谋求在各种资源竞争中获胜,还激励那些尚未成为一流大学的高校努力跻身一流大学之列,具有很强的导向性。

第六章　美国私立大学的办学成效

——以波士顿大都会区 4 所大学为例

波士顿市是美国东北部的优良海港城市、马萨诸塞州首府,也是州内最大的城市。波士顿大都会区是以波士顿市为中心的城市集群,包括以下区域:波士顿市与周围的剑桥市、州内诺福克县的昆西市与布鲁克兰镇、州东部城市牛顿市、波士顿市北部城市萨默维尔市、萨福克县的里维尔市和切尔西等城市,以及一些小镇和远离波士顿的郊区。本研究样本中有 4 所大学位于马萨诸塞州波士顿大都会区,分别如下。

(1)波士顿大学。波士顿大学是 4 所大学中入学人数最多、课程设置最综合的大学,主校区位于波士顿市区内查尔斯河畔,医学院、公共卫生学院、牙医学院位于波士顿市南端波士顿大学医学中心内。

(2)哈佛大学。哈佛大学是美国最古老的大学,其提供的研究生教育所涉领域、专业是波士顿地区最广泛、数量最多的。哈佛大学主校区位于剑桥市,公共卫生学院位于朗伍德(Longwood)地区,商学院位于波士顿奥尔斯顿(Allston)附近。

(3)麻省理工学院。麻省理工学院是着重于理工、管理类学科的大学,也是该地区最大的研究中心之一,主校区位于剑桥市,学院内的国家安全研发中心林肯实验室位于莱克星顿。

(4)塔夫茨大学。塔夫茨大学在马萨诸塞州有 3 个校区,其主校区横跨梅德福镇(Medford)与萨默维尔市,大学的文理学院、工程学院、法律与外交学院坐落于此。卫生科学校区位于波士顿市的唐人街,内设医学院、牙医学院、生物科学学院、营养学院。大学的兽医学院位于马萨诸塞州内、波士顿以西 48.3 公里处的格拉夫顿(Grafton)。

　　本章聚焦于位于波士顿大都会区的 4 所研究型大学,从大学为社会培养人才、大学推动地区经济发展、大学服务社会民众 3 个方面探究私立大学办学成效。

第一节　美国私立大学为社会培养人才

　　履行人才培养这一重要使命使得大学能源源不断向社会各领域输送经过专门规训的人才。本研究中 30 所大学的在世校友约 505 万人(见表6.1[①]),波士顿大都会区的 4 所大学在世校友约 85 万人。[②]

表 6.1　30 所私立大学的在世校友数

单位:人

大学	在世校友数	大学	在世校友数
波士顿大学	300,000＋	纽约大学	420,000－
布朗大学	81,250	西北大学	200,000－
加州理工学院	22,756	普林斯顿大学	83,500
卡内基梅隆大学	95,000	伦斯勒理工学院	100,000
凯斯西储大学	100,000＋	莱斯大学	67,106
哥伦比亚大学	300,000	斯坦福大学	214,553
康奈尔大学	265,680	塔夫茨大学	100,000＋

---

　　①　这是一个不具对比性的数据表格,原因在于:首先,笔者收集的数据来自各校网站,但各校统计数据的截止日期不一;其次,很多学校网站上校友数本身就是一个大致的数据。

　　②　本章采用的关于 4 所大学人才培养成就的数据来自维基网站。笔者认为,若能获得各大学的官方数据,自然是首选,若能获得其他科学研究产生的数据进行二次分析,也可行,但笔者无法通过上述途径获得相关数据。维基网站的数据不一定完整,但其造假的可能性也非常小,仍有助于我们管窥各校为社会培养人才的成就。

续　表

大学	在世校友数	大学	在世校友数
达特茅斯学院	74,000—	芝加哥大学	177,000
杜克大学	140,000＋	诺特丹大学	130,000＋
埃默里大学	121,000	宾夕法尼亚大学	298,789
乔治敦大学	160,000	南加利福尼亚大学	343,164＋
乔治·华盛顿大学	250,000＋	范德堡大学	127,000
哈佛大学	323,000＋	圣路易斯华盛顿大学	13,000＋
约翰斯·霍普金斯大学	186,000＋	耶鲁大学	168,987
麻省理工学院	128,583	耶希瓦大学	56,000＋

资料来源:根据各校官网数据汇总而成。数据收集截至 2014 年 6 月 21 日。

一、大学在政界的知名校友

(一)波士顿大学

在 30 多万名校友中,波士顿大学在政界的知名校友包括[①]:13 位美国州长;8 名参议员(含 3 名前州长、1 名众议员);33 名众议员(含 1 名前州长、1 名曾担任参议员的众议员);26 名政府机构重要官员(含前列的 2 名众议员、1 名州参议员),这 26 名校友所任职务包括国家安全局主任、美国驻外大使、州长、州议会主席、州的总检察长、州的财政部长、州最高法院大法官;8 名外国重要政府官员、外国王室成员,其中包括哥斯达黎加前总统阿里亚斯(Arias),约旦首相法耶兹(Fayez)。

---

① Wikipedia, the Free Encyclopedia. List of Boston University People, Notable Alumni or Attendees [EB/OL]. (2016-08-21) [2020-05-12]. https://encyclopedia.thefreedictionary.com/List＋of＋Boston＋University＋people%2c.

（二）哈佛大学

哈佛大学在政界的众多知名校友包括①：10 名美国总统/副总统，他们是贝拉克·H.奥巴马、乔治·W.布什、约翰·F.肯尼迪、富兰克林·D.罗斯福、西奥多·罗斯福、拉瑟福德·B.海斯、约翰·Q.亚当斯、约翰·亚当斯 8 位总统，以及艾伯特·戈尔、埃尔布里奇·T.格里 2 位副总统；18 名其他国家/地区领导人，这些国家/地区为哥伦比亚、巴拿马、墨西哥、玻利维亚、利比亚、厄瓜多尔、哥斯达黎加、爱尔兰、智利、韩国、蒙古以及中国香港特别行政区与中国台湾地区；3 名被提名美国总统候选人、7 名美国总统候选人；11 名外国政府首脑，他们是索马里、希腊、巴基斯坦、牙买加、阿尔巴尼亚、坦桑尼亚、挪威、新加坡、黎巴嫩、加拿大 10 个国家的首相或总理；20 名最高法院法官；72 名美国内阁部长；56 名联邦参议员（含 2 位前州长）；42 名州长（含 1 名参议员兼总统候选人、1 名部长）；72 名联邦众议员；75 名在政府重要部门任职的官员；46 名外国政界要员、外国王室成员。

（三）麻省理工学院

麻省理工学院在政界的知名校友包括②：26 名美国政界、公共服务机构要员，岗位包括州长、军队将领、金融界精英、内阁部长；26 名国外政府机构要员，包括联合国前秘书长安南，哥斯达黎加前总统费雷尔（Ferrer）、新加坡总统陈庆炎、哥伦比亚总统巴科（Barco）、伊朗前副总统纳贾菲（Najafi），以及 20 多位外国总理、内阁部长。

（四）塔夫茨大学

塔夫茨大学在政界至少有 105 名知名校友，其中包括③：69 名在本国政府机构任职的校友，所任职位有军队高官、联邦参议员、联邦众议员、部长、国务卿、驻外大使、州长、州法官、州检察长、市长；36 名任外国政界要

---

① Wikipedia,the Free Encyclopedia. List of Harvard University People[EB/OL]. (2016-09-12)[2020-05-10]. https://encyclopedia.thefreedictionary.com/List＋of＋Harvard＋University＋People.

② Wikipedia,the Free Encyclopedia. List of Massachusetts Institute of Technology Alumni [EB/OL]. (2016-01-13)[2020-05-13]. https://encyclopedia.thefreedictionary.com/List＋of＋Massachusetts＋Institute＋of＋Technology＋alumni.

③ Wikipedia,the Free Encyclopedia. List of Tufts University People,Notable Alumni[EB/OL]. (2015-03-14)[2020-05-12]. https://encyclopedia.thefreedictionary.com/List＋of＋Tufts＋University＋People.

职的校友，哥伦比亚前总统桑托斯（Santos）、加纳前副总统阿卡（Arkaah）、希腊前总理卡拉曼利斯（Karamanlis）、利比亚前总理加尼姆（Ghanem）、北马其顿副总理谢凯琳斯卡（Sekerinska）、泰国副总理沙田泰（Sathirathai)等外国领导人、外国政府首脑都曾在塔夫茨大学法律与外交学院就读。

二、大学在科技界、学术界的知名校友

（一）波士顿大学

笔者可获得的波士顿大学在学界的知名校友信息不多，但至少包括 7 名学术机构负责人，12 名普利策奖得主。[①]

（二）哈佛大学

哈佛大学在学术界的知名校友至少包括[②]：33 名大学领导人；128 名著名教授、学者、科学家，其专精领域涵盖哲学、数学、医学、遗传学、昆虫学、古生物学、管理学、教育学、经济学、历史学、物理学、政治科学、天文学、光学、人类学、心理学、伦理学、考古学等学术领域；69 名诺贝尔奖得主，其中物理学奖得主 13 人、化学奖得主 17 人、生理学或医学奖得主 18 人、经济学奖得主 13 人、和平奖得主 7 人、文学奖得主 1 人。

（三）麻省理工学院

麻省理工学院在科技学术界的众多知名校友包括[③]：32 名大学校长；34 名宇航员；29 名诺贝尔奖得主，其中物理学奖得主 12 人、化学奖得主 5 人、生理学或医学奖得主 3 人、经济学奖得主 8 人、和平奖得主 1 人；另有计算机科学、物理学、数学、医学、天文学、心理学等科技、学术领域的知名校友至少82 人。

---

① Wikipedia,the Free Encyclopedia. List of Boston University People,Notable Alumni or Attendees [EB/OL]. (2016-08-21) [2020-05-12]. https://encyclopedia. thefreedictionary. com/List＋of＋Boston＋University＋People%2c.

② Wikipedia,the Free Encyclopedia. List of Harvard University People[EB/OL]. (2016-09-12) [2020-05-10]. https://encyclopedia. thefreedictionary. com/List＋of＋Harvard＋University＋People.

③ Wikipedia,the Free Encyclopedia. List of Massachusetts Institute of Technology Alumni [EB/OL]. (2016-01-13) [2020-05-13]. https://encyclopedia. thefreedictionary. com/List ＋ of ＋ Massachusetts＋Institute＋of＋Technology＋Alumni.

（四）塔夫茨大学

大学在学界至少有 69 名知名校友，其中 10 位大学校长，其余知名校友的专精领域涵盖历史学、法学、医学、经济学、物理学、生物学、计算机科学、心理学等。[①]

三、大学在商界的知名校友

4 所大学的校友遍布运输业、影视行业，房屋建筑、金融业、IT 行业、百货行业、快餐服务领域、游戏产业等经济生活的各个领域，若将 4 所大学在商界的知名校友列出来，将是一长串名单，此处笔者仅以哈佛大学为例。哈佛大学在商界的校友至少包括[②]：微软共同创始人；美国大通曼哈顿银行董事会主席；跨国集团公司通用电气董事会主席兼首席执行官；联合太平洋铁路公司总裁；默克制药公司总裁；波音公司董事会主席兼首席执行官；生物制药公司安进（Amgen）公司首席执行官；房地产业从事金融业务的房利美公司董事长兼首席执行官；微软董事会主席兼首席执行官；印度跨国公司"塔塔集团"董事会主席；广播有线电视公司维亚康姆（Viacom）的董事会主席兼首席执行官；利丰集团公司董事会主席；雷曼兄弟下属的投资银行总裁兼董事会主席；跨国投资银行高盛集团董事会主席兼首席行政官；跨国制药公司辉瑞公司首席执行官；布朗兄弟哈里曼公司[③]的合伙人；美国运通公司[④]首席执行官；摩根大通[⑤]董事会主席兼首席执行官；摩根士丹利公司[⑥]联

---

① Wikipedia, the Free Encyclopedia. List of Tufts University People, Notable Alumni[EB/OL]. (2015-03-14) [2020-05-12]. https://encyclopedia. thefreedictionary. com/List＋of＋Tufts＋University＋People.

② Wikipedia, the Free Encyclopedia. List of Harvard University People[EB/OL]. (2016-09-12)[2020-05-10]. https://encyclopedia. thefreedictionary. com/List＋of＋Harvard＋University＋People.

③ 布朗兄弟哈里曼公司于 1931 年由布朗兄弟公司与哈里曼公司合并而成。

④ 美国运通公司始创于 1850 年，是一家总部位于纽约的跨国金融服务公司，仅其品牌价值便达 149.7 亿美元，《财富》杂志将其列为全球二十大受欢迎的公司之一。

⑤ 摩根大通是美国知名的银行，资产达 2.5 万亿美元，《福布斯》杂志将其列为全球第三大上市公司。

⑥ 摩根士丹利是一家总部位于纽约的跨国金融服务公司，在 42 个国家拥有 1300 座写字楼、6 万名员工，截至 2013 年年底，其管辖的客户资产达 1.9 万亿美元。

席总裁;巴克莱集团①董事会主席;德意志银行集团②执行委员会成员;美林证券的董事会主席兼首席执行官;CIT 集团有限公司③董事会主席兼首席执行官。

第二节　美国私立大学推动地区经济发展

哈佛大学商学院教授波特(Porter)认为:"最繁荣的地区不出口自然资源或不是仅出口实物产品,而是各种形式的知识资本……各个集群的专门化是先进的地区经济的标识。"相比于美国其他地区,波士顿大都会区经济优势明显。在全美各地经济都有较大衰退的 20 世纪 90 年代初,波士顿大都会区连续 8 年保持强劲势头并持续增长。1992—1999 年,全美人均收入近 3.3 万美元,人均收入增长 8.2%,波士顿地区的 5 个县——萨福克(Suffolk),诺福克(Norfolk),米德尔塞克斯(Middlesex),埃塞克斯(Essex),普利茅斯(Plymouth)——的人均收入达 4.3 万美元,人均收入增长率 16.5%,是全国平均增长率的 2 倍。2001 年,"大波士顿商会"发布报告,确定在 20 世纪 90 年代推动地区经济发展的 5 个产业集群,它们是:①高技术,包括计算机技术、有线通信技术、仪器科学与技术、生物技术;②金融服务,包括银行、保险、证券、投资管理公司和风险投资公司;③知识产业,包括高等教育、咨询和研究机构;④医疗保健,包括医院、疗养院、门诊部、诊所、家庭护理;⑤旅游业,包括酒店、餐饮、零售、娱乐、交通、其他旅游服务。5 个产业中,除了旅游业还依靠波士顿地区的城市文化、艺术,其他 4 个产业正是建立在知识资本的坚实基础上,其经济优势体现了知识资本集群的重要性。其中大学在支持波士顿地区主导产业的发展中发挥着重要作用,它们对地区经济做出的重大贡献不在于一系列个别交易,也不在于某个大学与特定行业之间的关系,而是大学提

---

①　巴克莱集团是总部位于伦敦的跨国银行及金融服务公司,在全球 50 多个国家开展业务,客户超过 4800 万人,2011 年 12 月 31 日巴克莱银行的总资产为 2.42 万亿美元。

②　德意志银行集团是总部位于法兰克福的全球银行及金融服务公司,在全球 70 多个国家拥有 10 万名员工,2009 年德意志银行集团成为全球最大的外汇交易商,占据 21% 的市场份额。

③　CIT 集团有限公司是成立于 1908 年的金融控股公司,拥有的财务及租赁资产达 330 亿美元。

供一张由一群人、一群组织构成的网络，这些个体与组织拥有高技能、想象力、承担风险的动力以及构建网络实现梦想的能力。波士顿地区经济的发展正是受惠于这样的网络。

笔者从大学作为社会组织、作为知识资本基地两个方面，探究其对地区经济发展做出的贡献。

一、大学作为社会组织推动地区经济

（一）大学作为用人单位推动地区经济发展的概况

4 所大学本身是波士顿地区重要的用人单位。根据哈佛大学截至 2013 年秋的数据，其共有员工 17600 人，另有 10000 多名在波士顿大都会区各医院工作的医生受聘于哈佛医学院学术岗位；根据塔夫茨大学校园网站的数据，截至 2013 年秋，塔夫茨大学共有教师 1456 人，职员 3070 人；截至 2013 年 10 月的数据显示，麻省理工学院共有 11380 名员工；2008 年的数据显示，波士顿大学共雇用马萨诸塞州居民 14841 人（不包括学生兼职工 10987 人）。

作为本地区重要雇主，大学为地方财政做出的贡献不容小觑。以波士顿大学为例，尽管大学拥有的多数财产可合法免税，但在 1981—2008 财务年，大学缴纳的房地产税及相关费用仍达 5420 万美元，大学附属单位缴纳的税费达 1200 万美元。仅在 2008 财务年，波士顿大学向地方政府做出的经济贡献包括：向市政府支付 330 万美元的房地产税及相关费用，向州内有本校物业的地方政府支付房地产税费（如向布鲁克兰镇支付 190 万美元的房地产税、25 万美元的执照申请费），向市政府缴纳其他非税费 470 万美元，大学附属单位向波士顿市政府缴纳税费 93 万美元；为协同联邦、州、市政府改善和美化城市的号召，2008 年波士顿大学向当地捐赠 240 万美元；大学还承担一些本应由市政府出资的工作，比如负责大学周边地区、人行道、街道的维护及垃圾清扫，2008 年波士顿大学为此支付的成本费用达 120 万美元。

（二）大学开支拉动地区经济的效应——以波士顿大学为例

事实上，大学作为重要用人单位、学术机构，其对地方经济的贡献远不止缴纳税费，因为大学运作不可避免地产生直接开支，也必然产生间接开支。

所谓直接开支,是指大学用于支付工资与福利的费用、用于购买商品与服务的开销、就读学生的生活开销、州外访客探视本校就读学生时在本地产生的开销,这些钱直接成为地区经济活动的一部分。大学支付薪资的费用流向个体,个体用于购买商品与服务,或者向大学提供商品与服务的生意伙伴将一部分所得用于雇佣员工,支付员工工资,购买其需要的服务与商品,这些都会产生间接开支,这些间接开支还会产生新一波开支……就此而论,大学的间接开支拉动的地区经济效应远胜于其直接开支。笔者以波士顿大学为例,说明大学开支拉动地区经济的作用。

据 2008 年波士顿大学公布的大学经济影响力报告,其通过 3 个途径推动地区经济发展:通过薪资拉动地区经济、通过大学的消费拉动地区经济、通过学生拉动消费。

1. 通过薪资拉动地区经济

根据"波士顿发展局"报告,波士顿大学是波士顿大都会区第四大用人单位、州内二十五大用人单位之一。2008 年,大学雇佣的员工包括:查尔斯河畔校区、医学校区、波士顿大学园区的教职员工,大学位于各地医院的员工,以及大学下属的 660 家公司、州宾馆、向大学提供食品服务的 2 家管理公司和 2 个停车场的工作人员。如表 6.2 所示,大学向州内居民提供 14841 个就业岗位,其中波士顿大都会区居民的就业人员 14110 人,其中 4310 人为波士顿市居民(以上 3 个数据均不包括 10987 名学生兼职工)。如表 6.3 所示,2008 财务年,大学用于支付州内员工的薪资总计 8.6 亿美元,其中 6.89 亿美元用于支付工资,1.74 亿美元用于支付福利。这 8.6 亿美元中,8.3 亿美元流向大都会区居民(其中 2 亿美元流向波士顿市居民),上述工资不包括教师提供专业咨询服务、出版图书、外出讲座的收入。大学的这笔开支在州内拉动的经济效应达 20 亿美元,其中在大都会区拉动的经济效应为 18 亿美元,在波士顿市拉动的经济效应为 3.49 亿美元。

表 6.2　2008 财务年波士顿大学提供的就业岗位类别及数量

单位:个

大学提供的就业岗位类别			波士顿市	波士顿大都会区	马萨诸塞州
大学创造的直接就业岗位数	校内员工	教职员工	2,997	10,938	11,416
		临时工	645	1,950	2,075
		校内员工共计	**3,642**	**12,888**	**13,491**
大学创造的直接就业岗位数	附属机构	660 公司	165	315	337
		州宾馆	210	372	399
		2 个校区的停车场	42	104	104
		2 个校区的食品服务公司	251	431	520
		附属机构共计	**668**	**1,222**	**1,360**
	大学提供的直接就业岗位数(不含学生兼职)		**4,310**	**14,110**	**14,841**
	学生在校内的兼职岗位数		8,644	10,987	10,987
	大学提供的直接就业岗位数(含学生兼职)		**12,954**	**25,097**	**25,828**
大学创造的间接就业岗位数			**1,624**	**14,626**	**17,981**
大学提供的就业岗位总数			**14,578**	**39,723**	**43,809**

资料来源:Boston University. Boston University's Economic and Social Impact Sourcebook:Making a Difference in Massachusetts, Fiscal Year 2008[EB/OL]. [2014-02-14]. https://www. bu. edu/esi/.

表 6.3　2008 财务年波士顿大学支付员工工资与福利的费用及其经济效应

单位:美元

项目	波士顿市居民	波士顿大都会区居民	马萨诸塞州居民
工资	160,068,100	661,718,891	689,394,568
福利	40,520,412	166,567,267	173,555,828

续　表

项目	波士顿市居民	波士顿大都会区居民	马萨诸塞州居民
工资与福利总计	200,588,512	828,286,158	862,950,396
经济影响	348,502,479	1,816,348,714	2,006,187,079

资料来源：Boston University. Boston University's Economic and Social Impact Sourcebook：Making a Difference in Massachusetts，Fiscal Year 2008[EB/OL]. [2014-02-14]. https://www.bu.edu/esi/.

2.通过大学的消费拉动地区经济

作为一个运作中的组织，大学还是向波士顿地区内外商户购买商品与服务的最大买家之一。如表 6.4 所示，2008 财务年大学向马萨诸塞州 8538 家商户购买商品与服务，其中波士顿市内商家 3482 户，波士顿市以外但位于波士顿大都会区的商家 4096 户。大学的购买行为在州内拉动的经济效应达 9.55 亿美元，在波士顿大都会区拉动的经济效应达 8.3 亿美元，在波士顿市拉动的经济效应达 3.83 亿美元。在其拉动的 9.55 亿美元的经济效应中，1.7 亿美元是大学向州内承包商支付的、大学用于大规模建设和改造项目的费用。

表 6.4　2008 财务年波士顿大学用于购买商品与服务的开支及其经济效应

地区	供货商与承包商数量/家	开支项目			经济影响/美元
		购买服务与商品开支/美元	基建开支/美元	总计/美元	
波士顿市	3,482	127,843,135	157,983,805	285,826,940	383,064,221
波士顿大都会区	7,578	277,494,892	169,228,158	446,723,050	830,816,593
马萨诸塞州	8,538	307,261,817	169,685,643	476,947,460	955,006,143

资料来源：Boston University. Boston University's Economic and Social Impact Sourcebook：Making a Difference in Massachusetts，Fiscal Year 2008[EB/OL]. [2014-02-14]. https://www.bu.edu/esi/.

3.通过学生拉动消费

2007年秋,波士顿大学79%的新生来自州外,2008财务年,波士顿大学学生总量的66%来自州外,州外学生不仅为马萨诸塞州带来6.12亿美元的学费收入,还在州内产生其他开支。如表6.5所示,这些在州内的其他开支达3.4亿美元(其中2.9亿美元为购书、交通、校外住宿等基本生活开支,5430万美元为娱乐、健身、自费辅导课、有线电视等非基本开支)。不仅如此,从州外来探视在波士顿大学就读学生的访客产生的开支达4190万美元,其中2950万美元花在了波士顿市。学生与访客开支在马萨诸塞州拉动的经济效应达8.9亿美元,其中在大都会区拉动的经济效应达8.3亿美元,在波士顿市产生的经济效应达4.3亿美元。

表6.5　2008财务年波士顿大学学生及访客的直接开支及其经济效应

单位:美元

地区	学生开支*			与本校学生相关的州外访客开支	学生与访客开支总计	经济影响
	学生基本开支	学生非基本开支	学生开支总计			
波士顿市	181,101,645	38,250,272	219,351,917	29,524,905	248,876,822	432,398,589
波士顿大都会区	282,101,525	54,311,047	336,412,572	41,882,020	378,294,592	829,562,211
马萨诸塞州	287,693,018	54,311,047	342,004,065	41,882,020	383,886,085	892,458,370

资料来源:Boston University. Boston University's Economic and Social Impact Sourcebook:Making a Difference in Massachusetts, Fiscal Year 2008[EB/OL]. [2014-02-14]. https://www.bu.edu/esi/.

*学生开支中不包括支付给大学的学费、食宿费。

波士顿大学、学生、访客的直接开支在马萨诸塞州拉动的经济效应达38.5亿美元,其中在波士顿大都会区拉动的经济效应达34.8亿美元,在波士顿市拉动的经济效应达11.6亿美元(见表6.6)。上述各项直接开支为州创造就业岗位17981个,其中在大都会区创造14626个岗位。

表 6.6 2008 财务年波士顿大学各项直接开支产生的经济效应

单位：美元

地区	直接开支						总计	大学、学生、访客直接开支引起的间接花费	经济影响
	大学直接开支			学生、访客直接开支					
	工资福利	购买商品与服务、基建	总计	学生直接开支	州外访客开支	总计			
波士顿市	200,588,512	285,826,940	**486,415,452**	219,351,917	29,524,905	**248,876,822**	735,292,274	428,673,017	1,160,000,000
波士顿大都会区	828,286,158	446,723,050	**1,275,009,208**	336,412,572	41,882,020	**378,294,592**	1,653,303,800	1,823,423,719	3,480,000,000
马萨诸塞州	862,950,396	476,947,460	**1,339,897,856**	342,004,065	41,882,020	**383,886,085**	1,723,783,941	2,129,867,653	3,850,000,000

资料来源：Boston University. Boston University's Economic and Social Impact Sourcebook:Making a Difference in Massachusetts,Fiscal Year 2008[EB/OL]. [2014-02-14]. https://www.bu.edu/esi/.

二、大学作为知识资本基地拉动地区经济

研究型大学体系已经成为美国从事基础研究重要的实体,创新活动给大学、合作企业带来显著效益,组织对基础研究的投入不仅对地区经济产生促进作用,以基础研究见长的研究型大学在美国社会的发展中发挥核心作用,其知识资本产生的效益源源不绝。波士顿大都会区是一流研究型大学、附属研究医院、非营利研究机构的集结地,4 所大学内,基础研究及其成果应用俯拾即是。

（1）在波士顿大学:遥感中心的研究人员利用卫星图像识别世界上干燥沙漠地区的地下水源;光子学研究中心利用一种"合成的光合作用"储备太阳能,大大提高了太阳能的成本效益与实际应用;公共卫生学院与医学院内,研究人员早在 21 世纪之初就开始研究环境因素与乳腺癌之间的关系。

（2）在哈佛大学:中子结构与成像研究中心的科学家、工程师利用先进的光刻技术装配电子设备;生化系已开发出一种可以更有效治疗多发性硬化症的新化合物。

（3）在麻省理工学院：计算机与人工智能实验室的科学家与工程师们合作从事"氧气项目"研究，以开发一种以人为本的计算机，让人们可以充分、自然地使用计算机，如同人呼吸氧气一样；由联邦政府赞助、旨在解决国家安全问题的林肯实验室内，科学家们研发出一种生物电子传感器，这种机器可以快速探测、识别如单个粒子般大小的生物制剂；制造与生产力实验室开发出可以提高生产率、降低生产成本的"三维打印"技术；微系统技术实验室已开发出"芯片上的药店"，一张拥有微量药物的芯片在准确的时间释放出精确的量进入人体。

（4）在塔夫茨大学：其医院及生物医学研究所基于人工感知接收器原理，开发"人工鼻子"以探测地下矿井；在其人类营养研究中心内，研究人员通过探索营养学、基因组学、健康老龄化、疾病预防之间的联系，发现可治疗骨质疏松的叶酸化合物；兽医学院的科学家开发出改进的克隆技术，使人们得以利用生物遗传物质生产生物制药、食品和纤维制品。

不仅如此，在新的科学领域不断产生、学科间传统界限日益模糊的形势下，大学利用其多样化的研究实力加强校内部门之间、大学之间的相互合作，例如：在 MIT 纳米技术实验室，来自材料科学、机械工程、化学工程、电气工程、计算机科学、生物工程航空学的师生合作以了解纳米尺度下材料变化行为及如何有效操作这种行为；哈佛大学与麻省理工学院合作成立"卫生科学技术部"开展重大研究，技术部不仅汇集了哈佛大学、麻省理工学院的实力，也汇集了附属于它们的 17 家医院与研究机构的包括生物医学成像、再生技术、心血管等领域的专家；由"美国国家心理卫生研究所"资助的位于波士顿的合作性科研组织——精神障碍神经科学研究中心，汇集了来自布兰迪斯大学、哈佛大学医学院、波士顿大学、麻省理工学院的心理卫生部、弗吉尼亚布罗克顿医院、马萨诸塞州综合医院的专家，专门研究精神分裂症的生物学基础。

4 所大学在基础研究领域的研究不断强化着其所在组织提供知识资本的能力。但是正如 MIT 一位高层行政人员所说："有人提出一个想法，这是智力材料，但同时你还需要校内外的财务资本、作为场地的物质资本，只有满足这三个条件，才有可能落实想法。"4 所大学通过"与企业建立合作研究的伙伴关系、许可企业使用大学的技术专利、支持师生创业"三个主要途径有效管理智力材料、物质资本与财务资本，推动地区经济发展。

（一）与企业建立合作研究的伙伴关系

对基础研究拥有优势的大学与企业建立合作研究的伙伴关系有两个原因：首先，自 20 世纪 80 年代以来，由于技术发展太快，跨学科的研究日益增加，许多行业发现完全由内部人员完成单独研发不是一件容易的事；其次，源于企业对研究成本效益的考虑——因为研发需要公司投入大量成本，而其收益不确定性大、周期长，在经济衰退时期，许多公司不得不大幅削减自己的研发业务，而与大学合作则可互利：大学可以获得企业提供的经费，企业可以充分利用大学的知识资本。4 所大学内，大学与企业合作研发的例子比比皆是，例如，麻省理工学院的工程学院与管理学院牵头，于 1988 年启动"制造业领袖计划"，MIT 参加该项目的师生通过实习、团队项目来提高制造业业务，其位于波士顿的合作伙伴包括阿克塞利斯技术公司（Axcelis Technology）、康柏电脑公司、柯达公司、英特尔公司、摩托罗拉公司、飞利浦电子公司、太阳计算机系统公司、泰瑞达公司、雷神公司。波士顿大学与欧洲的工业研究机构弗劳恩霍夫研究所共同成立"弗劳恩霍夫-波士顿大学生产创新研究中心"，拥有可用于研发的 1579.3m^2 的场地，该中心又与行业客户合作，提供解决实际问题的创新方法，比如，研究人员使用定制的未加工工艺设计"快速原型"，以大大加速从设计到生产的过程。在哈佛大学，成立于 1997 年的哈佛大学化学与细胞生物研究所是哈佛大学医学院、文理学院与德国默克集团下属的默克公司、美国国家癌症研究所合作的组织，研究所坐落在哈佛大学医学院内，拥有 1114.8m^2 的场地，50 名研究助手与来自企业的客座科学家致力于开发可在细胞层级解剖生物的化学"工具"。在塔夫茨大学，兽医学院的科学家们于 1997 年开始与位于美国剑桥市的健赞公司（Genzyme Corporation）合作开发动物克隆技术，1999 年该合作团队成功制造出世界上第一只转基因山羊，这一成果可被用于治疗心脏病患者的抗凝血蛋白，极具价值。

（二）许可企业使用大学的技术专利

许可商贸企业使用大学研发的技术是学术研究转化为经济增长可衡量的方法。多数大学的技术许可始于 20 世纪 80 年代国会颁布《拜杜法案》，各校的技术许可/转让政策要求教师公开自己在本校工作期间的发现、发明，由技术许可/转让办组织专家评估以确定大学是否应申请专利，若获得专利，他们便会启动程序，寻求有意愿使用本校专利技术的公司。在许可授权的过程中,技术许可/转让办不仅仅推销技术,与被授权方谈判协议,收取费用,本着"使用它,或失去它"的理念,工作人员还负责监管被授权人的工作,因为对大学来说,其最大的噩梦是:大学千辛万苦研究所得的成果却被被授权人因种种原因束之高阁,因此大学的授权通常还包括一些具体的基准,如被授权人须有开发技术所需经费、阶段性指标、推向市场的预定日期、初步销售的目标等,以确保公司正努力将大学实验室中开发出来的技术推向市场。

在许可企业使用大学技术这一方面,麻省理工学院绝对是首屈一指。2001—2013 学年,MIT 的教师共向大学报告 6970 项发明,大学申请获准2226 项专利,向公司授权许可使用本校 1469 项技术(包括商标使用权与终端软件使用权),利用 MIT 授权使用专利技术创办的公司共 268 家(包括商标使用权与终端软件使用权)。仅在 2013 年,该校教师共报告 698 项发明,大学经评估提出 387 项专利申请,获准 288 项,当年向公司授权许可 104 项专利技术。塔夫茨大学技术转让与产业合作办的各年度报告显示,在2000—2013 学年,教师共向大学报告 723 项发明,学校申请获准 205 项专利,向公司授权许可使用本校 178 项技术(不包括许可商标与版权),利用大学授权使用本校专利技术创办的公司共 12 家。

在获准使用大学技术的公司中,既有跨国公司,又有州内外的美国公司,更不乏波士顿地区的企业。大学探究前沿知识获得的成果让获得许可权的企业受益无穷,此处介绍波士顿地区剑桥市获得大学许可使用大学技术的几家公司。

(1)国际大型内容分发网络(content delivery network,CDN)服务商阿卡迈(Akamai)公司。该公司于 1998 年由麻省理工学院毕业生莱文(Lewin)和校内研究人员一起创立。莱文在麻省理工学院的硕士论文构成阿卡迈公司最初的"自由流"(freeflow)技术的核心,公司利用 MIT 计算机科学实验室的软件专利技术,从一开始以改善基础页面的下载功能为目标到发展成国际大型分布式计算机平台,每天处理 10%～20%的互联网流量,从根本上改变了互联网工作模式。

(2)创办于 1997 年的先进吸入型药物研发公司(Advanced Inhalation Research Inc.)。研究人员基于 MIT 与宾夕法尼亚州立大学共同发明的肺部药物治疗技术(这一技术最初作为"肺部给药系统"的研究成果发表在《科学》杂志上)开发医药产品以治疗呼吸系统疾病,将药物转化成相对大的低密度颗粒,通过一个小巧、便用的装置,使药物被吸入肺部。公司计划利用这一"技术上剂量无须太严格但输送有效、方便"的优势打开市场。1999年,该公司并入位于剑桥市的阿尔凯默斯(Alkermes)药物研发公司,与几家全球领先的制药公司合作,继续开发可以更好进入市场的产品。

(3)莫姆塔生物制药(Momenta Pharmaceuticals)公司。该公司受惠于麻省理工学院 2 位博士长达 12 年的研究成果,于 2001 年成立,专注于复合糖的测序与管理,探究人体生物学的变化过程:通过对复合糖分子进行详细的化学结构分析,利用专门的方法提供安全有效的口服药物,以改进现有药物并开发新药。该公司的研发领域包括心血管/血栓、糖蛋白分子、肿瘤学、口服药,先进的产品依诺肝素是常见的低分子量肝素处方药。访公司于2020 年被强生公司收购

(4)全导(OmniGuide)医疗技术公司。1998 年,MIT 一组研究人员解决了一个似乎无法攻克的难题——通过空心非固定光纤输送并反射 CO_2 激光能量。他们的成果在 1999 年被《科学》杂志视为"本年度突破性成果",地位仅次于"人类基因组项目"。这一突破性成果引人关注的功能在于:人们可以利用它治疗癌症、不孕不育症患者。这种激光能量可以随时被吸收入水,有效地汽化细胞组织,高效的汽化导致最小量的热扩散,降低对四周健康细胞组织的伤害。由于 CO_2 激光对细胞组织的伤害是常用的替代医用激光的 $1/400$,因此更适合外科手术应用。在这一发现问世前,CO_2 激光只能通过大型且笨重的设备才能传输,限制了临床治疗。其他的高级能源设备——不同的激光波长、射频电能量、超声波振动或等离子束——这些对外科医生来说,各有其优势,但无一可以像 CO_2 激光能源那样达到亚毫米精度。自 2006 年获得 MIT 独家授权许可后,公司基于这一核心技术,成功开发导引激光系统,为外科医生及其患者提供先进的手术方案,使得外科医生可以借助革命性的非固定光纤输送平台,在显微外科、腹腔镜、机器人辅助诊疗中使用 CO_2 激光能源。这一技术已经用于治疗数万名患者。

(5)生物医药康泰瑞克(Quanterix)公司。该公司利用塔夫茨大学新一代疾病诊断技术单分子探测,于 2007 年成立。单分子探测诊断技术主要通过考察血液中有鲜明特征的蛋白,发现诸如癌症、阿尔茨海默病、帕金森病等疾病的早期生物性指标。康泰瑞克公司的单分子测定法比已有的黄金标识 ELIS 探测法灵敏至少 1000 倍,可以探测到之前无法探测的蛋白质。其创业不久,便与一家大型医药公司合作,向其出售单分子探测仪供研究人员

使用,并经美国食品药品管理局批准开发出一种诊断测试平台,用于神经性疾病、心血管疾病、感染性疾病、自身免疫性疾病的专门测试。

(6)生物医药安科疗法(Anchor Therapeutics)公司。该公司利用塔夫茨大学利用新功效机制生产药物的药物开发平台技术,于 2006 年创办。根据科学家的研究,G 蛋白偶联受体是参与许多基本生物进程的细胞膜分子,包括用于治疗癌症、心血管疾病等病症在内的 30%～40%的药物针对的是G 蛋白偶联受体,由于公司独家拥有药物开发平台,可以生产出快速推向市场的药物,创业伊始,便与大型制药公司合作并成功生产出针对 15 种不同的 G 蛋白偶联受体的抑制剂药物。

(7)三九(Sand 9)微电子技术公司。该公司利用波士顿大学许可的技术,于 2007 年成立,是精密微电子机械系统技术的领军企业。该公司的压电精密微电子机械系统产品(移动中的、低功耗无线通信技术设施的、工业与军事市场上的各类无线与有线系统)强化了性能与质量,简化了系统设计,节约了空间与耗能,胜过传统的石英计时器械以及其他基于微电子机械系统的设备。

(三)支持师生创业

1. 以创建于剑桥市的公司为例

研究型大学对所在地区做出的经济贡献,既源于其拥有的高水平专家,也源于其源源不断输送受过良好教育、高技能的毕业生。在大学师生向地区经济贡献力量的多个途径中,创建并引领新产业、促进新产业发展的人才无疑是受人关注的群体之一。在波士顿地区企业家行列中,可以发现 4 所研究型大学师生的身影,他们中的一些人获得本校许可将技术带入市场而创业,有些已经对地区经济产生了影响,有的则才刚起步,还有一些师生创办的是和大学没有丝毫关系的咨询公司、研究公司……笔者以创建于剑桥市的公司为例进行说明。

(1)以下是各校教师创办的一些公司。

①生物技术渤健(Biogen)公司。该公司由来自 MIT 与哈佛大学的教师于 1978 年共同创办。2003 年,渤健公司与艾迪艾尔斯(Idec)制药公司合并,合并后公司总部仍位于剑桥市,主要研发与癌症、精神病、皮肤病和风湿病相关药物。该公司是全球生物技术产业巨擘,共雇用波士顿大都会区居民 1250 人,并在欧洲,以及加拿大、澳大利亚和日本有分支机构。

②软件服务商艾斯本技术(Aspen Technology)有限公司。20世纪70年代,MIT化学工程组依靠联邦能源部的经费赞助研究加工产业的技术创新以应对石油危机,1981年,MIT教师基于已有研究创办艾斯本公司,目前公司已是全球领先的提供用于优化加工制造的软件供应商,共雇用波士顿大都会区居民300人。

③剑桥系统(Cambridge Systematics)分类公司。该公司由MIT教师于1986年创办,是一家为交通投资提供咨询服务的公司,其通过客观分析,提供创新的政策、规划解决的方案及技术应用,帮助客户满足未来的交通需求,同时提高现有的基础设施和操作性能。该公司共雇用波士顿大都会区居民100人。

④信息技术咨询商、软件开发商艾森特技术(Ascent Technologies)公司。该公司由MIT教师于1986年创办,专门向其他公司提供信息技术外包服务,共雇用波士顿大都会区居民23人。

⑤阿尔凯默斯(Alkermes)药物研发公司。该公司由MIT教师创办于1987年,共有400名波士顿大都会区居民在此工作。

⑥享誉国内外的城市设计与建筑公司马查多与西尔维蒂(Machado and Silvetti)。该公司由哈佛大学两位教师马查多(Machado)与西尔维蒂(Silvetti)于1974年创办,公司的作品痕迹遍布国内外,其承接的城市设计与规划、艺术博物馆与学校的设计、承建体现出极高的专业水平。该公司共雇用波士顿大都会区居民45人。

⑦战略咨询公司摩立特集团(Monitor Group)。由哈佛大学商学院教师、研究人员于1983年创办。创始人之一波特(Porter)教授被尊为"竞争战略之父""战略管理大师"。摩立特集团将波特教授的竞争战略理论应用于实践,迅速成长为世界顶尖的战略咨询公司,该公司共雇用波士顿大都会区居民450人。

⑧咨询公司剑桥能源研究协会(Cambridge Energy Research Associates)。由哈佛大学教师詹姆斯·罗森菲尔德、普利策奖得主丹尼尔·尤金创办。公司专门在能源市场、地缘政治、行业发展趋势与战略等方面向政府、私营企业提供咨询服务,共雇用波士顿大都会区居民200人。

⑨波士顿医疗技术(Boston Medical Technologies)公司。该公司由哈佛大学教授创办,率先针对行为健康护理提供综合办公自动化软件,用于提交索赔、医疗记录与工作计划、工作绩效、人员情况、会计等。

⑩模块化遗传生物（Modular Genetics）技术公司。该公司由波士顿大学教师于 1988 年创办，利用糖等便宜的可再生原材料设计、开发可以合成化学药品的改良菌，其已经开发的自动基因改良系统 CombiGenix 可以合成、修改、重组任何基因以产生数以千计的重组基因分子。公司将这一能力与复杂的蛋白质设计工具、高通量筛选相联系，创造出功能更强的蛋白质进化自动化平台，成为工业生物技术革命的龙头企业。

（2）以下是各校毕业生创办的一些公司。

①泰瑞达（Teradyne）公司。该公司是半导体等电子元件自动测试仪器开发的引领者，由 MIT 的 2 名毕业生阿尔贝洛夫（Arbeloff）与德沃尔夫（DeWolf）于 1960 年成立。

②亚德诺半导体（Analog Devices）公司。该公司是波士顿大都会区大型的用工单位，由 MIT 的 2 名研究生斯塔塔（Stata）与洛伯（Lorber）于1965 年成立。

③亚德诺技术（Analogic Technologies）公司。该公司是剑桥市大型的医疗技术公司，由 MIT 毕业生戈登（Gordon）于 1969 年在皮博迪成立。

④科恩有限公司（Cone Inc.）。该公司是波士顿大都会区大型的公关公司，由波士顿大学毕业生科恩（Cone）于 1980 年成立。

⑤福雷斯特研究公司（Forrester Research）。该公司是全球领先的战略信息情报供应商，由哈佛大学毕业生科洛尼（Colony）于 1983 年创办。

⑥办公用品零售商史泰博（Staplers）。该公司创办了全球知名的办公用品网站，由哈佛大学毕业生斯坦伯格（Stemberg）于 1985 年创办，早在2000 年公司销售额便已达到 100 亿美元。

⑦墨丘利疗法生物技术公司（Mercury Therapeutics Inc.）。该公司由塔夫茨大学毕业生于 1996 年创办，致力于为糖尿病、心血管疾病患者开发基于蛋白质的疗法。

⑧键扎巴软件与网络服务公司（Jenzabar Inc.）。该公司由哈佛大学的中国籍毕业生蔡林于 1998 年成立，在短短 4 年成为向各高校提供软件与局域网服务的主要供应商。

⑨软件开发商"智能公司"（GenuOne）。该公司在使用嵌入式智能技术认证品牌产品的身份等方面处于领先地位，由波士顿大学毕业生昂格尔（Unger）于 1998 年与他人合作共同创办。

⑩吉普卡租车公司（ZipCar Inc.）。该公司由 MIT 毕业生蔡斯（Chase）

于 2000 年创办,该公司创新的汽车共享服务方式改变了各大城市使用车辆的方法。

⑪组织再生公司(Tissue Regeneration Inc.)。该公司由塔夫茨大学毕业生奥尔特曼(Altman)基于其在研究生时对生物工程的研究于 2000 年创办,公司致力于开发可用于移植的膝关节韧带。

(3)以下是大学教师、学生合作创办的一些公司。

①机器人(iRobot)公司。该公司由 MIT 教授布鲁克斯(Brooks)及其 2 名学生安格尔(Angle)和格雷纳(Greiner)于 1990 年共同创办,公司致力于开发工业、军事用途的机器人。

②阿卡迈(Akamai)公司。该公司由 MIT 教授莱顿(Leighton)与当时还是该校研究生的莱文(Lewin)于 1998 年创办,迅速成为国际大型 CDN 服务商。

③万能药大药厂(Elixir Pharmaceuticals)。该公司是利用生物技术防止身体器官老化的先驱,由 MIT 教授伦瓜伦特(Guarente)与毕业生凯尼恩(Kenyon)于 2000 年创办。

(4)各大学对于地区产业发展的贡献不仅在于培养了公司创办人,还是众多公司获取有竞争力人才的资源库,例如:

①语音识别(Speechworks)系统开发公司,其创办人兼公司首席信息官毕业于卡内基梅隆大学,为寻求快速发展,1996 年公司聘用哈佛大学毕业生帕特森(Patterson)为首席执行官,其高层团队中,还有一位哈佛大学毕业生担任首席财务官,以及一名 MIT 工程学专业毕业并同时拥有波士顿大学 MBA 学位的毕业生担任负责营运的资深副总裁。

②数字成像和信息处理的引领企业墨丘利计算机系统(Mercury-Computer System)公司,其首席财务官为 MIT 毕业生并同时拥有哈佛大学 MBA 学位,负责企业发展的副总裁与首席信息官都是波士顿大学毕业生。

③成立于 1986 年的列夫坦技术(Lewtan Technologies)公司是向证券化金融资产公司提供软件、数据分析的主要供应商,其首席财务官为 MIT 毕业生。

④成立于 1997 年的宽带分系统信息库公司(InfoLibria),由哈佛毕业生(后来成为波士顿大学计算机科学的副教授)创办,公司的首席执行官拥有 MIT 的 MBA 学位和哲学博士学位。

⑤前文提到的办公用品零售商史泰博,除了其创办人是哈佛毕业生,其高层行政团队还包括拥有哈佛大学 MBA 学位的首席营运官、拥有 MIT 学位的负责营销的副总裁。

2. 为师生创业提供便利

大学为师生创业提供便利的方式各异,主要有以下几种方式。

(1)扶持新创办公司。为扶持新创办公司,各校网站都有关于如何创业的指南,如哈佛大学技术开发办网站上就有《创业指南》,在 9 个方面(创建公司需要考虑的主要问题、创建过程、资金来源、游说投资者、融资方法、新公司需注意事项、公司股份、创办者可获得的资源、创业成功的关键因素)提供指导。

各校还通过孵化器设施,向新办企业提供场地与服务。20 世纪初,塔夫茨大学在格拉夫顿校区为 5 家新创办公司提供 2229.6m² 的空间。在波士顿大学,1994 年成立的波士顿大学光子学研究中心,不仅从事前沿的基础研究,还是校内成员在光电子技术的发展与应用上与企业合作的基地,中心有 21831.5m² 的场地、价值 8000 万美元的设施,包括先进的实验室、会议室、报告厅,以及足以容纳 14 家新办公司的空间。进入这一场地的公司还可以使用中心的实验室设备、会议室,以及中心提供的法律、会计、公关的各方面服务。波士顿大学的生物广场二期工程建有“创新与发现中心”,其 1114.8m² 的空间可容纳 6 家新办的生物技术公司。尽管 MIT 不提供创业空间,但其校园周边地区拥有新办公司所需的所有资源,包括高技能劳动力资源、与新办公司经常打交道的专业服务公司,以及投资人网络。

各校还主要通过校内技术许可/转让办向新创办公司提供资金或人员上的帮助。在波士顿大学,其技术资金办通过多种方式扶持新创办公司,例如:向处于“研究”与“商业化”两个阶段之间的、资金短缺的教师提供经费,仅在 1999—2001 年,波士顿大学技术资金办共发放约 15 笔经费,数额从 25000 美元到 75000 美元。不仅如此,当项目快要投向市场时,波士顿大学技术资金办会提供另外的经费扶持,以帮助公司找到首任 CEO 甚至提供临时 CEO,并帮助其安排融资。波士顿大学还直接参与风险融资,自 1975 年开始波士顿大学的技术资金办就开始积极寻求私募股权的投资机会,截至 2001 年,波士顿大学的这类投资总额达到 5500 万美元,虽然其在各个公司的股份一般不超过 5%,但当地很多公司都希望它入股,因为技术资金办不仅帮助入股公司在本校招聘毕业生,还帮助公司与从事相关工作的教师牵线搭桥,引荐波士顿大学教师在公司的科学顾问委员会中任职。在麻省理工学院,2002 年大学用获赠的 2000 万美元创办"技术创新中心",该中心在成立后的第一个五年便向 MIT 师生提供 1500 万美元的经费资助,帮助他们填补学术研究与商业化两个阶段之间的资金短缺。塔夫茨大学的"技术与产业合作办"、哈佛大学的"技术许可办"也有多种渠道向有兴趣利用大学授权的技术而创办公司的师生提供全方位服务。

(2)开发商用房地产。大学研究的商业化、师生创办的公司的发展都需要物理空间,大学积极参与开发商用房地产作为回应。如麻省理工学院,自20 世纪 60 年代以来,其一直参与校外商用房地产开发:20 世纪 60 年代,大学应剑桥市政府要求,与一家私营企业合作重新开发其校区附近废弃的原肥皂厂所在地块,该厂址目前已成为"技术广场"、该市科技部门发展的中心;1973 年,MIT 将其股份卖给合作开发商,2001 年又以 2.79 亿美元回购该中心,之后在该中心另建起 4 幢大楼,目前中心共拥有 7 幢大楼、92900m² 的商用空间;1983 年,MIT 与福里斯特城(Forest City)的多家企业签订协议,在一块工业废弃地上开发占地 213670m² 的大学园区,目前的园区包括写字楼、科研场地、零售场地、经济适用房、一家拥有 201 间客房的酒店、一个日托中心、925 个停车位以及园区管理中心;在 20 世纪 90 年代初,MIT 又对 20438m² 的原福特汽车组装厂厂址进行重新开发,为快速发展的生物技术产业提供空间,至 2003 年,麻省理工学院在此购买、改造、建造的商用面积达 353020m²。

波士顿大学开发商用房地产的工作则与其基础研究的推进紧密相关,生物技术公司与波士顿大学学术、临床研究等的研究中心的联系尤其密切。与 MIT 一样,波士顿大学在其医学中心邻近地块,向市政府、私营业主共购买 9333.38m² 的土地,1990 年获得市政府批准开始兴建生物技术广场。其一期工程获准开发 111480m² 的土地,于 1993 年完成,容纳了波士顿大学的一部分研究设备,其中一部分向私人公司开放;其二期工程获准开发120770m² 的大楼,于 1997 年完成,波士顿大学自己使用大楼 60% 的面积,其余 40% 的面积出租给五家私营商户;2003 年开发三期工程 3 号楼,共14864m² 的面积,其中 2/3 出租给商户。

在塔夫茨大学控制下的营利公司"塔夫茨生物技术公司"开发下,一个占地 70667.02m² 的塔夫茨大学科学园区扎根于塔夫茨大学兽医学院所在的格拉夫顿校区,共 65215.8m²,用于与生物技术、生物医学与制药行业相关的开发、试生产。

428

第三节　美国私立大学服务社会民众

美国私立大学为社会民众提供服务的成效是多方位的,其中大学仰仗其杰出的学术资源与医疗设施向民众提供教育和医疗卫生资源,是大学服务于社会不可被忽视的杰出贡献。

一、大学向民众提供教育资源

4所大学不仅在全日制本科生、研究生教育领域卓有成效,也积极向社会民众提供继续教育资源,向本地区中小学教育系统提供帮助。

(一)大学向民众提供继续教育资源

1. 大学向民众提供传统的继续教育资源

传统的继续教育包括一系列服务:向拥有全职工作但需要学位的个体提供夜校或周末课程,向因为工作需要或仅仅因为兴趣的个体提供各类单科课程,向已完成高校学业的个体提供导向专业证书的课程。总体上,4所大学提供的这类资源范围广泛,比如:波士顿大学城市学院在众多的学科领域提供本科生学位、研究生学位的人才培养方案,还在生物技术、网络技术、营销、秘书助理、房地产开发、软件开发、软件工程、电信等领域提供培训,颁发证书。塔夫茨大学的成人继续教育项目向24岁以上的、已经接受过高等教育但未完成学业的社会青年提供获得本科学位的机会,其工程学院在生物技术、环境管理、制造工程、人机互动、微博与无线工程等方面提供培训,颁发证书。哈佛大学继续教育部帮助本地居民通过业余学习获得副学士、学士、硕士学位,其提供的继续教育在波士顿地区广受欢迎,继续教育部在不同的学习领域共提供550门课程,多数课程由哈佛大学在校教师教授,有些教师向夜校学生教授的课程便是全日制学生白天在课堂上学习的知识(早在1999—2000学年,哈佛大学就有约1.3万名学员学习了22000门课程,学员平均年龄30岁,60%为女性,3/4的学生获得学士学位)。

2. 大学向民众提供专业的继续教育资源

除了传统的继续教育,4所大学还提供专业的继续教育资源,向医生、高级行政人员等专业人士提供短期的强化课程,帮助他们提升技能。比如哈佛大学、波士顿大学、塔夫茨大学各自的医学院提供丰富的医学继续教育,在青春期医学知识、艾滋病治疗、急救医学、肾脏病学、妇女初级保健、精神药理学等方面满足学员更新知识、提高技能的需求,使得医师、卫生专职人员有机会了解本领域的最新发展。

不仅如此,波士顿地区还是全国一流的行政教育中心之一。4所大学的相关专业学院提供短期课程,吸引各领域的高级经理来此深化知识,也使得本地学生有机会了解其他地区的同行,加强相互之间的联系。哈佛大学肯尼迪政府学院向高层行政人员、经理提供包括面向21世纪的领导管理、政策决策与分析、政府机构的战略管理等33项行政教育培训方案,各培训方案最短的历时5天,最长的历时半年。塔夫茨大学的法律与外交学院向外交机构、国际组织、国际商贸与新闻领域的专业人员提供暑期课程,学院提供的创新性的"全球文学硕士学位人才培养方案"内容涵盖国际法与政治学、国际商贸与财务、国际谈判、全球危机管理、国际社会趋势,课程提供3次各为期2周的面授,辅以1年的在线学习,这一人才培养方案招收全球各国的政府组织、国际组织、非营利机构、国际商贸与媒体的经验丰富的专业人士,帮助他们理解重塑全球化共同体的变革,使得他们有能力处理这些变革带来的问题。波士顿大学管理学院的行政教育提供为期2~3天的培训方案,包括面向公司内部法律部门人员提供的项目管理课程、面向首席信息官提供的MBA培训课程等。麻省理工学院斯隆管理学院提供的行政教育人才培养方案,在新产品开发、信息技术管理、供应链管理战略等方面提供15门课程,各课程为期2~5天,学院提供的高级研究培训方案面向高级专业人士,提供90多门课程,多数课程持续1~2周,颁发应用生物、计算机科学、工程规划与管理的研究生结业证书,学院提供的全球高管研修班招收在企业中担任重要领导职务但英语水平不足以参加纯英语授课型高管培训班的综合管理和技术管理高管,提供4门培训课程,涵盖四大关键管理议题(创新型组织的建设、领导与维系,技术专业人员和组织的管理,战略营销,创建高效组织)。

4所大学雄厚的师资、丰富的资源使得大学有能力针对市场需求快速开发出比全日制人才培养方案更为灵活的证书课程模块,提供那些2年制、4年制小型院校不能提供的课程。20世纪90年代,在计算机科学、网络设计、生物医学工程等领域人才严重短缺时,那些帮助人们在信息技术、生物技术或其他主导产业中做好职业准备或提升自我的培养方案很受欢迎。

与全日制学生来源不同的是，多数接受传统继续教育的学生为波士顿地区居民，如接受哈佛大学继续教育的学生中，约93％的学生为本地居民。但是各学院的专业继续教育则吸引了更大范围的学员，例如在哈佛大学、在MIT接受行政教育培训的学员中，分别有94％、90％的学员来自波士顿地区以外的地区。

（二）大学帮助加强中小学系统力量

帮助中小学系统加强力量是大学为本地民众提供的又一项服务，这一服务帮助本地民众子弟在基础教育阶段打下扎实基础，增加他们接受高等教育的机会。4所大学不仅通过人才培养向本地区中小学输送毕业生，还通过合作帮助提高中小学办学质量，通过提供培训改善中小学师生成长经历。

1. 通过合作提高中小学办学质量

在4所大学与中小学系统的合作中，引人注目的是20世纪90年代波士顿大学与波士顿大都会区切尔西市的合作。切尔西市是一个拥有约2.9万人口的小城，是波士顿地区的贫穷县之一，20世纪80年代，由于该市经济恶化，市财政陷入混乱，其学校系统成为波士顿地区令人头痛的麻烦事。1989年，切尔西学校委员会邀请波士顿大学承担起改造当地中小学的任务，接洽的结果是两者之间长达10年的合同，这也使得波士顿大学成为全美第一个直接负责地方学校系统日常管理的私立大学。合同列出了需要波士顿大学提高学校系统绩效的17个方面，包括课程开发，教师培训，确定全社区的统一大纲，改善硬件设施，改进财务管理，提高出勤率、毕业率，提高标准化测试成绩等。自签约后，两者的合作大有成效，波士顿大学可圈可点的业绩包括：设法获得州政府支持，在该市新建7所新校，翻建1所老校；除了大学财政向切尔西市各校直接提供价值达1005万美元的实物支持，还觅得1150万美元的私人捐赠用于改善学校的音乐、艺术教育；为切尔西市各校教师制定了全面的职业发展方案，提供假期课程，以及在当地大学的付费受训安排；为400名3～4岁儿童开发出儿童早期教育方案。切尔西学校委员会于1997年决定与波士顿大学的合作延长至2003年。

2. 通过培训改善中小学师生成长经历

（1）大学向教师提供培训。大学向中小学教师提供职业发展的培训项目众多。例如：波士顿大学与波士顿中小学系统合作举办数学与素养研讨会,为公立学校培训教师;在教育技术刚刚兴起时,哈佛大学的继续教育部向本地教师提供 8 门课程的教育技术培训,通过考试的教师可以获得教育技术证书;MIT 每年 6 月底面向中小学教师提供为期一周的工程与科学培训,参加这一培训的教师则成立了"新英格兰地区科学教师组织"以推动新英格兰地区各社区的科学教育;塔夫茨大学的"科学与数学教学中心"自1986 年以来一直致力于提高中小学阶段数学与科学教学,还率先使用微电脑实验室,实时帮助学员用图线表示物理现象、衡量物理现象,2001 年塔夫茨大学教师开发视频文件生成器,使得教师可以将好的教学实践制成光盘予以推广。

(2)大学向学生提供培训。例如:成立于 1993 年的"波士顿大学学术园地"面向 8~12 年级的优秀学生提供严格的课程学习培训,其间学生还可以预修波士顿大学本科生课程;MIT 的"周六工程学丰富与发现学术园地"面向波士顿市与剑桥市 3 所高职学校内愿意从事科技领域工作的少数民族学生,帮助他们加强科学、数学、通信技能,MIT 的"工程科学日营"则向剑桥市的弗莱切(Fletcher)中学与默尔(More)中学 7~8 年级学生每年提供 2次各为期 1 周介绍工程与材料科学的培训,MIT 还向高中生提供为期 8 周的夜校课程,通过数学、科学以及其他的数门选修课程,训练他们思考与沟通的技能;1999—2003 学年,哈佛大学耗资 100 万美元,通过暑期园地向剑桥市成绩不理想的学生提供个性化教育,哈佛的"机会"项目则利用本校的学生志愿者帮助剑桥市的高中生准备 SAT 考试;塔夫茨大学法律与外交学院的教师每年组织数次"全球事务研讨会",邀请波士顿地区的历史教师参加,大学的"唐人街合作伙伴项目"通过该校大学生志愿者终年向波士顿地区唐人街的高中生提供学业辅导,大学的"素养兵团"项目组织了 35 名本校学生,每人 2 次/周指导 2 名中小学生,在 2009—2010 学年,70 多名学生共贡献 22000 多个小时,塔夫茨大学工程教育与外联中心则将工程教育与中小学基础教育相结合,每周派遣 8 名学生志愿者进入萨默维尔社区(Somerville Community)5 所学校提供辅导。

二、大学向民众提供医疗卫生资源

健康是每个人的基本权利,医学与公共卫生的进步是保障公民这一基本权利的重要基础。医学以生物科学为核心,以病人需要为本,侧重于关注个体,在履行社会责任的过程中,强调面对个体的服务伦理,并按专门的分类方式对病患个体进行诊断、治疗与护理,如:根据器官系统分类(心血管内科、神经内科),根据患者分类(妇产科、儿科),根据病理和病理生理学分类(感染性疾病、肿瘤学),根据技术技能分类(放射科、外科)等。医学研究既有实验室研究,又包括临床研究。公共卫生以生命科学为中心,侧重于关注群体,在涉及个别问题时,常强调公共服务伦理,公共卫生关注对人群健康产生重大威胁的因素,根本的方法是针对环境、人类行为、生活方式、药物治疗的一系列预防措施,强调整个社会预防疾病、改善健康。其也有专门的分类方式,如:根据分析方法(流行病学、毒理学),根据环境与人口(职业卫生、全球卫生),根据卫生问题的本质(环境卫生、营养)。公共卫生领域的研究既有实地考察,又有实验室研究,人口科学与量化分析是公共卫生研究的基本特征,并且常涉及社会与公共政策。

(一)大学提供医疗卫生资源的组织基础

4所大学中,MIT未设医学院或公共卫生学院,其余3所大学内的专业学院——波士顿大学医学院、公共卫生学院,哈佛大学医学院、公共卫生学院,塔夫茨大学医学院——为改善民众健康所发挥的作用无与伦比。

波士顿大学医学院自1873年与新英格兰女子医学院合并后,一直引领医学科学教育与研究。医学院位列2018年 *THES* 公布的全球最佳大学(医学)第33位,根据2020年《美国新闻与世界报道》,学院名列全美研究型医学院第30位,其心脏病学名列全球第10位、全美第8位,临床医学名列全球第46位、全美第26位,神经科学名列全球第45位、全美第23位,精神病学/心理学名列全球第45位、全美第25位,外科名列全球第104位、全美第66位。截至2020年6月30日,医学院共有1926名专职教师,1712名在校生,12745名医学专业博士、哲学博士、医学科学硕士校友[1],41家研究中心和研究所(见表6.7),创建了美国大学医学院的多个"第一":1890年培养出第一位美国原住民医学博士;1894年培养出第一位非裔精神病学家;是第一所提供BA/MD连读学位的医学院;是美国第一家结合了癌症研究与教学实验室的医学院;是美国第一家成立胃肠癌研究部门的医学院(1942年);是

---

① BU School of Medicine. BUSM by the Numbers[EB/OL]. (2019-07-10)[2020-06-29]. https://www.bumc.bu.edu/busm/about/busm-by-the-numbers/.

率先研究将青霉素用于治疗感染病的医学院(1944 年)[1];是第一所与美国公共卫生部的"心、肺、血液研究所"合作、以识别心血管疾病诱因的医学院(医学院在此基础上于 1948 年成立弗雷明翰心脏研究中心)。

波士顿大学公共卫生学院成立于 1976 年,根据 2020 年《美国新闻与世界报道》,学院在全美私立院校公共卫生学院中名列第 5 位,在全美 183 所公共卫生学院中名列第 8 位。学院共有 361 名教师,10000 多名校友遍布全球 150 个国家,其中有:任美国护士协会主席的 1988 届毕业生戴利(Daley)博士,任美国卫生与公众服务部助理国务卿的 1995 届毕业生科(Koh)博士,任美国移民论坛[2]执行主席的 1999 届毕业生诺拉尼(Noorani)。[3]

哈佛大学医学院成立于 1782 年,2018—2019 学年的数据显示,学院共有在校研究生 2266 人,医学院教师及其附属医院医生共计 11694 人,其中专职人员 9649 人,现任美国医学院院士 152 人,美国科学院院士 80 人,学院 10 家研究中心(见表 6.8)整合了校内外众多专家的力量。[4]

哈佛大学公共卫生学院成立于 1913 年,至 2020 年 6 月底,学院共有教师 465 人(其中终身教职教授 90 人),另聘有 115 名研究科学家以及 1072 名博士后研究人员、研究助理教员,学院内设 21 个研究中心,其中校级研究中心 4 个,院级研究中心 9 个,学系一级研究中心 8 个(见表 6.9)。[5] 公共卫生学院已培养出至少 10575 名毕业生,1962 年以来,美国疾病控制与预防中心有 6 位主任毕业于此,该学院 65 届硕士生布伦特兰(Brundtland)在 1981 年、1986—1989 年、1990—1996 年任挪威首相,在 1998—2003 年任世界卫生组织总干事。

---

[1] BU School of Medicine. History[EB/OL]. (2019-08-11)[2020-06-29]. https://www.bumc.bu.edu/busm/about/history/.

[2] 美国移民论坛成立于 1982 年,总部位于华盛顿特区,是全国首屈一指的移民政策组织之一。

[3] BU School of Public Health. SPH at a Glance[EB/OL]. (2019-08-30)[2020-06-29]. https://www.bu.edu/sph/about/busph-at-a-glance/.

[4] Harvard Medical School. About HMS[EB/OL]. (2019-07-15)[2020-06-29]. https://hms.harvard.edu/about-hms.

[5] Harvard School of Public Health. About[EB/OL]. (2019-08-03)[2020-06-29]. https://www.hsph.harvard.edu/about/.

表 6.7　波士顿大学医学院研究中心与研究所

异质性疾病研究中心	关节炎研究中心	新发传染病国家实验室*	生物医学基因研究中心	生物医学马萨诸塞州光谱测定法研究中心
流行病学研究中心	癌症研究中心	心血管蛋白质组学中心	再生医学研究中心	创伤后应激障碍国家研究中心
女性健康研究所	听力研究中心	临床流行病学研究与培训中心	淀粉样蛋白治疗研究中心	生物统计学与流行病学数据分析中心
慢性创伤性脑中心	临床转化科学研究所	实施与改进科学中心	跨学科生物医学研究中心	转化流行病学与有效性研究中心
弗雷明翰心脏研究中心	基因组科学研究所	全球健康发展研究中心	健康状况差异研究单位	马萨诸塞州退伍军人流行病学研究与信息中心
免疫生物学研究中心	记忆紊乱研究中心	肺结核研究中心	军事岗位部署卫生研究中心	艾滋病研究普罗维登斯/波士顿研究中心
心血管研究所	肺病研究所	波士顿营养结构研究中心	女性健康跨学科研究中心	新英格兰地区脊髓损伤研究中心
性医学研究中心	前列腺癌研究中心	镰状细胞疾病研究中心	帕金森疾病与行为障碍研究中心	临床转化神经科学研究中心

资料来源：BU School of Medicine. Centers & Institutes[EB/OL]. (2019-8-30)[2020-06-29]. http://www. bumc. bu. edu/busm/research/centers-institutes/.

* 这一实验室是美国国内为数不多的由 NIH 赞助的新发传染病国家实验室。

表 6.8 哈佛大学医学院研究中心

医学与创新技术融合中心	糖科学研究中心	生物伦理研究中心	姑息治疗研究中心	达纳-法博/哈佛癌症研究中心
哈佛临床转化科学中心	初级保健研究中心	遗传性耳聋研究中心	综合医学研究中心	麻省理工学院-哈佛大学医学院磁共振研究中心

资料来源：Harvard Medical School. Research Departments, Centers, Initiatives and More[EB/OL]. (2019-08-30) [2020-06-29]. https://hms.harvard.edu/research/research-departments-centers-initiatives-more.

表 6.9 哈佛大学公共卫生学院研究中心

校级研究中心	院级研究中心	学系一级研究中心
健康与人权研究中心、人口发展哈佛研究中心、全球卫生哈佛研究所、人道主义倡议哈佛研究中心	气候、健康与全球环境研究中心、传染病属性研究中心、健康传播研究中心、卫生决策科学研究中心、损伤控制研究中心、获得性免疫缺乏综合性倡议研究中心、工作、健康与幸福研究中心、辐射科学研究中心、印度研究中心	艾滋病研究生物统计学中心、全球烟草控制研究中心、公共卫生预防研究中心、风险分析研究中心、环境卫生研究中心、健康与幸福研究中心、营养、遗传与代谢研究中心、备与应急研究中心

资料来源：Harvard School of Public Health. Academic Departments, Divisions and Centers[EB/OL]. (2019-06-15)[2020-06-29]. https://www.hsph.harvard.edu/departments/.

　　塔夫茨大学不设立公共卫生学院，其公共卫生领域的教育、研究工作内置于塔夫茨大学医学院，医学院成立于 1893 年，截至 2020 年 6 月 30 日，学院临床医生、科学家、研究人员、教育工作者、公共卫生学者和从业人员共计5000 人。院内设有 5 个基础科学部门：分子生物学与微生物学（设 15 个实验室），神经科学（设 15 个实验室），发展、分子、化学生物学（设 23 个实验室），免疫学（设 12 个实验室），公共卫生与社区医学（在环境与职业健康、全球卫生、健康不平等和健康的社会决定因素、卫生政策和保健服务、营养与传染病、肥胖和慢性疾病等领域从事前沿研究）。在学院培养的毕业生中，其杰出校友包括[①]：

　　①1921 届毕业生伊斯特林（Easterling），是第一位被塔夫茨大学医学院录取的黑人女生，1927 年与辛顿（Hinton）博士一起开发成功辛顿测试法[②]。

　　②1933 届毕业生柯斯纳（Kirsner），是胃肠病学领域的先驱，帮助国家卫生研究所建立了"全科医学研究部"，他的炎症性肠病教科书是该领域的标准教科书。

　　③1940 届毕业生罗宾斯（Robbins）撰写的创新性教科书《疾病的病理学基础》，着重于疾病的"为什么"和"怎么做"，而不是"是什么"，该教科书自1957 年正式出版以来一直是该领域的权威教材。

　　④1945 届毕业生德福奇（Desforges）是著名血液学专家，也是贫血，特别是镰状细胞病和霍奇金淋巴瘤的权威人士。

　　⑤1957 届毕业生普鲁伊特（Pruitt）被称为"现代灼烧治疗之父"，他帮助开发了抗菌霜，使得被灼伤患者的存活率显著提高，2008 年获费萨尔国王国际医学奖[③]。

　　⑥1982 届毕业生麦金农（MacKinnon），因"对细胞膜中的离子通道结构和机理的研究"，获得 2003 年诺贝尔化学奖。

---

　　① Tufts University,School of Medicine. Distinguished Alumni[EB/OL]. (2014-08-25)[2020-06-28]. https://medicine. tufts. edu/alumni/distinguished-award-winning-alumni/distinguished-alumni.

　　② 辛顿测试法是通过血清检测测试梅毒的方式。

　　③ 费萨尔国王国际奖是沙特阿拉伯费萨尔国王的儿子们为纪念费萨尔国王逝世一周年于1977 年设立的，当时只设伊斯兰服务奖、伊斯兰研究奖和阿拉伯文学奖，1979 年首次颁奖，是世界四大国际奖之一。1981 年增设医学奖，1982 年增设科学奖。

⑦1984 届毕业生卢祖里加(Luzuriaga),她和她的团队[包括密西西比大学儿科医生盖伊(Gay)和约翰斯·霍普金斯儿童中心的病毒学家珀索德(Persaud)]治愈了艾滋病新生患儿,至 2013 年患儿已 2 周岁半,无艾滋病毒迹象。卢祖里加本人被《时代》杂志评为 2013 年度全球最具影响力的100 位人物之一。

⑧2002 届毕业生爱泼斯坦(Epstein),是"生态卫生联盟"的"保护医学组织共同体"①副主席协理、执事。

(二)大学提供医疗卫生资源的途径

1. 通过研究提供资源

通过研究发现真理、推进认知是大学的基本使命,也是大学向社会提供与众不同的服务的基础。3 所大学的医学院、公共卫生学院内设立的研究中心与研究所数量众多,它们将从事基础生物医学研究的科学家与关注直接疗效的临床医生联系起来,将实况与政策制定联系起来,为汇聚多学科、跨学科的研究人员提供组织基础,为推动医疗事业、公共卫生事业的发展贡献智慧。

(1)通过研究推进医疗卫生基础知识领域的发展——以哈佛大学医学院为例。基础研究虽不能直接为民众健康服务,但它是一切高水平开发的源泉。美国境内有众多奖项衡量、认可学者在推进医学/卫生知识中的学术成就,有的是各专业学会设立的奖项,有的是各私立非营利基金会设立的奖项,其中诺贝尔奖是公认的可以用来判断大学通过研究推进医疗卫生基础领域发展成就的依据。哈佛大学医学院在其所在领域堪称典范,截至 2013年,仅诺贝尔生理学或医学奖一个奖项就有 18 位得主是哈佛大学校友,他们是:

①迈诺特(Minot)与墨菲(Murphy),因"对贫血病的肝治疗法取得成功",于 1934 年与惠普尔(Whipple)共同获奖;

②生物化学家多伊西(Doisy),因"发现维生素 K 的化学性质",于 1943年获奖;

③恩德斯(Enders)、罗宾斯(Robbins)和韦勒(Weller),因"将组织培养

---

① "保护医学组织共同体"是致力于将生态、保护、卫生联系在一起的第一个正式的协会性组织。

法用于研究病毒性疾病,培养出脊髓灰质炎疫苗",于 1954 年获奖;

④医生盖杜谢克(Gajdusek),因"发现传染病产生和传播的新机理",于 1976 年与布隆伯格(Blumberg)共同获奖;

⑤医生希钦斯(Hitchings),因"发现药物治疗的重要原理",1988 年与布莱克(Black)、埃利恩(Elion)共同获奖;

⑥毕晓普(Bishop J M)与瓦默斯(Varmus H E),因"发现反转录病毒致癌基因的细胞来源",于 1989 年共同获奖;

⑦默里(Murray)与托马斯(Thomas),因"发明应用于人类疾病治疗的器官和细胞移植术",于 1990 年共同获奖;

⑧神经精神病学家坎德尔(Kandel),因"发现神经系统中的信号传导",于 2000 年与格林加德(Greengard)和卡尔森(Carlsson)共同获奖;

⑨生物学家霍维茨(Horvitz),因"发现器官发育和细胞程序性死亡的遗传调控机理",于 2002 年与布伦纳(Brenner)、苏尔斯顿(Sulston)共同获奖;

⑩生物学家梅洛(Mello),因"发现了 RNA 干扰机制——双链 RNA 沉默基因",于 2006 年与斯坦福医学院病理遗传学教授菲尔(Fire)共同获奖;

⑪遗传学家卡佩奇(Capecchi),因"在利用胚胎干细胞引入特异性基因修饰的原理上的发现",于 2007 年与埃文斯(Evans)和史密斯(Smithies)共同获奖;

⑫免疫学家斯坦曼(Steinman),因"发现树突状细胞和其在后天免疫中的作用",于 2011 年与巴特勒(Beutler)和霍夫曼(Hoffmann)共同获奖;

⑬细胞生物学家罗思曼(Rothman),因"发现了细胞囊泡交通的运行与调节机制",于 2013 年与谢克曼(Schkman)和苏德霍夫(Südhof)共同获奖。

截至 2013 年,医学院共有 12 名教师因其在医学院工作期间的成果获得 8 项诺贝尔生理学或医学奖。这 12 人中,有 6 位是前文提到的获得 1934 年、1954 年、1990 年诺贝尔生理学或医学奖的校友,他们后来成为哈佛大学的教师,其余 6 位获得诺贝尔奖的哈佛教授为:

①美籍德国人李普曼(Lipmann),因"识别辅酶 A 并发现细胞产生能量的基本方式",于 1953 年与克雷布斯(Krebs)共同获奖;

②免疫学家贝纳塞拉夫(Benacerraf),因"创立移植免疫学和免疫遗传学",于 1980 年与美国遗传学家斯内尔(Snell)、法国免疫学家多塞(Dausset)共同获奖;

③神经生理学家哈贝尔（Hubel）与同为医学院教授的瑞典医学家、生理学家威塞尔（Wiesel），因"研究大脑视神经皮层的功能结构"，于1981年与斯佩里（Sperry）共同获奖；

④生物学家巴克（Buck），因"发现用以解释嗅觉系统的气味受体和嗅觉系统组织"，在哈佛任职时与哥伦比亚大学阿克塞尔（Axel）共同获得2004年诺贝尔生理学或医学奖；

⑤遗传学教授索斯塔克（Szostak），因"发现染色体如何受到端粒与端粒酶的保护"，于2009年与加利福尼亚大学布莱克本（Blackburn）、约翰斯·霍普金斯大学卡格雷德（Greider）共同获奖。

（2）通过研究推动医疗事业发展——以塔夫茨大学癌症研究与诊疗中心为例。塔夫茨大学癌症研究与诊疗中心位于塔夫茨医学中心内，拥有21个诊疗科室①。作为全美首屈一指的癌症研究与治疗中心，它声名在外。该中心早在20世纪40年代就开始提供创新的癌症疗法，20世纪50年代末成为波士顿地区首家实施骨髓和干细胞移植手术并将移植技术用于治疗血源性癌症的机构，20世纪70年代开始采用团队的形式治疗癌症，自那以后，美国境内癌症研究与治疗中心纷纷效仿其多学科途径提供医疗服务。

塔夫茨大学癌症研究与诊疗中心拥有丰富的数据库和先进的技术，其6个实验室汇集了众多科学家、研究人员和医生，中心成员共享资源，合作开发用于检测、治疗癌症的新方法，寻求在更短时间内将新疗法从实验室转向满足临床需求。该中心的研究领域主要聚焦于5个方面：增加对癌症生物学的了解；寻求预防癌症的方法；开发更好的癌症诊断与筛查技术；全面改善癌症治疗疗效；消除癌症治疗的地区不平衡性。中心并不严格地将研究分成"基础（实验室）研究"和"临床研究"，而是组建成数个跨学科、跨机构的研究团队，其核心团队如下。

①测量、输出与人口学团队。该团队的具体目标包括4点：结合病人的异质性与癌症疾病的特征，推崇癌症临床试验设计、分析与推广的科学性；开发、测试病情干预措施，减少癌症诊断、治疗、病情发展对病人及其家庭造

---

① 21个诊疗科室包括：青少年专门科室（癌症＋血液病），良性血液病科室，骨髓和干细胞移植科室，乳房健康科室，结直肠癌科室，实验治疗科室，胃肠道癌症科室，遗传风险评估，泌尿生殖系统肿瘤科室，妇科肿瘤科室，头颈部癌症治疗科，恶性血液病科室，癌症全面治疗科室，肝癌、肝胆道癌科室，神经肿瘤科室，纽曼-拉卡研究所个性化癌症治疗科室，姑息疗法科室，胰腺癌科室，腹膜表面恶性肿瘤科室，皮肤癌科室，胸癌科室。

成的不利影响;比较分析整个病情的诊断、治疗效果;根据各人群的环境、生活方式、人口结构的变化探寻预防癌症、降低罹患癌症风险的方法。综合而言,就是识别、开发、应用最好的方法以解决癌症临床治疗与研究中面临的问题,将决策分析与数据建模应用于临床工作中。

②癌症生物学团队。该团队基于"治疗癌症要先了解细胞生物学"的理念,重点关注三个领域:信号转导与基因调控,炎症、免疫学和肿瘤微环境,癌症干细胞小生境对肿瘤形成的影响。其目标是整合在信号转导、基因调控、细胞运动、细胞间的相互作用、细胞组织工程学、炎症/免疫学等多个领域从事基础研究的科学家的成果,洞悉癌细胞的疾病生物学原理。

③结构与化学生物学团队。团队的主要工作包括:确定癌细胞的受体蛋白质,用筛选技术确定小分子量化合物,并根据结构改进这些化合物;通过细胞分析试样和动物试验,测试疗效,选定可开发的药物,将基础研究成果转化成药物先导化合物。

④营养与癌症团队。其理念是:饮食、营养、身体活动都有可能导致癌症,但是人们可以通过调整生活习惯来减少罹患癌症的风险。团队工作包括:确定矫正肥胖、身体运动与热量达到最佳平衡的条件及其对癌症病症表征的影响;检查碳营养素、维生素 A 酸素、胡萝卜素、儿茶素并选定抗氧化微量营养素,以确定哪些成分可以真正抗癌、在何种情况下具有抗癌作用,并描述产生抗癌作用的内生与外生因素,辨别产生抗癌效果的分子、生化与细胞机制以进一步改善抗癌效果。

⑤恶性血液病团队。团队是癌症研究中心的一个重要结点——利用其成员的专长与研究兴趣,鼓励多学科、跨学科的研究,为与癌症基因、癌细胞生物学、免疫学等基础研究团队提供交流的基础,鼓励并支持癌症研究中心各组织对恶性血液疾病的病理机制及其治疗的基础研究、转化研究与临床研究的相互交流,以提高对患者的诊断、治疗与预测技术水平。团队的工作主要包括:确定对恶性血液病发病机制产生重要影响的分子轨迹,在前临床建模中证实这些轨迹,并针对这些轨迹进行前临床与临床药物测试;改善新的细胞疗法,以改善患者的病情。

(3)通过研究推动公共卫生事业发展——以哈佛大学公共卫生学院成就为例。哈佛大学公共卫生学院已有 100 多年历史,学院内众多科学家、教授、研究人员累积的丰富成果不仅对预防与控制传染病、慢性病产生重大影响,还对环境与社会决定性因素、对整个卫生系统及其政策产生重大影响。

①哈佛大学公共卫生学院对传染病的预防与控制做出重大贡献的科学成就如下。

· 发现了第二种人类免疫缺陷病毒 HIV_2。由于病毒结构相似,这一发现使得人们可以了解 HIV_1 的发病机制,加快疫苗研制。

· 确定了反转录病毒可以导致艾滋病、HIV 病毒可以通过输血器具传播,并且确定病毒抗原是血库筛选最有用的。

· 通过艾滋病研究中心的生物统计中心提供服务,确保政府自 1995 年发起的艾滋病临床试验的质量及数据完整。

· 率先找到证据说明艾滋病可以通过异性性交传播。

· 确定可以研制出疫苗的一种受体蛋白,为用于药物开发和诊断的新方法——流行病监测——提供了基础。

· 发现了如何在非神经组织种植脊髓灰质炎病毒。这一发现不仅使得韦勒(Weller)获得 1954 年诺贝尔奖,也为 20 世纪 50 年代中期脊髓灰质炎疫苗的开发铺平了道路。

· 发明了"铁肺",在人类发现脊髓灰质炎疫苗前挽救了成千上万的小儿麻痹症患者。

· 确定鹿蜱是可以引发莱姆病的媒介,描述了鹿蜱的生命周期,确定了鹿和老鼠在传播这种病菌中的危害。

②哈佛大学公共卫生学院对慢性病的预防与控制做出重大贡献的科学成就如下。

· 证明了不是所有的脂肪都是"不好的脂肪",不同的脂肪类型有不同的效果——反式脂肪酸是有害的,但植物油是有益的。这一发现彻底改变了美国政府和营养专家提出的营养建议。

· 证明了大多数冠状动脉心脏病和糖尿病可以通过避免吸烟、适度的体力劳动、控制体重、强调健康脂肪的饮食、健康的碳水化合物、大量摄入水果和蔬菜,以及不过度饮酒等方法来预防。

· 发布一份报告,说明美国多数癌症死亡病人源于吸烟、不良饮食习惯、肥胖、缺乏运动等生活习惯。

· 确定每天一片阿司匹林可以防止人们不患结肠腺瘤。

· 发明了直流心脏除颤器,挽救了成千上万名心脏节律不稳或心脏骤停患者。

· 研制出有助于预防与治疗抗动脉粥样硬化的转基因老鼠。

•公布了"被动吸烟导致肺癌"这一突破性研究成果。

•形成了一种统计方法,用以识别许多疾病易感的基因变体,以及对乳腺癌、前列腺癌、糖尿病的易感基因。

③哈佛大学公共卫生学院对环境与社会决定性因素产生影响的科学成就如下。

•20世纪20年代,学院教师汉密尔顿(Hamilton)率先测试铅行业工人中毒情况,伊利诺伊州受惠于此,成为通过立法保障工人健康的第一个州,汉密尔顿本人成为哈佛大学第一位女教授。

•发起了"面向驾驶员"的运动,遏制美国国内酗酒导致的交通事故,这一运动使得因此死亡的人数下降了25%。

•1974年,公共卫生学院对六大城市进行研究以回应美国能源危机的问题,其研究结论包括:在现有的空气污染标准下,空气污染仍能导致心脏疾病;空气污染最危险的成分是化石燃料燃烧产生的微粒;室内的空气污染有时比室外的空气污染更危险;被动吸烟对儿童的影响非常大。基于上述成果,研究人员提出彻底修订《美国清洁空气法案》的建议。

•根据对心脏病患者、肾病患者就医情况的统计,发现在就医的患者中,社会经济条件相对差的患者在需要手术时有能力接受手术的比例、治疗质量都低于社会经济条件相对好的患者。

•确定了在发展中国家健康改善、婴儿死亡率下降及主导年龄结构的婴儿潮产生的"人口红利"现象,认为如果政策到位,这一批婴儿成人后产生的劳动力激增会助长井喷式的经济发展,表明"健康可以产生财富"。

•与世界银行、世界卫生组织合作,发布《全球病情报告》,该报告记录了疾病、残疾的主要成因,分析了全球九大地区107种疾病的影响与危害。

•证明了腹部最小的气囊表面张力的改变是新生儿呼吸窘迫的根本原因,这一发现使得医生改进了对呼吸有困难的新生儿的护理。

•诊断出以下情况中毒的原因:手表制造业的镭中毒,毛毡业的汞中毒,车库、印刷机构、隧道、矿业中的一氧化碳中毒,以及如何防止中毒的方法。

•与劳务管理部门合作,向橡胶轮胎、肉类包装、汽车行业工人提供作业安全保障。

•研究铅、砷、锰等重金属对身体健康产生的影响,设计出对抗这种影响的低成本方法。

④哈佛大学公共卫生学院对卫生系统与政策产生影响的研究成果如下。

· 与"哈佛医疗实践研究小组"一起推出"患者安全行动",这一行动是第一次对医院中的医疗伤害和可预防医疗差错的全面衡量,通过该研究,公共卫生学院向医学研究所提供一份《是人都会犯错》的报告。

· 引导世界卫生组织设计并制定一份手术安全核对表,这一核对表可以使手术团队减少错误,挽救生命,帮助医院节省开支。

· 确定了适用于发展中国家的新的、成本更低的、更有效的筛查宫颈癌①的方法。

· 通过计算每一例医疗程序需投入的时间与工作强度,创造了"以资源为基础的相对价值比率",取代传统的基于账本的医疗支付方式,至 1995年,美国多数公、私立保险公司采取了这一模式支付医生的服务费用,至2004 年,英国的私人保险公司以及澳大利亚、加拿大、法国的保险公司采用了这一支付模式。

· 开始了"医疗干预的成本效益"这一开创性研究,创立了"卫生决策科学"这一学科,提出了"生活质量改变寿命年限"的概念,这一概念被用于指导全球各地的医疗政策。

(4)通过研究关注弱势群体福祉——以塔夫茨医学院全球公共卫生塔夫茨研究中心为例。全球公共卫生塔夫茨研究中心的工作包括:研究全球性卫生事务,以及如何将研究成果转化成实际应用;致力于对传染性疾病、非传染性疾病、孕产妇与儿童健康的研究;在疾病、预防、营养、培训、政策、成果转化等方面与其他地区多个组织合作,旨在通过临床试验、案例分析、定性或定量研究的方法,了解享受医疗服务不平等、病患负担重的潜在原因,形成持续有效的解决方案。其研究工作注重与非营利组织合作,与时俱进评估其研究发现与政策的影响力。

①中心在亚洲从事的研究包括:

· 在印度,研究艾滋病毒感染体抗反转录病毒治疗前后的免疫活化标记,测定肠道菌群;

· 在印度,研究艾滋病毒感染儿童血脂异常机制;

· 在巴基斯坦,研究民众肠道菌群与生长缓慢的联系。

---

① 在发展中国家,宫颈癌是女性癌症患者的头号"杀手"。

②中心在非洲的研究包括：

·在肯尼亚农村，测定营养干预对受艾滋病毒感染的群体延缓病情的效果；

·在纳米比亚，研究对艾滋病患坚持抗反转录病毒治疗与护理时食品安全的作用；

·在乌干达，研究肠道寄生虫通过吸收途径的传播；

·在肯尼亚，研究如何通过识别相关因素，预测艾滋病毒的治疗；

·在肯尼亚农村，村民存在的抑郁与食品不安全的关系；

·在肯尼亚农村，阴性艾滋病患者与阳性艾滋病患者营养摄入、营养状况与食品不安全状况；

·在肯尼亚农村，研究相关因素催生的妊娠结果、并发症特征；

·对肯尼亚农村高血压、糖尿病、癌症治疗的负担进行测评；

·评估"通过卫生、营养、农业干预以改善 60 万名乌干达孕妇、儿童健康与营养状况"的研究项目；

·评估在埃塞俄比亚 80 个地区开展的"营养与行为改变"研究项目；

·在赞比亚、尼日利亚以及亚洲的印度、孟加拉国，根据对食品与微量元素摄入的估计，确定强化食品营养所需的摄入量。

2. 通过与医院合作直接为民众提供诊疗服务

3 所大学均与多家医院、综合性的医学中心合作：波士顿大学医学院共有 25 家合作医院，哈佛大学医学院拥有 17 家合作医院，塔夫茨大学共有 21 家合作医院。这些教学医院和医学中心不仅为医学专业的学生提供学习、实习、就业的机会，也是大学结合基础研究、转化研究与临床研究的最佳场所。和几所大学的医学院同时有合作关系的几家医院如下。

（1）位于剑桥市的芒特奥本医院（Mount Auburn Hospital）。医院拥有 213 个床位，专门收治住院病人。它是美国医院协会成员、教学医院理事会成员、医学院协会成员，医院同时与波士顿大学医学院、哈佛大学医学院有合作关系。

（2）位于马萨诸塞州的退伍军人事务部波士顿医疗保健系统（Veterans Affairs Boston Healthcare System）。这是新英格兰地区面向退伍军人的三级医疗中心，主要收治新罕布什尔州南部以及马萨诸塞州东部地区的病人，这家医院同时与哈佛大学医学院与波士顿大学医学院有合作关系。

（3）贝斯以色列女执事医疗中心（Beth Israel Deaconess Medical

Center)。这是一家综合性的国际知名医疗中心、全美最杰出的学术医疗中心之一,每年被《美国新闻与世界报道》评为最佳医院,其医疗信息技术和电子病历工作首屈一指。中心拥有 1250 名员工,在波士顿地区共有 7 家成员医院,每年门诊人数超过 50 多万人。中心也开展学术研究工作并将研究成果用于实践,其研究工作在美国卫生研究所赞助的非公立医院中名列第 3 位。医疗中心与哈佛大学医学院有合作关系,其成员普利茅斯医院与塔夫茨大学医学院有合作关系。

(4)哈佛大学医学院其他主要的合作医院

除了同时合作的医院,各大学分别与多家医院合作,极大提高了医院为民众提供的各种诊疗服务质量。下面以哈佛大学医学院的合作医院为例进行介绍。

①波士顿儿童医院(Boston Children's Hospital)。该医院为面向新生儿至 21 岁病患提供儿科医疗保健的综合性诊疗中心,共拥有 395 个床位,228 个科室,每年接待门诊病人约 56 万人次,实施约 27000 例手术,收治住院病人 2.5 万人次。波士顿儿童医院也是全球最大的研究实体之一,共有 1100 多名科学家,其中 9 人为美国国家科学院院士,11 人为美国医学研究所成员,另 9 人为霍华德·休斯医学研究所成员[①]。

②布里格姆妇女医院(Brigham and Women's Hospital)。该医院是美国国家卫生研究所资助的第二大医院,在器官移植、二尖瓣手术等领域的研究中处于引领地位,在心脏与血管医疗、癌症诊疗、整形外科与关节炎治疗、神经系统及神经外科护理、女性健康等成人医疗领域中有着公认的优势。它也是美国合作医疗制度的创始成员之一,是电脑化医嘱录入(被国内外广泛接受以防止用药失误的有效方式)的领先开发者。医院拥有 793 个床位,拥有先进的住院设施,也提供门诊诊疗服务,一直被《美国新闻与世界报道》评为美国最佳医院之一。

③达纳-法博癌症诊疗研究所(Dana-Farber Cancer Institute)。它既是哈佛医学院主要的教学合作机构,也是布里格姆妇女医院成人癌症患者临床诊疗,波士顿儿童医院儿科癌症、血液疾病患者临床诊疗的合作伙伴。医院吸引了全球著名的医生和科学家,是国家癌症研究所指定的综合性癌症

---

① 霍华德·休斯医学研究所是美国非营利性医学研究所,由著名飞行员、工程师霍华德·休斯于 1953 年成立,是美国以私人资金资助生物和医学研究的大型组织。

诊疗中心的成员之一、全球领先的肿瘤医疗中心,也一直是新英格兰地区顶尖的肿瘤医院。其擅长的领域包括乳腺癌、皮肤癌、妇科肿瘤、肺癌、干细胞移植和癌症的临床诊疗。

④哈佛朝圣者卫生保健所(Harvard Pilgrim Healthcare)。它创办于1993年,是根据美国医疗卫生计划指定成立的机构,旨在通过研究卫生保健和公共卫生系统的结构、过程、结果,提高群体与个体健康。

⑤乔斯林糖尿病诊疗中心(Joslin Diabetes Center)。该中心旨在通过教育、创新的临床研究、前沿的科学研究预防与治疗糖尿病,创造一种无糖尿病及并发症的生活。

⑥贝克法官儿童诊疗中心(Judge Baker Children's Center)。该中心成立于1917年,既是哈佛医学院的合作组织,又是新英格兰地区古老的精神疾病诊疗组织、全国儿童精神健康领域的引领者。该中心整合教育、研究、服务与培训工作,致力于改善那些因精神疾病影响其潜力的患儿的生命质量。

⑦马萨诸塞州眼耳医院(Massachusetts Eye and Ear)。该医院既提供常规体检,又提供高度复杂的眼、耳、鼻、喉、头、颈手术与治疗,它不仅是哈佛医学院的教学医院,还是世界著名的研究中心,一直占据《美国新闻与世界报道》医院排名榜全美前5位。

⑧马萨诸塞州总医院(Massachusetts General Hospital)。该医院创办于1811年,是新英格兰地区历史悠久、颇具规模的医院,《美国新闻与世界报道》一直将其列入全美最佳医院前5位。

⑨麦克林医院(McLean Hospital)。该医院成立于1811年,是一家综合性精神病医院,为波士顿地区内外的民众提供质优价廉的精神康复服务。医院在精神疾病治疗、探究精神疾病病因、训练新生代精神疾病医生等工作上处于引领地位。其临床科室针对各种精神疾病(包括抑郁症、精神障碍、情绪焦虑症、酗酒、分离性障碍、阿尔茨海默病等疾病)和青少年儿童精神疾病,提供个体心理治疗、群体治疗、精神药理学和康复治疗等诊疗服务。

⑩斯格本斯眼科研究所(Schepens Eye Research Institute)。该研究所于1950年由著名的医学博士、视网膜外科医生斯格本斯(Schepens)创办,是美国最大的眼科研究所。研究所通过开发新技术、新诊疗方法,帮助患者预防失明,缓解甚至治愈失明。

第七章　结论与启示:世界一流何以可能

30所美国私立大学成为世界一流大学的原因在于其内部治理结构,我国C9大学需要在正视本土办学环境的基础上,思考改善内部治理结构的行动。

一、世界一流大学的成因:大学内部治理结构

(一)美国大学的治理结构

治理结构是组织场域中实施控制的公共系统与私人系统、正式系统与非正式系统的结合。[①]　威廉森认为,治理结构(governance structure)是"一种交易的完整性在其中得到确定的制度矩阵"……"可以被有益地视为制度框架",也是"契约关系的稳定性和可靠性在其中得以决定的组织框架"[②]。程北南基于威廉森的概念,认为"所谓治理结构,是指在人类社会中,为了保证广义交易关系及其缔结和约的完整性而设置的一整套制度安排及其相应的组织架构和权力规则,这些制度安排、组织架构和权力规则的结合在不同程度上制约了有限理性的经济人在交易活动中的机会主义倾向,缓解了与交易相对应的各种合约风险,维持了相应的秩序"[③]。基于上述对"治理结构"的界定,笔者认为:大学治理结构是大学在履行其使命时,为了确保其学术性与公益性而设置的一整套相应的制度安排、组织架构、权力规则,它是大学运行机制的基础,作为大学治理中较为静态的部分,通过制度化的方式保存治理过程中形成的权力安排,发挥着大学治理"稳定器"的作用,其中权

---

①　斯科特.制度与组织:思想观念与物质利益[M].姚伟,王黎芳,译.3版.北京:中国人民大学出版社,2010:58.

②　威廉森.治理机制[M].王健,方世建,等译.北京:中国社会科学出版社,2001:479.

③　程北南.中国大学治理结构的经济学分析[M].北京:中国财政经济出版社,2010:20-23.

力规则是大学治理结构的核心问题。

美国大学系统的治理结构是一个经由时间与空间交织而成的相对独立的系统,在 21 世纪美国大学的治理结构中,国会、美国教育部、各州立法机构、州高等教育委员会、州长、认证机构、基金会、董事会、校长、高层行政、教师、学生、校友、研究所、研究中心、各学系/部门、各专业构成稳定的组织结构①(见图 7.1),政府的法律法规,认证机构的认证标准,体现利益相关者态度、期望值和价值观的信念和文化认知构成治理结构中的制度安排,治理结构中的权力规则既有政治论基础,又有认识论基础。如果将美国大学治理结构分为外部治理结构和内部治理结构,那么,国会、美国教育部、各州立法机构、州高等教育委员会、州长、认证机构、基金会等组织,以及上述组织提供的制度与交织其中的权力规则,这三者构成美国大学的外部治理结构。在大学内部,董事会、行政部门、学术单位等组织及其成员构建的共治组织,他们遵循的法律法规、具有的信念与行动逻辑、信奉的价值观和规范,以及这些个体与集体所演绎的权力规则,这三者构成美国大学的内部治理结构。

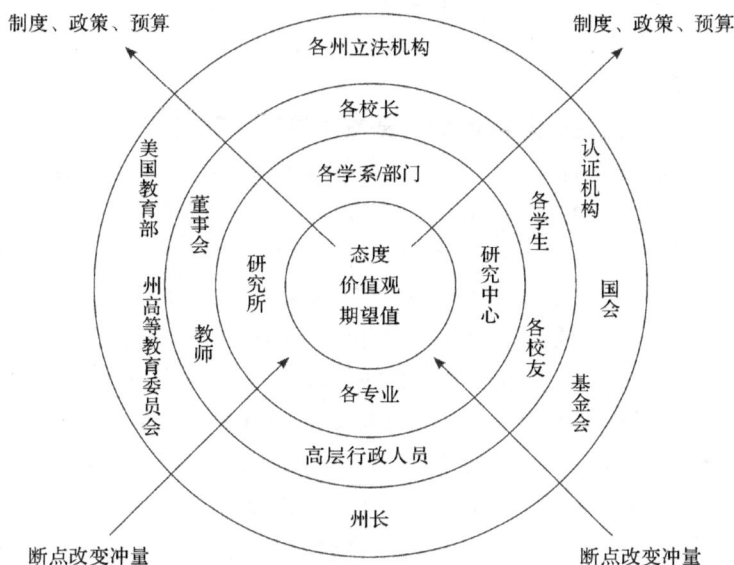

图 7.1 21 世纪美国大学的治理结构

---

① Hamilton N W. Academic Ethics: Problems and Materials on Professional Conduct and Shared Governance[M]. Westport, CT: American Council on Education/Praeger, 2002:109

(二)30所私立大学的内部治理结构

1. 30所私立大学内部的共治组织结构

在历时发展中,30所美国一流私立(非营利)研究型大学已经从最初殖民地学院"扁、窄"的组织模式发展成为当代组织基础日渐庞大、制度日渐完善、权力及其协调日渐复杂、功能日渐丰富的组织结构。在大学内部,外行的董事会一直是大学联结社会的重要纽带。在规模扩张、知识分化的发展中,大学组织内部不可避免地出现分化、分层,知识与专业的不可替代性奠定了大学内部的共治基础。在办学成本的巨大压力下,大学内部成员日益显现出学术属性、行政属性与产业属性并存的异质特征。大学由此形成由顶层的董事会组织、大学内部领导团队、教师合议组织构成的共治组织结构,这些同样体现出科层特征的共治组织与扎根学科的松散的学者共同体构成大学内部的组织体系。

董事会通过自组织,吸纳校外人员担任董事,架构董事会及下属委员会,服从制度环境的规范,确保董事履行基本法定义务。经董事会慎重选任的大学校长是大学首席行政官,为大学教育与行政领导,主管大学所有事务,负责实现大学的办学安全与效益。校长领导的团队组织体现出学术与行政的相互依赖。教师共治组织主要关注与学术研究、教师、学术规训相关的制度与规范,尽管各校教师共治组织存在模式不同,分布层级不同,功能也有所不同,但它是教师与行政人员沟通、完善校内制度的重要机构。

校内学者的学术自治,3类组织对行政以及与学术有关的行政事务的内部治理,是30所私立大学最大限度实现其内部组织质量优化的主要途径,其成果表征为构成大学内部共治组织结构的三类基本元素——拥有社会资源的董事、拥有专业知识与经验的行政人员、拥有知识权力的学者——具备与众不同的个体特质,他们作为制度的制定者、实践者和传播者,作为权力的主体、权力的对象,占据着美国大学内部组织的重要位置,具有更多获取资源的能力和途径,他们也对自身所处的分情境,以及大学组织这一共同情境存在更深刻的感知,对"情境是什么""应是什么""如何应对"存在更好的理解和行为能力,由此可以比其他高校的组织成员形成更为迅捷的反应与行动,对大学组织产生意义重大的建构与推动作用,为大学实现卓越提供可能。

2. 30 所私立大学内部的制度安排

斯科特认为,为社会生活提供稳定性与意义的规制性系统、规范性系统和文化-认知性系统是制度的关键要素[①]。对 30 所私立大学来说,这三大要素也是大学制度系统的核心基础,弥散在整个大学内部。规制性系统包括规制性律令与奖惩,其运行的实质内容之一,是确保违反规则与律令的成员会付出沉重代价,受到严厉惩罚。为规避违法产生的成本,不仅是大学需要依法办学并根据外部规制性制度形成校内可操作的政策,个体的行为也需遵循法律法规的合理约束,这是大学作为一个社会组织的合法性基础。规范性系统包括价值观和规范,它既包含行动者所偏好的、所需要的、有价值的观念,以及用来比较和评价现存结构或行为的各种标准,又规定事情应该如何完成,并规定追求所要结果的合法方式与手段,是对行为是否具有适当性的判断依据。规范性系统是大学内部异质成员维持其各自群体内秩序的更深层次的基础,校外基金会、专业性协会是 30 所私立大学规范性制度的供应者——既确定标准,又制定满足这些标准的适当方式,形成对大学内部成员社会责任的约束性期待,并通过发放许可证、资格认可与认证等形式渗入大学。尽管发放许可证、资格认可与认证未必通过法律来实施,但是在专业人员支配的领域中,获得资格认可、认证是个体晋职、大学内部单位在行业内和学科内立足的合法性基础。文化-认知性系统体现为一种共同信念、共同的行动逻辑,行动者对此视为当然,有着共同理解,是对行为正统性的判断依据。文化-认知性系统使大学共同体成员对各自所处群体的本质形成共同理解和意义建构的认知框架,同样弥散在内部不同群体之中,其内在的理解过程受到赖以依存的行业/专业、学科乃至学术文化的影响。这些意会性知识与模式化的行为不但区分了不同角色,还让各类角色在各自的文化情境中分别形成各自的共同信念与行为逻辑,使得个体与其所处的情境具有内在一致性。

大学制度系统的三大要素既对内部成员的行为施加严格制约,又对其行动产生指导和使能作用,更为组织及个体行为提供合法性支撑。如果说规制性、规范性系统表现为由外而内地渗入,文化-认知性系统则是在大学内部打破了传统的组织-环境的划分跨越学校而存在。在私立大学内部,学

---

① 斯科特.制度与组织:思想观念与物质利益[M].姚伟,王黎芳,译.3 版.北京:中国人民大学出版社,2010:58.

术、行政甚至产业人员构成的相对异质的群体、群体内部更为微观的个体间存在"什么是恰当的标准与活动、何谓卓越及如何行为"等观念。大学内部异质成员在不同程度上内化这些观念,角色由此被正式建构、固化,不同角色据此拥有获得一定的物质资源的权力及收益,获准参与各种"禁止其他人参与的活动",但同时也面对期待与压力。三类制度系统本身既相互独立又相互强化,构成一个连续体,"其一端是有意识的要素,另一端是无意识的要素;其一端是合法实施的要素,另一端则是视为当然的要素"①,它们在大学内部不同的群体层面、整个大学层面产生强大力量。而归根结底,正如帕森斯所言:组织价值观系统的关注焦点,必须是根据组织对于其所属系统而言获得的功能必要性来对组织目标进行合法化②。尽管 30 所私立大学个体是一个由各自具备合法性支撑的异质群体构成的组织,但作为更大社会系统中的子系统,在社会—国家—高等教育系统——流大学体系的层级中,其行为符合更广泛的社会对于大学组织学术特质的价值期待——政治论的、认识论的。大学聚焦于"人才培养、科学研究、社会服务"的使命,将学术资源视为立校之本,通过规划将各内部异质成员整合在一起,合力实现大学作为学术组织追求的卓越目标。

3. 30 所私立大学内部的权力规则

权力作为社会的一种深层结构而存在,有着极大的穿透力③。如罗宾斯所言,"权力的关键在于依赖",当 A 拥有可以影响 B 的能力,使 B 做在其他情况下不可能做的事的时候,A 对 B 就拥有了权力。④ 大学的权力系统中,无论是纵向各层次间,还是横向各主体间,权力的分配与把握取决于相互间的依赖程度,尤其是相互间对资源的依赖程度,依赖程度的强弱取决于各层次和各主体自身所拥有资源的多少和获得资源渠道的多少。各层次拥有资源的数量和获得资源的渠道既受制于其自身法定的地位和所处情境,又取决于权力主体的个体特质。30 所私立大学内行政权力与学术权力主体自上而下、自下而上在 2 个向度上发挥作用,既演绎着制度系统对行为的

---

① Hoffman. From Heresy to Dogma: An Institutional History of Corporate Environmentalism [M]. San Francisco: New Lexington Press, 1997: 36.

② Parsons T. Suggestions for a Sociological Approach to the Theory of Organizations[J]. Administrative Science Quarterly, 1965(1): 63-85.

③ 赵福生. 福柯微观政治哲学研究[M]. 哈尔滨:黑龙江大学出版社, 2011: 11.

④ 罗宾斯. 组织行为学[M]. 7 版. 孙建敏, 李原, 译. 北京:中国人民大学出版社, 1997: 356.

合法性支撑，又表征着个体与集体行动者对制度系统的诠释。

行政权力以严格的等级制为依托。尽管大学也会从校外系统中寻求人才，但是通过自上而下的任命方式授予组织中的个体法定的权力，委托一定的职责，是这一权力向度改善治理结构的主要模式。个体基于资格和能力被任命并承担组织中的角色，也向那些开展学术工作的成员提供支持。学术性行政领导因其扎根学科的身份，与构成教师共治组织的个体在学系这一层级汇聚。学系演绎的，是和行政权力不同的机制，这一开放式的权力机制自下而上改善个体大学的内部治理结构，从根本上左右大学作为学术组织的质量。

学术权力机制源于中世纪行会式的学术组织，如今已成为跨越大学边界、自我规范、自我延续的学科组织。它们内置于各大学，以学系为基层形式存在，学系聘用新手，在试用期内，教师根据自己的研究兴趣，在全国乃至全球声誉良好的杂志上刊发研究成果，竞争各种研究经费，其间学系安排人员与其探讨研究进展，试用期结束，教师要么获得终身教职，要么离职，或者争取延期评审。终身聘用是大学确保质量的一个重要的组织承诺，提供终身教职的标准决定着大学质量，但能否识别高质量的教师，取决于个体大学内各学系有效决策的能力，大学或者内生，或者通过学术市场获得具有有效决策的引领者。

这一机制突显的是美国大学极重要的部分——学术组织为教师决定质量标准的权力。这种质量标准内附于跨越校际的学科系统而在全国通行，对于具体某一大学内的同行学者而言，其认可的质量级别取决于所在大学的办学层级与实力。对于内置于一流研究型大学的学系而言，其寻求来自著名大学著名专业的哲学博士毕业生，根据哲学博士毕业论文等判断其研究质量及未来的生产力，并提供岗位，学系不断追问的是：我眼前的这个学者是否已处于学术前沿以至于可以引领同行，或至少是可以和同行匹敌，从而值得我提供终身聘用？个体大学内的学系质量，通过学术市场被不断强化。

竞争是市场不变的特色，大学内部各学术组织必须不断筹谋这样的竞争。市场设定用以判断最高质量的标准，学系努力寻求有创造力、生产力或潜力的教师。全国范围内乃至全球范围内争夺优秀学术人才的市场给大学带来巨大压力，一个不断获得研究经费、学术成果丰硕的学者，很有可能因为寻求更适宜的工作环境或者受到其他大学更好的薪资待遇、更慷慨的研究支持的承诺而离职。这一市场中的竞争绩效影响另一个竞争激烈的市场——在竞相获取优质资源的大学之间,竞争优质生源的行为不可避免。学生不仅带来学费,也是校内外判断学系质量的试剂。大学向学生提供各种资源,其中大学可以向学生提供的在校经历引人注目,优秀的教师和专业质量、课程的深度与广度、学术工作所需的设备与设施、课外学习的机会、学生群体的质量、可能的学术发展前景和学术选择机会,私立大学拥有上述资源的能力决定了其可以将优秀的学生纳入本校学术共同体。

学术组织改善质量的努力始终得到行政的大力支持——学术市场的竞争以质量为主旨,但仅凭追求卓越质量的热忱无法使大学在竞争中完胜——吸引、挽留优秀的师生既需要智慧,又需要财力,研究本身也需要大量经费,且研究工作不直接带来可以支付成本的美元。大学固然可以从联邦政府、基金会、国际机构竞争到大笔经费支持,但仍必须不断弥补缺口,补贴那些有发展潜力的研究所需成本,不仅如此,行政还需提供学术组织与学术基础工作所需的设施,提供满足社会需求的机制,使得学术组织成员不至于因外界压力而影响其工作的有效性。行政于是在另一个极具竞争的市场不断努力——通过礼赠、政府补贴、专利许可、技术出售、服务合同、投资——获得收益,并尽力对外部世界做出回应,这种竞争的成功仰仗强有力且有效的行政团队。

行政为学术市场的竞争提供保障,校内由学术权力机制所保障的质量则成为大学在各个市场中竞争成功的表征——它显示了大学获取资源并投资于学术工作、提高学术质量的工作成效,学术组织的质量则在两个方面决定了大学质量:①教师决定学系内教学与研究的内容与质量,在面对外部环境时,高质量的教师与学生使得大学有更大能力向社会输出可以引领新生代的人才、前沿的研究,也更有可能提供合乎社会需求的、独一无二的服务;②学术组织与外部环境互动的质量声誉更有利于大学吸引各种资源——愿意为大学提供服务的董事、以引领本校为荣的校长、各种慈善捐赠与研究经费等。如此,学术组织的质量不仅可以改善大学内部的教师共治组织,还为改善董事会组织、行政组织的质量带来无限可能,使得校内由各权力主体构成的治理组织有更大能力解读大学环境,审视大学状况,承继外部制度,规范内部成员,自觉履行大学使命。

30所私立大学内两类权力主体互相不可替代但彼此依赖,为两类权力的契合打下基础,其演绎的权力机制符合大学作为学术性社会组织的逻辑:

若没有强大的行政资源支撑,组织提升学术资源质量的热情不过是"镜中花、水中月";若学术组织控制并管理的学术质量得不到保障,那么行政所能做的用于构建、维系一所伟大大学的任何工作——组织架构、经费筹谋、制度规范、权力分配——都将毫无意义。

二、对我国 C9 大学的启示

美国境内高校都处于联邦、本州以及社会组织体系构成的外部治理结构中,其内部治理结构均包含"组织构成、内部制度、学术与行政权力规则"三个部分。对于各私立大学的办学而言,外部治理结构固然重要,但是在境内众多的私立(非营利)大学中,30 所私立研究型大学得以在美国高等教育系统,甚至全球高等教育系统处于引领地位,显然更得益于其与众不同的内部治理结构。30 所私立大学的卓越质量体现在三方面:拥有雄厚的资产、充裕而稳定的办学经费;拥有"高原与高峰结合"的学者队伍、"峰峦叠嶂"的一流学科资源;拥有三个要素构成的制度系统及适宜的共治机制。这既是大学治理的结果,又是治理大学的基础。

30 所美国私立大学内部治理结构的形成及治理机制的演绎有它自身的历史轨迹,我国 C9 大学与美国的私立大学处于不同的体制中,跨越历史与制度差异借鉴美国私立大学的经验,首先要正视本土环境中的大学内部治理结构,在这个基础上寻求改善大学内部治理结构的关键。

(一)正视本土环境中我国 C9 大学的内部治理结构

历史上,我国的高等教育体制体现为"官师合一""政教合一"为制度表征的"学在官府"。新中国成立后,"府学关系"沿袭了领导与被领导的传统,政府赋予高校权力,向高校提供资源,规定高校活动,并通过不同方式实现府学的"制度性同形"。[①] 高校无论是从宏观层面的院校布局、规模还是从微观层面的内部领导任命、学术活动、人事管理、资源供给等,均按照国家的指令和计划进行。改革开放后,高等教育系统"府学关系"的改革一直广受关注,随着《关于国家教委直属高校深化改革、扩大办学自主权的若干意见》《中国教育改革和发展纲要》《中华人民共和国高等教育法》《国家中长期教

---

① 陈金圣,龚怡祖.制度性同形:大学行政化的新制度主义解读[J].大学教育科学,2011(3):48-54.

育改革和发展规划纲要(2010—2020 年)》等一系列文件、法规的相继出台，我国高等教育系统逐步明确了"政府宏观管理、学校自主办学、社会广泛参与"(外部治理)、"党委领导、校长负责、教授治学、民主管理"(内部治理)的治理发展方向。[1] 校内党委组织、校长行政领导团队、由学术委员会领衔的学术治理体系、教职工代表大会成为我国大学内部常见的共治组织结构。1998 年出台的《中华人民共和国高等教育法》调整了高校与政府的关系，高校依法拥有法人资格，并在办学规模和招生、学科和专业调整、教学活动实施、科学研究和社会服务、内部机构设置和人员配备、职称评定、工资分配、校际及国际合作交流、资产和经费的管理与使用等诸多领域享有自主权。[2]

在学校内部设立中国共产党党组织，是我国高等教育体制中特有的现象，是政治权力校内载体的显著表征，也是落实"党委领导下的校长负责制"这一高校内部管理体制的组织依托。我国 C9 大学内的校级党委是强政府弱社会机制中加强大学与政府联系的纽带，与强社会弱政府机制中的美国大学董事会具有类似地位和作用——都是大学的顶层权力机构，是通向有更大能力影响其所在组织的桥梁。党委承担的职责包括：执行中国共产党的路线、方针、政策，坚持社会主义办学方向，领导学校的思想政治工作和德育工作，讨论决定学校内部组织机构的设置和内部组织机构负责人的人选，讨论决定学校的改革、发展和基本管理制度等重大事项，保证以培养人才为中心的各项任务的完成。大学党委既支持校长按照《中华人民共和国高等教育法》的规定积极主动、独立负责地开展工作，保证教学、科研、行政管理等各项任务的完成，也负责党组织的自身建设，在校内设立办公室、组织部、宣传部和学生工作部门等工作机构，配备必要的工作人员，校内院系一级设立下属支部组织。大学校长主持学校行政工作，负责诸如规划、学术活动、人事、财务和审计等工作。[3] 大学内部学术与行政工作以及与学术有关的行政工作——学科建设与规划、师资、本科生教育、研究生教育、科学研究、国际合作与交流、招生、就业、基建、后勤保障、安全保卫、信息化建设、人力资源、财务和审计、招投标、科技产业转化、资产经营、创新创业成果转

---

① 顾建民.大学内部治理创新从何处发力[J].探索与争鸣，2018(6)：37-39.

② 教育部.中华人民共和国高等教育法(第二次修订)[EB/OL].(2018-12-29)[2019-12-29]. http://www.moj.gov.cn/Department/content/2019-01/17/592_227076.html.

③ 教育部.中华人民共和国高等教育法(第二次修订)[EB/OL].(2018-12-29)[2019-12-29]. http://www.moj.gov.cn/Department/content/2019-01/17/592_227076.html.

化——以不同的组合方式委托给副校长，校长和分别负责上述工作的副校长们构成内部行政领导团队。根据《中华人民共和国高等教育法》第 42、43条，大学内部学术委员会是内部成员参与校内学术治理的显性组织类型。学术委员会履行以下法定职责①：审议学科建设、专业设置、教学、科学研究方案；评定教学、科学研究成果；调查、处理学术纠纷；调查、认定学术不端行为；按照章程审议、决定有关学术发展、学术评价、学术规范的其他事项。由学术委员会领衔的学位评定委员会、教学指导委员会等各类委员会及学者个体构成了大学内部的学术治理体系。教职工代表大会更是包括全校各种权力主体——行政的、学术的、政治的，是更广泛内部成员参与大学治理的组织依托，其职责是依法保障教职工参与民主管理和监督，维护教职工合法权益。

与上述组织相对应的，也是大学内部治理结构核心的，是大学内部存在的政治权力、行政权力、学术权力和民主权利。政治权力是政党权力在校内的延伸；行政权力的合法性首先来自政府部门；学术权力既有跨越校际的学科、专业性社会组织在校内的影响力，又有本校学者的力量；虽说民主权利主体与前三类权力主体有重合，但民主权利更强调作为公民的权利。我国 C9 大学校内的政治权力、行政权力、学术权力、民主权利所体现的，是政党、政府、大学和个体的关系，以及大学内部异质成员间、同质成员间的关系。源于"大一统"的社会习惯和体制，也源于权力之间的模糊边界，我国大学内部普遍存在以行政思维处理学术事务或者以学术思维处理行政事务的现象，以"强政治权力、泛行政权力、弱学术权力"为表征的内部权力关系曾一直饱受诟病，这一问题，归根结底是内部治理结构中权力主体的问题。

（二）改善权力主体特质是改善内部治理结构的关键

1. 改善学术权力主体的个体特质

在"双一流建设"大潮中，我国 C9 大学内无论是扎根学科的校长们，还是引领校内学术单位的二级学院院长们，或者是以"松散联系方式存在"的学者们，其总体质量在国内高校中均属于"翘楚"。校长们虽然是学校行政

---

① 教育部. 中华人民共和国高等教育法（第二次修订）[EB/OL]. (2018-12-29)[2019-12-29].
http://www. moj. gov. cn/Department/content/2019-01/17/592_227076. html.

领导团队成员,但其学术特质明显,是各学术领域成就卓越的学者:9所大学14位校长/常务副校长均拥有博士学位、教授职称,并担任博士生导师,其中9位校长/常务副校长担任院士(见表7.1)。9所大学的校长领导团队共67名成员,除3人信息不详,在64名校长/副校长中,拥有博士学位和教授职称的占比均为95%,92%的副校长担任博士生导师。2014年的研究数据显示:我国7所C9大学在职的166名二级学院院长全部为教授,其中89.63%的院长拥有博士学位,44%的院长拥有海外大学的博士学位或具有在海外学术机构任职、从事博士后研究的经历。[①] 教师群体的学术特质改善明显:2003年,C9大学拥有博士学位的教师平均占比仅为34%,占比最高的清华大学也仅为46%[②];2016—2017学年,北京大学、清华大学、浙江大学、上海交通大学、复旦大学、南京大学、西安交通大学7所C9大学的本科教学质量报告显示,其拥有博士学位的教师占比有了显著提升,分别达88.64%、86.35%、89.21%、79.7%、80.07%、85.08%、74.9%,这些大学还是国家科学院院士、工程院院士、"973"计划首席科学家等国内高层次人才汇聚之地。

尽管我国C9大学的学术权力主体特质有了明显改善,但是表征在大学学术实力上,C9大学与世界一流的美国私立大学仍差距明显。

首先体现在一流学科建设上,根据《美国新闻与世界报道》公布的学科全球排名结果,我国C9大学在工程技术学科和部分自然科学学科上排名不俗(见表7.2~7.5),但在更多学科排名中,与美国的世界一流大学"峰峦叠嶂"的学科态势相比,C9大学仍有提升空间。

---

① 刘香菊.谁在我国一流大学任院长?——我国一流大学院长基本特征研究[J].高等工程教育研究,2014(4):94-99.

② 谢笑珍.中美一流大学人力资源结构与遴选标准比较[J].比较教育研究,2006(3):36-39.

表 7.1　我国 C9 大学校长简况

大学校长	简况
北京大学校长	博士、教授、博士生导师。历任:北京外国语大学校长、教育部副部长、党组成员、中国教科文组织全国委员会主任、中国红十字会副会长、联合国教科文组织 37 届大会主席
北京大学常务副校长	博士、教授、博士生导师。中国工程院院士、国家杰出青年基金获得者、新世纪百千万人才工程国家级人选、国家自然科学基金委创新群体首席专家、国家重点基础研究发展计划("973"计划)项目首席科学家
复旦大学校长	博士、教授、博士生导师。中国科学院院士、发展中国家科学院院士。长期从事物理学中的真空微纳电子学研究,主要开展新型场发射冷阴极和真空微纳电子源阵列器件的基础研究,主持国家、省、部级科研项目超过 25 项
复旦大学常务副校长	教授、主任医师、博士生导师。主要研究方向为先天性心脏病的分子发病机理及围产期早期诊断干预方法和策略。先后担任国家"863"计划课题、"973"计划课题、国家"十五攻关"课题主持人、享受国务院"政府特殊津贴"
哈尔滨工业大学校长	博士、材料科学教授、博士生导师。中国工程院院士、世界陶瓷科学院院士。"做出突出贡献的中国博士学位获得者"、国家有突出贡献中青年专家、航天工业总公司有突出贡献专家。获国家杰出青年基金资助,中国航天总公司"航天总工大奖"、第四届"中国青年科学家奖"、享受国务院"政府特殊津贴"
南京大学校长	博士、教授、博士生导师、中国科学院院士。获教育部自然科学奖一等奖、教育部科技进步二等奖等。主要从事软件方法学研究
清华大学校长	博士、教授、博士生导师、中国科学院院士。长期从事有机光电材料与器件研究,发表论文 200 余篇,承担多项国家"973"计划和"863"计划课题,获国家技术发明奖一等奖、国家自然科学二等奖。国家杰出青年科学基金资助,获国家技术发明一等奖。国家和地方科技成果转化项目

续　表

大学校长	简况
清华大学常务副校长	博士、教授、博士生导师。获北京市科技进步一等奖、中国船舶工业总公司科技进步二等奖、国家教委科技进步三等奖
上海交通大学校长	博士、教授、博士生导师。中国工程院院士、国家自然科学基金委创新群体学科带头人、全国优秀科技工作者。以第一完成人获得国家科技进步二等奖3项，获评何梁何利基金"科学与技术创新奖"、蒋氏科技成就奖、上海市十大科技精英、通用汽车中国科技成就奖一等奖等。主要从事薄板产品制造与质量管控研究
上海交通大学常务副校长	博士、教授、博士生导师。入选中科院"百人计划"，获得国家杰出青年科学基金资助，国家"973"计划首席科学家、国家重大新药创制专项课题和国家自然科学基金委重点项目负责人、中国科学院"结构与功能导向的新物质创制"战略性先导科技专项(B类)共同首席科学家、"分子合成科学卓越中心"主任。主要从事基于有机金属催化的不对称反应和绿色化学研究
西安交通大学校长	博士、教授、博士生导师。国家有突出贡献的中青年专家、全国"十佳师德标兵"、全国五一劳动奖章获得者。获法国国家农业科技最高奖章——法国国家农科院荣誉博士，是机器人研究领域的资深专家
浙江大学校长	博士、教授、博士生导师。中国科学院院士、发展中国家科学院院士、电气与电子工程师协会(IEEE)会士、中国计算机学会会士、中国人工智能学会会士、中国自动化学会会士
中国科技大学校长	博士、研究员、教授、物理化学家、博士生导师。中国科学院院士、英国皇家化学会会士。国家杰出青年科学基金获得者、获香港求是"杰出青年学者"、国家自然科学奖、国家自然科学二等奖、何梁何利基金"科学与技术进步奖"、周光召基础科学奖、中国科学院杰出成就奖、国际天然气转化成就奖及德国化学会催化成就奖、第五届中国化学会—中国石油化工股份有限公司化学贡献奖、中国化学会工程和生物转化学和催化化学协会催化成就奖、陈嘉庚化学科学奖(2017)、陈嘉庚化学科学奖。主要从事能源高效转化相关的表面科学和催化化学基础研究

续 表

大学校长	简况
中国科技大学常务副校长	博士，教授，物理学家，博士生导师。中国科学学院院士，发展中国家科学院院士，入选中科院"引进国外杰出人才"，国家杰出青年科学基金获得者，获奥地利科学院施密德奖，德国洪堡奖，欧盟玛丽·居里杰出研究奖，欧洲物理学会菲涅尔奖，美国物理学会"贝勒讲席"，欧盟欧洲研究委员会（ERC）研究奖，国际量子通信奖，中科院"杰出科技成就奖"，中国青年科学家奖以及何梁何利基金"科学与技术成就奖"等。是量子光学、量子信息和量子力学基础问题检验领域有国际影响力的学者

资料来源：根据各校官网"现任领导"信息汇总而成。数据收集截止日期为 2019 年 5 月 5 日。

表 7.2　C9 大学学科全球排名（生物科学与医学）(1)

农业科学	生物与生物化学	心脑血管系统	临床医学	免疫学	微生物学	分子生物学与遗传学
11 浙江大学	43 清华大学	189 北京大学	92 北京大学	128 北京大学	90 复旦大学	67 北京大学
165 上海交通大学	60 北京大学	194 上海交通大学	104 复旦大学	130 复旦大学	107 浙江大学	78 清华大学
	82 上海交通大学	234 复旦大学	109 上海交通大学	175 浙江大学	111 清华大学	88 复旦大学
	113 浙江大学	248 浙江大学	256 浙江大学	178 上海交通大学	155 北京大学	109 上海交通大学
	114 复旦大学		371 清华大学		169 上海交通大学	149 浙江大学
	213 哈尔滨工业大学		385 南京大学			236 南京大学
	288 南京大学		444 西安交通大学			283 西安交通大学
	318 中国科技大学					322 中国科技大学
	385 西安交通大学					

资料来源：根据《美国新闻与世界报道》官网信息整理而成。信息收集截至 2020 年 6 月 30 日。

表 7.3 C9 大学学科全球排名(生物科学与医学)(2)

神经科学与行为	肿瘤学	药理学与毒理学	动植物科学	精神病学/心理学	外科学
116 北京大学	57 上海交通大学	24 北京大学	56 浙江大学	136 北京大学	135 上海交通大学
167 复旦大学	64 复旦大学	27 复旦大学	66 北京大学	228 上海交通大学	154 复旦大学
175 上海交通大学	113 北京大学	28 上海交通大学	146 清华大学		214 北京大学
190 清华大学	142 浙江大学	38 浙江大学	190 上海交通大学		221 浙江大学
214 浙江大学	205 西安交通大学	145 南京大学	240 复旦大学		
266 南京大学	231 南京大学	180 西安交通大学	265 南京大学		
380 西安交通大学					

资料来源:根据《美国新闻与世界报道》官网信息整理而成。信息收集截至 2020 年 6 月 30 日。

表 7.4 C9 大学学科全球排名（自然科学）

化学	环境/生态学	地理学	材料科学	数学	物理	太空科学
7 清华大学	30 清华大学	14 北京大学	6 清华大学	24 北京大学	12 清华大学	66 北京大学
9 中国科技大学	36 北京大学	43 南京大学	8 北京大学	34 上海交通大学	21 北京大学	153 清华大学
14 北京大学	65 浙江大学	56 清华大学	13 复旦大学	38 复旦大学	45 中国科技大学	184 南京大学
20 南京大学	113 南京大学	141 中国科技大学	15 中国科技大学	61 清华大学	63 南京大学	188 中国科技大学
23 浙江大学	146 复旦大学	178 西安交通大学	16 浙江大学	71 中国科技大学	73 上海交通大学	
29 复旦大学	215 哈尔滨工业大学	182 复旦大学	21 上海交通大学	76 哈尔滨工业大学	165 浙江大学	
57 上海交通大学	219 上海交通大学		35 西安交通大学	92 南京大学	171 复旦大学	
105 哈尔滨工业大学	323 中国科技大学		37 南京大学	137 浙江大学	403 西安交通大学	
219 西安交通大学			40 哈尔滨工业大学	221 西安交通大学	446 哈尔滨工业大学	

资料来源：根据《美国新闻与世界报道》官网信息整理而成。信息收集截至 2020 年 6 月 30 日。

表 7.5　C9 大学学科全球排名（工程技术、艺术与人文、社会科学）

土木工程	计算机科学	电气与电子工程	工程学	机电工程	艺术与人文	经济与商业	社会科学与公共卫生
1 清华大学	1 清华大学	1 哈尔滨工业大学	1 清华大学	2 西安交通大学	141 北京大学	46 北京大学	47 北京大学
10 上海交通大学	7 上海交通大学	2 清华大学	6 哈尔滨工业大学	3 清华大学		63 清华大学	96 清华大学
24 哈尔滨工业大学	11 浙江大学	7 浙江大学	8 上海交通大学	4 上海交通大学		81 上海交通大学	168 南京大学
46 浙江大学	16 北京大学	13 上海交通大学	9 浙江大学	7 哈尔滨工业大学		121 复旦大学	175 复旦大学
	21 哈尔滨工业大学	14 北京大学	22 北京大学	8 中国科技大学		145 浙江大学	188 浙江大学
	34 中国科技大学	27 西安交通大学	28 西安交通大学	18 浙江大学			224 上海交通大学
	62 南京大学	40 中国科技大学	29 中国科技大学	58 北京大学			
	64 西安交通大学	116 南京大学	111 南京大学				
	149 复旦大学	151 复旦大学	210 复旦大学				

资料来源：根据《美国新闻与世界报道》官网信息整理而成。信息收集截至 2020 年 6 月 30 日。

其次体现在吸引世界一流生源上。C9 大学作为国内的重点大学群体，在吸引境内优质生源上优势明显。以 2016—2017 学年为例，北京大学录取各省份文理科第一名 37 人、各省份前十名 367 人，其在绝大多数生源省份录取了超过一半的文理科前十名考生，在 22 个省份其录取考生的理科分数线高居全国榜首，被录取考生的文科分数线在同等招生规模的高校中稳居第一。在五大学科竞赛（数学、物理、化学、生物、信息）参加国家集训队并取得保送资格的 265 人中，151 人（57％）被北京大学囊括其中，在入选国家队并代表中国参加国际竞赛的 23 人中，16 人（70％）成为北京大学学子；当年参加数学、物理、化学三大国际奥林匹克竞赛的 15 名中国队选手全部选择北京大学为其保送高校。[①] 2016—2017 学年，除艺术类外，清华大学的所有大类均录取到各省（区、市）的文、理科前十名高分考生，其中更有十个专业大类录取到各省（区、市）的文、理科第一名[②]。在西安交通大学，2016—2017 学年其在全国 30 个省（区、市）的最低录取分比一本线的平均分高出 133 分[③]。在中国科技大学，高考录取的平均生源一直保持在各省前 300～500 位[④]。2016—2017 学年，哈尔滨工业大学在 28 个省内录取到的考生其最低分至少超一本线 100 分[⑤]。尽管 C9 大学一直是获取国内优质生源的强大"收割机"，但在全球范围内，它们还不是境外优质生源申请大学时的首选。

学科水平是大学学术治理的结果，在很大程度上决定着大学能否吸引到全球的优秀青年学者，也表征了大学内学者群体的特质。尽管在"双一流建设"热潮中，我国 C9 大学的学者群体特质有了明显提高，但是，不仅校内

[①] 北京大学.北京大学 2016—2017 学年本科教学质量报告［R/OL］.（2018-03-05）［2019-12-30］.http://www.dean.pku.edu.cn/userfiles/upload/msgshow/201804241924272919.pdf.

[②] 清华大学.清华大学 2016—2017 学年本科教学质量报告［R/OL］.（2017-12-30）［2019-12-30］.http://www.tsinghua.edu.cn/jwc/bkpy/zlbg.htm.

[③] 西安交通大学.西安交通大学 2016—2017 学年本科教学质量报告［R/OL］.（2018-01-30）［2019-12-30］.http://xxgk.xjtu.edu.cn/content.jsp?urltype＝egovinfo.EgovInfoContent&wbtreeid＝1001&indentifier＝jwc％2F2018-0427001.

[④] 中国科学技术大学.中国科学技术大学 2016—2017 学年本科教学质量报告［R/OL］.（2017-12-30）［2019-12-30］.http://xxgk.ustc.edu.cn/13850/list.htm.

[⑤] 哈尔滨工业大学.哈尔滨工业大学本科教学质量报告（2016—2017 学年）［R/OL］.（2017-12-30）［2019-12-30］.http://jyc.hit.edu.cn/_upload/article/files/9a/06/e928c2034a69b7df1cc7f348af6d/dbdfad0d-6745-4377-9176-ef5f45b46134.pdf.

获得重大国际奖项的学者数量仍值得期待(如我们本土培养的诺贝尔奖获得者),大学拥有最高学位的教师质量上也仍有提升空间。根据田原等人的研究,在北京大学可获得博士学位授予学校信息的 1124 名博士教师中,毕业于 2010 年上海交通大学的学术排名前 1~20、21~50、51~100、101~200、201 位以外大学的博士教师占比分别为总量的 8.4%、4.2%、4.3%、50.3%、33%。[①] 北京大学的数据不能代表所有 C9 大学的情况,但它毕竟是国内 C9 大学的代表之一,或许可以让我们"窥一斑而知全豹"。30 所美国私立大学的经验表明:构建以"人才高原"与"人才高峰"为基石的学术生态是其卓越学术实力的源泉,也是其改善校内学术权力主体特质的可持续途径。在大学的规制性制度、规范性制度与文化-认知制度三大系统中,文化-认知是更深层次影响高校的制度,大学内部学术权力主体因个体特质不同,对这一层次制度的把握与演绎也会与众不同,这是高度同形的学术组织与众不同的根本所在。

2. 改善非学术部门权力主体的个体特质

我国 C9 大学若要改善非学术部门权力主体的个体特质,最重要的是:改变"万金油任职模式",任用专业人才,寻求专业化。

C9 大学内非学术部门存在的"万金油任职模式"首先表现在个体的轮岗经历。轮岗作为人事管理中一种重要交流机制,应用广泛,被认为既能够提升干部素质,优化队伍结构,又能提高办事效率,打破少数人利益链条和关系网络。[②] 已有的关于高校行政轮岗的探讨主要集中于高校内部财会人员、图书馆管理员、辅导员岗位,高校内部人员的轮岗被认为是有利于解决职业倦怠的一种方式[③],或者可以避免管理模式固化或资源垄断,从而将狭隘的分工模式转变为能形成合力的系统合作模式,以加强工作人员之间的交流与协同合作[④]。C9 大学内非学术部门导致"万金油"式任职的轮岗机制体现为:个体在同级轮岗或升级到工作职责差异较大的岗位。

非学术部门存在的"万金油任职模式"还表现在:行政领导团队中个体的受教育经历、工作经历与当下岗位职责所需的专业知识之间跨度明显。

① 田原,喻恺. 亚洲世界一流大学的师资模式[J]. 复旦教育论坛,2013(1):23-29.
② 胡鑫. 对健全现行公务员轮岗制度的若干思考[J]. 经济研究导刊,2010(9):88-90
③ 赵宁,陈霖,刘琳. 高校管理人员职业倦怠成因及预防措施[J]. 中国成人教育,2017(9):48-49
④ 刘晓萌,谢阿娜,王维民. 关于高校行政管理干部轮岗的思考[J]. 教育管理,2016(7):126-128

这在实践中已严重阻碍大学的发展。

下面笔者从办学经费方面来分析。在我国 C9 大学的办学经费中,财政拨款和事业收入是占比明显的两大财源,相比于国内普通高校,其在获取上述两项办学经费上有更多的便利与优势,但是各校 2016 财务年度的报表显示,大学在获取"经营收入"及"附属单位上缴额"上极度"孱弱"(见表 7.6)。在量入为出的原则下,2016—2017 学年,清华大学、北京大学、浙江大学、上海交通大学、复旦大学、南京大学、西安交通大学 7 所部属 C9 大学当年生均开支在 11 万～29 万元(见表 7.7)。尽管其决算开支在 32 所教育部直属重点高校中分别名列第 1、2、3、4、6、18、19 位,但是与 30 所美国的世界一流大学相比,这些国内高校的开支经费落差明显——早在 2011—2012学年,30 所美国私立大学的生均开支就已在 8 万～41.2 万美元,若将汇率考虑在内,则我国 C9 大学的生均开支远远落后于十来年前的 30 所美国私立大学的生均开支。

表 7.6　C9 大学 2016 年度部门财务决算*

学校	总收入/万元	财政拨款/万元	占比/%	事业费收入/万元	占比/%	经营收入/万元	占比/%	附属单位上缴/万元	占比/%	其他收入/万元	占比/%
北京大学	1,160.713	472,842	40.74	414,868	35.74	1,463	0.13	110	0.01	271,430	23.38
复旦大学	711,510	279,191	39.24	273,508	38.44	—	—	—	—	158,811	22.32
南京大学	435,694	240,139	55.12	162,467	37.29	1,490	0.34	—	—	31,598	7.25
清华大学	1,612.490	504,031	31.26	825,530	51.20	—	—	—	—	282,929	17.55
上海交通大学	1,033.503	338,366	32.74	483,648	46.80	951	0.09	—	—	210,538	20.37
西安交通大学	517,109	230,595	44.59	188,433	36.44	—	—	6,190	1.20	91,891	17.77
浙江大学	1,234.223	336,768	27.29	463,511	37.55	—	—	2,301	0.19	431,643	35.16
中国科技大学	471.901	248,841	52.73	172,515	36.56	8,723	1.85	754	0.16	41,068	8.70

资料来源:根据各校 2016 年度部门财务决算报告整理而成。哈尔滨工业大学的财务决算信息无法获得。

*表中"其他收入"包含投资收益、捐赠收入、利息收入等;中国科技大学另有上级补助收入 10,003 万元,占总收入的 2.08%;浙江大学"附属单位上缴"所得和"其他收入"所得合计共占总收入的 35.16%。

表 7.7　我国 7 所 C9 大学决算开支取样*

单位:万元

大学	2016—2017 学年开支	2016—2017 学年生均开支	大学	2016—2017 学年开支	2016—2017 学年生均开支
北京大学	940,700	23.1	上海交通大学	820,600	20.7
复旦大学	586,400	18.9	西安交通大学	382,200	11.0
南京大学	383,200	12.3	浙江大学	899,800	18.5
清华大学	1,370,100	29.0	中国科技大学	377,900	16.8

资料来源:C9 大学 2016 年度财务决算报告,其中哈尔滨工业大学的数据无法获得。

＊2016—2017 财务年生均开支以当年决算开支为分子,当年各校全日制在校本科生、研究生总数为分母计算所得,各校在校生数据根据各校 2016—2017 学年本科教学质量报告汇总而得。

　　30 所美国私立大学的经验表明:其充裕的办学经费得益于大学的财务资本管理专业化,以专职领导们的受教育经历和职场经历为表征的专业化使得美国大学内分管团队可以合理规划本校各项收入——除了依靠学术力量获取经费,还在各种金融投资工具、大宗商品市场、房地产运作、专业的服务以及募捐筹资中有比较稳定的大额收益,这一经验对我国 C9 大学有积极的启示意义。

　　C9 大学内分管后勤的副校长是协助校长分管生产经营和后勤服务的校内负责人,是为学校寻求除了财政拨款和事业收入之外其他财源的不二人选,但是,在各校可以搜集到个人信息的 10 位相关分管校领导中,共有 9 位博士,其中有 7 位领导在其所在学术领域有傲人业绩,但其所擅长的领域、成就与其领导岗位职责的专业要求相去甚远,他们并不具备经营所需的专业知识和专业经验(见表 7.8)。对于我国 C9 大学来说,如何破解办学经费远远落后于美国同行的窘境,使组织具备在全球市场中招到一流人才的经济实力是一个需要好好思考的重大课题,任用具有专业特质的领导者则是一个值得期待的选项。

表7.8　我国C9大学分管副校长的职责及资历*

大学	分管副校长的职责及资历
北京大学	负责后勤、安全生产、法律事务、国有资产管理工作。分管财务部、协管产业管理工作。具体负责分管财务部、校长法律顾问办公室、国有资产管理委员会办公室、总务部、房地产管理部、基建工程部、会议中心、餐饮中心、动力中心、公寓服务中心（特殊用房管理中心）、校园服务中心、肖家河项目建设办公室。理学博士（地理学），教授，博士生导师 负责党政日常行政事务、机关党建、工会、信访、产业管理、信息化建设、体育等工作。具体负责分管党委办公室、校长办公室、督查室、网络安全和信息化委员会办公室、机关党委、工会、离退休工作部、校办产业管理委员会办公室、计算中心、体育教研部、体育馆、燕园街道办事处、燕园社区服务中心。中国人民大学伦理学专业毕业，博士
哈尔滨工业大学	分管学校办公室、财务、审计、国有资产工作。博士（航天与力学），教授，博士生导师、中国科学院技术科学部院士。主要研究方向：超高温防热/结构复合材料；防热/红外透波晶体与薄膜；超常环境复合材料性能表征与评价。国家"863"计划航空领域"702"主题专家组副组长、特种环境复合材料技术国防科技重点实验室主任、总装备部先进材料技术专家组成员，国家杰出青年基金获得者、国家自然科学基金创新研究群体负责人（力学学科）。首批入选国家千百万人才工程、教育部跨世纪人才培养计划获得者，获得第五届中国青年科技奖、教育部首届青年教师奖、国防科技进步二等奖、国家科技进步二等奖、国家技术发明二等奖、黑龙江省自然科学一等奖。 分管总务处/后勤集团、发展建设、安全保卫、校医院工作。工学博士（电机），教授，博士生导师。长期从事电力电子技术及应用、电力传动自动化系统、信息网络家电及其智能控制技术、照明电子技术、交流伺服电机系统、电网品质控制技术、机器人控制技术、无损探伤与检测技术等领域的研究。在国内外发表学术论文400余篇、参编著作一本。享受国务院政府特殊津贴、获国家科技进步一等奖、电气与电子工程师协会（IEEE）成员、国家"863"计划先进能源技术领域新型电力电子关键技术主题专家、国家自然科学基金电工学科评审步三等奖、航天工业总公司科技进步一等奖、黑龙江省科技进步二等奖、

续表

大学	分管副校长职责及资历
	专家、国务院学位委员会电工学科评议组成员、国家中长期科技发展规划战略研究咨询专家、教育部本科优秀教学评估组专家、中国电工技术学会理事、中国自动化学会电气自动化学会常务理事、副理事长、国防科技工业标准化委员会委员、《电气传动自动化》编委、《哈尔滨工业大学学报》编委
	负责基本建设、安全保卫、后勤保障和医疗卫生工作、分管基本建设处、房地产管理处、保卫处、后勤服务集团和校医院
	协助校长负责"双一流"建设和学科规划与建设工作、负责财务工作、招标工作、学科学位点建设工作、分管学科建设与发展规划办公室、财务处和招标办公室。博士（物理学）、教授、博士生导师。主要研究：材料表面纳米结构修饰和分子设计在生物材料和微电子材料上的应用、纳米非病毒载体对基因的转移和细胞内导入、基因和蛋白质多肽药物的靶向和控制释放。国家杰出青年基金获得者、长江学者特聘教授。获国家自然科学二等奖、教育部科学技术一等奖
南京大学	负责科技、产业、服务地方、高校对口支援和定点扶贫工作、具体负责分管科学技术处、资产经营有限公司、创新创业与成果转化办公室、现代分析中心和模式动物研究所。博士（物理学）、教授、博士生导师。国家杰出青年基金获得者、南京大学结构构造国家实验室学术带头人。主持"863"、"973"、自然科学基金等多项国家级研究课题。主要围绕介电体超晶格、光纤器件、液晶光学等展开工作、先后在 Science、PRL、APL、OL/OE、IEEE PTL 等重要刊物上发表 SCI 论文 100 余篇，被 SCI 他人引用 1000 余次。1999 年领衔获得"中国高等学校十大科技进展"、"中国基础研究十大新闻"等荣誉。国家自然科学一等奖项目"介电体超晶格材料的设计、制备、性能和应用"获奖人之一。电气与电子工程师协会（IEEE）资深成员、美国光学会刊物 Optical Materials Express 副主编、中国物理学会液晶专业委员会委员、江苏省光学学会理事、《液晶与显示》编委

续 表

大学	分管副校长职责及资历
清华大学	清华大学总务长。本科学历,工学学士、法学学士、研究员。主要从事高等教育管理研究
	主管基建、固定资产管理、实验室建设、基金建设、校友工作、图书档案工作、工会、妇委会。法学学士、工学硕士(管理工程)
	主管财务、招投标、信息化,协管"双一流"建设、转化医学、科研。博士、教授、博士生导师。主要从事生产系统规划与设计、质量与可靠性工程等领域的研究工作。先后主持国家自然科学基金面上项目、国家"863"计划、国家重点项目与航天及汽车领域产学合作等多项研究项目。发表论文100多篇,培养研究生60余名。主授上海市精品课程"质量管理学""质量管控制与质量管理"。曾获国家科技进步奖二等奖(排名第五)、上海市科技进步奖一等奖、国家教学成果特等奖等多项奖励。主要学术兼职:教育部高等学校机械类专业教学指导委员会副主任委员、国际工程资产管理学会始创成员、中国质量协会学术委员会委员会副主任、《工业工程与管理》期刊副主编等
上海交通大学	主管学生工作,大学生创新创业(含零号湾全球创新创业集聚区)、后勤保障、校区管理、高水平运动队及学生艺术团、协管改革发展研究、校地合作。工学博士(机械制造及其自动化专业)、副教授、博士生导师。主要从事机器视觉与人机协作研究。先后主持中国博士后基金、国家自然科学基金、航天及汽车领域产学研合作等多项研究项目。曾获上海市科技进步奖一等奖、上海市教学成果一等奖等多项奖励
西安交通大学	负责科技、资产、采购招标、保密工作。具体负责分管科学与技术研究院、实验室与资产管理处、保密办公室、采购与招标管理办公室、期刊中心、工程测试共享中心等。主要研究固体变形与破坏、轻质结构、重大装备的关键力学问题等。博士、教授、博士生导师。国家"973"计划首席科学家、国家自然科学基金获得者、国家杰出青年科学基金创新研究群体负责人。

续　表

大学	分管副校长职责及资历
	教育部创新研究团队负责人。曾获国家自然科学二等奖、中国高校自然科学一等奖、陕西省自然科学一等奖、陕西省科技进步一等奖，陕西省教学成果特等奖。国务院学位委员会学科评议组成员、国家自然科学基金委员会数理科学部专家咨询委员会委员、教育部高等学校力学类专业教学指导委员会副主任、中国力学学会固体力学专业委员会主任，任多家国际学术刊物主编、副主编。

资料来源：根据各校官网"现任领导"信息汇总而成。数据收集截止时间为2019年5月5日。

*本表收集的C9大学分管后勤的大学副校长们的个人信息主要来源于各校官网。对于信息不全的部分，笔者设法通过其他网站搜索资料补充，其中复旦大学、清华大学、浙江大学和中国科技大学的校领导分工信息没有查到，因此表中只有5所大学分管领导的信息。

474

社会学意义上的"专业"具有 6 个标准[①]:①一个正式的全日制职业;②知识和教育;③专业组织和伦理法规;④以服务和社会利益为旨趣;⑤共同体的强制与惩罚;⑥自治。"专业"代表了一个根本、持续而又常常是共同的身份,它的成员负有义务共享职业秘密和习俗,由此在专业成员间出现共同的技术语言、工作风格,甚至常常是共同的佩饰[②]。当某一"专业"能满足重大的社会需求,其科学知识体系已经高度专门化而十分深奥复杂时,外行不能挑战专业人员的技术判断,专业自治成为可能。[③]"专业化"则是一个过程,在这一过程中,某一职业获得履行特定工作的排他性权利,控制从业的标准,确定开展并评估工作的范式。[④] 为了确保从业人员具备必需的知识和才能以保证工作的质量和对社会的承诺,专业性组织发挥重大作用:界定并规范专业人员需具备的专业特定的知识和服务理念、其从事专业化工作的行为,形成专业成员一致认可的伦理标准,促成政府形成旨在规范专业实践的法律法规以实现利他服务,并通过规制性制度、行业或市场来制裁那些被其界定为非专业或非法的行为。[⑤] 一直以来,包括 C9 大学在内的我国高校习惯了按政府文件办事,接受政府拨款,虽然在高等教育体制改革中学校逐渐享有了办学自主权,但原有的惯性仍根深蒂固地存在于办学过程中。在大学发展中,不仅仅是学术研究工作、社会服务需要"专业"的个体,合规办学、拓展财源等非学术工作同样需要"专业"的个体。

(三)与众不同的内部治理结构是成为世界一流大学的必要条件

30 所私立大学的经验表明,世界一流大学是一个具有自稳、统一、适应、目标实现功能的独立系统:大学以一种制度化的价值系统标志其特征,稳定"改变这个价值系统的压力",确保制度化的价值特征符合社会期待(自

① 赵康.专业、专业属性及判断成熟专业的六条标准[J].社会学研究,2000(5):33-39.

② Moore W E. The Professions:Roles and Rules[M]. New York:Rusell Sage Foundation, 1970:9.

③ Gaallessich J. The Profession and Practice of Consultation:A Handbook for Consultants, Trainers of Consultants, and Consumers of Consultation Services[M]. San Francisco:Jossey-Bass, 1982:138.

④ Freidson E. Professionalism Reborn:Theory,Prophecy, and Policy[M]. Cambridge:Polity Press,1994:62.

⑤ Kubr M. Management Consulting:A Guide to the Profession[M]. Geneva:International Labour Office,1986:94.

稳功能）；大学内部不同权力主体构成的各子体系相互依赖、协调、配合并使得大学因此成为一个功能总体，以利于大学学术价值的发挥（统一功能）；大学在未必十全十美的环境中，充分利用外部环境提供的资源以利于自身生存，并通过组织的力量使环境有利于其发展（适应功能）；大学为履行学术组织的使命，定出工作优先次序并调动资源以实现其目标（目标实现功能）。

周光礼认为，世界一流大学发展有两种逻辑：一种是建设逻辑，即通过人为的设计发展世界一流大学；另一种是生长逻辑，即通过自然的演化发展成世界一流大学。通过建设逻辑，只能产生指标意义上的世界一流大学；遵循生长逻辑，才能产生哲学意义上的世界一流大学。[①] 我国 C9 大学要成为世界一流大学，具有与众不同的内部治理结构是必要条件，其中具有卓越特质的权力主体是关键，他们确保大学具有的上述 4 种功能首先体现在大学内部由各异质成员构成的子系统——自稳功能维持子系统的各自特质，统一功能处理同一子系统内等级体系间、更小系统间的关系，适应功能与目标实现功能体现在大学内部同质子系统内、异质子系统之间，进而在整个大学发挥作用。大学内部治理结构中具有卓越特质的权力主体是 C9 大学成为世界一流大学的基石。

---

① 周光礼.扎根中国大地：创办世界一流大学的方法论[J].探索与争鸣,2018(6):45-48.

参考文献

[1]包水梅,常乔丽.香港建设世界一流大学之政策研究[J].国家教育行政
　　学院学报,2017(1):80-87.

[2]鲍勃·杰索普.治理的兴起及其失败的风险:以经济发展为例的论述
　　[C].//俞可平.治理与善治.北京:社会科学文献出版社,2000:52-85.

[3]北京大学.北京大学 2016—2017 学年本科教学质量报告[R/OL].
　　(2018-03-05)[2019-12-30]. http://www. dean. pku. edu. cn/userfiles/
　　upload/msgshow/201804241924272919. pdf.

[4]别敦荣,张征.世界一流大学的教育理念[J].高等工程教育研究,2010
　　(4):82-92.

[5]陈超.美国的世界一流大学战略与启示[J].中国高教研究,2008(11):
　　48-50.

[6]陈超.西方世界一流大学形成中的国家干预[J].高等教育研究,2016
　　(4):105-109.

[7]陈金圣,龚怡祖.制度性同形:大学行政化的新制度主义解读[J].大学教
　　育科学,2011(3):48-54.

[8]陈晓宇,杨海燕.新时期我国建设一流大学面临的转变[J].高等教育研
　　究,2017(11):11-21.

[9]程北南.中国大学治理结构的经济学分析[M].北京:中国财政经济出版
　　社,2010.

[10]丁学良.什么是世界一流大学[J].高等教育研究,2001(3):4.

[11]杜德斯达,沃玛克.美国公立大学的未来[M].刘济良,译.北京:北京大

学出版社,2006.

[12]耿有权.一流大学办学理念的基本特征及其形成条件[J].现代大学教育,2004(2):5-9.

[13]顾建民.大学内部治理创新从何处发力[J].探索与争鸣,2018(6):37-39.

[14]国务院.统筹推进世界一流大学和一流学科建设总体方案[EB/OL].(2015-10-24)[2018-11-27].http://www.moe.gov.cn/jyb_xxgk/moe_1777/moe_1778/201511/t20151105_217823.html.

[15]哈尔滨工业大学.哈尔滨工业大学本科教学质量报告(2016—2017学年)[R/OL].(2017-12-30)[2019-12-30].http://jyc.hit.edu.cn/_upload/article/files/9a/06/e928c2034a69b7df1cc7f348af6d/dbdfad0d-6745-4377-9176-ef5f45b46134.pdf.

[16]韩萌,张国伟.战略联盟:世界一流大学群体发展的共生机制研究[J].教育研究,2017(7):132-139.

[17]胡鑫.对健全现行公务员轮岗制度的若干思考[J].经济研究导刊,2010(9):88-90.

[18]教育部,财政部,国家发展改革委.教育部、财政部、国家发展改革委关于公布世界一流大学和一流学科建设高校及建设学科名单的通知[EB/OL].(2017-09-21)[2018-11-30].http://www.moe.gov.cn/srcsite/A22/moe_843/201709/t20170921_314942.html.

[19]教育部.面向21世纪教育振兴行动计划[EB/OL].(1998-12-24)[2018-09-23].http://old.moe.gov.cn//publicfiles/business/htmlfiles/moe/s6986/200407/2487.html.

[20]教育部.中华人民共和国高等教育法(第二次修订)[EB/OL].(2018-12-29)[2019-12-29].http://www.moj.gov.cn/Department/content/2019-01/17/592_227076.html.

[21]梁会青,魏红.瑞士世界一流大学建设路径探析[J].江苏高教,2018(3):101-107.

[22]林杰.世界一流大学:构成的还是生成的?——基于系统科学的分析[J].复旦教育论坛,2016(2):30-36.

[23]刘宝存,张伟.国际比较视野下的创建世界一流大学政策研究[J].比较教育研究,2016(6):1-8.

[24]刘瑞儒,何海燕,李勇,等.世界一流大学评价指标结构分析及启示[J].高等工程教育,2017(4):90-94.

[25]刘香菊.谁在我国一流大学任院长?——我国一流大学院长基本特征研究[J].高等工程教育研究,2014(4):94-99.

[26]刘晓萌,谢阿娜,王维民.关于高校行政管理干部轮岗的思考[J].教育管理,2016(7):126-128.

[27]罗宾斯.组织行为学[M].7版.孙建敏,李原,译.北京:中国人民大学出版社,1997:356.

[28]吕向虹.关于我国建设世界一流大学的思考[J].高教探索,2007(6):20-22.

[29]潘懋元.一流大学不能跟着"排名榜"转[J].清华大学教育研究,2003(6):11-12.

[30]郄海霞.世界一流大学教师文化特征分析[J].江苏高教,2006(2):108-110.

[31]清华大学.清华大学2016—2017学年本科教学质量报告[R/OL].(2017-12-30)[2019-12-30].http://www.tsinghua.edu.cn/jwc/bkpy/zlbg.htm.

[32]斯科特.制度与组织—思想观念与物质利益[M].3版.姚伟,王黎芳,译.北京:中国人民大学出版社,2010.

[33]眭依凡.大学使命:大学的定位理念及实践意义[J].教育发展研究,2000(9):18-22.

[34]田原,喻恺.亚洲世界一流大学的师资模式[J].复旦教育论坛,2013(1):23-29.

[35]图书馆情报部.世界一流水平大学的一些特点[J].教育与现代化,1991(1):93-100.

[36]威廉森.治理机制[M].王健,方世建,等译.北京:中国社会科学出版社,2001.

[37]西安交通大学.西安交通大学2016—2017学年本科教学质量报告[R/OL].(2018-01-30)[2019-12-30].http://xxgk.xjtu.edu.cn/content.jsp?urltype=egovinfo.EgovInfoContent&wbtreeid=1001&indentifier=jwc%2F2018-0427001.

[38]谢笑珍.中美一流大学人力资源结构与遴选标准比较[J].比较教育研

究,2006(3):36-39.

[39]徐超富,彭立威.中国建设世界一流大学:有什么还缺什么[J].湖南师范大学教育科学学报,2005(2):47-51.

[40]殷小平.建设世界一流大学的障碍与基本方略[J].现代大学教育,2005(2):29-32.

[41]袁祖望.论世界一流大学的形成条件[J].复旦教育论坛,2008(6):33-37.

[42]约翰斯通.高等教育财政:问题与出路[M].沈红,李红桃,译.北京:人民教育出版社,2004.

[43]张惠,刘宝存.法国建设世界一流大学的战略及实践——以巴黎-萨克雷大学为例[J].清华大学教育研究,2015(11):23-31.

[44]赵福生.福柯微观政治哲学研究[M].哈尔滨:黑龙江大学出版社,2011.

[45]赵康.专业、专业属性及判断成熟专业的六条标准[J].社会学研究,2000(5):33-39.

[46]赵宁,陈霖,刘琳.高校管理人员职业倦怠成因及预防措施[J].中国成人教育,2017(9):48-49.

[47]中共中央、国务院.中国教育改革和发展纲要[EB/OL].(1993-02-13)[2018-12-30]. http://www. moe. gov. cn/jyb_sjzl/moe_177/tnull_2484. html.

[48]中国科学技术大学.中国科学技术大学2016—2017学年本科教学质量报告[R/OL].(2017-12-30)[2019-12-30]. http://xxgk. ustc. edu. cn/13850/list. htm.

[49]中华人民共和国教育部."211工程"简介[EB/OL].(1995-11-18)[2018-10-07]. http://www. moe. gov. cn/s78/A22/xwb_left/moe_843/tnull_33122. html.

[50]周光礼.扎根中国大地:创办世界一流大学的方法论[J].探索与争鸣,2018(6):45-48.

[51]A Center for Measuring University Performance. Universities Reporting Any Federal Research in Past Five Years,National Academy Memberships (1999—2011)[EB/OL]. (2012-01-30)[2014-07-20]. https://mup. asu. edu/research_data. html.

[52]AAMC. MCAT Exam Statistics,Percentages and Scaled Score Tables [EB/OL]. (2013-04-20) [2014-05-20]. http://www. aamc. org/ students/applying/mcat/data/mcat_stats/.

[53] AAUP. Statement on Government of Colleges and Universities [EB/OL]. (1990-04-10) [2014-08-02]. http://www. aaup. org/ report/statement-government-colleges-and-universities.

[54] AGB. Effective Governing Boards—A Guide for Member of Governing Boards of Independent Colleges and Universities[M]. Washington D. C. :AGB Press,2010.

[55] Altbach P G. Peripheries and Centers:Research Universities in Developing Countries[J]. Higher Education Management and Policy, 2007,19(2):106-130.

[56]Altbach P G. The Costs and Benefits of World-Class Universities[J]. Academe,2004,90 (1):20-23.

[57]AMCAS. 2013 AMCAS Grade Conversion Guide[EB/OL]. (2013-03-21) [2014-05-10]. http://www. aamc. org/students/download/ 181676/data/amcas_grade_conversion_guide. pdf.

[58] American College Testing. About ACT [EB/OL]. (2019-11-30) [2020-06-20]. http://www. act. org/content/act/en/about-act. html.

[59] American Dental Association. Education/Career:Dental Admission Test [EB/OL]. (2013-07-12) [2016-05-11]. http://www. ada. org/ en/education-careers/dental-admission-test.

[60]American Dental Education Association. ADEA Application Services [EB/OL]. (2013-06-20) [2016-05-11]. http://www. adea. org/ ApplicationServices/.

[61]Association of American Medical Colleges. About the AAMC[EB/OL]. (2013-10-28)[2016-05-11]. http://www. aamc. org/about/.

[62]Association of American Medical Colleges. AAMC Medical School Members[EB/OL]. (2013-10-20) [2016-05-11]. http://members. aamc. org/eweb/DynamicPage. aspx? site = AAMC&webcode = AAMCOrg Search Result&orgtype=Medical%20School.

[63]Association of American Medical Colleges. Services[EB/OL]. (2013-05-28)

[2016-05-11]. https://www.aamc.org/services.

[64]Association of School & Programs of Public Health. ASPPH Membership: Member Benifits [EB/OL]. (2013-05-20)[2016-05-11]. http://www.aspph.org/aspph-membership/.

[65]Association of School of Public Health. Member Directories[EB/OL] (2019-12-30)[2020-04-12]. http://www.aspph.org/member-directory/.

[66]Boston University Neurosciece. Academics[EB/OL]. (2019-06-30) [2020-05-20]. https://www.bu.edu/neuro/academics/.

[67]Boston University Trustees. Committees: Health Affairs Committee [A/OL]. (2019-09-20) [2019-12-11]. https://www.bu.edu/trustees/boardoftrustees/committees/.

[68]Boston University, Arts and Sciences. American & New England Studies Program, Preservation Studies [EB/OL]. (2019-06-30) [2020-05-20]. https://www.bu.edu/amnesp/academics/.

[69]Boston University, Office of Provost. Faculty Handbook, Appointment and Reappointment of Faculty on the Charles River Campus: D Non-Reappointment[EB/OL]. (2017-04-18)[2020-03-11]. https://www.bu.edu/handbook/appointments-and-promotions/appointment-and-reappointment-of-faculty-on-the-charles-river-campus/.

[70]Boston University, Pardee School of Global Studies, African Studies Center. Academics [EB/OL]. (2019-06-30)[2020-05-20]. https://www.bu.edu/africa/forstudents/.

[71]Boston University. About, Administration[EB/OL]. (2010-08-30) [2013-02-14]. https://www.bu.edu/info/about/admin/.

[72]Boston University. Boston University Conflict of Interest Policy, 3 Procedures, (a) Disclosure [EB/OL]. (2013-12-11) [2014-06-12]. https://www.bu.edu/ethics/files/2014/01/conflict.pdf.

[73]Boston University. Boston University Financial Statements[EB/OL]. (2012-06-30)[2013-04-10]. https://www.bu.edu/ar/2012/financials/BU-AR-2012-Financials.pdf.

[74]Boston University. Boston University's Economic and Social Impact Sourcebook: Making a Difference in Massachusetts, Fiscal Year 2008

［EB/OL］.［2014-02-14］. https：//www. bu. edu/esi/.

［75］Brown University. Brown University Financial Statement for the Year Ended June 30, 2012［EB/OL］.（2012-10-30）［2013-04-10］. http://www. brown. edu/about/administration/controller/financial-statements.

［76］Brown University. Handbook of Academic Administration：13. 1 Sabbatical Leave［EB/OL］.（2019-08-02）［2020-03-23］. http://www. brown. edu/about/administration/dean-of-faculty/sites/brown. edu. about. administra tion. dean-of-faculty/files/uploads/ Handbook%202019-20_2. pdf.

［77］Brown University. The Charter of Brown University with Amendments and Notes［A］. Providence,R. I. ：Akerman-Standard Press,1945.

［78］Brown University. Undergraduate Programs［EB/OL］.（2019-06-30）［2020-05-12］. http://www. brown. edu/undergraduate_concentrations.

［79］Brown,Alpert Medical School. Other Programs,Program in Liberal Medical Education［EB/OL］.（2019-06-30）［2020-06-19］. https://www. brown. edu/academics/medical/plme/.

［80］BU School of Medicine. BUSM by the Numbers［EB/OL］.（2019-07-10）［2020-06-29］. https://www. bumc. bu. edu/busm/about/busm-by-the-numbers/.

［81］BU School of Medicine. Centers & Institutes［EB/OL］.（2019-08-30）［2020-06-29］. https://www. bumc. bu. edu/busm/research/centers-institutes/.

［82］BU School of Medicine. History［EB/OL］.（2019-08-11）［2020-06-29］. https://www. bumc. bu. edu/busm/about/history/ .

［83］Carnegie Classification of Institutions of Higher Education. Downloads,2010 Data File［EB/OL］.（2011-01-31）［2012-08-12］. http://carnegieclassifications. iu. edu/downloads. php.

［84］Carnegie Mellon University. Bylaws of Carnegie Mellon University（a Pennsylvania Nonprofit Corporation）, Article IX , Liability and Indemnification of Trustees and Officers ［EB/OL］.（2016-05-16）［2018-01-20］. http://www. cmu. edu/policies/bylaws/index. html.

［85］Carnegie Mellon University. Carnegie Mellon University Consolidated Financial Statements June 30, 2012 and 2011 ［EB/OL］.（2012-06-30）

[2013-04-10]. http://www. cmu. edu/finance/reporting-and-incoming-funds/annual-report/files/2012_annual_report. pdf.

[86]Case Western Reserve University. Schools + Programs [EB/OL]. (2019-06-30)[2020-05-12]. http://case. edu/schools/.

[87]Case Western Reserve University. Bylaws of the Board of Trustees,Article Ⅳ Officers of the Corporation [EB/OL]. (2018-04-10)[2019-04-12]. http://case. edu/bot/sites/case. edu. bot/files/2018-04/Approved-University-Bylaws-5. 10. 2017. pdf.

[88]Case Western Reserve University. Financial Report,2012[EB/OL]. (2012-06-30)[2013-04-15]. https://www. case. edu/finadmin/controller/pdf/FY2012cfs. pdf.

[89] Columbia University. Columbia Research[EB/OL]. (2016-05-16)[2019-12-30]. https://research. columbia. edu/.

[90] Columbia University. Human Research Policy Guide, 25 Principal Investigator Eligibility [EB/OL]. (2019-02-12) [2020-03-10]. https://www. columbia. edu/cu/irb/policies/index. html#Selected.

[91]Columbia University. The By-Laws,Statutes,and Rules of the Columbia University Senate[EB/OL]. (2010-04-02)[2013-08-18]. https://senate. columbia. edu/topbar_pages/defining_docs/bylawsetc. html.

[92]Columbia University. The Trustees of Columbia University in the City of New York Consolidated Financial Statements June 30,2012 and 2011 [EB/OL]. (2012-06-30) [2013-04-15]. https://finance. columbia. edu/files/gateway/content/reports/financials2012. pdf.

[93]Cope R G. Opportunity from Strength:Strategic Planning Clarified with Case Examples[R]. Washington D. C. :ASHE-ERIC Clearing House on Higher Education,College Station, Assoiation for the Study of Higher Education,1978:134.

[94]Cornell University. Bylaws of Cornell University,Article Ⅱ the Board of Trustees[EB/OL]. (2020-02-19)[2020-04-10]. https://cpb-us-e1. wpmucdn. com/blogs. cornell. edu. dist/5/9068/files/2020/02/19-10-bylaws-w-TC. pdf.

[95]Cornell University. Cornell University 2011 — 2012 Financial Report

[EB/OL]. (2012-06-30) [2013-04-15]. http://www. dfa. cornell. edu/sites/default/files/cornell-annual-report-fy2012. pdf.

[96]Department of Health and Human Services. Code of Federal Regulations, Title 45 Part 46 Protection of Human Subjects[EB/OL]. (2018-07-19) [2020-04-11]. http://www. ecfr. gov/cgi-bin/retrieveECFR? gp=&SID =83cd09e1c0f5c6937cd9d7513160fc3f&pitd=20180719&n=pt45. 1. 46&r= PART&ty=HTML.

[97]District of Columbia. District of Columbia Nonprofit Corporation Act of 2012,Chapter 4 of Title 29 of the District of Columbia Code,Subchapter Ⅵ Directors, Officers, and Employees, Part B Meetings and Action of the Board[EB/OL]. (2012-09-13)[2013-05-17]. https:// law. justia. com/codes/district-of-columbia/2012/division-v/title-29/ chapter-4/subchapter-vi/part-b/.

[98]Educational Testing Service. Who We Are & What We Do [EB/OL]. (2019-12-20)[2020-06-20]. https://www. ets. org/about.

[99]Emory University, Office of the Provost. Strategic Plan: 2005 — 2015 [EB/OL]. (2006-03-08)[2014-02-10]. http://provost. emory. edu/.

[100]Federal Trade Commission (FTC). The Fair Credit Reporting Act [EB/ OL]. (2018-09-20) [2020-06-19]. http://www. ftc. gov/system/files/ documents/statutes/fair-credit-reporting-act/545a_fair-credit-reporting-act-0918. pdf.

[101] Fisherman J F, Schwarz S. Nonprofit Organization: Cases and Materials[M]. New York:Foundation Press,1995.

[102] Flinn R T. Effective Committees, The Buildings and Grounds Committee[G]. Washington D. C. ;AGB Press,1997.

[103]Freidson E. Professionalism Reborn: Theory, Prophecy, and Policy [M]. Cambridge:Polity Press,1994.

[104] Gaallessich J. The Profession and Practice of Consultation: A Handbook for Consultants, Trainers of Consultants, and Consumers of Consultation Services[M]. San Francisco:Jossey-Bass,1982:138.

[105]Gayle D J,Tewarie B B, White A Q. Governance in the Twenty First Century University: Approaches to Effective Leadership and Strategic

Management[M]. San Francisco：Wiley,2003.

[106] Geiger R L. The Dynamics of Private Higher Education in the United States：Mission, Finance and Public Policy [J]. Higher Education Policy,1990,3(2):9-12.

[107] George Washington University,Board of Trustees,Committee on Governance and Nominations. Criteria for Selection of Members of the Board of Trustees of the George Washington University [EB/OL]. (2019-10-04) [2020-03-08]. http://trustees. gwu. edu/committees.

[108] George Washington University, School of Medicine. Joint Programs：Programs for High School Seniors Interested in Pursuing Medicine at GW [EB/OL]. (2019-06-30) [2020-06-19]. http://smhs. gwu. edu/academics/md-program/admissions/joint-programs.

[109]George Washington University,Office of the Provost. Charge to the Working Groups for Development of The George Washington University Strategic Plan [EB/OL]. (2014-09-03) [2015-06-10]. http://provost. gwu. edu/strategic-plan.

[110]Georgetown University. Bylaws of the President and Georgetown College, Article Ⅱ Board of Direction, Section 1 General Powers [EB/OL]. (2006-09-21)[2012-04-11]. http://governance. georgetown. edu/bylaws/.

[111]Georgetown University. Faculty Handbook,Ⅲ Faculty Policies and Procedures[EB/OL]. (2021-03-18) [2021-06-20]. http://facultyhandbook. georgetown. edu/section3/#5&_ga＝2. 249838534. 1919134 571. 1593936673-1703633052. 1592491232.

[112]Georgetown University. Main Campus Executive Faculty：Constitution[EB/OL]. (2019-06-06)[2020-03-20]. http://executivefaculty. georgetown. edu/constitution/.

[113] Goolale T G. The Student Affairs Committees, The Executive Committee[M]. Washington D. C. ：AGB Press, 1997:5-8.

[114] Hamilton N W. Academic Ethics：Problems and Materials on Professional Conduct and Shared Governance[M]. Westport, CT：American Council on Education/Praeger, 2002:109.

［115］Harvard Medical School. Research Departments, Centers, Initiatives and More［EB/OL］.（2019-08-30）［2020-06-29］. http://hms. harvard. edu/research/research-departments-centers-initiatives-more.

［116］Harvard School of Public Health. Academic Departments, Divisions and Centers［EB/OL］.（2019-06-15）［2020-06-29］. http://www. hsph. harvard. edu/departments/.

［117］Harvard University, Faculty of Arts and Sciences, Office for Faculty Affairs. FAS Appointment and Promotion Handbook［EB/OL］.（2018-10-30）［2019-02-24］. http://academic-appointments. fas. harvard. edu/.

［118］Harvard University. Constitutional Articles and Legislative Enactments Relative to the Board of Overseers and the Corporation of Harvard University［A］. Cambridge:Charles Folsom, Printer to the University, 1835:20.

［119］Harvard University. Harvard Schools［EB/OL］.（2019-06-30）［2020-05-13］. https://www. harvard. edu/schools.

［120］Harvard University. About Harvard, Harvard Leadership:Board of Overseers ［EB/OL］.（2019-09-16）［2019-12-13］. http://www. harvard. edu/about-harvard/harvards-leadership/board-overseers.

［121］Samuel A E. Sketch of the History of Harvard College. And of Its Present State［M］. Boston:Charles C. Little and James Brown, 1848.

［122］Hoffman. From Heresy to Dogma:An Institutional History of Corporate Environmentalism［M］. San Francisco:New Lexington Press,1997.

［123］Holm-Nielsen L B. Making a Strong University Stronger,Change Without a Burning Platform:Building World-Class University—Different Approaches to a Shared Goal［C］. Rotterdam:Sense Publishers,2013:73-87.

［124］Hou Y C,Ince M,Chiang C L. The Impact of Excellence Initiatives in Taiwan Higher Education:Building World-Class University—Different Approaches to a Shared Goal ［C］. Rotterdam:Sense Publishers,2013:35-53.

［125］Ingram R T. Effective Committees, The Executive Committee［G］. Washington D. C. :AGB Press, 2003:5-10.

［126］International Revenue Service，Department of the Treasury. Publication 557：Tax-Exempt Status for Your Organization，Cat. No. 46573C［EB/OL］.（2021-03-01）［2021-05-13］. https://www. irs. gov/pub/irs-pdf/p557. pdf.

［127］IRS. Publication 526（2019）：Main Contents［EB/OL］.（2019-01-01）［2019-11-07］. https://www. irs. gov/publications/p526/ar02. html ♯en_US_2013_publink1000229700.

［128］Johns Hopkins University. By-Laws of the Board of Trustees，Article Ⅲ Officers and Appointees of the Board［EB/OL］.（2020-01-30）［2020-05-03］. http://trustees. jhu. edu/wp-content/uploads/2020/01/By-Laws-of-the-Board-of-Trustees-updated-January-14-2020_. pdf.

［129］Kubr M. Management Consulting：A Guide to the Profession［M］. Geneva：International Labour Office，1986.

［130］Law School Admission Council. About the Law School Admission Council：Our Services［EB/OL］.（2013-05-20）［2016-05-11］. http:// www. lsac. org/about.

［131］MIT News Office. Corporation Names Members of Presidential Search Committee［EB/OL］.（2012-03-08）［2014-02-01］. https:// news. mit. edu/2012/presidential-search-committee-0308.

［132］MIT. Report of the Treasurer for the year ended June 30，2012 ［EB/OL］.（2012-06-30）［2013-04-10］. http://vpf. mit. edu/about-vpf/publications.

［133］Moore W E. The Professions：Roles and Rules［M］. New York： Rusell Sage Foundation，1970.

［134］Morley E E. Effective Committees，The Finance Committee［M］. Washington D. C. ：AGB Press，1997：6-8.

［135］Morse R，Vega-Rodriguez J. How U. S. News Calculated the Best Global Universities Subject Rankings：Find Out How U. S. News Determined the Top Universities in the World by Field of Study［EB/ OL］.（2019-10-21）［2020-07-02］. http://www. usnews. com/education/ best-global-universities/articles/subject-rankings-methodology.

［136］National Institute of General Medical Sciences. Medical Scientist

Training Program Institutions〔EB/OL〕. （2019-08-23）〔2020-06-
12〕. http://www. nigms. nih. gov/maps/Pages/Medical-Scientist-
Training-Program-Institutions. aspx.

〔137〕National Institute of Health,Office of NIH History &. Setten
Museum. The Nuremberg Code〔EB/OL〕. （1946-10-30）〔2014-09-
19〕. http://history. nih. gov/display/history/Nuremberg+Code.

〔138〕New Jersey State. 2014 New Jersey Revised Statutes,Title 18A-
Education,Section 18A:36-34 School Surveys,Certain,Parental Consent
Required before Administration〔EB/OL〕. （2014-09-20）〔2020-05-19〕.
http://law. justia. com/codes/new-jersey-title-18a/section-18a-36-34/.

〔139〕New York State. New York State Education Law § 356. Stony Brook
University,Stony Brook Council:Powers &. Duties〔EB/OL〕. （1985-12-
30）〔2012-12-23〕. http://www. stonybrook. edu/commcms/sbcouncil/
powers. php.

〔140〕Office of U. S. Department of Education. Federal Student Aid,Who Gets
Aid,Basic Eligibility Criteria〔EB/OL〕. （2018-10-11）〔2020-05-20〕.
https://studentaid. ed. gov/eligibility/basic-criteria.

〔141〕Ostrom J S. Effective Committees,the Audit Committee〔G〕.
Washington D. C. :AGB Press,2004:5-12.

〔142〕Parsons T. Suggestions for a Sociological Approach to the Theory of
Organizations〔J〕. Administrative Science Quarterly,1965(1):63-85.

〔143〕Princeton University. Composition of the Board〔EB/OL〕. （2018-09-18）
〔2020-03-01〕. http://president. princeton. edu/vice-president-and-secretary/
board-trustees.

〔144〕Princeton University. Princeton University Consolidated Financial
Statements,June 30,2012 and 2011〔EB/OL〕. （2012-06-30）〔2013-
04-15〕. http://finance. princeton. edu/sites/g/files/toruqf151/
files/2019-10/2011-2012. pdf

〔145〕Rensselaer Polytechnic Institute,Office of the President. Profile:
Shirley Ann Jackson〔EB/OL〕. （2009-08-28）〔2012-11-14〕. http://
president. rpi. edu/president-biography.

〔146〕Rice University. Academic:Majors, Minors and Programs〔EB/OL〕.

(2019-06-30)[2020-05-13]. http://www. rice. edu/departments.

[147] Sait S M. Policies on Building World-Class, Universities in Saudi Arabia, an Impact Study of King Fahd University of Petroleum Mine Reds: Building World-Class University—Different Approaches to a Shared Goal[C]. Rotterdam: Sense Publishers, 2013: 103-113.

[148] Salmi J. The Challenge of Establishing World-Class Universities, World Bank Publications, Number 2600[M]. Washington, DC: The World Bank, 2009.

[149] Skvortsov N, Moskaleva O, Dmitrieva J. World-Class Universities, Experience and Practices of Russian Universities: Building World-Class University—Different Approaches to a Shared Goal [C]. Rotterdam: Sense Publishers, 2013: 55-69.

[150] Stanford University. Stanford University Panel on Faculty Equity and Quality of Life. Report on the Quality of Life of Stanford Faculty (2010) [EB/OL]. [2014-03-18]. http://facultydevelopment. stanford. edu/data-reports.

[151] The Carnegie Classification of Institutions of Higher Education. Definitions and Methods, Undergraduate Instructional Program Classification Metodology [EB/OL]. (2018-06-30) [2020-06-14]. http://carnegieclassifications. iu. edu/classification _ descriptions/ ugrad_program. php.

[152] The Corporation of Brown University. Corporation Committees[EB/OL]. (2019-03-12) [2019-12-13]. https://brown. edu/about/administration/ corporation/corporation-committees.

[153] The State of Indiana. Charter of the University of Notre Dame[EB/OL]. (1937-03-11)[2012-04-22]. https://www. nd. edu/assets/docs/charter. pdf.

[154] The World Bank. World Development Report 1998/1999: Knowledge for Development [M]. New York: Oxford University Press, 1998.

[155] Tranquada R E. Effective Committees, The Compensation Committee [M]. Washington D. C. : AGB Press, 2001: 4-10.

[156] Tufts University, Faculty of School of Engineering. Complete Text of the Bylaws of the Faculty of the School of Engineering[EB/OL].

（2019-02-08）［2020-02-19］. http://ase. tufts. edu/faculty/pdfs/bylawsEngg. pdf.

［157］Tufts University,Graduate School of Arts and Sciences. Bylaws of the Faculty of the Graduate School of Arts and Sciences［EB/OL］.（2007-05-18）［2020-02-13］. https://ase. tufts. edu/faculty/pdfs/bylawsGSAS. pdf.

［158］Tufts University, School of Arts and Sciences & School of Engineering. Complete Text of the Bylaws of the Faculty of Arts,Sciences and Engineering［EB/OL］.（2018-12-12）［2019-03-18］. https://ase. tufts. edu/faculty/pdfs/bylawsASE. pdf.

［159］Tufts University, School of Arts and Sciences&School of Engineering. Faculty Handbook:Search Procedures［EB/OL］.（2019-09-18）［2020-02-11］. https://ase. tufts. edu/faculty/pdfs/handbook. pdf.

［160］Tufts University,School of Arts and Sciences. Complete Text of the Bylaws of the Faculty of the School of Art & Sciences［EB/OL］.（2020-02-08）［2020-05-25］. http://ase. tufts. edu/faculty/pdfs/bylawsAS. pdf.

［161］Tufts University,The Fletcher School. Faculty Handbook［EB/OL］.（2018-08-30）［2019-04-29］. http://sites. tufts. edu/fletcherconnect/files/2018/08/Faculty-Affairs-Handbook. pdf.

［162］Tufts University, School of Medicine. Distinguished Alumni［EB/OL］.（2014-08-25）［2020-06-28］. http://medicine. tufts. edu/alumni/distinguished-award-winning-alumni/distinguished-alumni.

［163］Tufts University. Bylaws of Trustees of Tufts College,Article Ⅱ The Trustees:Disqualification of Staff［EB/OL］.（2018-11-03）［2020-03-01］. http://trustees. tufts. edu/bylaws/art2-8/.

［164］U. S. News. Global Universities,Subject Rankings［EB/OL］.（2020-03-16）［2020-07-02］. http://www. usnews. com/education/best-global-universities.

［165］U. S. News. Graduate Schools,About the Best Graduate Schools Rankings,Methodology［EB/OL.］.（2020-03-16）［2020-07-01］. http://www. usnews. com/education/best-graduate-schools/articles/rankings-methodologies.

[166] U. S. Department of Education. Family Educational Rights and Privacy Act [EB/OL]. (1974-08-12) [2020-04-12]. http://www2. ed. gov/policy/gen/guid/fpco/ferpa/index. html.

[167] U. S. Department of Health and Human Services. Belmont Report [R/OL]. (1979-04-18) [2014-04-14]. http://www. hhs. gov/ohrp/regulations-and-policy/belmont-report/read-the-belmont-report/index. html.

[168] U. S. News. Graduate Schools, 2021 Best Business Schools [EB/OL]. (2020-03-16) [2020-07-01]. http://www. usnews. com/best-graduate-schools/top-business-schools/mba-rankings.

[169] U. S. News. Graduate Schools, 2021 Best Education Schools [EB/OL]. (2020-03-16) [2020-07-01]. http://www. usnews. com/best-graduate-schools/top-education-schools/edu-rankings.

[170] U. S. News. Graduate Schools, 2021 Best Engineering Schools [EB/OL]. (2020-03-16) [2020-07-01]. https://www. usnews. com/best-graduate-schools/top-engineering-schools/eng-rankings.

[171] U. S. News. Graduate Schools, 2021 Best Law Schools [EB/OL]. (2020-03-16) [2020-07-01]. https://www. usnews. com/best-graduate-schools/top-law-schools/law-rankings.

[172] U. S. News. Graduate Schools, 2021 Best Medical Schools: Research [EB/OL]. (2020-03-16) [2020-07-01]. http://www. usnews. com/best-graduate-schools/top-medical-schools/research-rankings.

[173] U. S. News. Graduate Schools, Best Art Schools, Ranked in 2020 [EB/OL]. (2020-03-16) [2020-07-01]. http://www. usnews. com/best-graduate-schools/top-fine-arts-schools/fine-arts-rankings.

[174] U. S. News. Graduate Schools, Best Public Affairs Programs, Ranked in 2020 [EB/OL]. (2020-03-16) [2020-07-01]. http://www. usnews. com/best-graduate-schools/top-public-affairs-schools/public-affairs-rankings.

[175] U. S. News. Graduate Schools, Top Nursing Schools [EB/OL]. (2020-03-16) [2020-07-01]. http://www. usnews. com/best-graduate-schools/top-nursing-schools.

[176] University and College Accountability Network. U-CAN Profiles: Advanced Search [EB/OL]. (2011-03-15) [2011-12-02]. https://

www. ucan-network. org/default. asp.

[177] University of California (Los Angeles). UCLA Undergraduate Admission, Profile of Admitted Freshmen, Fall 2010 [EB/OL]. (2010-11-30) [2011-05-20]. https://www. admissions. ucla. edu/ Prospect/Adm_fr/Frosh_Prof10. htm.

[178] University of North Carolina at Chapel Hill. Bylaws of the Board of Trustees of the University of North Carolina Chapel Hill[EB/OL]. (2019-08-01) [2020-03-23]. https://bot. unc. edu/delegation/by-laws/.

[179] University of Notre Dame. Academics[EB/OL]. (2019-06-30)[2020-05-13]. http://www. nd. edu/academics/.

[180] University of Notre Dame. Bylaws of the University [EB/OL]. (2019-06-20) [2020-06-11]. http://www. nd. edu/assets/docs/bylaws. pdf.

[181] University of Notre Dame. Leadership:Board of Trustees & Fellows [EB/OL]. (2019-09-12)[2019-12-30]. http://www. nd. edu/about/ leadership/.

[182] University of Notre Dame. Statutes of the University[EB/OL]. (2011-04-29) [2012-4-22]. http://www. nd. edu/assets/docs/statutes. pdf.

[183] University of Pennsylvania, Office of the Provost. Faculty Handbook:The Central Administration,1C 2 the President:Election of the President [EB/OL]. (2009-06-19) [2013-03-12]. http:// catalog. upenn. edu/faculty-handbook/i/i-c/.

[184] University of Pennsylvania. Statutes of the Trustees [EB/OL]. (2019-10-18) [2020-03-05]. http://secretary. upenn. edu/trustees-governance/statutes-trustees # two.

[185] Van Der Wende M. An Excellence Initiative in Liberal Arts and Science Education, the Case of Amsterdam University College: Building World-Class University—Different Approaches to a Shared Goal[C]. Rotterdam:Sense Publishers,2013:89-102.

[186] Vanderbilt University. Vanderbilt University Financial Statements and Single Audit Report in Accordance with OMB Circular A-133 for the Year Ended June 30,2012[EB/OL]. (2012-06-30)[2013-04-20].

http://www.vanderbilt.edu/ocga/a133-audit.php.

[187]Vissek D,Sienaert M. Rational and Constructive Use of Rankings,A Challenge for Universities in the Global South:Building World-Class University—Different Approaches to a Shared Goal[C]. Rotterdam: Sense Publishers,2013:145-159.

[188]Wikipedia,the Free Encyclopedia. List of Boston University People, Notable Alumni or Attendees[EB/OL]. (2016-08-21)[2020-05-12]. http://encyclopedia.thefreedictionary.com/List + of + Boston + University+people%2c.

[189]Wikipedia,the Free Encyclopedia. List of Harvard University People[EB/OL]. (2016-09-12) [2020-05-10]. http://encyclopedia.thefreedictionary.com/ List+of+Harvard+University+People.

[190]Wikipedia,the Free Encyclopedia. List of Massachusetts Institute of Technology Alumni[EB/OL]. (2016-01-13) [2020-05-13]. http:// encyclopedia.thefreedictionary.com/List + of + Massachusetts + Institute+of+Technology+alumni.

[191]Wikipedia,the Free Encyclopedia. List of Tufts University People, Notable Alumni [EB/OL]. (2015-03-14) [2020-05-12]. http:// encyclopedia.thefreedictionary.com/List+of+Tufts+University+ People.

[192] Wilson E B. Effective Committees,Committee on Trustees[M]. Washington D. C. :AGB Press,2001:4-14.

[193]Wood R J. Effective Committees,Academic Affairs Committee[M]. Washington D. C. :AGB Press,1997:5-10.

[194]World Medical Association. WMA Declaration of Helsinki-Ethical Principles for Medical Research Involving Human Subjects[EB/OL]. (2013-10-30) [2020-04-10]. http://www.wma.net/policies-post/wma-declaration-of-helsinki-ethical-principles-for-medical-research-involving-human-subjects/.

[195]Evans G. Effective Committees,the Development Committee[M]. Washington D. C. :AGB Press,2003:5-8.

[196]Yale University,Graduate School of Arts and Sciences. Bulletin of Yale University,Series 115 Number 5:Programs and Policies,2019—

2020 [EB/OL]. (2019-07-15) [2020-06-13]. http://bulletin. yale. edu/sites/default/files/graduate-2019-2020. pdf.

[197]Yale University, Yale College. Bulletin of Yale University, Series 115 Number 4: Programs of Study, Fall and Spring Terms 2019 — 2020 [EB/OL]. (2019-06-30) [2020-06-13]. http://bulletin. yale. edu/ sites/default/files/ycps-2019-2020. pdf.

[198]Yale University. University Library Holdings and Activity, 1979 — 1980 through 2011 — 2012 [EB/OL]. (2012-10-11)[2013-02-28]. https://oir. yale. edu/detailed-data♯librariesandmuseums.

[199] Yeshiva University. Faculty Handbook for the Manhattan Campuses, Ⅲ Faculty Governance: ⅱ Council Composition, b[EB/OL]. (2013-01-01)[2014-08-13]. https://www. yu. edu/uploadedFiles/Academics/Office _ of _ The _ Provost/Office_of_The_Provost-Placeholder/Faculty/Faculty％20Handbook％ 20-％202013. pdf.

[200] Yeshiva University. Yeshiva University and Related Entities Consolidated Financial Statements, June 30, 2012 and 2011 [EB/ OL]. (2012-06-30) [2013-04-20]. http://www. yu. edu/sites/ default/files/inline-files/yu _ consolidated _ financial _ statements _ june2012_2011. pdf.

[201]Yoder J A. Effective Committees, the Investment Committee[M]. Washington D. C. : AGB Press, 1997: 5-9.

附录 A　全美各类高校各层次分布情况

机构类型		数量/所(比例)			合计数量/所(比例)
		公立	私立非营利	私立营利性	
博士学位授予大学	从事非常高级研究活动	63(66%)	33(34%)	0	96(100%)
	从事高级研究活动	76(74%)	27(26%)	0	103(100%)
	授予博士学位/从事研究活动	28(33%)	48(57%)	8(10%)	84(100%)
分计		=167(59%)	=108(38%)	=8(3%)	=283(100%)
硕士学位授予大学	授予学位规模较大的	166(48%)	161(47%)	18(5%)	345(100%)
	授予学位规模中等的	69(36%)	108(57%)	13(7%)	190(100%)
	授予学位规模较小的	32(25%)	83(65%)	13(10%)	128(100%)
分计		=267(40%)	=352(53%)	=44(7%)	=663(100%)
学士学位授予大学	授予文、理学士学位的	38(13%)	247(86%)	2(1%)	287(100%)
	授予各学科领域学位的	80(22%)	263(73%)	17(5%)	360(100%)
	同时授予学士学位和副学士学位的	34(28%)	31(26%)	55(46%)	120(100%)
分计		=152(20%)	=541(70%)	=74(10%)	=767(100%)

机构类型		数量/所(比例)			合计数量/所(比例)
		公立	私立非营利	私立营利性	
副学士学位授予大学	公立的农村服务型小型学院	142(100%)	0	0	142(100%)
	公立的农村服务型中等学院	311(100%)	0	0	311(100%)
	公立的农村服务型大型学院	143(100%)	0	0	143(100%)
	公立的郊区服务型单一校区的学院	110(100%)	0	0	110(100%)
	公立的郊区服务型多校区的学院	100(100%)	0	0	100(100%)
	公立的城市服务型单一校区的学院	32(100%)	0	0	32(100%)
	公立的城市服务型多校区的学院	153(100%)	0	0	153(100%)
	公立的特殊用途的学院	14(100%)	0	0	14(100%)
	私立非营利的学院	0	114(100%)	0	114(100%)
	私立营利性学院	0	0	531(100%)	531(100%)
	隶属于大学的 2 年制学院	55(100%)	0	0	55(100%)
	公立 4 年制主要授予副学士学位的学院	18(100%)	0	0	18(100%)
	私立非营利 4 年制主要授予副学士学位的学院	0	20(100%)	0	20(100%)
	私立营利性的 4 年制主要授予副学士学位的学院	0	0	71(100%)	71(100%)
分计		=1078(59%)	=134(8%)	=602(33%)	=1814(100%)

续　表

机构类型		数量/所（比例）			合计数量/所（比例）
		公立	私立非营利	私立营利性	
专门学院	宗教学院	0	314(100%)	0	314(100%)
	医学专门学院	29(51%)	28(49%)	0	57(100%)
	其他保健专业的学院	5(4%)	99(76%)	25(20%)	129(100%)
	工科学校	1(12%)	5(63%)	2(25%)	8(100%)
	其他的技术性学校	1(2%)	6(10%)	50(88%)	57(100%)
	企业与管理类的学校	0	25(39%)	39(61%)	64(100%)
	艺术、音乐、设计类学校	4(3%)	60(57%)	42(40%)	106(100%)
	法学校	5(16%)	25(78%)	2(6%)	32(100%)
	其他的专门的学校机构	0	32(82%)	7(18%)	39(100%)
分计		＝45(5%)	＝594(74%)	＝167(21%)	＝806 (100%)
部落学院	部落学院	23(72%)	9(28%)	0	32(100%)
合计		1732(40%)	1738(40%)	895(20%)	＝4365 (100%)

资料来源：The Carnegie Foundation for the Advancement of Teaching. 2010 Data File[EB/OL]. (2019-02-13) [2020-06-29]. https://classifications. carnegiefoundation. org/summary/basic. php.

附录 B   30 所美国一流私立大学中英文名称对照

波士顿大学	Boston University
布朗大学	Brown University
加州理工学院	California Institute of Technology
卡内基梅隆大学	Carnegie Mellon University
凯斯西储大学	Case Western Reserve University
哥伦比亚大学	Columbia University
康奈尔大学	Cornell University
达特茅斯学院	Dartmouth College
杜克大学	Duke University
埃默里大学	Emory University
乔治敦大学	Georgetown University
乔治·华盛顿大学	George Washington University
哈佛大学	Harvard University
约翰斯·霍普金斯大学	Johns Hopkins University
麻省理工学院	Massachusetts Institute of Technology
纽约大学	New York University
西北大学	Northwestern University
普林斯顿大学	Princeton University

续　表

伦斯勒理工学院	Rensselaer Polytechnic Institute
莱斯大学	Rice University
斯坦福大学	Stanford University
塔夫茨大学	Tufts University
芝加哥大学	University of Chicago
诺特丹大学	University of Notre Dame
宾夕法尼亚大学	University of Pennsylvania
南加利福尼亚大学	University of Southern California
范德堡大学	Vanderbilt University
圣路易斯华盛顿大学	Washington University in St. Louis
耶鲁大学	Yale University
耶希瓦大学	Yeshiva University

附录 C　斯坦福大学教师生活质量调研[①]

满意度

1.总体而言,成为斯坦福大学教师,您是否满意?

· 非常不满意。

· 有点不满意。

· 既没有不满意,也不觉得满意。

· 有点满意。

· 非常满意。

2.就以下各项说明您的满意程度。

选项	非常不满意	有点不满意	既没有不满意,也不觉得满意	有点满意	非常满意	不适合我回答
薪水						
办公室场地						
实验室或研究场地						
图书资源						
计算机资源与支持						

---

① Stanford University. Stanford University Panel on Faculty Equity and Quality of Life. Report on the Quality of Life of Stanford Faculty（2010）［EB/OL］.（2010-01-30）［2014-03-18］. http://facultydevelopment. stanford. edu/sites/default/files/documents/fqol-report-jan2010. pdf.

续　表

选项	非常不满意	有点不满意	既没有不满意,也不觉得满意	有点满意	非常满意	不适合我回答
办事人员与行政管理人员的支持						
技术人员与研究人员						
确保获得经费支持						
支持研究的其他资源						

工作量

3.总体而言,您如何评价您工作量的合理性?

· 过于轻。

· 太轻。

· 刚好。

· 太重。

· 过于重。

4.一学年中您平均每周的工作时间是多少小时(包括您在家从事与本校工作有关的时间)*?

5.您平均每周用于以下工作的时间比例是多少?

工作项	平均每周用于该项工作的时间比例(总和需为100%)
教学(包括备课、讲课、辅导等)	
课外与学生的交流(提供咨询、指导研究、为学生撰写推荐信等)	
临床工作	
委员会等行政工作	
其他的校内工作(请在第6题中说明)	
校外的付费顾问工作	
其他的校外专业性工作(请在第7题中说明)	

6.若有上述"其他的校内工作"的时间比例,请具体说明该工作。

_____。

7.若有上述"其他的校外专业性工作"的时间比例,请具体说明该工作。

_____。

8.鉴于您的职责,请评价您工作量的合适性。

工作项	过于低	低	刚好	高	过于高	不适合我回答
教学(包括备课、讲课、辅导等)						
课外与学生的交流(提供咨询、指导研究、为学生撰写推荐信等)						
临床工作						
委员会等行政工作						
其他的校内工作						
校外的付费顾问工作						
其他的校外专业性工作						

9.自您进入斯坦福大学工作以来,是否曾经因为看护子女或父母、您个人的健康问题、家庭危机等原因得以减轻教学工作量、临床工作量或其他工作量?

· 是的。

· 不是。

10.在减轻教学工作量、临床工作量或其他工作量方面,您所在的学术单位是如何支持您的?

· 非常不支持。

· 有些不支持。

· 既没有支持,也没有不支持。

· 有些支持。

· 非常支持。

· 不适合我回答。

11.自您进入斯坦福大学工作以来,您是否因看护子女或父母、您个人的健康问题、家庭危机等原因得以放缓或延长终身教职前的试用期?

· 是的。

• 不是。

12. 在放缓或延长终身教职前的试用期方面,您所在的学术单位是如何支持您的?

• 非常不支持。

• 有些不支持。

• 既没有支持,也没有不支持。

• 有些支持。

• 非常支持。

• 不适合我回答。

13. 您是否曾在以下行政岗位任职? 其间您是否曾因此减轻教学工作量,并/或因承担行政职责而获得增补工资?

行政岗位*	得以减轻工作量*	获得工资增补*
学系主任		
研究中心主任、研究所所长、专业主任		
院长、副院长、院长助理		
本科生部主任		
研究生部主任		
其他行政岗位		

学术单位的环境

学术单位指教师所在的学术单位:部门、学系、学院。

14. 请根据您在第一聘用学术单位的经历,对以下情况打钩说明。

选项	非常不同意	有些不同意	中立	有些同意	非常同意	不适合我回答
我的同事看重我的研究/学术						
我的同事看重我的教学贡献						
我的同事看重我的临床工作						
我的同事看重我的服务/行政工作						
在第一聘用/学系单位,我满意与同事的合作机会						

续　表

选项	非常不同意	有些不同意	中立	有些同意	非常同意	不适合我回答
我满意与校内其他单位同事的合作机会						
我的学系/单位认可并奖励跨学科研究						
我的学术单位领导创设平等、相互支持的环境						
我的学术单位领导帮助我获得我需要的资源						
我在影响学系发展方向的决策中有发言权						
我能获得作为教师如何行事的不成文规矩						
我的学系很适合我						
在我的部门中,当我们在讨论工作时,我可以很自然地兼顾个人和/或家庭因素而不觉得有什么不妥						
在所在学系中感到被排斥在非正式人际网络外						
我不得不比同事更努力地工作才能成为真正的学者						
我感觉得到了足够的指导(正式与非正式)						
我感觉我获得了关于如何成功成为一名教师的足够信息与反馈						

15. 请评价以下说法。

选项	非常不同意	有些不同意	中立	有些同意	非常同意	不适合我回答
与同级别同事相比,我获得了公正的报酬						

续　表

选项	非常不同意	有些不同意	中立	有些同意	非常同意	不适合我回答
我觉得有足够的途径获得本单位的资源						
我有足够的途径接触到本单位的研究生						
我因临床工作被本单位看重						
我获得了在重要的委员会任职的机会						
在本单位内,我感到自己受到单位领导的尊重						
在本单位内,我感到自己受到教师的尊重						
在本单位内,我感到自己受到学生的尊重						
在本单位内,我感到自己受到职员的尊重						
我的同事们就他们的研究思想与问题向我征求意见						
我时常觉得在同事们的监督之下						
其他同事似乎比我更容易了解并适应本单位不成文的规矩或本单位文化						
我与本校同事们的交互对我的学术质量产生积极的影响						
我觉得我在本校获得个人发展的机会、得到的支持和其他学校的一样好						
我觉得女教师在本校的工作机会、环境和其他学校的一样好						
我觉得少数民族教师在本校的工作机会、环境和其他学校的一样好						

续　表

选项	非常不同意	有些不同意	中立	有些同意	非常同意	不适合我回答
我觉得斯坦福大学多样化的观念并没有受到重视,且不被尊重						
我觉得传统文化(包括成功的定义、端庄得体与礼仪的各项标准)并没有在斯坦福大学受到重视,也不被尊重						

16. 您的学术单位用何种方式让您在教学/临床/研究工作中充分发挥您的创造性?

选项	非常不同意	有些不同意	中立	有些同意	非常同意	不适合我回答
提供足够的资源支持研究工作						
提供相互帮助、支持的环境						
鼓励并尊重我的工作						

17. 请评价下列说法。

选项	非常不同意	有些不同意	中立	有些同意	非常同意	不适合我回答
我所在的校内学术单位的学术领导支持为女教师改善环境,提供机会						
我所在的校内学术单位的学术领导支持为少数民族教师改善环境,提供机会						
斯坦福大学学术领导支持为女教师改善环境,提供机会						
斯坦福大学学术领导支持为少数民族教师改善环境,提供机会						

18.作为以下部门成员,您是否觉得自己是这一集体中的一员?

选项	非常不同意	有些不同意	中立	有些同意	非常同意	不适合我回答
您的部门						
您的学系						
您的学院						
斯坦福大学						

19.若要改善本校或您所在学术部门的环境,您会提出哪些策略或补救措施?

_____。

雇佣/留用

20.在斯坦福大学工作的过去 5 年中,您是否接受过您所在单位领导(学系/学部主任/院长)推荐的正式或非正式校外工作?

· 是。

· 否。

21.若有,这份正式或非正式的工作机会是否导致了以下情况的调整?

· 基础工资。

· 具体的任期计时。

· 教学工作量。

· 行政工作任务。

· 临床工作任务。

· 下班时间。

· 暑期工资。

· 设备/实验室/研究经费支持。

· 配偶的就业安置。

· 无。

· 其他,请具体说明:_____。

22.未来 3 年你离开学校的可能性如何?

· 非常不可能。

- 有些可能。
- 既不是没可能，也不一定有可能。
- 有些可能。
- 非常可能。

23.你是否会因以下原因离开本校？若是，下列原因在多大程度上起了作用？

选项	一点也不	有些起作用	起了非常大的作用	不适合我回答
增加我的工资				
因为有更大的机会获得终身教职				
为了有一个更具支持性的工作环境				
为了有更多的时间研究				
用其他方式夯实我的学术职业				
去从事一项非学术性工作				
为了减轻压力				
为了改变配偶的就业安置情况				
为了解决与孩子有关的事情				
为了解决除了孩子、配偶之外的家庭琐事				
为了降低生活成本				
因为退休				
其他原因（请在以下说明）				

24.若您有机会再次选择是否要成为斯坦福大学教师，您会做出何种决定？选择最接近您想法的选项。

- 我不会再选择在斯坦福大学当教师。
- 我会再考虑一下。
- 我还会选择在斯坦福大学当教师。

大学外的生活

25. 在过去一年,以下您生活中的几个方面在何种程度上成为您校外生活的压力来源?

选项	一点也不	有些起作用	起了非常大的作用	不适合我回答
住房				
照顾子女				
照顾需要特殊护理的病人、残疾人、老年人				
健康				
生活成本				
校外社团				

26. 您有配偶或同居伴侣吗?

- 是的,有配偶。
- 是的,有同居伴侣。
- 没有。

27. 您配偶/同居伴侣的就业状况如何?

- 斯坦福大学教师。
- 斯坦福大学博士后/研究助理。
- 斯坦福大学研究生。
- 斯坦福大学担任其他工作的受雇专业人员。
- 其他学校的教师。
- 其他学校的博士后/研究助理。
- 其他学校的研究生。
- 其他学校的受雇专业人员。
- 未就业,正在寻找工作中。
- 退休了。
- 其他(请说明)。_____

28. 您的配偶/同居伴侣对其就业状况的满意度。

- 非常不满意。
- 有些不满意。

- 既没有不满意,也没有满意。
- 有些满意。
- 非常满意。
- 不知道。
- 不适合我回答。

29.您的配偶/同居伴侣在本地区找工作时遇到过困难吗?
- 是的。
- 不是。
- 不适合我回答。

30.您对斯坦福大学教师的配偶/同居伴侣福利的满意度。
- 非常不满意。
- 有些不满意。
- 既没有不满意,也没有满意。
- 有些满意。
- 非常满意。
- 不知道。

31.您总共有几个孩子?*

32.您有以下年龄段的孩子吗?(所有适用的选项都打钩)
- 0~4 岁。
- 5~12 岁。
- 13~17 岁。
- 18~23 岁。
- 24 岁及以上。
- 我没有孩子。

33.目前您是否在照顾或设法照顾年长的和/或生病的父母、配偶或其他亲戚。
- 是的。
- 不是。

34.您认为大学应该有怎样的策略或补救措施来帮助您设法平衡家庭与工作的关系?

_____。

受访人员特征

35. 您已在斯坦福大学的工作时间*。

36. 您目前的职级是什么？

· 教授。

· 副教授。

· 助理教授。

· 高级研究员。

· 其他。＿＿＿＿＿＿＿＿＿＿

37. 目前您：

· 获得了终身教职。

· 属于终身教职系列，但未获得终身教职。

· 非终身教职系列。

· 医学中心系列。

38. 目前您是否在被赞助的岗位上任职？

· 是的。

· 不是。

39. 请选择您所在学院。若为共同聘用，请选择第一聘用学院*。

40. 请选择您所在学系。若为共同聘用，请选择第一聘用学系*。

41. 就业状况：

· 全职。

· 非全职。

42. 您的年龄*。

43. 您的性别：

· 男。

· 女。

44. 您的国籍：

· 美国公民或永久居民。

· 暂住外国人。

· 其他。

45. 您用何种方式获得最高学位*？

46. 您获得的最高学位是什么？（所有适用的选项都打钩）

· 文理硕士（文学硕士，理学硕士）。

· 专业硕士学位(如 MBA，MPA，MSW，MSE，MSN，MAT，MPH，MFA)。

· 哲学博士。

· 医学学位(医学博士，MD，DO，DDS，DVM)。

· 法学学位(法律博士、法学硕士)。

· 其他博士学位(如 EDD，DDiv，ScD，DrPH，DBA)。

· 其他学位或证书。_____

＊由于斯坦福大学的问卷调查为在线调研，带＊号的问题为电脑下拉菜单中的固定选项。

索　引